国家哲学社会科学成果文库

NATIONAL ACHIEVEMENTS LIBRARY
OF PHILOSOPHY AND SOCIAL SCIENCES

清华简与古史探赜

杜勇 著

科学出版社

内 容 简 介

　　本书从古史研究的角度深入发掘清华简的文献价值。全书分为上、中、下三编。上编"辨伪篇"致力于文献的辨伪工作，具体探讨清华简《尹诰》《说命》《耆夜》《保训》四篇；中编"征史篇"重点研究清华简《厚父》《皇门》《祭公》《芮良夫毖》所反映的西周早、中、晚时期的政治史；下编"稽古篇"意在通过对清华简《尹至》《尹诰》《赤鹄之集汤之屋》《程寤》《金縢》《楚居》等篇记事内容的辩证分析，发掘其中可以说明古史真相的材料。

　　本书可供先秦史、文献学等领域的学者及相关专业的学生阅读与参考。

图书在版编目（CIP）数据

清华简与古史探赜 / 杜勇著. —北京：科学出版社，2018.3
（国家哲学社会科学成果文库）
ISBN 978-7-03-056742-0

Ⅰ．①清… Ⅱ．①杜… Ⅲ．①竹简-研究-中国-战国时代
Ⅳ．①K877.54

中国版本图书馆 CIP 数据核字（2018）第 045674 号

责任编辑：范鹏伟 / 责任校对：韩　杨
责任印制：张克忠 / 封面设计：黄华斌

科 学 出 版 社 出版
北京东黄城根北街 16 号
邮政编码：100717
http://www.sciencep.com
北京通州皇家印刷厂 印刷
科学出版社发行　各地新华书店经销
*
2018 年 3 月第 一 版　开本：720×1000　1/16
2020 年 1 月第二次印刷　印张：22 3/4　插页：4
字数：360 000
定价：129.00 元
（如有印装质量问题，我社负责调换）

作者简介

杜勇　　男，1956年生，四川旺苍人。曾就读于四川师范学院和北京师范大学，获历史学硕士、博士学位。天津师范大学社会科学处原处长，现任出土文献与上古史研究中心主任，历史文化学院教授，博士生导师。兼任中国先秦史学会副会长，国际儒学联合会理事。主要从事先秦历史文化与出土文献的教学与研究工作，主持国家和省部级科研项目多项，为国家社科基金重大项目"多卷本《西周史》"首席专家，出版《〈尚书〉周初八诰研究》《金文断代方法探微》《中国早期国家的形成与国家结构》《金文史话》等学术专著多部，四次获天津市（政府）社会科学优秀成果奖，在《光明日报》《历史研究》《中国史研究》《大陆杂志》等多种报刊发表学术论文百余篇，有广泛的学术影响。

《国家哲学社会科学成果文库》

出版说明

为充分发挥哲学社会科学研究优秀成果和优秀人才的示范带动作用，促进我国哲学社会科学繁荣发展，全国哲学社会科学规划领导小组决定自 2010 年始，设立《国家哲学社会科学成果文库》，每年评审一次。入选成果经过了同行专家严格评审，代表当前相关领域学术研究的前沿水平，体现我国哲学社会科学界的学术创造力，按照"统一标识、统一封面、统一版式、统一标准"的总体要求组织出版。

全国哲学社会科学规划办公室

2011 年 3 月

序

　　2008 年，一批战国竹简由清华大学校友购归，入藏清华大学，习称为"清华简"，经清理统计，总数为 2500 枚，内容多为历史典籍。其数量之多、保存之好、内容之重要，在历来竹简出土中罕有其匹，是中国文化史上空前大发现之一。从发现至今，经以著名学者李学勤先生为首的清华大学出土文献研究与保护中心同仁的整理研究，已出版《清华大学藏战国竹简》七册，在世界学术界引起轰动，研究者蜂拥而至，有的专注文字考释，有的侧重文化思想，也有集中于历史寻绎者，成果越来越多。在众多研究者中，杜勇教授无疑是较为突出的一位。他在多篇单论基础上写成的《清华简与古史探赜》一书，集中了他对清华简研究的精华，体现了他的研究思路和方法，代表了他的研究水平及其在清华简乃至上古史研究队伍中的地位。我和杜勇教授相识多年，他嘱我为他的新著作序，因我的专业是商周考古，并不研究简帛文字，颇有些犹豫，但又一想，这倒是一个促使我学习清华简的绝好机会，就应承下来了。我断断续续用半年多时间读完了书稿，深切感到这的确是一部潜心之作，收益颇多。现将我读后的体会写出，一是汇报我学习的收获，二是同杜勇教授切磋，和《清华简》研究的朋友们讨论。不当之处，敬请批评指正。

　　关于本书的结构。除绪论和结语外，共分三编十二章，每章侧重讨论一个或两三个问题。

　　绪论是本书的纲，也可以说是导论，对每编、章研究的问题一一作了简明扼要的介绍。看了绪论即可看出，本书实际上贯穿了一条主线，即从竹简内容的辨伪出发，在解决了可信度基础上再一一展开对具体所记历史内容的考证寻绎，从中提炼总结出上古史一个个真实可信的历史"实际"。

上编即辨伪篇，是杜教授展开有关古史研究的前提。清华简是战国中期的作品，这已由学者们的研究和碳-14 测定结果得到肯定，当然不会有问题。但多篇竹简所记西周尤其是周初的内容是否当时确是如此，因在长达数百年的传抄过程中，难免有漏记、缺失、删改、增补、改写等状况发生，不敢保证都一仍其旧确为当时的实录。作者在"绪论"中明确说"不能因为清华简是出土文献，就认为它所记录的一切都可信为真。其实出土文献与传世文献一样，其真实程度和史料价值如何也是需要认真加以鉴别的……如果认为凡出土文献其史料价值都高于传世文献，可以照单全收，或者遇到史事与传世文献相异或矛盾之处，即以出土文献为依归，这都不是科学的态度……显然，要使出土文献真正成为研究上古文明的珍贵史料，由表及里、去伪存真、考而后信的探索过程是必不可少的"。我同意这一说法，我认为这是实事求是的正确态度。

该编共分四章，以辨伪为宗旨分别研究了清华简《尹诰》《说命》《耆夜》及《保训》。这四篇都是清华简中最重要的商周文献，有的还是首次出土，自然引起学术界的重视。

第一章分析了《尹诰》与《咸有一德》的关系。此是两篇文献抑或一篇两名，迭有争议。杜先生以确凿的证据和缜密的分析指出，"《咸有一德》在《书序》和《殷本纪》中所列次第，充分说明本篇为伊尹诰汤之文，此与清华简《尹诰》的内容若合符契，构成二者同为一篇文献的二重证据，同时也说明今传孔传本《尚书》以《咸有一德》为伊尹诰太甲之书必为伪作"。杜先生还借此梳理了"清人《咸有一德》辨伪的学术理路"，给学术研究中如何做好"辨伪"以启迪。

第二章分析的是《说命》，即《傅说之命》。通过分析，确认清华简《说命》即先秦两汉文献提及的古本《说命》，而与今传孔传本《古文尚书》之《说命》有本质差别。这一论断的得出固然重要，但我认为杜先生由《尹诰》到《说命》的辨伪过程及由此提出的"清华简重启对古书的反思"，同样值得大家重视。他检视了从唐宋至今的三次古书反思浪潮，认为有三点尤应注意：第一是科学认识前人的辨伪成果，第二是辩证分析传统的辨伪方法，第三是正确把握古书的辨伪维度。他说"清华简《说命》《尹诰》的横空出世，终使争讼千年的伪《古文尚书》案尘埃落定，也给我们反思古书带来不少新的思考和启迪。相信新阶段对古书的反思，坚持以平实的态度、严密的方法、周备的论证及谨慎的论断来处理古籍真伪的问题，必将使重写学术史的工作真正成为经得起事实和历史检验的名山事业，为中华民族文化的复兴与发展添上浓墨重彩的一笔"。

第三章《从清华简〈耆夜〉看古书的形成》，从《耆夜》的纪年方式和内容考证论定："清华简《耆夜》并不是一篇真实记述史实的古文献。而是战国时期楚地士人虚拟的一篇诗教之文，它利用和误解了当时有关传说和文献资料，杜撰了武王伐黎、周公作《蟋蟀》等历史情节，貌似史官实录，实则史料价值不高。但《耆夜》作为战国时期楚地文化之树生长出来的果实，对于我们研究楚文化本身发展的机理，却有重要的参考作用。"考证精到，方法科学，结论有据。

第四章《关于清华简〈保训〉的著作年代问题》，通过对其语言特征、阴阳观念、中道思想的分析，认为其"并不是史官实录的真正的周文王遗言，而是战国前期假借文王名义的托古言事之作"。它虽"不宜作为研究虞夏商周历史的文献资料，但是，依据《保训》的制作年代，用以研究战国前期的历史文化，却有着不可低估的史料价值"。这无疑是符合实际的、公允的。

中编是征史篇，包括第五章《清华简〈厚父〉与早期民本思想》、第六章《清华简〈皇门〉的制作年代及相关史事问题》、第七章《清华简〈祭公〉与西周三公之制》、第八章《清华简〈芮良夫毖〉与厉王革典》等四章。作者在研读以上清华简文中多有真知灼见，如对《厚父》，考证简文中"王若曰"之王既非夏王，亦非商王，而是西周武王。"《厚父》在流传过程中也有发生个别文字加工润色的可能性，但基本可以断定其初始文本当出自周武王时史官的手笔，故可作为周初的真实史料来使用"。如对《皇门》，从其遣词造句、语言特征考证《皇门》是"周公东征返朝后，将处理朝政的重点转向封藩建卫、制礼作乐、营洛迁殷等治国要务时发布的一篇重要诰辞"；从文献记述、考古发现、铜器铭文和楚简文字多方面结合研究，指出"周制五门说虽然流行近二千年，实则缺乏根据，不可盲从"；"简文自称'余一人'，史官以'(周公)若曰'等同'王若曰'领起全篇诰辞，诰辞始终不曾言及成王等事，都不同程度反映了周初复杂的政治背景下周公摄政称王的史实"。如对《祭公》，通过十个例证与金文互校，说明"《祭公》篇不是后世托古之作，而是西周中晚期史官整理成篇的古文献，其真实性勿庸怀疑"；至于简文中的"三公"，通过对已有各种说法逐一分析，提出了三公之制新说，其要点是：①三公是天子辅弼大臣的通称；②三公诸臣通常有一人为首席执政大臣；③三公体制具有多元化组织结构；④三公爵秩多不世袭；⑤三公合议制具有民主执政色彩。如对《芮良夫毖》，通过简文《芮良夫毖》与《诗经·桑柔》五个方面的比较，提出两者艺术水准高下悬殊，《桑柔》是出自王朝卿士芮良父手笔没有疑义，但说《芮良夫毖》亦是芮良父所作则"难以凭信"。推测《芮良夫毖》的作者和身为王朝卿士的芮良父情况相近，只是位阶较低，都对厉王不满，亦通过诗作倾吐心声，"但在后来流传过程中被附会成芮良夫的作品，诗前小序就是这种附会的产物"。至于厉王对犬戎、淮夷的战争和"专利"问题，均有深入分析，表明自己的独到见解。

　　下编是稽古篇，包括第九章《清华简与伊尹传说之谜》、第十章《清华简〈程寤〉与文王受命综考》、第十一章《清华简〈金縢〉有关历史问题考论》和第十二章《清华简〈楚居〉所见楚人早期居邑考》四篇。关于伊尹，对以往有关伊尹的种种传说加以分析，提出"伊尹既非有莘氏人，亦非庖厨出身的媵奴，而是与王族同姓的殷氏支族——伊氏首领"，"为灭夏兴殷大业作出了杰出贡献"，是名符其实的第一功臣的论断。关于《程寤》与文王受命，从《程寤》的"月相纪时方式、明堂占卜制度、语言特征的分析"，认为"它并非出自先周或周初史官之手，很可能是数百年后战国时期的作品"。其"全文大体可以分为两个部分：从篇首至'受商命于皇上帝'为第一部分，之后为第二部分。前一部分讲文王占太姒之梦，应来自长期流传以来的文王受命有关传说，由作者运用当时的文化知识整理成文，后一部分为文王对太子发的诫辞……当为'战国处士私相缀续'的附益之辞"。"所谓'文王受命'，既非受殷王嗣立之命，亦非受封西伯之命，而是受皇天上帝之命以取代殷人对天下的统治。文王受命、称王、改元三位一体，奏响了东进伐商的序曲。文王受命凡七年，五伐殷与国，未及接商而终。武王于文王七年即位，承其纪年，继其遗志，于十一年告成伐纣之功，周人取代大邦殷成为新的天下共主"，可谓远胜于他说的确解。关于《金縢》有关历史问题，在肯定"《金縢》的制作年代当在周室东迁之后，而不晚于孔子之前的春秋之中世"的前提下，对武王开国在位年数提出了自己的见解。经分析，认为今传本《尚书·金縢》所言周公之'居东'和《史记·鲁周公世家》之'兴师东伐'为一事；认为"《金縢》所用材料都有一定的来源和根据，不能因为它的晚出而全盘否定其历史叙事的真实性"。关于最后一章即第十二章《清华简〈楚居〉所见楚人早期居邑考》，认为"楚居"是研究楚人族源及其发展和居地变迁的一篇极其重要的文献，通过缜密分析考证，作出了"楚人源于中原，地处洛阳，其后北迁殷商腹地，盘桓楚丘一带，与殷王室保持着密切关系。殷商末年，为避祸殃，楚人的一支在穴熊带领下，沿黄河西进，暂居故地洛阳，以作开发江汉的据点。待熊绎之时，楚人南迁丹水之阳，立国江汉，从而揭开了不断发展壮大的历史新页"。

以上不厌其烦地把读该书各篇章的体会一一写出，既是我读后的汇报，也是想借此机会告诉读者能从这些论点中学习到什么、受到哪些启发。

首先，我认为是如何正确对待出土文献。正像我前面已引用过的杜教授在"绪论"中说的那样，"需要在认识上走出一个误区"，不能认为出土的就是可信的，"其真实程度和史料价值如何也是需要认真加以鉴别的"，对传世文献如此，对出土文献也应如此。我们在做夏商周断代工程时形成的一个共识就是对文献要做可信性研究，不能轻易拿来就用。杜教授正是这样，在本书的上编即辨伪篇中的四篇文章，乃至以下各篇的《厚父》《皇门》《祭公》《程寤》等，均是先考订其流传经过和年代，然后再判断其内容的真实程度而决定如何采用，这就奠定了其所作论断的可信性、真实性基础。现在有一种现象值得注意，写文章引用文献只求有利于自己的观点，不利于自己观点的统统不用，装作看不见。这种实用主义的态度必须坚决抵制。

第二，要将出土文献、传世文献结合起来进行互证互校研究，以求其原真面貌。这在该书各篇中几乎都可找到佳例，此处不赘。

第三，要将文献材料和考古材料密切结合，进行综合研究。杜勇教授对商周青铜器及铭文素有研究，2002年他曾和其师兄沈长云在人民出版社出版《金文断代方法探微》一书，可见其对金文熟稔之程度。在本书第六章《清华简〈皇门〉的制作年代及相关史事问题》、第七章《清华简〈祭公〉与西周三公之制》、第八章《清华简〈芮良夫毖〉与厉王革典》、第十章《清华简〈程寤〉与文王受命综考》等篇章中大量引用青铜器铭文以证其说，由中国社会科学院考古研究所编著的《中国考古学》各卷，更是他时常参阅的著作。正是因为杜勇教授能正确认识和把握出土文献、传世文献和考古材料的关系，他作出的一系列论断才具有更多的可信性、说服力，为广大研究者和读者所认可。

当然，由于掌握材料的多寡不同、看问题所持的角度有别、运用的方法存在差异，不同学者之间对同一个问题研究的结论也不会完全一样，诸如今本《竹书纪年》的真伪问题、周厉王的评价问题等，我尊重杜教授的观点，但我对自己没有深入研究过的问题不选面站，我认为这些问题都是可以继续研究、讨论的。我想，恢宏大度的杜勇教授在这一点上也会同意我的看法。

李伯谦

2018 年 2 月 14 日写毕

目　　录

中编　征　史　篇

下编　稽　古　篇

Contents

绪　　论

　　2008 年 7 月 15 日，一批战国竹简入藏清华大学，后来通称"清华简"。竹简总数计约 2500 枚①，与过去发现的战国竹简相比，其显著特点是没有文书或遣策，都是清一色的书籍，而且多数属于经、史类文献。其中有的篇章至今还保留在《尚书》和《逸周书》中，有的散佚两千年后横空出世，有的则因长期"蛰居"地下而不为世人所知，其珍贵程度可以想见。清华简涉及中国传统文化的核心内容，为中国古代文明研究提供了非常难得的第一手资料，也给历史学、考古学、古文字学、文献学等众多学科带来了广泛而深远的影响。

　　清华大学出土文献研究与保护中心以李学勤先生为首的一批专家学者，以其特出智慧和辛勤劳动，对清华简的整理与研究做了大量卓有成效的工作。自 2010 年出版《清华大学藏战国竹简》第一册以来，至今已有七辑编印问世，为学术界进一步研究清华简奠定了良好的基础。

　　清华简甫一面世，便引起国内外学术界的广泛关注和热烈探讨。大量研究论文见诸各种报刊和网络，海内外不同规模的学术研讨会也相继举办，充分反映了人们对清华简研究的高度重视与热切期望。从已有研究成果看，人们对清华简的研究大体采取了两种路径：一种是古文字和文献学的路径，以文字、音韵、训诂、校勘等方法，对清华简的文字释读详加考察，以求对简文形成正确的理解；另一种是学术史的路径，着重对清华简的历史内容、思想内涵以及文献真伪探赜索隐，以充分发掘竹书的史料价值。相比之下，前

---

① 李学勤：《初识清华简》，中西书局 2013 年版，第 8 页。

者讨论较为热烈，新见迭出；后者则相对寂寥，力作稀有。固然文字考释是出土文献研究必不可少的基础性、前提性工作，需要先行一步，但出土文献一经初步整理释读，对其历史内容的研究就显得极为迫切和重要。因为有些深层次的问题并不在文字释读上，而在于如何厘清历史真相和探寻历史规律以揭示新的学术天地。有鉴于此，始有 2012 年"清华简与古史寻证"这一国家社会科学基金项目的申报，并获准立项进行研究，三年后结项鉴定为优。

按照课题当初的设计，"主要以 2010 年 12 月出版的《清华大学藏战国竹简》第一册所收篇目为研究对象，着重探讨其相关历史和经学问题"。但随着新材料的陆续公布，一种难以名状的冲动促使课题研究范围有所扩大。《清华大学藏战国竹简》第三册中的《说命》《芮良夫毖》《赤鸪之集汤之屋》等三篇以及第五册中的《厚父》篇，也相应被纳入了探讨范围。当然，这并不是随意的或毫无原则的。如《说命》与第一册中的《尹诰》同属失传已久的真《古文尚书》，放在一起研究或可看出经学史上更多更有意义的问题。将《厚父》《芮良夫毖》与第一册中的《皇门》《祭公》合观，则有利于对西周早期、中期、晚期统治状况和决策机制进行比较观察，更好地理解西周一代政治形势的变化及其影响。至于《赤鸪之集汤之屋》与第一册中的《尹诰》《尹至》同记伊尹事迹，加以综合研究则有利于索解伊尹传说之谜。通过对课题计划略加调整，从而形成了《清华简与古史探赜》这样的研究成果。

从课题名称即可看出，本项研究的重心不是进一步解决清华简的文字释读问题，而在于从古史研究的角度深入发掘其文献价值。不过，这里所说的"古史"并不纯粹是上古史，也包含上古史研究领域中的学术史，更多的则是二者兼而有之的交叉研究。因为上古史研究很少有前贤时彦不曾涉足的领域，所以对一些研究成果进行再研究必不可免。而作为学术史研究，如果不涉及一些具体的历史事实，也很难把问题说透彻。这对清华简研究来说尤其如此。因为清华简的整理刊布，除文字释读外，本身还有相当比例的上古史和学术史的研究成分蕴含其中。继后的研究者若不想陷入自说自话的窘境，对已有成果的检讨自是不可偏废的工作环节。只有这样，研究工作才能不断推陈出新，进一步认清深藏的历史本相，形成正确的历史认知。

清华简研究还有一个特殊之处，那就是所见书籍皆以单篇行世，内容上互有关联的篇目并不多。而以单篇简文为研究对象，最后的研究成果就很难形成一个比较具体的中心论题来统驭全局，以成条贯。仔细想来，所谓"古史寻证"实际不过是一个大而无当的筐子而已，最大的好处是可将各种研究内容囊括其中。筐子大了可以装很多东西，东西多了也就可以做一些必要的分类工作。就本书而言，大体可以分为以下三个单元。

第一单元即上编，是为辨伪篇，包括第一至第四章。

需要说明的是，这里所谓的"辨伪"不是指清华简本身的真伪问题。由于清华简是从香港文物市场购买所得，并非科学的考古发掘品，所以一开始就有学者认为来历不明，怀疑它是经人伪造的赝品。然而所陈述的理由相当勉强，不足凭信。固然清华简的来历问题因为国家文物政策的关系，一时不易妥为解决，但通过其他手段检测和鉴定，仍可确认并非伪简。清华大学对竹简所做的 AMS 碳-14 年代测定为公元前 305±30 年，与古文字学家对竹简文字时代的推定相吻合，加之简文内容还可得到文献的多方验证，这些都是竹书不伪的有力证据。因此，我们不在这里专门讨论这个问题，而是把清华简作为真实的出土文献资料来对待，只对竹书内容的真伪加以考察。

关于竹书内容的真伪问题，首先需要在认识上走出一个误区，即不能因为清华简是出土文献，就认为它所记录的一切都可信为真。其实出土文献与传世文献一样，其真实程度和史料价值如何也是需要认真加以鉴别的。文字的错讹自不必说，而史事的可靠与否尤须分辨。如果认为凡出土文献其史料价值都高于传世文献，可以照单全收，或者遇到史事与传世文献相异或矛盾之处，即以出土文献为依归，这都不是科学的态度。实际上，传世文献所遇到的问题，出土文献亦不能免。譬如，《尚书》头三篇即《尧典》《皋陶谟》《禹贡》不好说成是尧舜时代的著作，那么，来自地下的战国竹简本《尹诰》《说命》《耆夜》《保训》诸篇，是否就可以不加论证地视为商周时期的作品呢？如果作品的制作年代与它所反映的史事年代存在相当距离，又当如何评估其史料价值呢？这些都涉及历史学如何求真的问题，无可回避。从前司马光撰《资治通鉴》，为使世人信服，又参考群书，评其同异，俾归一途，为《考异》三十卷，与之并行。这既是历史研究必须运用的基本方法，也充分体现了中国史学的求真精神。显然，要使出土文献真正成为研究上古文明的珍贵史料，由表及里、去伪存真、考而后信的探索过程是必不可少的。

　　本单元的文章主要致力于文献的辨伪工作，具体探讨的是清华简《尹诰》《说命》《耆夜》《保训》四篇。其中《尹诰》《说命》是久已失传的真《古文尚书》，对于重审伪《古文尚书》案意义非凡。过去一段时间，曾有不少学者试图为伪《古文尚书》翻案，清华简《尹诰》《说命》的发现进一步证明这种想法是不正确的。因而对这两篇重新发现的《古文尚书》，我们毫不犹豫地把研究重点放了对梅本《古文尚书》的辨伪方面，以便说明清人在这项学术工作中所取得的巨大成就，以及今日我们对古书的反思应该注意的问题。至于《尹诰》《说命》的记事内容是否全都真实则未能专门论及。考虑到它们不可能是当世之作的传流，其记事内容自然是传说与史实并存，不免出现真赝杂糅的情况。当然，这要通过对其记事内容进行具体研究才能得出明晰可信的结论。

　　从文献源流上看，清华简《尹诰》就是先秦两汉文献提到的《尹诰》，又称《咸有一德》。它本是《尚书》中的一篇，秦火之后一度失传，西汉中期重出孔壁，为逸《书》十六篇之一。西晋永嘉之乱致使官方所藏今古文《尚书》荡然无存，东晋梅赜所献《古文尚书》却有《咸有一德》篇。经宋元明清学者反复探究，证明梅本《古文尚书》当为伪作。今出清华简《尹诰》进一步证明了清人辨伪成果的科学性，晚书《咸有一德》是伪非真，铁证如山。而清华简《说命》亦即先秦文献多次引用过的古本《说命》，与梅本《古文尚书·说命》从形式到内容都全然不同。《说命》亡佚两千余年，一朝惊现于世，使前人关于伪《古文尚书》的断案得到确凿的证明，同时表明新阶段对古书的反思，只有科学认识前人的辨伪成果，辩证分析传统的辨伪方法，正确把握古书的辨伪维度，才能使重写学术史的工作真正成为经得起事实和历史检验的名山事业。

　　关于清华简《耆夜》和《保训》的研究，由于可供比勘的文献略多一些，故可从其著作年代入手，来说明其记事内容的真伪。"然真伪者，不过相对问题，而最要在能审定伪材料之时代及作者，而利用之。盖伪材料亦有时与真材料同一可贵。"① 陈寅恪先生此一见解非常精辟。顾颉刚先生此前亦

---

① 陈寅恪：《〈中国哲学史〉审查报告一》，冯友兰：《中国哲学史》，中华书局 1947 年版，第 2 页。

曾正确指出："许多伪材料，置之于所伪的时代固不合，但置之于伪作的时代则仍是绝好的史料；我们得了这些史料，便可了解那个时代的思想和学术。"①《耆夜》《保训》的情况正是如此。对于《耆夜》的记事内容，不少学者并不怀疑它的真实性，其实它并非真实记述先周史实的古文献，而是战国时期楚地士人虚拟的一篇诗教之文。它利用和误解了当时的有关传说和文献资料，杜撰了武王伐黎、周公作《蟋蟀》等历史情节，貌似史官实录，实则史料价值不高。但通过《耆夜》来研究战国时期楚文化本身的发展机理，却有重要的参考作用。《保训》的情况与《耆夜》相类。从《保训》的语言特征、阴阳观念、中道思想等方面进行比勘分析，可以推定《保训》并非商末周初史官实录的周文王遗言，而是成书于战国前期的托古言事之作。从总体上看，它不宜作为研究虞夏商周历史的文献资料。但是，依据《保训》的制作年代，用以研究战国前期的思想与学术，同样是难得的出土文献资料。

第二单元即中编，是为征史篇，包括第五至第八章。

本单元重点研究清华简《厚父》《皇门》《祭公》《芮良夫毖》所反映的西周早、中、晚不同时期的政治史。《厚父》《皇门》基本上属于西周文献，主要材料来源于西周王室档案，因而其记事的真实性很高。而《祭公》《芮良夫毖》的制作年代与史事年代基本同步，为事件发生时的当时人或当事人的记述，是史料价值更高的第一手材料。以此探史，信而有征，故以本组文章为征史篇。

1925 年，王国维在《古史新证》讲义中说："吾辈生于今日，幸于纸上之材料外，更得地下之新材料。由此种材料，我辈固得据以补正纸上之材料，亦得证明古书之某部分全为实录，即百家不雅训之言亦不无表示一面之事实。此二重证据法惟在今日始得为之。虽古书之未得证明者不能加以否定，而其已得证明者不能不加以肯定可断言也。"②王氏所谓"地下之材料"，由于当时战国竹简资料未曾发现，仅指甲骨文与金文二种。这些出土文献或证古书之真，或正古书之误，或补古书之阙，在古史研究中都具有重要作用。

① 顾颉刚：《顾颉刚古史论文集》卷一，中华书局 2011 年版，第 103 页。
② 王国维：《古史新证》，清华大学出版社 1994 年版，第 2—3 页。

　　清华简《厚父》所记周武王与厚父君臣间的对话,不仅代表了周人对早期国家起源的认知,也反映了中国早期民本思想的萌动。过去不少学者认为民本思想是战国时期才有的政治理念,《厚父》说"民心惟本",表明这种思想以及概念早在西周初年即已产生。简文中表达的君权天赋的国家起源论虽不可信,但从国家伦理的角度看,其中蕴含的平等精神、正义精神、民本精神,却不乏可取之处。特别是立君为民、明德慎罚、民贵君轻等民本思想的核心关切,由周代政治家的倡导与实践,再经儒家的传承与升华,已成为中华政治文化的宏丽精华,其传统价值和积极意义不可低估。

　　清华简《皇门》见存于今本《逸周书》,其内容基本一致。与今传本一样,简本全篇并无"皇门"字样,实际有的只是"䧳门"。整理者释"䧳门"为"库门",认为是周制天子五门(皋、库、雉、应、路)的第二道门。实则周制天子三门三朝,而非五门三朝。清华简《皇门》中的"䧳门",当为天子三门(路门、应门、皋门)中的"路门",但在文献流传中却出现了借其音义的"䧳门""闳门""皇门"等异文。清华简《皇门》作为周公诰辞,大体作于周公摄政后期。篇中周公自称"余一人",史官以"[周]公若曰"等同"王若曰"领起全篇诰辞,诰辞始终不曾言及成王等事,都不同程度反映了周初复杂的政治背景下周公摄政称王的史实。

　　清华简《祭公》所言三公具体人名,在传世文献中从未见及,从而为研究西周三公之制提供了崭新的线索。结合简文、金文和传世文献详加考索,证明传统的"三公三太"说或"三公三司"说均不可信。"三公"实为朝廷执政大臣的通称,但不以三人为限,主要由卿士寮、太史寮有关部门的主官三四人或五六人组成,其中常有一人为首席执政大臣。"三公"多来自具有伯爵的畿内贵族,而畿外诸侯入为王朝卿士则较为少见。执政大臣大都尊享公爵,通常及身而止,多不世袭,以保持机构政治活力。在周天子享有最高决策权的前提下,西周三公合议制实际行使中央政府职能,具有一定程度的民主执政色彩和优化行政决策的进步作用。

　　关于清华简《芮良夫毖》的作者,未必如整理者所说为芮良夫,很可能是与芮良夫同一时代并具有一定官职的其他贵族,但这并不影响该篇的史料价值。该篇作为刺讥时政的政治诗,真实反映了西周后期的政治危机和厉王革典的实质。结合清华简《芮良夫毖》等各种文献,全面分析厉世对外战争和统治政策，可以看出无论是国防上轻忽戎患，不修边备，还是内政上专利贪财，残民以逞，都表明周厉王的所作所为已严重突破了国家伦理的基本底线，是一个不折不扣的暴虐之君，而不是一位需要恢复名誉的有作为的改革家。

第三单元即下编，是为稽古篇，包括第九至第十二章。

"稽古"一词源自《尚书·尧典》"曰若稽古"。稽者，考也。稽古即探考古史，意在通过对清华简《尹至》《尹诰》《赤鹄之集汤之屋》《程寤》《金縢》《楚居》等篇记事内容的辩证分析，发掘其中可以说明古史真相的材料。这些文献有一共同特点，即其制作年代相对于它们的纪事年代来说，都相距很长的时间，基本上是后人撰写的东西。对此类后世成书的作品来说，其形成过程相当复杂，至少有三种可能性：一是依照旧文整理成篇，二是根据传说敷衍成章，三是编织情节杜撰成文。多数情况是真赝杂糅，传说与史实并存，非经严密审察而不可用。因此，这里所谓"稽古"，一是剖析简文内容，考察其可信程度；二是借以延展视角，探考其古史真相。

从目前整理刊布的清华简来看，《尹至》《尹诰》《赤鹄之集汤之屋》等篇都是关于商汤名相伊尹的记述。虽然它们不见得都是商代文字，但对考索伊尹有关史迹却是重要的资料。王国维说："上古之事传说与史实混而不分。史实之中固不免有所缘饰与传说无异，而传说之中亦往往有史实为之素地，二者不易区别。此世界各国之所同也。"[①] 由于甲骨文的发现与证明，终使伊尹渐褪其神话色彩，成为真实的历史人物。但是，传世文献有关伊尹的传说，尽管今有清华简的补充，实际上依然未得二重证明，本质上还是传说的叠加，不能完全等同于史实。所以利用清华简和别的材料来探索伊尹的族属、出身、德业等史迹，必须对各种传说进行理性的考察。研究发现，伊尹并非姒姓的有莘氏人，亦非庖人出身的媵奴，而是因遭洪灾投靠有莘氏的子姓伊氏之长。他有效促成了殷氏、莘氏、伊氏战略同盟的建立，奠定了推翻夏桀统治的政治军事基础。在夏朝贵族国家体制下，伊尹往来夏商之间属于正常的政治活动，而不可视为间谍行为。他佐助商汤完成了灭夏兴殷的大业，故以同姓先旧身份在殷人祀谱中享有崇高地位。

---

① 王国维：《古史新证》，清华大学出版社 1994 年版，第 1 页。

清华简《程寤》在今本《逸周书》中有目无文，今得完篇，弥足珍贵。简文叙述太姒做梦、文王占梦、太子发受诫等内容，与文献艳称的"文王受命"有关。从《程寤》所见月相纪时方式、明堂占卜制度、语言特征等方面来看，它并非出自先周或周初史官之手，很可能是数百年后根据传说资料编撰的作品。顾颉刚先生认为，传说也是一种史料[1]，《程寤》有关文王占梦受命的传说可作如是观。所谓文王受命，既非受殷王嗣立之命，亦非受封西伯之命，而是受皇天上帝之命以取代殷人对天下的统治。文王受命、称王、改元三位一体，奏响了东进伐商的序曲。文王受命凡七年，五伐殷商与国，未及接商而终。武王于文王七年即位，承其纪年，继其遗志，于十一年告成伐纣之功。周人取代大邦殷成为新的天下共主，从而揭开了中国古代文明持续向前发展的历史新篇。

清华简《金縢》系近年出土的重要经学文献之一。与今本《尚书·金縢》相较，清华简《金縢》不仅内容大致相合，而且有些异文为解决有关历史问题提供了新的线索。《金縢》虽为今文《尚书》的内容，但在历史上也有人目为伪书。宋代程颐、王廉颇疑《金縢》非圣人之书，清人袁枚甚至认为它是汉代伪造的。如今清华简的发现，证明《金縢》绝非伪书，而是在春秋前期即已形成文字的一篇作品，不能因为它的晚出而完全否定其历史叙事的真实性。结合相关文献对《金縢》竹书本和传世本细加考析，证明武王开国在位三年、周公居东即东征等说法是真实可信的。竹书本与传世本互有歧异，各见优长，都具有重要的史料价值。

清华简《楚居》是战国中期楚人自己撰作的一篇重要文献。篇中记述楚先、楚君的居邑及其迁徙，远较传世文献为详。就其所述战国时期楚人居邑状况来说，《楚居》应为当时人的作品，但涉及楚人的族源地问题，它实际上也成了传说资料，需要结合其他文献详加考察。从《楚居》中郹山、乔山、京宗等地名所涉地域看，季连部落当起源于中原洛阳一带。其后北迁殷商腹地方山，盘桓楚丘一带，与殷王室保持着密近关系。殷商末年，为避祸殃，楚人的一支在穴熊带领下，沿黄河西进，复归故地京宗，暂作开拓江汉

---

① 顾颉刚：《战国秦汉间人的造伪与辨伪》，吕思勉、童书业编著：《古史辨》七(上)，上海古籍出版社1982年版，第1页。

的据点。待周初熊绎之时，楚人南迁丹水之阳，立国江汉，终成真正代表芈姓楚族的南方大国。

　　总之，本书针对清华简不同的学术问题加以探考，既注意吸取已有成果的学术营养，又大胆冲破传统或旧说的藩篱，力争提出自己的创新见解。虽然不能保证这些意见一定正确，但体现了我们探索古代文明真谛所作的不懈努力。上古史研究不同于以后时段的历史研究，许多问题由于材料偏少且多有歧异，不免聚讼纷纭，很难将问题一下子彻底解决。有哲人说："真理是时间的女儿。"相信随着时间的推移、材料的增多、研究水平的提高，人们的认识会越来越接近历史实际，最终形成正确的历史认知。由于受研究能力和水平的限制，书中必多不当之处，尚祈专家学者不吝赐正！

上 编

辨 伪 篇

第　一　章

清华简《尹诰》与晚书《咸有一德》辨伪

清华简《尹诰》是一篇失传近两千年的历史文献。它的惊世再现，对于解决梅本《古文尚书》的真伪问题提供了前所未有的新证据，意义极为重大。简文公布后，即有不少论文展开讨论，除了文字考释方面各有所见外，关于《尹诰》是否《咸有一德》以及清人辨伪成果是否可信等问题亦是仁者见仁，智者见智。这里就此略作考察，以为弄清历史真相之一助。

一、《尹诰》何以又称《咸有一德》

《尹诰》古已传世，战国时期犹可见及。《礼记·缁衣》曾两引其文：一曰"惟尹躬及汤咸有一德"，二曰"惟尹躬天见于西邑夏，自周有终，相亦惟终"。但《缁衣》称其篇名为《尹吉》，郑玄注云："吉当为告，古文诰字之误也。尹告，伊尹之诰也。"郑氏这个推断的正确性，今由郭店简、上博简《缁衣》所证实。郭店简《缁衣》作："《尹诰》云：'惟尹允及汤，咸有一德。'"①上博简与之同，唯"汤"用通假字"康"。尤其令人惊喜的是，近出清华简竟有《尹诰》全文。其首句即作"惟尹既及汤咸有一德"，下接

---

① 李零：《郭店楚简校读记》（增订本），北京大学出版社 2002 年版，第 61 页。

"尹念天之败西邑夏"①之文，但无"自周有终，相亦惟终"语。由于本篇原无标题，整理者据以命名为《尹诰》。尽管《尹诰》全文为传世文献所未见，简文有此二句与之契合，完全可以断定它就是历史上久已失传的《尹诰》。沉埋两千年的《尹诰》重见天日，对于解决今传孔传本《尚书·咸有一德》的真伪问题有着重要的学术意义。

清华简《尹诰》的整理者李学勤先生所撰《说明》言："《尹诰》为《尚书》中的一篇，或称《咸有一德》。据《书·尧典》孔颖达《正义》所述，西汉景帝末(或说武帝时)曲阜孔壁发现的古文《尚书》即有此篇，称《咸有一德》。《史记·殷本纪》和今传孔传本《尚书》及《尚书序》，也都称《咸有一德》。"②这是说《尹诰》与《咸有一德》为同一篇文献，只是篇名有所不同罢了。《尹诰》又称《咸有一德》的文献依据亦来自《缁衣》郑注："《书序》以为《咸有一德》，今亡。"然考《书序》，仅言"伊尹作《咸有一德》"，并未说《咸有一德》又称《尹诰》。加之《咸有一德》已亡，郑玄自不可见，他又何以得知《尹诰》与《咸有一德》必为一事呢？所以郑玄的说法是否可靠，就不免引起学者的怀疑。如清程廷祚说："《缁衣》两引《尹告》，此必古有其书而《序》阙焉。……篇名《尹告》，何为又以《咸有一德》名篇，此亦《序》之误也。"③康有为说："所引虽有'咸有一德'之言，而明曰《尹吉》，篇名显异。即以吉为告，亦不能以辞句偶同即断为《咸有一德》。郑注不足据。"④今有学者亦持相同观点。⑤看来，这个问题尚须进一步研究，才能得出可信的结论。

《尹诰》是否《咸有一德》的问题，关键在于郑玄说"《书序》以为《咸有一德》"到底是何意蕴？其根据是否可靠？这些问题看似平淡，实则涉及诸多史实。这里不妨先说明一下程廷祚等质疑的表层问题，即《尹诰》何以

---

① 清华大学出土文献研究与保护中心编，李学勤主编：《清华大学藏战国竹简》(一)，中西书局 2010 年版，第 133 页。下引不另注，释文尽量用通行字，以方便排印。

② 清华大学出土文献研究与保护中心编，李学勤主编：《清华大学藏战国竹简》(一)，中西书局 2010 年版，第 132 页。

③ (清)程廷祚：《晚书订疑》卷下《杂论晚书二十五篇》，金陵丛书本。

④ 康有为：《新学伪经考》，中国人民大学出版社 2010 年版，第 312 页。

⑤ 黄怀信：《由清华简〈尹诰〉看〈古文尚书〉》，《鲁东大学学报》(哲学社会科学版)2012 年第 6 期。

又称《咸有一德》。

首先，《尚书》同篇异名的情况并不罕见。以今传百篇《书序》所涉《尚书》篇名为例，可以发现此种现象所在多有。譬如：

《尧典》，《礼记·大学》引其文曰《帝典》；

《益稷》，马郑本《书序》称《弃稷》；

《甘誓》，《墨子·明鬼下》引其文曰《禹誓》；

《仲虺之诰》，《荀子·尧问篇》作《中蘬之言》，《左传·襄公三十年》作《仲虺之志》，《史记·殷本纪》称"中䨍作诰"；

《盘庚》，《左传·哀公十一年》引其文曰《盘庚之诰》；

《泰誓》，《墨子·天志中》引其文曰《大明（盟）》，《非命下》又称《去发》（或谓《太子发》之误）；

《分器》，《史记·周本纪》称作《分殷之器物》；

《酒诰》，《韩非子·说林上》引其文曰《康诰》；

《康王之诰》，《史记·周本纪》称《康诰》；

《吕刑》，《史记·周本纪》《礼记·表记》等称《甫刑》；

《费誓》，《尚书大传》作《鲜誓》，《史记·鲁世家》作《肸誓》，《集解》谓肸字又作狝或粊。

上述一篇多名情况的发生，诚如程元敏先生所说："当时《尚书》篇名尚未固定，各随己意定名，致异而已。"① 《尚书》篇名的固定经历了一个相当长的历史过程，至东晋梅本《古文尚书》出，唐孔颖达据此作《尚书正义》成为官方定本之后，才基本固定下来。前溯东周时期，官学下移，百家横议，各随己意以定《尚书》篇名，自属正常现象。故《尹诰》又称《咸有一德》，不足为怪。

其次，《诗》《书》等古书篇名多为后人追题，最常见的方式是摘取首句要语作为篇名。宋程大昌说："《荡》之诗以'荡荡上帝'发语，《召旻》之诗以'旻天疾威'发语。盖采诗者摘其首章要语以识篇第，本无深意。"② 近人余嘉锡说："古人之著书作文，亦因事物之需要，而发乎不得不然，未有

① 程元敏：《尚书学史》，五南图书出版公司 2008 年版，第 99 页。
② （宋）程大昌：《考古编》卷二《诗论九》，文渊阁《四库全书》本。

先命题，而强其情与意曲折以赴之者。故《诗》《书》之篇名，皆后人所题。……故编次之时，但约略字句，断而为篇，而摘首句二三字以为之目。"①前人关于古书篇题形成过程的说法，可得今日出土文献的验证。

从近年出土的竹书看，大多不具篇名。上博简整理出的古文献一百多篇，竹简背面书有篇题的如《子羔》《恒先》等仅二十来篇。经考古发掘的郭店简《老子》《缁衣》等十余篇文献，全无篇题。已公布的清华简第一册《保训》等九篇，只有《耆夜》《金縢》《祭公》原有篇题。郭店简、上博简所见《缁衣》，清华简所见《皇门》，与传世本基本相合却无篇名。清华简《金縢》原题《周武王有疾周公所自以代王之志》，《祭公》原题《祭公之顾命》，亦与今名相异。江陵张家山汉简的《盖庐》原为简上标题，盖庐即吴王阖庐，或作阖闾。若仅从篇题推想，文中内容应为阖闾的话语或思想，但实际情况并非如此。"篇中阖闾只是提问，主要内容都是申胥(即伍子胥)的话，因此实际上是记述申胥的军事思想"②。类似情况还有山东银雀山汉简的《唐勒》，其原有篇题"唐勒"亦取自首句"唐勒与宋玉言御襄王前"③。篇中除了唐勒的话，尚有不少宋玉之言。凡此说明古书篇名不是一开始就有的，多为后人追题。追题的方式一般是取首句要语名篇，与篇中主旨多无关联。

在传世的先秦典籍中，这种例证更为习见。《诗》三百除《雨无正》《巷伯》《常武》《酌》《赉》《般》等篇外，均取首章或首句要语名篇。《礼记》四十九篇，其中《曾子问》《礼器》《郊特牲》《玉藻》《哀公问》《孔子燕居》《孔子闲居》《大学》等亦为摘取首句二三字以为目。《论语》二十篇，《孟子》七篇，则无一例外。至于《尚书》篇名，以现存今文二十八篇论，大都属于这种情况。清阎若璩说："二十八篇之《书》，有整取篇中字面以名，如《高宗肜日》《西伯戡黎》之类，有割取篇中字面以名，如《甘誓》《牧誓》之类，皆篇成以后事。"④阎氏所谓"取篇中字面以名"，不管是"整取"还是兼顾典、谟、训、诰、誓、命等著作体例的"割取"，均以首句居

---

① 余嘉锡：《古书通例》，上海古籍出版社 1985 年版，第 28—29 页。

② 张家山汉墓竹简整理小组：《江陵张家山汉简概述》，《文物》1985 年第 1 期。

③ 吴九龙：《银雀山汉简释文》，文物出版社 1985 年版，第 15 页。

④ (清)阎若璩：《尚书古文疏证》，上海古籍出版社 1987 年版，第 513—514 页。

多。例如：

> 《尧典》首句："曰若稽古帝尧，曰放勋。"
>
> 《皋陶谟》首句："曰若稽古皋陶。"
>
> 《禹贡》首句："禹敷土，随山刊木，奠高山大川。"
>
> 《甘誓》首句："大战于甘，乃召六卿。"
>
> 《盘庚》首句："盘庚迁于殷，民不适有居。"
>
> 《高宗肜日》首句："高宗肜日，越有雊雉。"
>
> 《西伯戡黎》首句："西伯既戡黎，祖尹恐，奔告于王。"
>
> 《微子》首句："微子若曰。"
>
> 《牧誓》首句："时甲子昧爽，王朝至于商郊牧野，乃誓。"
>
> 《大诰》首句："王若曰：猷！大诰尔多邦越尔御事。"
>
> 《无逸》首句："周公曰：呜呼！君子所其无逸。"
>
> 《君奭》首句："周公若曰：君奭！"
>
> 《吕刑》首句："惟吕命。"

以上十三篇已近《今文尚书》之半，说明摘取首句要语名篇是最为通行的方式。若再加上以篇中之语作为篇名者，如《洪范》《金縢》《梓材》《多方》《多士》《立政》等，已占《尚书》篇目的三分之二。这个事实告诉我们，若摘取《尹诰》首句要语"咸有一德"名篇，与古书通例适相符合，并不存在什么费解之处。

最后要说明的是，以《尹诰》为篇名亦与《尚书》体例相合。从清华简《尹诰》的内容看，如此命名虽也与其首句"尹"字有关，但更多的是突出和强调作诰者伊尹的中心地位。商汤在篇中只有提问，并无实质性的谈话内容。而伊尹一言夏朝背弃民众遭致亡国的历史教训，二言商朝新立、民心不附的政治危机，三言赉民致众的治国方略，正体现出本篇为伊尹之诰。

"诰"作为《尚书》的一种体例，主要记述君臣间的讲话。如《史记·殷本纪》说："(汤)既绌夏命，还亳，作《汤诰》。"《书序》亦云："汤既黜夏命，复归于亳，作《汤诰》。"其作诰者为汤，因称《汤诰》。《史记·周本纪》云："康王即位，遍告诸侯，宣告以文武之业以申之，作《康诰》。"《书序》云："康王既尸天子，遂诰诸侯，作《康王之诰》。"其作诰者为康王，故称《康王之诰》，或省称《康诰》。是为君之告臣。《召诰》为召公诫勉成王之辞[①]，与《尹诰》同属臣之告君。可见本篇以《尹诰》作为篇题，与称《咸有一德》一样，亦无不当。

总之，清华简《尹诰》以此名篇可，以《咸有一德》名篇亦可。郑玄说《书序》称《尹诰》为《咸有一德》，仅以古书命名方式看不为无据。清江声说："以《尚书》篇目无《尹告》而有《咸有一德》，又此文有'咸有一德'之语，乃其篇名所取谊也，则是《咸有一德》文矣。"[②]清段玉裁说：《书序》"以为《咸有一德》者，《记》曰《尹诰》，《书序》则谓之《咸有一德》也，以四字适相合知之也"[③]。江、段二氏所言，实为通达之论。

二、《尹诰》即《咸有一德》的二重证据

《尹诰》即《书序》所言《咸有一德》，以篇名论之虽可立说，但证据远非坚实。因为今传孔传本《尚书》已有《咸有一德》篇，其内容与清华简《尹诰》迥然有异，可是篇中也有"惟尹躬暨汤咸有一德"之语，这就不免令人真伪莫辨。不要说篇中仅一语相同，即使同一古书篇名相同者，也有非为一篇的例证。如《诗》三百以《扬之水》为篇名者即有三首，且每篇都有"扬之水"之句，但实际是三首不同的诗。又如《尚书·康王之诰》别称《康诰》，却与周公诰康叔的《康诰》其事非一。《缁衣》在《礼记》和《诗经》中一为文一为诗，更相异趣。因此，在有的学者看来，仅以一句相同来证明清华简《尹诰》即是真本《咸有一德》，并以此指证晚书《咸有一德》为伪作，似乎说服力不强。这就需要我们对郑注《尹诰》提出的证据即"《书序》以为《咸有一德》"从史实层面再加考索，以说明问题的实

① 杜勇：《〈尚书〉周初八诰研究》，中国社会科学出版社1998年版，第54页。

② (清)江声：《尚书集注音疏·咸有一德》，《皇清经解》本。

③ (清)段玉裁：《古文尚书撰异·书序》，《皇清经解》本。

质所在。

清惠栋对郑注曾予阐释说："郑为此言者，据孔氏逸《书》为说。盖古文《书序》《咸有一德》次《汤诰》后，故郑以《尹告》为伊尹告成汤，即《书序》之《咸有一德》也。"①这是说，郑玄虽以《书序》说明《尹诰》即《咸有一德》，真正的证据却来自前汉孔安国所得逸《书》十六篇。

据《尚书·尧典》孔颖达《正义》，《咸有一德》是孔壁发现的多出今文的十六篇古文《尚书》之一。《隋书·经籍志》云："晋世秘府所存有古文《尚书》经文，今无有传者。及永嘉之乱，欧阳、大小夏侯《尚书》并亡。"《经典释文·序录》云："永嘉丧乱，众家之《书》并灭亡。"②这当然是就官方藏书而言的，其中自然包括逸《书》十六篇，也都亡于西晋永嘉之乱。然而，为什么早在东汉时郑玄就说《咸有一德》"今亡"呢？清阎若璩说："《咸有一德》宜云'今逸'，不宜云'今亡'，疑'亡'字误。"原因是"郑注《书》有亡有逸，亡则人间所无，逸则人间虽有而非博士家所读"③。这是说郑玄所用"亡"与"逸"两个概念是有区别的，《咸有一德》既为逸《书》，则不可言亡。钱大昕亦有类似意见，认为"或'今逸'之讹"④。这种看法是否正确呢？

仔细分析郑玄百篇《书序》的注文，可以发现郑玄对于《逸》书十六篇，除《咸有一德》《武成》二篇用"亡"外，余则皆用"逸"。而对百篇《书序》中除今文二十九篇、逸十六篇外的其余各篇，郑玄有不言其存佚状况者(如《槁饫》《夏社》《旅巢命》《贿息慎之命》)，凡言者必称"亡"⑤。这就意味着郑注百篇《书序》除《咸有一德》外，再也见不到称"今亡"或"今逸"的语例，所以不得用字误或字讹来加以解释。惠栋说："逸《书》有此篇，当康成时已广也。"⑥这是正确的推断。可以设想，如果当时《咸有一德》未亡，郑玄可得而见之，他完全可以引其文字来判明是非，而不至于用

---

① (清)惠栋：《古文尚书考·证孔氏逸书九条》，《皇清经解》本。

② (唐)陆德明：《经典释文》，上海古籍出版社 1985 年版，第 32 页。

③ (清)阎若璩：《尚书古文疏证》，上海古籍出版社 1987 年版，第 123—124 页。

④ (清)孙星衍：《尚书今古文注疏》，中华书局 1986 年版，第 571 页。

⑤ (清)孙星衍：《尚书今古文注疏·书序》，中华书局 1986 年版，第 571 页。

⑥ (清)惠栋：《古文尚书考·证孔氏逸书九条》，《皇清经解》本。

《书序》来间接证明《尹诰》即《咸有一德》，也不至于说《尹诰》"惟尹躬天见于西邑夏"还有《礼记》别本"见或为败，邑或为予"①的异文了。可见郑玄说《咸有一德》"今亡"，与其称"《武成》逸《书》，建武之际亡"②一样，均为既成事实。

由于郑玄精研今古文，故所注《古文尚书》经字多异，但篇数与伏生所传相同。郑注百篇《书序》涉及逸《书》十六篇，其《咸有一德》出注有"尹陟臣扈曰"③之语，今已不详其义。但说《咸有一德》"今亡"，则表明他不曾看到本篇原文。因此要证明《尹诰》即《咸有一德》，只能用"《书序》以为"立说。不过这个《书序》不是今传孔传本的《书序》，而是郑玄时代的古文《书序》。由于"编《书》以世先后为次"④，故从《书序》编次的角度，可以洞察《书》篇有关内容，至少可以明确某篇是什么时代的文献。

关于《咸有一德》在《尚书》中的次第，郑注《书序》与孔传本《书序》微有不同。《尚书·尧典》孔颖达《正义》说："百篇次第，于《序》孔、郑不同。……孔以《咸有一德》次《太甲》，第四十；郑以为在《汤诰》后，第三十二；……不同者，孔依壁内篇次及序为文，郑依贾氏所奏《别录》为次。……考论次第，孔义是也。"孔颖达所谓的"孔"实即伪孔，并非真是前汉的孔安国，其百篇《书序》的次第也是其自为之说，与孔壁古文遥不相涉，谈不上"孔义是也"。然于此处，孔颖达却给我们揭示了郑玄《书序》注本编次的依据，是来自贾逵所奏《别录》。

贾逵是东汉精通《古文尚书》的经学大师。其父贾徽从刘歆受《左氏春秋》，又从涂恽受《古文尚书》，著《左氏条例》二十一篇。贾逵悉承父业，"数为帝言《古文尚书》与经传《尔雅》诂训相应，诏令撰欧阳、大小夏侯《尚书》《古文》同异"。建初八年(83 年)，"乃诏诸儒各选高才生，受《左氏》、《穀梁春秋》、《古文尚书》、《毛诗》，由是四经遂行于世。"⑤至于贾逵何以上奏《别录》，今不可晓，但由此我们可以知道一个事实，即郑注《书

---

①　《礼记·缁衣》郑注，阮元校刻：《十三经注疏》，中华书局 1980 年版，第 1649 页。

②　《尚书·武成》正义引，阮元校刻：《十三经注疏》，中华书局 1980 年版，第 184 页。

③　《尚书·尧典》正义引，阮元校刻：《十三经注疏》，中华书局 1980 年版，第 118 页。

④　《尚书·蔡仲之命》正义，阮元校刻：《十三经注疏》，中华书局 1980 年版，第 227 页。

⑤　《后汉书·贾逵列传》，中华书局 1965 年版，第 1239 页。

序》的次第与《别录》同，这就很有意义了。

《别录》是刘向主持纂修的一部目录学著作，其子刘歆的《七略》即是在此基础上完成的。《别录》在唐代尚被广为引用，后在社会变乱中亡佚。梁阮孝绪《七录序》云："昔刘向校书，辄为一录，论其指归，辨其讹谬。随竟奏上，皆载在本书。时又别集众录，谓之《别录》，即今之《别录》是也。子歆探其指要，著为《七略》。"①由于受命校书，刘向有机会看到皇家秘府所藏《古文尚书》。他经过与当时立于学官的《今文尚书》对照，曾发现今文不少错误。《汉书·艺文志》说："刘向以中古文校欧阳、大小夏侯三家经文，《酒诰》脱简一，《召诰》脱简二。率简二十五字者，脱亦二十五字，简二十二字者，脱亦二十二字，文字异者七百有余，脱字数十。"这里说到的"中古文"是皇家收藏的《古文尚书》，是否来自孔安国所献的家传本尚不好判定。但是，既然刘向研读过包括逸十六篇在内的《古文尚书》，那么《别录》中有关《书序》的次第无疑是与逸《书》内容相应的，《咸有一德》次于《汤诰》后《明居》前，其文则必属商汤时代，内容为伊尹诰汤，而非孔传本《古文尚书》所说为伊尹诰太甲。

不宁唯是，《史记·殷本纪》亦以《汤诰》《咸有一德》《明居》为次，从另一侧面证明了《咸有一德》为伊尹诰汤之文。

《史记》中有数十条与《书序》近同的文字，康有为《新学伪经考》说是《书序》剿《史记》，崔适《史记探源》认为是刘歆之徒据《书序》窜入的。这都是今文经学家的门户之见，不足深论。至于《书序》，《汉书·艺文志》说是孔子所作，亦无确证。《论语》引《书》不具《书序》所订篇名，似乎表明孔子未作《书序》。但战国时期应有《书序》一类文字的出现，如清华简《金縢》原篇题为"周武王有疾周公所自以代王之志"②，即与《书序》略相近似，只是未能进一步绎出《金縢》这样的篇名。郭店简《缁衣》所见《尚书》篇名除《尹诰》外，尚有《君牙》《吕刑》《君陈》《康诰》《君奭》等。伏生曾为秦朝博士，传授《尚书》已具篇名。这说明与篇

---

① (唐)释道宣：《广弘明集》卷三，文渊阁《四库全书》本。

② 清华大学出土文献研究与保护中心编，李学勤主编：《清华大学藏战国竹简》（一），中西书局 2010 年版，第 158 页。

名密切相关的《书序》可能在秦季即已形成，故可为西汉司马迁所采用。至汉成帝时，《书序》渐有百篇之称。扬雄《法言·问神》说："至《书》之不备过半矣，而习者不知。……如《书序》，虽孔子亦未如之何矣。昔之说《书》者序以百，而《酒诰》之篇俄空焉。"扬雄看到《酒诰》之文却未见其《序》，表明他见到的百篇《书序》与后来总为一卷的马郑本《书序》其内容是有差异的。《汉书·儒林传》说："世所传《百两篇》者，出东莱张霸，分析合二十九篇以为数十，又采《左氏传》、《书叙》为作首尾，凡百二篇。"张霸伪造百篇《尚书》，所采《书叙》应与扬雄所见略同。而马郑本百篇《书序》已无"《酒诰》之篇俄空"的情况，当与此前刘向父子校书有过研究整理有关。这个整编本自然是司马迁所不能看到的，但在《咸有一德》的次第问题上，司马迁的记载为什么与马郑本《书序》恰相一致呢？除了在司马迁之前已有百篇《书序》一类的东西可资参考外，更重要的依据应是他从孔安国问故，得知逸《书》十六篇内容，合理编排出《咸有一德》的次第。此即惠栋所说："郑传贾逵之学，马迁从孔安国问，皆得其实。"①

关于司马迁从孔安国问故一事，《汉书·儒林传》有载："孔氏有古文《尚书》，孔安国以今文读之，因以起其家。逸《书》得十余篇，盖《尚书》滋多于是矣。遭巫蛊，未立于学官。安国为谏大夫，授都尉朝，而司马迁亦从安国问故。迁书载《尧典》、《禹贡》、《洪范》、《微子》、《金縢》诸篇，多古文说。"此言"逸《书》得十余篇"与《史记·儒林列传》同，后由刘向、刘歆实定为十六篇。这就是所谓《古文尚书》孔氏家传本，又称孔壁本。这个孔壁本《古文尚书》据说是"武帝末，鲁共王坏孔子宅"②时发现的，继由孔安国得之，并在"天汉之后"③献给朝廷。对此，崔适著《史记探源》大加质疑，认为武帝末年鲁恭王已薨，何以得书？孔安国早卒，何从献书？司马迁生不及此，何由问故？且《史记》皆今文说，何来古文？这些问题提得都很尖锐，尚需略作分析。

《汉书·景十三王传》载，鲁恭王"以孝景前三年徙王鲁，好治宫室苑

---

① (清)惠栋：《古文尚书考·证孔氏逸书九条》，《皇清经解》本。
②《汉书·艺文志》，中华书局 1962 年版，第 1706 页。
③《汉书·楚元王传》，中华书局 1962 年版，第 1969 页。

囿狗马，季年好音"，则"坏孔子宅"必在他初为鲁王之时而非季年，故阎若璩认为当从《论衡·正说篇》订正"武帝末"为"景帝时"，甚有理致，是可信从。《史记·孔子世家》说："安国为今皇帝博士，至临淮太守，蚤卒。"《史记·儒林列传》说，兒宽诣博士受业，受业孔安国，由廷尉张汤推荐，补廷尉史。考《汉书·百官公卿表》，张汤任廷尉在元朔三年（前126年），则孔安国任博士不晚于此年。此年至天汉四年（前97年）即武帝天汉年号的最后一年已相隔30年。故崔适袭梁启超说认为，孔安国任博士"使其年甫逾二十，至巫蛊祸作，已过五十，是时尚在，安得云早卒？"①其实，汉代称人早卒不必尽为年少夭亡，正如清人吴光耀所言，也有"惜其人功业不终"②之意。《汉书·尹翁归传》即谓其"早夭不遂，不得终其功业"。尹翁归少孤，曾为狱小吏、市吏，河东郡卒史，徙署督邮，后征拜东海太守，入守右扶风，死时必不年少。又古本《竹书纪年》记周武王卒年五十四岁，《史记·周本纪》仍谓其"蚤终"，例亦相同。孔安国在出任临淮太守之前，还担任过谏大夫，司马迁从之问故应即此时。《汉书·百官公卿表》记"初置谏大夫"在元狩五年（前118年），司马迁从孔安国问故不能早于此年。据赵光贤先生研究，元狩五年司马迁18岁，正是青年向前辈求教的年龄③。可见不只孔安国在天汉以后献书（非"安国家献之"）是可能的，而且此前有司马迁从之问故也不必视为"讹传"④。

司马迁本人习《今文尚书》，他从孔安国问故当然是讨教逸《书》十六篇的有关问题。故《史记》涉及《尚书》诸篇"多古文说"，实在是渊源有自。不过这个"多"字不是说数量上居压倒优势，而是指主采今文而间有古文。章太炎《太史公古文尚书说》曾举二十许事，以证史迁用古文说。如《殷本纪》尝录逸篇《汤诰》，并采亡篇《汤征》，即是显证。再以清华简《金縢》为例，其内容与今传孔传本大体相合，当为《古文尚书》真本。但史迁《鲁周公世家》所录却有异于今文而与清华简《金縢》相合的文字。如

---

① 崔适：《史记探源》，中华书局1986年版，第10页。
② 蒋善国：《尚书综述》，上海古籍出版社1988年版，第46页。
③ 赵光贤：《司马迁生年考辨》，《古史考辨》，北京师范大学出版社1987年版，第234页。
④ 刘起釪：《尚书学史》，中华书局1989年版，第119页。

其"旦巧能",清华简亦作"巧能",今文则作"考能"。又如"惟尔元孙王发",清华简亦称元孙"发",今文则作元孙"某"。这是司马迁采用古文的铁证。当然,史迁亦有不采古文说的地方,如《金滕》"秋大熟"一节所言风雷之变诸事,马、郑持古文说,以为事件发生在周公居东归来的同年秋天,故曰"成王既得金滕之书,亲迎周公"①。此与清华简《金滕》所记适相一致。可史迁录入《鲁周公世家》却成周公身后之事,是取伏生今文说。崔适作《史记探源》对《史记》引《书》逐篇进行考证,认为所用皆今文,"绝无古文说"②,不只武断,更是偏见。可见司马迁从孔安国问故是无可疑,《殷本纪》所列《咸有一德》次第与逸《书》内容相应,亦无可疑。

从前面的分析来看,《咸有一德》在《书序》和《殷本纪》中所列次第,充分说明本篇为伊尹诰汤之文,此与清华简《尹诰》的内容若合符契,构成二者同为一篇文献的二重证据,同时也说明今传孔传本《尚书》以《咸有一德》为伊尹诰太甲之书必为伪作。阎若璩指出:"此篇郑康成序《书》在《汤诰》后,咎单作《明居》前。马迁亦亲受逸《书》者,即系于成汤纪内,是必与太甲无涉矣。"③阎氏所论虽乏具体考析,其结论却得到清华简《尹诰》的印证,确不可易。

三、清人《咸有一德》辨伪的学术理路

梅本《古文尚书》辨伪是一桩学术大案,历经宋元明清众多学者的不懈努力,终成定谳。清阎若璩的《尚书古文疏证》是其辨伪工作最具标志性的成果。近出清华简《尹诰》《傅说之命》等真本《古文尚书》,再次以铁的事实证明了今传孔传本《古文尚书》是伪非真,显示了清人辨伪成果的科学性。虽然前贤并无亲见战国竹书的幸运,却能慧眼如炬,洞察到梅本《古文尚书》之为伪作,确是中国学术史上值得称道和自豪的一件大事。现在,我

---

① 《诗·豳风·东山》疏引,阮元校刻:《十三经注疏》,中华书局 1980 年版,第 395 页。
② 崔适:《史记探源》,中华书局 1986 年版,第 12 页。
③ (清)阎若璩:《尚书古文疏证》,上海古籍出版社 1987 年版,第 342 页。

们利用清华简《尹诰》的发现，认真分析清人对晚书《咸有一德》的辨伪成果和学术理路，对于深化历史文献研究的规律性认识，促进学术水平的提升，想必是不无裨益的。

从清人对《咸有一德》的辨伪工作看，其学术理路大体可分为两个方面：一是从文献传流觅其外证，二是从文献本身求其内证。

从文献传流角度考察梅本《古文尚书》的来源，是明清学者辨伪工作的一种重要方法。梁启超总结前人辨伪方法说："其书虽前代有著录，然久经散佚，乃忽有一异本突出，篇数及内容等与旧本完全不同者，什有九皆伪。"①梅本《古文尚书》即属于这种情况。《经典释文·序录》云："江左中兴，元帝时豫章内史枚赜奏上孔传《古文尚书》，亡《舜典》一篇。"②这个具名西汉孔安国作传而由梅赜奏上的《古文尚书》，"其篇章之离合，名目之存亡，绝与两汉不合"③。阎若璩《尚书古文疏证》开篇第一条"言两汉书载古文篇数与今异"认为，《汉书·艺文志》《楚元王传》等均称孔壁《古文尚书》为十六篇，梅本乃增多二十五篇，"无论其文辞格制迥然不类，而只此篇数之不合，伪可知矣"④。又第三条"言郑康成注古文篇名与今异"说，据郑注《书序》，逸书十六篇篇名俱在，其中《九共》九篇，若析之则逸书为二十四篇，梅本却为二十五篇。且本为逸《书》的《九共》《汨作》《典宝》却不见于梅本《古文尚书》，非伪而何？尤其是《九共》九篇，补缀无从措手，"此其避难就易，虽出于矛盾，而有所不恤也"⑤。梅本《古文尚书》不只篇卷与文献记载大相抵牾，而且看不到从孔安国那里延续下来的传授系统。阎若璩指出："赜自以得之臧曹，臧曹得之梁柳。……柳得之苏愉，愉得之郑冲，郑冲以上，则无闻焉。"⑥且不说郑冲以上"无闻"，即以郑冲论，事实上也无传授孔传本《古文尚书》的任何迹象。⑦

---

① 梁启超：《中国历史研究法》，东方出版社 1996 年版，第 103 页。
② (唐)陆德明：《经典释文》，上海古籍出版社 1985 年版，第 31 页。
③ (清)阎若璩：《尚书古文疏证》，上海古籍出版社 1987 年版，第 134 页。
④ (清)阎若璩：《尚书古文疏证》，上海古籍出版社 1987 年版，第 36 页。
⑤ (清)阎若璩：《尚书古文疏证》，上海古籍出版社 1987 年版，第 86 页。
⑥ (清)阎若璩：《尚书古文疏证》，上海古籍出版社 1987 年版，第 134 页。
⑦ 杜勇：《〈左传〉"德乃降"辨析》，四川大学历史文化学院编：《纪念徐中舒先生诞辰110 周年国际学术研讨会论文集》，巴蜀书社 2010 年版，第 368—373 页。

如果再从微观上考察《咸有一德》本身的传流过程，也无法掩饰其斑斑伪迹。其一，郑注《礼记》所引《尹诰》，称《咸有一德》"今亡"，又注《书序》说《太甲》三篇"亡"。东汉已经亡佚的《书》篇，历经百余年的战乱与动荡，却由东晋梅赜奏献立于学官，来路不明，令人生疑。可是孔颖达的解释是郑不见古文，致有此说。不独郑玄不见，而且刘向、刘歆、贾逵、马融、服虔、杜预"皆不见也"①。一部几代名儒都不曾见到的《古文尚书》，孔颖达却踵谬失考，信为真本。故阎若璩说："至唐初贞观，始依孔为之疏，而两汉专门之学顿以废绝。是使此书更信于世者，孔颖达之过也。"② 其二，《礼记》两引《尹诰》之文，在梅本《古文尚书》中却一见于《咸有一德》篇，一见于《太甲》上篇，完全违背文献传流的基本规则。阎若璩说：梅书见《礼记·缁衣》"引《尹吉》曰不知为何书，缘康成所受十六篇有《咸有一德》，知此'惟尹躬及汤咸有一德'出其中。……果尔，'惟尹躬及汤咸有一德'既窜入《咸有一德》中，何惟'尹躬天见于西邑夏，自周有终，相亦惟终'均为《尹吉》曰，而窜入《太甲》上篇中耶？"③ 在这里需要指出，阎氏称"康成所受十六篇有《咸有一德》"应为误笔。马融说："逸十六篇，绝无师说。"④ 既无师说，郑玄何从受业？但阎氏认为作伪者取此《尹诰》之文伪作《咸有一德》，则甚为确当。同为《尹诰》之文岂可两属？这正是作伪者一时疏忽留下的破绽。

除了考察文献传流过程外，从梅本《古文尚书》各篇内容寻求作伪之迹，是清人辨伪的又一重要方法。具体到《咸有一德》篇，阎若璩等人主要是从以下几个方面开展辨伪工作的。

其一，从文辞格制层面辨伪。宋人对梅本《古文尚书》真伪的思考，主要是从文辞格制方面着眼的。梁启超说："各时代之文体，盖有天然界划，多读书者自能知之。故后人伪作之书，有不必从字句求枝叶之反映，但一望文体即能断其伪者。例如东晋晚出《古文尚书》，比诸今文之《周诰》《殷

---

① 《尚书·尧典》正义引，阮校刻：《十三经注疏》，中华书局1980年版，第118页。
② （清）阎若璩：《尚书古文疏证》，上海古籍出版社1987年版，第135页。
③ （清）阎若璩：《尚书古文疏证》，上海古籍出版社1987年版，第122—123页。
④ 《尚书·尧典》正义引，阮校刻：《十三经注疏》，中华书局1980年版，第118页。

盘》，截然殊体。故知其决非三代以上之文。"①梁氏在这里强调文章风格的差异在辨伪工作中的作用，固然是对的，但观其文章字句以寻伪迹也不失为重要途径。如《咸有一德》篇中多处使用"德"字：凡句末用"德"字者十一次，句末用"一德"字者四次，其句内所用"一"字、"德"字，尚不在此数。这种现象从后世为文的章法看，诰文似乎与篇题紧相呼应，逻辑严密。实则古书篇名多为后人追题，内容与篇题相应且重叠用字者极为罕见，此查《今文尚书》一望即知。所以阎若璩说，晚书《咸有一德》"通篇将题字面纠缠缴绕，此殆学语者所为耳"②，真可谓灼然有见。

在晚书《咸有一德》中，还有伊尹陈诚于太甲曰："惟尹躬暨汤咸有一德。"对此，阎若璩指出："夫赞襄于汤而曰'咸有一德'，似乎喜君臣同德之助，庆明良交泰之休，于义可也。若陈戒于太甲而曰'咸有一德'，是尹以己德告太甲，则为矜功伐善，非人臣对君之言矣。"③阎氏认为，伊尹面诚太甲，若自称与汤"咸有一德"，有在少主面前自夸功德之嫌，不是人臣对君主所当讲的话。这确实得乎情理。今出清华简《尹诰》此句正为叙事之辞，非出伊尹之口，证明了他的推断。

这里，附带说明一下清华简《尹诰》"惟尹既及汤咸有一德"的解读问题。郭店简、上博简《缁衣》引《尹诰》此语，"尹"后一字学者多释作"允"，今从清华简《尹诰》看，所谓"允"很可能是"既"字之讹④。"既"训"已"是通诂，"及"亦非连词，当作动词用。《广雅》云："及，至也。"与甲骨文中"及"之构形及用例相合。这是说伊尹原为夏臣，已至商廷，能与汤一德同心，佐治新邦。由于伊尹自夏归商，故可曰"及"。《礼记·缁衣》郑注："咸，皆也。君臣皆有一德不二，则无疑惑也。"其言近是。伪孔传谓此"言君臣皆有纯一之德"，是依伪经作解，不只与清华简《尹诰》文意不合，亦违《缁衣》引此以证"君不疑于其臣，而臣不惑于其君"之用意。阎若璩引郝氏言，认为篇名《咸有一德》犹言君臣"各擅一长"⑤，亦

① 梁启超：《中国历史研究法》，东方出版社 1996 年版，第 105 页。
② (清)阎若璩：《尚书古文疏证》，上海古籍出版社 1987 年版，第 376 页。
③ (清)阎若璩：《尚书古文疏证》，上海古籍出版社 1987 年版，第 243 页。
④ 虞万里：《清华简〈尹诰〉"佳尹既返汤咸又一悳"解读》，《史林》2011 年第 2 期。
⑤ (清)阎若璩：《尚书古文疏证》，上海古籍出版社 1987 年版，第 1154 页。

有未谛。

其二，从史实层面辨伪。晚书《咸有一德》篇首云："伊尹既复政厥辟，将告归，乃陈戒于德。"这里交代诰文的形成背景与史实相违，留下了作伪者杜撰的痕迹。阎若璩引姚际恒语云："诸经传记，于伊尹并无告归致仕之事。"①即是有力的反证。如《尚书·君奭》说："在太甲，时则有若保衡。"保衡即伊尹。《左传·襄公二十一年》亦云："伊尹放太甲而相之，卒无怨色。"都是说"尹奉太甲归后作相之日方长"②，何以见得太甲始复政，伊尹即告归。又《史记·殷本纪》说："帝太甲既立三年，不明，暴虐，不遵汤法，乱德，于是伊尹放之于桐宫。三年，伊尹摄行政当国，以朝诸侯。帝太甲居桐宫三年，悔过自责，反善。于是伊尹乃迎帝太甲而授之政。帝太甲修德，诸侯咸归殷，百姓以宁。伊尹嘉之，乃作《太甲训》三篇，褒帝太甲，称太宗。"所谓太甲修德，诸侯咸归，百姓以宁，决非复政初始之事，应有相当时间的执政过程，始可见其功效。可见《咸有一德》不可能是太甲复政、伊尹告归前所作的诰辞。

其三，从礼制层面辨伪。这个问题也与伊尹面对太甲，是否当言"惟尹既及汤咸有一德"有关。阎若璩认为，"尹"是伊尹的字，他在太甲面前讲话，只能自称己名(挚)，或称朕、称予、称臣，断不可自称其字，因为称字不符合"君前臣名"的礼仪制度。但在晚书《咸有一德》《太甲》篇中，"太甲既稽首于伊尹矣，伊尹又屡自称其字于太甲，岂不交相失乎？"③阎氏所言，若以周代礼制言之，无疑是正确的。《礼记·曲礼上》云："父前子名，君前臣名。"又《檀弓上》云："幼名，冠字，五十以伯仲，死谥，周道也。"这些都不失为有力的证据。但伊尹是夏商之际人，其时殷礼是否如此，并无确证。此外，伊尹究竟何名何字，亦多异说。如《史记·殷本纪》说"伊尹名阿衡"，《索隐》又引《孔子兵书》说"伊尹名挚"，《吕氏春秋·本味》说"有侁氏女子采桑，得婴儿于空桑之中……故命之曰伊尹。"在这种情况下，说晚书《咸有一德》有违君前臣名之礼，确实难成定论。清

---

①　(清)阎若璩：《尚书古文疏证》，上海古籍出版社1987年版，第242页。
②　(清)阎若璩：《尚书古文疏证》，上海古籍出版社1987年版，第1209页。
③　(清)阎若璩：《尚书古文疏证》，上海古籍出版社1987年版，第342页。

毛奇龄则从另一角度考虑问题，认为"汤本名履，庙号天乙，其称成汤者，谥也。……假曰告汤，则汤尚未崩，焉得有'尹躬暨汤'预称其谥之理？若谓汤不是谥，则面呼君名，尤为无状。此皆不学人所言者。"①毛氏以"汤"为谥，意在说明《咸有一德》应为伊尹告太甲而非伊尹告汤，以证《咸有一德》不伪。然谥法亦为周制，兴于周初②，谓"汤"为谥号也是以周礼比附殷礼，同样不具说服力。不过，有一点值得我们注意，《尚书》文本的最后形成大多在周代，即使是记事内容或材料来源早于周代的文献，在传流过程中历经变化和改造，恐怕也免不了带有周礼的色彩。以《咸有一德》论，阎若璩说："要王肃注云：'言君臣皆有一德'，是必当时臣工赞美汤君臣之辞，故君则号，臣则字，不必作于汤前。"③此言"王肃注"见于《史记·殷本纪》集解所引，阎氏从这里引申说"惟尹躬及汤咸有一德"是史臣对汤君臣的赞美之辞，而不是伊尹当面对汤讲的话，极具卓识。观今出清华简《尹诰》，"惟尹躬及汤咸有一德"正为史臣叙事之辞，文中载伊尹作诰又称"挚曰"，都说明周代"君前臣名"礼俗对文本形成的影响。

其四，从材料来源层面辨伪。清人对《古文尚书》的辨伪，也采取明梅鷟《尚书考异》揭出《古文尚书》材料来源的辨伪方法。晚书二十五篇在材料上均有依傍和补缀，正如《尚书考异》卷一"孔安国尚书注十三卷"条所说："东晋之伪，无一书不搜葺，无一字无所本。"所以考察出其原始的出处和补缀的痕迹，也就等于找到了伪证。梅鷟《尚书考异》运用这种方法非常自觉和普遍，仅以《咸有一德》论，即从文献方面列出十条证据，说明本篇是杂取先秦文献中的语句写成的。而阎若璩引姚际恒曰："《咸有一德》'后非民罔使，民非后罔事'，本仿《国语》'《夏书》曰：众非元后何戴，后非众无与守邦'，《礼记》'《太甲》曰：民非后无能胥以宁，后非民无以辟四方'。但二者皆以'民非后'在上，兴起下'后非民'，乃是告君语义。今倒置之，则是告民语义，不容出伊尹对太甲之口矣。"④这条材料在梅鷟《尚书考异》中不曾举出，应是姚际恒的一个新发现。更重要的是姚氏通过比较，

---

①（清）毛奇龄：《古文尚书冤词》卷五，文渊阁《四库全书》本。
②杜勇：《金文"生称谥"新解》，《历史研究》2002年第2期。
③（清）阎若璩：《尚书古文疏证》，上海古籍出版社1987年版，第342页。
④（清）阎若璩：《尚书古文疏证》，上海古籍出版社1987年版，第1219页。

认为既是人臣告君之语，落脚点应在"后非民"上，故不得将"后非民"置于"民非后"之前，这才符合《国语》引《夏书》、《礼记》引《太甲》所言夏商君民关系的语例。晚书《太甲》篇称伊尹作书曰："民非后，罔克胥匡以生；后非民，罔以辟四方。"明显带有袭用《礼记》所引《太甲》的痕迹，然其语序亦以"民非后""后非民"为次。这表明作伪者在伪撰《咸有一德》时欲作改装，结果因食古不化而暴露出作伪之迹。

综上可见，阎若璩等人在《咸有一德》的辨伪方面，从外证到内证多方揭其破绽，断为伪作，是可信的。尽管在有的地方还不够严密，甚至不免有错误发生，但其学术理路是清晰的，方法是得当的，结论也是正确的。如今清华简《尹诰》的发现，其辨伪成果还能经得起地下出土材料的检验，足见真正的学术精华是有生命力的。对于前人的学术成果和研究方法，需要我们认真分析与探讨，妥加鉴别与吸收。那种束书不观、訾议古人、自矜自是的做法，是不值得提倡的。

第 二 章

从清华简《说命》看古书的反思

早在 2008 年清华简入藏时，李学勤先生曾撰文介绍这批竹简有一篇《傅说之命》，即先秦不少文献引用过的《说命》，"和今天流传的《说命》伪古文不是一回事"①。这不仅给学术界带来惊雷般的震撼，也让学界看到了彻底解决伪《古文尚书》这一公案的希望。四年之后，《傅说之命》整理完成，命名为《说命》上、中、下三篇付梓，为人们提供了极其珍贵的第一手研究资料。《说命》亡佚两千余年，一朝惊现于世，使前人关于伪《古文尚书》的论断得到坚确证明，同时也引发许多有关古书辨伪的新课题，值得人们深刻反思。

一、清华简《说命》与今传本的本质差异

清华简《说命》原题《傅说之命》，如同《尚书·盘庚》又名《盘庚之诰》、《分器》又名《分殷之器物》、《金縢》又名《周武王有疾周公所自以代王之志》②一样，都是文献传流过程中篇题进一步凝练简化的结果。由于古书常有篇题相同而实非一篇的情况，所以竹简本《说命》是否就是先秦两

---

① 李学勤：《初识清华简》，《光明日报》2008 年 12 月 1 日。
② 清华大学出土文献研究与保护中心编，李学勤主编：《清华大学藏战国竹简》（一），中西书局 2010 年版，第 157 页。

汉文献提及的古本《说命》，便成为首先需要讨论的一个问题。

《书序》说："高宗梦得说，使百工营求诸野，得诸傅岩，作《说命》三篇。"①这里所谓"作《说命》三篇"，不能机械地理解为《说命》由武丁自己撰作，其实际含义是指本篇主体为商王武丁的命辞。今观清华简《说命》不仅正系三篇，而且篇中除少量记事之语和两句傅说之言外，均为武丁对傅说的讲话。此与《书序》所述该篇文意若合符契，证明竹简本就是先秦两汉文献提及的古本《说命》，此其一。

古本《说命》多次被先秦文献所引用，其文句与竹简本基本一致。《国语·楚语上》云：

> 武丁于是作《书》，曰："以余正四方，余恐德之不类，兹故不言。"如是而又使以象梦旁求四方之贤，得傅说以来，升以为公，而使朝夕规谏，曰："若金，用女作砺；若津水，用女作舟；若天旱，用女作霖雨。启乃心，沃朕心。若药不瞑眩，厥疾不瘳。若跣不视地，厥足用伤。"

又《孟子·滕文公上》云：

> 《书》曰："若药不瞑眩，厥疾不瘳。"

与此近同的语句在竹简本中都可以找到：一则曰"经德配天，余罔有斁言"；二则曰"说来……王用命说为公"；三则曰"若金，用惟汝作砺。……启乃心，日沃朕心。若药，汝不瞑眩，越疾罔瘳。……若天旱，汝作淫雨。若津水，汝作舟。……若抵不视，用伤。"②《楚语上》只说武丁作《书》，不言《书》之何篇，韦注引贾逵、唐固云："《书》，《说命》也。"这是根据《书序》所涉相关史实做出的正确推断。《礼记·缁衣》出现篇名的另一引文可与竹简本对照：

---

① 《尚书·说命上》，阮元校刻：《十三经注疏》，中华书局 1980 年版，第 174 页。
② 清华大学出土文献研究与保护中心编，李学勤主编：《清华大学藏战国竹简》（三），中西书局 2012 年版。其说明、释文、注释见第 121—131 页，后引不另注，释文尽量用通行字。

《兑命》曰："惟口起羞，惟甲胄起兵，惟衣裳在笥，惟干戈省厥躬。"

《墨子·尚同中》亦云：

是以先王之书《术令》之道曰："惟口出好兴戎。"

孙诒让认为《术令》当是《说命》之假字，"晋人作伪古文《书》不悟，乃以窜入《大禹谟》，疏谬殊甚"①。而清华简《说命》此句正作"且惟口起戎出好"，证实了孙氏的判断。竹简本《说命》与这些引文可相对应，说明它就是先秦时人看到的古本《说命》，此其二。

不过，竹简本《说命》似非完帙。因为先秦文献所引《说命》还有如下4条不见于竹简本：

(1)《礼记·缁衣》："《兑命》曰：爵无及恶德，民立而正事。纯而祭祀，是为不敬。事烦则乱，事神则难。"

(2)《礼记·文王世子》《学记》："《兑命》曰：念终始典于学。"

(3)《礼记·学记》："《兑命》曰：学学半。"

(4)《礼记·学记》："《兑命》曰：敬孙务时敏，厥修乃来。"

这些不见于竹简本《说命》的佚文来自何处？大体不外两种情况，一是本为《说命》之文，在清华简抄写过程中省略；二是原非《说命》之文，为引用者冒名附益。比较起来，后一种可能性不大。如"念终始典于学"一句，同为《文王世子》和《学记》所引用，若为造作附益，无此巧合。而《缁衣》所引《说命》已有一条见于竹简本，另一条引文"爵无及恶德"云云，亦当同出一书。所以整理者说："这应该是由于《说命》的传本有异。"②从近年出土的简帛书籍看，异本并存的例证已非个别，说明这个推断是有道理的。尽管我们无法知道《说命》初始成篇时的状况，但可以肯定的是，不管先秦时期有多少《说命》的异本并存，今日所见竹简本也应保持了原书的

① (清)孙诒让：《墨子间诂》，中华书局2001年版，第85页。
② 清华大学出土文献研究与保护中心编，李学勤主编：《清华大学藏战国竹简》(三)，中西书局2012年版，第121页。

基本面貌。如已公布的清华简中，有至今见存的《尚书·金縢》篇，也有《逸周书》中的《祭公》《皇门》等篇。用竹简本和这些传世本相比较，固然可以发现不少异文，甚至有些异文对理解传世文献具有正本清源的重要作用，但二者内容并无大异。郭店简、上博简发现的《缁衣》篇，与今本《礼记·缁衣》的情况亦复相同。因此，我们没有理由怀疑竹简本《说命》就是先秦时期的古本《说命》，此其三。

基于清华简《说命》即先秦两汉文献提及的古本《说命》这个根本前提，接下来我们就可以将竹简本与今传本相对照，以观其真伪。

清华简整理者说："东晋时梅赜所献孔传本《尚书》则有三篇《说命》，前人已考定为伪书。与清华简《说命》对照，梅氏献出的《说命》，除自先秦文献中摘辑的文句外，全然不同。"①这句话具有很强的概括性，用于说明今本《说命》为伪作还显得有些抽象，这里不妨就其不同点再作一些具体分析。

第一，文章体例不同。从该篇名为《说命》看，本篇主要内容应该是记录商王武丁对傅说的命辞。"命"作为《尚书》的一种体例，主要记载王者册命、训诫和赏赐大臣时的讲话，简言之就是王命。西周金文册命之辞甚多，或为王亲命，或由史官代宣王命②，本质上并无差别。《尚书·顾命》记有成王临终遗言而无他人话语，《文侯之命》通篇都是周天子的讲话，即是《尚书》"命"体主要特征的反映。《说命》既以"命"称，则应如《书序》所言，应把记述武丁命辞放在首位。今观清华简《说命》正是如此，全篇以武丁之言为主，而傅说所讲的话只有两句：一则曰"惟帝以余畀尔，尔左执朕袂，尔右稽首"。二则曰"允若时"。再看今本《说命》，中篇几乎全为傅说之语，上、下篇还占一定篇幅，其字数加起来已超过商王武丁的命辞，主次完全颠倒，体例严重不符。可见今本《说命》只是冒牌货，绝非真古文。

第二，话语主体不同。先秦文献六引古本《说命》，或称《书》，或称篇名，但多不言其话语主体。唯有《楚语上》谓"武丁于是作《书》曰"，可知

---

① 清华大学出土文献研究与保护中心编，李学勤主编：《清华大学藏战国竹简》（三），中西书局 2012 年版，第 121 页。

② 陈梦家：《尚书通论》，河北教育出版社 2000 年版，第 168 页。

"以余正四方"和"若金用汝作砺"云云，出自武丁之口。这与竹简本是一致的。今本《说命》当然也不会错，因为这些引文自身已经显示了讲话者的身份。至于其他几条引文到底是谁的讲话，仅从引文看并不清楚。郑玄注《礼记·缁衣》"惟口起羞"诸语，认为是傅说"作书以命高宗"，而"爵无及恶德"诸语是"言君祭祀"，都被错误理解为傅说对武丁的诫命。今本《说命》与郑注相同，这些话也都成了傅说对武丁的进言。但在清华简《说命》中，"且惟口起戎出好"诸句的话语主体是武丁，与傅说并无关涉。这说明郑玄不曾见过古文《说命》真本，今本《说命》作者亦然，所以独自揣摩的结果，就出现了如此张冠李戴的现象。

第三，篇章结构不同。将今本《说命》与竹简本对照，发现"若金用汝作砺"诸语，前者置于上篇，后者所见相同文句却在中篇；而"惟德弗类，兹故弗言"诸语，前者置于上篇，后者所见相近文字"经德配天，余罔有歝言"却在下篇。二者在具体文字上出现差异的情况很复杂，可暂置勿论，但略相近同的文字在文本中所处位置的不同，则意味着各自的逻辑结构大相异趣。内容决定形式。今本《说命》与竹简本篇章结构不同，实际也是二者内容相异的反映。尽管今本《说命》通过古籍引文嵌入不少来自古本《说命》的文句，但与竹简本相比，从形式到内容都不是一个东西，绝不可能用同出一源的异本来曲为弥缝。

从以上分析可见，今本《说命》与竹简本的不同不是一般性的，而是足以把二者区别开来的本质性差异，可谓一伪一真，铁证如山。即使有人还想找各种理由来为今本《说命》辩护，恐怕也是徒劳无功的。

二、清人对今本《说命》的辨伪

前人没有我们今天这样幸运，可以一睹先秦古本《说命》真容。但他们锲而不舍，艰难求索，终于把梅本古文《尚书》为伪作铸成铁案，厥功殊伟。这里仅以清人阎若璩《尚书古文疏证》（下文简称《疏证》）为例，着重剖析晚书《说命》辨伪的研究理路，以期对我们今天进行古书的反思有所启迪。

阎若璩对今本《尚书·说命》的辨伪，既从文献传流觅其外证，也从文献本身寻其内证。其外证非一般性旁证可比，实为晚书《说命》辨伪的关键环节。如在宏观上以晚书二十五篇作为一个整体，考其篇卷与传授情况，以证各篇皆伪[1]；微观上考察今本《说命》的存佚状况，证其是伪非真，都是正确的路径。

阎若璩说：“逮梅氏书出，而郑氏所指为逸《书》皆全全登载，无一或遗，其露破绽亦与于《左氏》相等。余独怪其不特规摹文辞，抑且标举篇目。如见六引《兑命》，即撰《说命》三篇。”[2]在这里，阎氏从《说命》三篇的存佚状况着眼，以证今本《说命》之伪，即是有力的证据。

《说命》在先秦典籍中被冠名征引，主要见于《礼记·文王世子》《学记》《缁衣》诸篇。今出郭店楚简《缁衣》未见引用《说命》之文，或为传本不同所致。此外，《国语·楚语上》《孟子·滕文公上》所引“《书》曰”，因与武丁使求傅说有关，学者亦谓为《说命》之文。是知秦火之前，《说命》曾广为流布。

从文献上看，正式把《说命》纳入《尚书》体系的，应为百篇《书序》。百篇《书序》为西汉成帝时东莱张霸所采编，其伪造的《古文尚书》“百两篇”被废黜后，“但所载百篇《书序》却流传并盛行起来”[3]。其后可能有过进一步整编，并经东汉马融、郑玄作注，传布愈广。今传孔传本百篇《书序》与马、郑注本略同[4]，大体保留了汉儒整编时的原貌。

虽然百篇《书序》是应《古文尚书》之征而提出的，但两汉时期先后发现的《古文尚书》中并不见《说命》的踪影。

最早见于记载的《古文尚书》，是《史记·儒林列传》所载的孔氏本。该《传》云：“孔氏有古文《尚书》，而安国以今文读之，因以起其家。逸《书》得十余篇，盖《尚书》滋多于是矣。”比《今文尚书》多出十余篇的这个孔氏家传本，后来又称为孔壁本，并实定逸《书》为十六篇。如《汉书·楚元王传》附《刘歆传》所载刘歆《移让太常博士书》说：“时汉兴已

① 参见本书第一章：《清华简〈尹诰〉与晚书〈咸有一德〉辨伪》。
② (清)阎若璩：《尚书古文疏证》，上海古籍出版社 2010 年版，第 52 页。
③ 刘起釪：《尚书学史》，中华书局 1989 年版，第 108 页。
④ 蒋善国：《尚书综述》，上海古籍出版社 1988 年版，第 72 页。

七八十年，离于全经，固已远矣。及鲁恭王坏孔子宅，欲以为宫，而得古文于坏壁之中，《逸礼》有三十九，《书》十六篇。天汉之后，孔安国献之，遭巫蛊仓卒之难，未及施行。"又《汉书·艺文志》云："孔安国者，孔子后也，悉得其书，以考二十九篇，得多十六篇。"据今传《尚书·尧典》正义所录十六篇篇名，其中无《说命》。

又《汉书·景十三王传》说：河间献王"修学好古，实事求是。从民得善书，必为好写与之，留其真。……献王所得书皆古文先秦旧书，《周官》、《尚书》、《礼》、《礼记》、《孟子》、《老子》之属，皆经传说记，七十子之徒所论。"其《古文尚书》被称为河间献王本，篇目不详。又《汉书·艺文志》说："刘向以中古文校欧阳、大小夏侯三家经文，《酒诰》脱简一，《召诰》脱简二。率简二十五字者，脱亦二十五字，简二十二字者，脱亦二十二字，文字异者七百有余，脱字数十。"刘向所用中古文本(中秘本)不知是否源自孔安国所献，有无其他《尚书》逸篇亦未言明。

东汉所传杜林本《古文尚书》，据学者研究实为"杜林用古文书写的今文本"[①]。《后汉书·杜林传》载："(杜)林前于西州得漆书《古文尚书》一卷，常宝爱之，虽遭难困，握持不离身。出以示宏等曰：'林流离兵乱，常恐斯经将绝。何意东海卫子、济南徐生复能传之，是道竟不坠于地也。古文虽不合时务，然愿诸生无悔所学。'宏、巡益重之，于是古文遂行。"杜林所得漆书《古文尚书》仅有一卷，应非古文完本，与其实际所传有别。《隋书·经籍志》说："后汉扶风杜林，传《古文尚书》，同郡贾逵为之作训，马融作传，郑玄亦为之注。然其所传，唯二十九篇，又杂以今文，非孔旧本。自余绝无师说。"这说明东汉所传《古文尚书》篇目不出今文二十九篇之外，《说命》亦不在其中。

应予说明的是，两汉时期除上述《古文尚书》孔氏家传本(孔壁本)、河间献王本、中秘本、杜林本外，并无民间收藏或传授《古文尚书》的相关记载。《汉书·艺文志》说："汉兴，改秦之败，大收篇籍，广开献书之路。……至成帝时，以书颇散亡，使谒者陈农求遗书于天下。"又《后汉书·儒林传》说："及光武中兴，爱好经术，未及下车，而先访儒雅，采求

---

① 刘起釪：《尚书学史》，中华书局1989年版，第130页。

阙文，补缀漏逸。先是四方学士多怀协图书，遁逃林薮。自是莫不抱负坟策，云会京师。"在这种时代氛围下，民间所藏《古文尚书》是不可能不为朝廷所知的。《尚书序》正义引刘向《别录》云："武帝末，民有得《泰誓》书于壁内者，献之。与博士使读说之，数月皆起，传以教人。"一篇《泰誓》尚且轰动朝廷，一部完整的《古文尚书》流传民间，岂能失诸载籍？

　　不仅两汉所出《古文尚书》看不到有《说命》篇的记载，而且经学大师也无人见过《说命》全文。《礼记·学记》载："《兑命》'念终始典于学'。"郑玄注："兑当为说之误也。高宗梦傅说，求而得之，作《说命》三篇，在《尚书》，今亡。"说明东汉学者郑玄所看到的只是典籍中有关《说命》的引文，至于《说命》完篇则称"今亡"。所谓"亡"，就是"竟亡其文"①，就是"人间所无"②。年代略早的东汉学者王逸《楚辞章句·离骚》亦云：《说命》"是佚篇也"③。这些都是《说命》早已失传的确证。今有学者认为："郑玄称逸，最多只能说明郑玄之时社会上没有流传；而社会上没有流传，不等于世间无有其书，比如今人家有书稿未出版，就不等于世上无有该书稿。"④历史研究讲的是证据，仅凭以今况古的简单推论恐怕是说明不了任何问题的。

　　东汉学者明言《说命》亡佚，有的学者却视而不见，仍说三国时期韦昭还见到过《古文尚书·说命》篇⑤。其依据是，《国语·楚语上》记楚大夫白公子张谏言云：

　　　　武丁于是作《书》，曰：'以余正四方，余恐德之不类，兹故不言。'如是而又使以象梦，旁求四方之贤，得傅说以来，升以为公。

　　对于"武丁于是作《书》"一语，韦昭的注解是："贾、唐云：《书》，《说

① (清)孙星衍：《尚书今古文注疏·书序》，中华书局1986年版，第559页。
② (清)阎若璩：《尚书古文疏证》，上海古籍出版社2010年版，第53页。
③ (宋)洪兴祖：《楚辞补注》，中华书局2009年版，第38页。
④ 黄怀信：《〈说命〉考信》，宋镇豪、宫长为主编：《中华傅圣文化研究文集》，文物出版社2010年版。
⑤ 杨善群：《古文〈尚书〉流传过程探讨》，《学习与探索》2003年第4期。

命》也。昭曰：非也，其时未得傅说。"或以为贾逵、唐固、韦昭大谈《说命》的内容和写作过程，表明"他们是看过《说命》，并对之十分熟悉"①，这恐怕是有问题的。

在今传本《古文尚书》中，"以余正四方"数语，正在《说命》上篇。如果韦昭看到过《古文尚书·说命》，为什么要对贾逵、唐固把《书》释作《说命》提出质疑呢？是否他读书有限，不曾见到当时流布于世的《说命》三篇呢？《三国志·吴书·韦曜传》说："韦曜（昭）笃学好古，博见群籍"，曾"为太史令，撰《吴书》"，后"为中书郎、博士祭酒"，奉命"依刘向故事，校定众书"。可见他绝不是一个见闻有限、学识浅陋的人。如果今传《古文尚书·说命》当时见存于世，作为博士祭酒的韦昭怎么可能把本属《说命》的文句用"非也"二字加以否定呢？合理的解释只有一个，那就是当时既无《说命》篇传世，今传本《古文尚书·说命》亦非真古文。

当然，韦昭以为"以余正四方"数语非《说命》篇所应有，其实也有他的考虑。他在后文的注解中引及《说命》序，推知《说命》必作于武丁访得傅说之后。而"以余正四方"数语，在《楚语》中却是未得傅说时武丁所言，从逻辑上讲当然不应为《说命》之文。所以韦昭才会对贾逵、唐固以《书》为《说命》的解释提出异议。那么，贾逵、唐固以《书》为《说命》，是否表明他们看到过《说命》完篇呢？其实，贾逵、唐固与韦昭一样，也是根据《书序》所言事实的相关性来推断的，并不代表他们真见过今传本《古文尚书·说命》篇。在今文《尚书》中，一些诰命体的篇章，除记录诰命之辞外，相关史事每每连类而及。如《尚书·洛诰》既有"周公曰"，又有"王若曰"，还有"王在新邑烝"等相关叙事。又如《尚书·顾命》序说："成王将崩，命召公、毕公率诸侯相康王，作《顾命》。"但该篇实际所记，有成王顾命之辞，也有"惟四月哉生魄，王不怿"等背景资料，以及成王殁后丧礼和康王继位仪式。这说明《尚书》中的诰命体，并非仅限于收录诰辞或命辞，相关史事亦时有记录。贾逵、唐固以"以余正四方"数语为《说命》之文，正是依据《尚书》体例作出的判断。今观清华简《说命上》，简文在记武丁发表命辞之前，确有一段记事之语：

① 杨善群：《古文〈尚书·说命〉与傅圣思想研究》，《晋阳学刊》2007年第1期。

惟殷王赐说于天，庸为失仲使人。王命厥百工向(像)，以货徇寻求说于邑人。惟弼人得说于傅岩，厥俾绷弓，引关辟矢。说方筑城，縢降庸力，厥说之状，腕肩如椎。[①]

本段文字与《国语·楚语上》所引“以余正四方”等《说命》之文虽有不同，但同属命辞前相关记事的性质则无大异。所以贾逵、唐固谓其源自《说命》的推断，不失理致。不过，这并不意味着当时尚有《说命》传世，并为其所亲见。贾逵为古文经学家，但所传《尚书》为杜林本，与《说命》篇无关。至于唐固，与韦昭基本是吴国同一时代的学者。《三国志·吴书·唐固传》载：“唐固亦修身积学，称为儒者，著《国语》、《公羊》、《穀梁传》注，讲授常数十人。”唐固能见到《说命》篇，学术地位比唐固要高的韦昭是不会看不到的。

总之，西汉所出各种《古文尚书》内无《说命》篇，自东汉至三国所传《古文尚书》亦无《说命》篇，贾逵、王逸、郑玄、唐固、韦昭等学者均未见过《说命》篇，所以今传孔传本《古文尚书》包括《说命》在内的二十五篇，由梅鷟、阎若璩等学者断为晚出伪作，是有坚确的证据的。

关于晚书《说命》辨伪的内证，阎氏《疏证》所做的工作，主要有如下数端：

一是文体对比。梁启超说：“这是辨伪书最主要的标准。因为每一时代的文体各有不同，只要稍加留心便可分别。即使甲时代的人模仿乙时代的文章，在行的人终可看出。”[②]梅本《古文尚书》最初使人动疑，即从文体分辨发轫。如朱熹说古文诸篇皆平易，“伏生所传皆难读”[③]即是。阎若璩认为，这是因为“古文假作于魏晋间，今文则真三代，故其辞之难易不同如此”[④]。以文体辨伪的方法号称高妙，难以言传，因而也很容易受到质疑。明代学者

① 清华大学出土文献研究与保护中心编，李学勤主编：《清华大学藏战国竹简》(三)，中西书局2012年版，第122页。

② 梁启超：《辨别伪书及考证年代的方法》，梁涛、白立超编：《出土文献与古书的反思》，漓江出版社2012年版。

③ (清)阎若璩：《尚书古文疏证》，上海古籍出版社2010年版，第681页。

④ (清)阎若璩：《尚书古文疏证》，上海古籍出版社2010年版，第603页。

陈第说,《左传》《国语》《礼记》及诸书传引二十五篇均显典雅坦明,并非艰深险涩之语,难道那些引文都出于伪造吗?对此,阎若璩例举《说命》佚文"爵无及恶德,民立而正事。纯而祭祀,是为不敬。事烦则乱,事神则难"六句,指出:"只观作伪者截首一句,续以'惟其贤'为一段,复截末四句,改作'黩于祭祀,时谓弗钦'为一段,取其类己者,置其不类己者,以俾与己文体一类。"①阎氏没有提到中间二句的改作,实际上还应杂取了《礼记·祭义》《公羊传·桓公八年》相关文义,如前者曰"祭不欲数,数则烦,烦则不敬",后者曰"亟则黩,黩则不敬"。阎氏强调对问题要作具体分析,古文固多坦明,亦非全都如此,所以这里才会出现晚书作者对《说命》佚文的难解之处进行分割改作,以便符合自己的文辞格制。虽然此条证据稍嫌薄弱,但由此揭出晚书作者对相关文句的改作造假之迹,却不乏说服力。

《礼记·缁衣》引《说命》"惟甲胄起兵",晚书《说命中》作"惟甲胄起戎"。阎氏以为,这是作伪者改"兵"为"戎"所致,以便下与"惟干戈省厥躬"一句叶韵,使文体符合"古人文字多用韵"②的特点,达到以假乱真的目的。此论看似有理,实则不具说服力。因为辩之者亦可认为,此句原本作"戎",是传抄者改作"兵"字以示新异,并不能由此证明晚书之伪。除非《礼记·缁衣》所引与原文一字不差,方可使其立论成立。而这一前提恰恰谁也保证不了,遂使阎氏的论证不免悬空。今查清华简《说命》云:

> 且惟口起戎出好,惟干戈作疾,惟衣载病,惟干戈眚厥身。

证明古本《说命》在这里并不存在押韵的问题。尤其是最后一句的"干戈"二字,整理者疑为"甲胄"之误,表明竹简本尚非祖本。可见忽略文献流传过程中可能发生的种种变化,仅从文体方面静止地考察文本真伪,并非任何时候都是行之有效的办法。

---

① (清)阎若璩:《尚书古文疏证》,上海古籍出版社 2010 年版,第 626 页
② (清)阎若璩:《尚书古文疏证》,上海古籍出版社 2010 年版,第 261 页。

　　二是文法对比。造伪者不能不抄袭旧文，观其文法可知抄自何处，这是梁启超所谓从文章上辨识真伪的又一方法。晚书《说命上》"其惟弗言"诸语，阎若璩赞同姚际恒的意见，认为袭自今文《尚书·无逸》篇。《无逸》云："乃或亮阴，三年不言。其惟不言，言乃雍。"前后文气相接，不可分易。然晚书《说命》作"既免丧，其惟弗言，群臣咸谏"云云，删改"其惟不言"前后两句，重新措辞，结果致使"其惟"二字竟无着落，语气未完，言辞已止，显为袭用今文不慎致误。[①]可见这种文法上的对比分析只要使用得当，对于辨识古书真伪也是具有积极作用的。

　　三是语词对比。晚书《说命上》言高宗亮阴不称"年"而称"祀"，曰"王宅忧，亮阴三祀"。而《尚书·无逸》《论语·宪问》《吕氏春秋·重言》《礼记·檀弓下》《丧服四制》等文献均谓"三年不言"，为什么独有晚书用词不同？阎若璩以为这是作伪者"拘拘然以《尔雅》为蓝本而恐或失"造成的。《尔雅·释天》云"夏曰岁、商曰祀、周曰年"，似乎商周用语有别。阎氏考今文《尚书》《论语》《礼记》及传世金文，发现"商祀周年亦可互称，不必尽如《尔雅》"[②]，以此证明今本《说命》的成书晚于汉代始成定本的《尔雅》，并非真古文。阎氏谓"祀、年古通称"极具卓识，可由今天出土的大量商周金文得到进一步证实。但是，祀、年既可互称，则晚书《说命》自可称"商祀"，以此论晚书《说命》之伪不免缺乏足够的逻辑力量。

　　四是史事对比。晚书《说命中》有傅说对高宗进言曰："黩于祭祀，时谓弗钦。"伪孔传说："高宗之祀特丰数近庙，故说因以戒之。"此言高宗祭祀先祖特别"丰数近庙"，其依据来自今文《尚书·高宗肜日》。该篇记祖己说："（王）典祀无丰于昵。"是说祭礼有常道，王不能对近庙（祢庙）特施丰厚之祭。那么，祖己当时训诫的王是谁呢？《书序》以为是"高宗祭成汤"，《史记·殷本纪》说亦略同。武丁祭祀丰于近庙，既有祖己之训，又有傅说之诫，故阎氏称晚书《说命》以《书序》立意，与《高宗肜日》实相表里，而这恰恰是作伪者对《高宗肜日》本事的错解[③]。阎氏根据蔡沈《书集传》、

　　① （清）阎若璩：《尚书古文疏证》，上海古籍出版社 2010 年版，第 657 页。
　　② （清）阎若璩：《尚书古文疏证》，上海古籍出版社 2010 年版，第 552 页。
　　③ （清）阎若璩：《尚书古文疏证》，上海古籍出版社 2010 年版，第 137 页。

金履祥《通鉴前编》有关见解，认为《高宗肜日》是祖己为祖庚作，非《书序》所言"高宗祭成汤"。从目前主流研究成果看，"可以明确《高宗肜日》就是殷王祖庚对其父殷高宗武丁的宗庙的肜日之祭"[1]，这对阎氏立论的前提是一个有力的支持。也就是说，若晚书《说命》为真古文，当不致错解事实，把祖庚时代发生的事移植到他父亲武丁的身上。但细加分析，可以发现阎氏这一论证并非完密，一则"高宗肜日"是否真是祖庚祭武丁，尚非定论。上博简《竞建内之》云："昔高宗祭，有雉雊于尸前，召祖己而问焉。"[2]说明武丁更有可能是主祭者而非祭祀对象。二则傅说所言"黩于祭祀，时谓弗钦"是否为武丁祭祀丰于近庙而发，亦无确证。所以此条关于晚书《说命》的辨伪证据还不能完全成立。

以此观之，阎若璩关于晚书《说命》的辨伪，从文献传流过程所觅外证具有决定性的作用，而从文献本身所寻内证则情况不一，有的可以成立，有的证据不足，有的甚或舛误。但是，其辨伪方向和学术理路仍多可取之处，故可得出正确的结论。我们不能因为个别例证有其缺陷，就连带将其辨伪成果和辨伪方法概加否定。这好像医生做开刀手术一样，若有某个病例因技术问题未能完全成功，就连人带刀打入牢狱，同样会造成违背事实的冤假错案。

三、清华简重启对古书的反思

在清华简尚未问世之前，关于今本《古文尚书·说命》的真伪问题曾有过一场激烈的学术论辩。其机缘是中国先秦史学会在山西平陆县召开的全国首届(2006)和第二届(2008)傅圣文化学术研讨会，与会学者面对面地展开思想交流，会后有关论文结集为《中华傅圣文化研究文集》[3]公开出版。翻开这部文集，即可看到不少学者都肯定晚书《说命》未必伪作，不妨作为可

---

① 顾颉刚、刘起釪：《尚书校释译论》（第二册），中华书局 2005 年版，第 1025 页。

② 马承源主编：《上海博物馆藏战国楚竹书》（五），上海古籍出版社 2005 年版，第 169 页。

③ 宋镇豪、宫长为主编：《中华傅圣文化研究文集》，文物出版社 2010 年版。

信的史料来使用。笔者在第二届会议上提交了《古文〈尚书·说命〉真伪与傅说身份辨析》一文，坚持今本《说命》非真古文的意见，反对为伪《古文尚书》翻案①。从当时会议的气氛看，笔者的声音和多数学者相左，显得有些孤独而又无助。次年在另一次国际学术研讨会上，笔者另撰一文重申这个意见②。现在，清华简《说命》既出，有关问题是非立见，毋庸多言。但是，其真伪久成定论的东西何以再起波澜？却值得我们认真思考。

唐宋以来的古书辨伪工作，始如涓涓细流，至清则洪波涌起，终于出现像《尚书古文疏证》这样的巅峰之作。20 世纪二三十年代，疑古派承接其流，掀起了现代学术史上第一次古书反思的高潮，以古书辨伪、史料求真为宗旨，广考传世古书，使其学术价值大受怀疑。到了 70 年代以后，随着银雀山汉简、马王堆帛书、八角廊汉简、睡虎地秦简、双古堆汉简、张家山汉简、郭店简等的相继出土，人们对古书的形成与流变有了新的认识，于是在 80 年代出现了第二次对古书的反思，其学术走向是不以真伪论古书，着力古书辨伪方法本身的检讨，平反疑古辨伪造成的冤假错案。这次对古书的反思以出土文献为基础，新见迭出，声浪甚高，有的地方也不免走得太远，不少人把伪《古文尚书》《今本竹书纪年》甚至各种纬书都当成可信为真的材料来使用，即是适例。顾颉刚先生曾说："以考证方式发现新事实，推倒伪史书，自宋到清不断地在工作……只有问题得到了合乎事实的令人信服的结论，象伪《古文尚书》一案，才没人浪费精神去写，这是我敢作预言的。"③看来顾先生低估了现代学人的勇气和精神，近年出现好些为伪《古文尚书》翻案的专著即非其所料。

清华简的发现，带来了反思古书的历史性转折。以 2010 年《清华大学藏战国竹简》第一册整理出版为界标，学术界对古书的反思开始进入第三个阶段。李学勤先生在介绍清华简九篇时说："《尹诰》是《尚书》佚篇，或称《咸有一德》……至汉末郑玄时业已佚失。东晋时立于学官的《孔传》本

① 杜勇：《古文〈尚书·说命〉真伪与傅说身份辨析》，《天津师范大学学报》（社会科学版）2009 年第 5 期。
② 杜勇：《〈左传〉"德乃降"辨析》，四川大学历史文化学院编：《纪念徐中舒先生诞辰 110 周年国际学术研讨会论文集》，巴蜀书社 2010 年版。
③ 顾颉刚：《顾颉刚古史论文集》卷一，中华书局 2011 年版，第 174 页。

《尚书》的《咸有一德》是后人伪作，自宋代以来历经学者讨论，已成定谳。"①这是学术界反思古书在认识上的一个重大突破，具有补偏救弊的作用。当《尹诰》发布时，还有学者撰文为孔传本《古文尚书》鸣冤，认为《尹诰》非《咸有一德》，不能以此推断晚书二十五篇为伪作。现在清华简《说命》篇的公布，再一次以无可辩驳的事实证明了梅本《古文尚书》之伪，学术史上的千年公案总算有了彻底的了结。

从近年关于梅本《古文尚书》的辨伪工作看，依据出土文献对古书的反思，有几个问题似乎需要我们高度重视。

第一，科学认识前人的辨伪成果。近代考古学的发展，使上古文明以过去不曾见及的物质形态再现于世，极大地丰富和深化了人们的历史认识。但比起传世文献来说，考古资料对历史反映的系统性、明晰性、多维性还是有差异的。所以传世古籍对于上古文明的探索仍有不可替代的作用。为了科学利用传世文献资料，对于真伪杂陈的古书进行辨伪仍是一项必不可少的基础性工作。前人在这方面已有大量研究成果，需要我们根据新的出土资料认真加以清理，是则吸取，非则驳正。在具体研究中，一定要有客观平实的态度，严谨周备的学风，那种厚诬前贤、强词争胜、曲意标新、奇谈钓誉的做法是不可取的。裘锡圭先生曾正确指出："疑古派以及其他做过古书辨伪工作的古今学者，确实对古书搞了不少冤假错案。不过他们也确实在古书辨伪方面取得了不少成绩，有不少正确的、有价值的见解。真正的冤案当然要平反，然而决不能借平反之风，把判对的案子也一概否定。对古书辨伪的已有成果，我们要给予足够的重视，决不能置之不理或轻易加以否定。"②只有这样，才能使中国古典学的重建不致走入歧途，真正为上古文明的重光尽其绵力。

第二，辩证分析传统的辨伪方法。方法是达成目标的途径，其重要性自不待言。梁启超曾总结提炼出古书辨伪的十三法门③，虽然未必全对，但大

① 李学勤：《清华简九篇综述》，《文物》2010 年第 5 期。
② 裘锡圭：《中国古典学重建中应该注意的问题》，《中国出土古文献十讲》，复旦大学出版社 2004 年版，第 12 页。
③ 梁启超：《辨别伪书及考证年代的方法》，梁涛、白立超编：《出土文献与古书的反思》，漓江出版社 2012 年版。

多具有借鉴意义是肯定的，没有必要也不可能将其全盘推翻①。如梁氏认为史志不曾著录的书籍可定其伪或可疑，今日大量出土文献就证明这一观点过于绝对，实际上传世或出土的古书有不少并未被史志著录，不得概以伪书观之。但这个原则在推考传世古书真伪时还是需要遵守的，正如余嘉锡所言："不得举后世伪妄之书，概援此例以借口也。"②近年有的学者认为，未见著录或前人曰逸的古书未必世间无有，以此作为证据为伪《古文尚书》翻案，即是违背这一规则的结果。又如史志著录其书与传世本篇卷不合，实际也等于该书未曾著录，大有可疑。伪《古文尚书》的论定，这是最为重要的证据，故阎若璩将其列为《疏证》之首。若传统的古书辨伪方法一无是处，怎么会出现论定梅本《古文尚书》是伪古文这样富有生命力的学术成果呢？时下有人主张把二重证据法作为辨伪的根本方法，实则此为论据之法，与论证之法并非一事。阎若璩论证"祀、年古通称"，除证以文献资料外，也曾运用《宣和博古图》有关金文资料，实际与二重证据法无异。退一步讲，即使运用二重证据法辨伪，也必须尽量避免简单化和以偏概全的倾向。如定州八角廊汉简《文子》发现后，因有部分内容与今传本《文子》相合，于是学界决然否定前人关于《文子》为伪书的考证，几近异口同声。近经学者细心研究，发现问题远非以前想象的那么简单，"竹简本《文子》与传世本虽然有前后相因的关系，但二者从形式到内容相去甚远，不能笼统地相提并论"③。说明来自地下的证据也存在科学运用、周备论证的问题。此外，以现代技术为基础开发新的辨伪方法虽然可以尝试，但必须做到切实可用。如有学者运用现代信息技术对《尚书》进行字频特征分析，以证晚书不伪。④实践证明这种新方法即使穿着现代科学的外衣，令人眩目，也因其不具备古书辨伪功能，同样难获成功。说到底，新的方法可以探索，传统辨伪方法亦须批判继承，一味破旧立新，未必是古书辨伪的正途。

　　第三，正确把握古书的辨伪维度。古书辨伪的目的，是要确认书中信息

　　① 廖名春：《梁启超古书辨伪方法平议》，梁涛、白立超编：《出土文献与古书的反思》，漓江出版社 2012 年版。

　　② 余嘉锡：《目录学发微》（附《古书通例》），时代文艺出版社 2009 年版，第 124 页。

　　③ 张丰乾：《出土文献与文子公案》，社会科学文献出版社 2007 年版，第 223 页。

　　④ 张岩：《审核古文〈尚书〉案》，中华书局 2006 年版。

是否真实可靠，是否可以作为认识中国上古文明的根据。其核心工作是考察作品的实际作者和成书年代，名实相副为真，名实不副即伪。如梅本《古文尚书》经非先秦之旧，传非真孔之言，故皆伪作。不过从价值判断上看，"然真伪者，不过相对问题，而最要在能审定伪材料之时代及作者，而利用之。盖伪材料亦有时与真材料同一可贵"①。如《尚书》伪孔传，若看作魏晋时人对《尚书》的传注，则仍然不乏参考价值。由于古书大多不题撰人，故其作者常常无法落实到人。但是，此类作品的记事年代与成书年代是否一致也是需要认真审查的，不能未考即信，即使出土文献亦应如此。若为晚出追记之书，又无可靠的材料来源，则其内容仍有作伪的可能，其史料价值也就大打折扣。这个问题的复杂性和重要性远远超过通常大家关注的作品真伪辨识。如把《尚书》头三篇即《尧典》《皋陶谟》《禹贡》的写定归之于春秋战国时候，徐旭生先生即认为是"疑古学派最大的功绩"②。这三篇的成书年代虽然还可进一步讨论，但说它不是尧舜时代的作品，今天恐怕是无人怀疑了。一部古书、一篇古文的问世，从思想酝酿到走笔成文，从整齐章句到分篇结集，既非成于一时，亦非出于一手，以致定型后的作品与最初师相授受的祖本可能产生很大的差异。即使编定以后，流布过程中也不免发生内容增损、文字错讹、篇章散佚等现象，与成书时的原貌有别。但古书的成书或基本定型必有一个相对可考的年代，否则无从谈其流变。这从清华简《金縢》《祭公》《皇门》与今传本基本一致即可知之。因此，对此类文献不管是传世的还是出土的，都有必要仔细研究其成书年代及其内容的真伪，正确把握文献的不同价值。如清华简《保训》《耆夜》若不能默认为周人克商前的作品，其史料价值就需要有一个正确的评估。只有从不同维度开展古书辨伪工作，才能使中国古典学的重建具备坚实的基础。

综上所述，清华简《说命》《尹诰》的横空出世，终使争讼千年的伪《古文尚书》案尘埃落定，也给我们反思古书带来不少新的思考和启迪。相信新阶段对古书的反思，坚持"以平实的态度、严密的方法、周备的论证及

---

① 陈寅恪：《〈中国哲学史〉审查报告一》，冯友兰：《中国哲学史》，中华书局 1947 年版。

② 徐旭生：《中国古史的传说时代》，广西师范大学出版社 2003 年版，第 30 页。

谨慎的论断来处理古籍真伪的问题"①，必将使重写学术史的工作真正成为经得起事实和历史检验的名山事业，为中华民族文化的复兴与发展添上浓墨重彩的一笔。

---

① 郑良树：《古籍真伪考辨的过去与未来》，《文献》1990 年第 2 期。

第 三 章

从清华简《耆夜》看古书的形成

《耆夜》是清华简中公布较早的一篇。篇中武王伐黎及饮至诗歌等内容前所未见，与传世文献形成巨大反差，一时引起学者的热烈讨论。从已有研究成果来看，虽然人们对武王伐黎、饮至礼仪、周公作诗诸事各有不同的诠释，但大多不怀疑《耆夜》记事的真实性。至于个别学者从礼制、用语等方面加以考察，认为《耆夜》是"现代人的拟古之作"①，则似过偏激。不过，出土文献也存在一个制作年代问题，这是不容疏忽的。大凡文献的制作年代不同，其史料价值就有高低之分。这里拟就清华简《耆夜》的成书年代和记事内容再作探索，从一个侧面说明古书的形成过程和文献价值。

一、《耆夜》特别的纪年方式

清华简《耆夜》开篇即称："武王八年，征伐郘（耆），大戡之。"②这种纪年方式与其著作年代颇相关联，然鲜为学者所察。关于《耆夜》的著作年代，有的学者认为"它很可能成书于西周中晚期至春秋前段"③，也有人认为时代可能更

① 姜广辉，付赞、邱档燕：《清华简〈耆夜〉为伪作考》，《故宫博物院院刊》2013 年第 4 期。

② 清华大学出土文献研究与保护中心编，李学勤主编：《清华大学藏战国竹简》（一），中西书局 2010 年版，第 150 页。下引不另注，释文尽量用通行字。

③ 刘光胜：《清华简〈耆夜〉考论》，《中州学刊》2011 年第 1 期。

晚，《耆夜》中的诗作都应该是"战国时人的作品"[①]，或者是"战国楚地儒士对于《诗》的一种拟作"[②]。这些意见都值得重视，至少比把《耆夜》默认为商末周初文献要合乎事实一些。这里，我们想从《耆夜》纪年方式的角度对其著作年代略作分析。

事以系年是中国古典文献的优良传统，这在殷商末年的甲骨金文中即初露端倪。例如：

辛酉，王田鸡麓，获大霡虎。在十月，唯王三祀，协日。（《合集》[③]37848）

癸丑卜，贞今岁受禾。弘吉。在八月，唯王八祀。（《合集》37849）

己酉，王在椃，郯其易贝。在四月，唯王四祀，翌日。（四祀郯其卣，《集成》[④]5413，见本书图3-1、图3-2）

图 3-1　四祀郯其卣

图 3-2　四祀郯其卣铭文

① 曹建国：《论清华简中的〈蟋蟀〉》，《江汉考古》2011 年第 2 期。
② 刘成群：《清华简〈𦵹（耆）夜〉与尊隆文、武、周公——兼论战国楚地之〈诗〉学》，《东岳论丛》2010 年第 6 期。
③ 郭沫若：《甲骨文合集》（简称《合集》），中华书局 1978—1982 年版。所引释文尽量用通行字。
④ 中国社会科学院考古研究所：《殷周金文集成》（修订增补本）（简称《集成》），中华书局 2007 年版。所引释文尽量用通行字。

癸子(巳)，王易小臣邑贝十朋，用作母癸尊彝。唯王六祀，肜日，在四月，亚矣。(小臣邑斝，《集成》9249)

上引商末甲骨金文，其纪时方式大多为日、月、祀(年)相次，且王年置于文末，个别情况是月序在王年之后。周初金文略有变化，主要增加月相词语以精确纪日，其历日要素通常是以月序、月相(或缺)、历日、王年相次，王年仍然分置篇末。例如：

成世何尊："唯王初迁宅于成周，复禀武王礼，裸自天，在四月丙戌……唯王五祀"(《集成》6014)

康世小盂鼎："唯八月既望，辰在甲申……唯王廿又五祀。"(《集成》2839)

除此之外，文献也可见到以历日、月序、王年相次的例子。如《尚书·洛诰》云："戊辰，王在新邑。……在十有二月，惟周公诞保文武受命惟七年。"

及至穆共以后，以王年、月序、月相、纪日干支等历日要素融为一体，顺次排序置于篇首，则为金文中一种完备而正式的纪时方式。例如：

穆世虎簋盖："唯王卅年四月初吉甲戌，王在周新宫。"(《近出》[①]491)

共世袤卫盉："唯三年三月既生霸壬寅，王禀旂于丰。"(《集成》9456)

懿世智鼎："唯王元年六月既望乙亥，王在周穆壬太［室］。"(《集成》2838)

孝世达盨盖："唯三年五月既生霸壬寅，王在周。"(《近出》506)

夷世克钟："唯十又六年九月初吉庚寅，王在周康刺(厉)宫。"

---

① 刘雨、卢岩：《近出殷周金文集录》(简称《近出》)，中华书局 2002 年版。所引释文尽量用通行字。

（《集成》204）

厉世觱攸从鼎："唯卅又二年三月初吉壬辰，王在周康宫徲太室。"
（《集成》2818）

宣世吴虎鼎："唯十又八年十又三月既生霸丙戌，王在周康宫徲宫。"（《近出》364）

幽世柞钟："唯王三年四月初吉甲寅，仲大师右柞。"（《集成》133）

当然，像上面这种具有年、月、月相、纪日干支四要素的西周金文并不多，但它体现了当时文献对列王纪年的规范表达，即"唯王某年"或"唯某年"，从无《耆夜》"武王八年"即"某王某年"这种特别的纪时方式。尤其是"武王"的"武"为死后谥字，生前是万万不能用来纪年的。虽然西周有过几例王者生称谥的金文，但器铭都是该王死后所作，是作器者追述前朝旧事时使用了某王死后才有的谥号①，且无一例用于纪年。可见清华简《耆夜》"武王八年"这种纪年方式不可能出现在西周时期。

从现存文献看，较早使用王号纪年的著作是《国语》和古本《竹书纪年》。

《国语·周语上》说："幽王二年，西周三川皆震。"又《郑语》说："幽王八年而桓公为司徒。"均为使用西周王号纪年之例。至于使用东迁诸王王号纪年者，更为习见，如《周语》上篇所谓"惠王三年""襄王三年""襄王十六年"；中篇"襄王十三年""定王八年""简王十一年""简王八年"；下篇"简王十一年""灵王二十二年""景王二十一年""敬王十年"，均是。《国语》是我国最早的一部纪言体国别史，记事始于西周穆王之征，下讫鲁悼智伯之诛（前453年）。其撰作和编定的年代，无论如何不能早于战国时代。

古本《竹书纪年》使用西周列王王号纪年，也是大家所熟悉的。略举数例如下：

---

① 杜勇：《金文"生称谥"新解》，《历史研究》2002年第3期。

周昭王十六年，伐楚荆，涉汉。

周昭王十九年，天大曀，雉兔皆震，丧六师于汉。

穆王十七年，西征昆仑丘，见西王母。其年来见，宾于昭宫。

懿王元年，天再旦于郑。

夷王二年，蜀人、吕人来献琼玉。

幽王八年，立褒姒之子曰伯服（盘），为太子。①

《竹书纪年》是战国时期魏国的史书，叙述夏、商、西周和春秋战国史事，止于魏襄王二十年（前 299 年）。原简在晋武帝太康二年（281 年）出于汲郡魏襄王墓中，后来渐至散佚，今日仅有辑本。至于明代出现的今本《竹书纪年》，已非古本旧貌，不可轻信。由于魏襄王卒于公元前 295 年，则墓中古本《竹书纪年》当写定于公元前 299 年—公元前 295 年。

除《国语》《竹书纪年》等传世文献外，近出清华简《系年》也出现以王号纪年的情况。其《第一章》说："宣王……立三十又九年，戎乃大败周师于千亩。"又《第四章》说："周惠王立十又七年，赤翟王峁鲁起师伐卫。"②《系年》记事终于楚悼王时（前 401 年—前 381 年），其成书必在其后，也是战国中期的事情。

既然用王号纪年的著作均成书于战国时代，则《耆夜》当不例外，也应是同一时代风气使然的产物。只是这样推断可能会遇到一个反证，那就是《左传·襄公二十七年》所说"印段赋《蟋蟀》"，而《蟋蟀》又见于《耆夜》，这是否意味着《耆夜》早在孔子出生前后即已流传于世呢？

应该说，印段所赋《蟋蟀》与《耆夜》中的《蟋蟀》并无太大差异。细绎简诗《蟋蟀》，可以发现它与《诗·唐风·蟋蟀》虽然字句略有不同，但"今我不乐，日月其迈""好乐无荒，良士瞿瞿"的主旨未变，本质上还是同一个作品（说详后）。这与《诗经》中《扬之水》《羔裘》等三篇同名而各为

① 方诗铭、王修龄：《古本竹书纪年辑证》（修订本），上海古籍出版社 2005 年版，第 45—62 页。

② 清华大学出土文献研究与保护中心编，李学勤主编：《清华大学藏战国竹简》（二），中西书局 2011 年版，第 136、144 页。

一诗的情况是有区别的。假定《耆夜》为商末周初作品，流传到春秋时代，则不可能不为孔子所知。因为孔子对周公推崇备至，自称"久矣吾不复梦见周公"①。若周公真有《蟋蟀》这样的诗作，孔子必有阐发，恐非用"《蟋蟀》知难"②即可一笔带过的。事实证明，这样推论是可以成立的。譬如，今本《尚书·金縢》谓《诗·鸱鸮》为周公所作，然孔子同样未曾道及，今出清华简证明周公实际只是"遗诗"而非"为诗"，证实了前人怀疑周公作诗的正确性③。准此，可以确定《耆夜》必是孔子身后即战国时代撰作的文献。

那么，像这种追述前代历史的晚出之作，其史料价值应如何看待呢？就《国语》、古本《竹书纪年》来说，有些历史情节可能并不是完全真实的，但总体上人们并不怀疑它的可靠性。《耆夜》的体例有所不同，它的主要目的不是追述历史，而是有意再现一种历史的即时场景。这就要求它所反映的主要历史场景必须真实可靠，即使在细节上也不能例外。拿这样的标准来衡量，《耆夜》的史料价值恐怕与《国语》、古本《竹书纪年》是不能等视齐观的。

以历史细节论，《耆夜》开篇以王号纪年即与所叙时代风格不符，而人物称谓亦有悖于史。在伐黎凯旋的饮至典礼上，周初所有的重要人物都上场了，然其称谓颇与他书相异。如周公与叔旦连称，召公与保奭连称，即为先秦文献所未见。特别是称"召公保奭"，实为不通之辞。"保奭"之名，一见于《君奭》周公之语，二见于《顾命》称"太保奭"，金文则只称"太保"或"公太保"，都是记录的武王辞世以后的事情。《史记·周本纪》云："成王少，周初定天下……召公为保，周公为师，东伐淮夷，残奄，迁其君薄姑。"《尚书·君奭》序云："召公为保，周公为师，相成王为左右。"是知召公为太保是在成王继位之后。由于成王年少即位，天下动荡不宁，则由"太保和太师掌握着朝廷的军政大权，并成为年少国君的监护者"④。武王在位，年值英壮，召公不可能职任太保，亦不可称之为"保奭"。在饮至礼仪

---

① 《论语·述而》，阮元校刻：《十三经注疏》，中华书局 1980 年版，第 2481 页。
② 马承源主编：《上海博物馆藏战国楚竹书》（一），上海古籍出版社 2001 年版，第 157 页。
③ 杜勇：《从清华简〈金縢〉看周公与〈鸱鸮〉的关系》，《理论与现代化》2013 年第 3 期。
④ 杨宽：《西周中央政权机构剖析》，《历史研究》1984 年第 1 期。

方面，毕公高为客，作册逸为东堂之客，此于礼则不顺①。举行饮至礼的
"文太室"，整理者解释为"祭祀文王的太室"②，亦有可疑。"太室"为西周
金文所习见，是处理朝廷军政大事的政事之堂，却从不见"文太室"一词。
《尚书·洛诰》："王宾，杀禋，咸格，王入太室裸。"只说成王在太室行裸
鬯之礼，却不言文王、武王之类的太室。若当时果有"文太室"，则武王克
殷归来应在这里举行献俘礼才对。但《吕氏春秋·古乐》说："武王即位，
以六师伐殷。……归，乃荐俘馘于京太室。"《逸周书·世俘》记载此次献
俘礼内容甚详，也只说武王"格于庙""燎于周庙"或"告于周庙"，"文
太室"同样杳无踪迹。这说明在文王死后不久，未必建有专门祭祀文王的
太室。

以主要史实论，武王不曾戡黎，周公未作《蟋蟀》，表明《耆夜》记事
的真实性是有问题的。只是这方面的情况较为复杂，下文将渐次展开讨论。

二、是文王戡黎还是武王伐黎

武王伐郘，是清华简《耆夜》中最为重要的历史事件。整理者说：
"郘，古书作'黎'或'耆'等"③，是很正确的。正如杨树达所说："黎与
耆为一事，旨与耆为一音。"④《尚书·西伯戡黎》称"西伯既戡黎"，《史
记·殷本纪》作"西伯伐饥国"，《周本纪》则说文王"败耆国"，所言同为
一事。汉唐学者对文王戡黎从无异辞，只是到了宋代胡宏《皇王大纪》以
后，不少人感觉祖伊所言"殷之即丧"⑤那样的急迫形势，推测戡黎者应为

---

① 丁进：《清华简〈耆夜〉篇礼制问题述惑》，《学术月刊》2011年第6期。

② 清华大学出土文献研究与保护中心编，李学勤主编：《清华大学藏战国竹简》（一），
中西书局2010年版，第151页。

③ 清华大学出上文献研究与保护中心编，李学勤主编：《清华大学藏战国竹简》（一），
中西书局2010年版，第151页。

④ 杨树达：《积微居甲文说、耐林庼甲文说、卜辞琐记、卜辞求义》，上海古籍出版社
2006年版，第69页。

⑤《尚书·西伯戡黎》，阮元校刻：《十三经注疏》，中华书局1980年版，第177页。

武王。清人徐文靖、雷学淇、梁玉绳等人，笃信明代始出的今本《竹书纪年》，分"耆"与"黎"为二国，认为文王伐耆与武王伐黎"灼然两事"①。晚近甲骨文发现后，杨树达认为甲骨文之旨方"即耆，亦即黎矣"②。陈梦家却认为，"旨是耆国"，召（黎）方（今多释为召方）为"西伯所戡的黎"，认同"伐耆乃文王事，戡黎乃武王事"③，再次回到清人的误区。真是聚讼千年，一无了期。

近出清华简《耆夜》明言"武王八年，征伐郘（耆）"，是否可以解决这桩公案呢？看来事情并没有想象得那么简单。学者从不同角度展开研究，试图对武王伐黎给予合理的解释。一种意见可称为"武王戡黎"说，根本否定传统说法，认为戡黎的西伯不是文王而是武王④。另一种意见可称为"文武分别戡黎"说，认为文王、武王均曾戡黎，只不过文王所伐之黎在"新丰"，武王所戡之黎在"上党东北"⑤，或谓文王戡黎在今"山西长治西南"，武王所戡之黎为朝歌附近的"黎阳"⑥，意见亦极纷纭。

关于"文武分别戡黎"说，主要以今本《竹书纪年》来印证清华简，或把春秋以后出现的地名"黎阳"作为武王所戡之黎。今本《竹书纪年》可信度差，不足为证。而武王八年所戡之黎若在黎阳，地近殷都，武王何由勒马不前，乃至次年又观兵盟津，亦无可说。至于杨筠如谓"新丰"骊戎为西伯文王所戡之黎⑦，亦与"楷（黎）侯"诸器出土于山西黎城相抵触。"文武分别戡黎"说的用意在于既不否定传世文献，又对清华简作出调和，以求问题圆满解决。但终因证据不足，无法达成善意的愿望。

相比之下，武王戡黎说所提供的证据则要复杂得多。依清华简《耆夜》文义，毕公似为此次伐黎的主将，进而推论有其子分封到他征服过的黎国，

① （清）梁玉绳：《史记志疑》，中华书局 1981 年版，第 66 页。

② 杨树达：《积微居甲文说、耐林庼甲文说、卜辞琐记、卜辞求义》，上海古籍出版社 2006 年版，第 69 页。

③ 陈梦家：《殷虚卜辞综述》，中华书局 1988 年版，第 296、287 页。

④ 清华大学出土文献研究与保护中心编，李学勤主编：《清华大学藏战国竹简》（一），中西书局 2010 年版，第 151 页。

⑤ 刘成群：《清华简〈乐诗〉与"西伯戡黎"再探讨》，《史林》2009 年第 4 期。

⑥ 王鹏程：《"清华简"武王所戡之"黎"应为"黎阳"》，《史林》2009 年第 4 期。

⑦ 杨筠如：《尚书覈诂》，陕西人民出版社 2005 年版，第 182—184 页。

是为金文所见"楷(黎)伯"①，更显得《耆夜》关于武王伐黎记载的确凿可信。这便形成一条重要的证据链，立论基础比其他说法要牢固得多。但是，金文中的"楷伯"作为周代黎国的始封者是否为毕公之子，仍有讨论的必要。

论者以周代黎侯的始封者为"楷(黎)伯"，依据来自献簋(图 3-3，图 3-4)。其铭云：

> 唯九月既望庚寅，楷伯于遘王，休，亡尤。朕辟天子、楷伯命厥臣献金车，对朕辟休，作朕文考光父乙。十世不忘献身在毕公家，受天子休。(《集成》4205)

图 3-3　献簋

图 3-4　献簋铭文

郭沫若认为该器作于康王末年，楷伯"盖毕公子，献其臣属也"②。陈梦家将其列入成王时毕公诸器，认为楷伯恐是毕公之子"毕仲"③。唐兰断此为昭世器，谓"我的君长天子让櫨伯赏赐他的臣子献一辆铜饰的车子"④。三

---

① 李学勤：《从清华简谈到周代黎国》，清华大学出土文献研究与保护中心编，李学勤主编：《出土文献》第一辑，中西书局 2010 年版。

② 郭沫若：《两周金文辞大系图录考释》(六)，科学出版社 1957 年版，第 46 页。

③ 陈梦家：《西周铜器断代》，中华书局 2004 年版，第 53 页。

④ 唐兰：《西周青铜器铭文分代史征》，中华书局 1986 年版，第 235 页。

家的共同点在于都把铭文中的"献"作为人名,"献"也就成了本器的器主。近读《张政烺先生批注〈两周金文辞大系考释〉》,张氏认为铭文中"两献字皆动词"[①],如是则器主当为"楷伯"而非"献"。反复研读铭文,觉得以"献"为器主确有不妥之处。一是铭文中主轴人物应为"遘王"的楷伯,何以不是他受到赏赐,而是他的臣子?二是"献"受到赏赐,何以对其功绩只字不提,仅称楷伯"遘王,休,亡尤"?三是被天子赏以"金车"者,大多非有战功,即为武官,何以一位给楷伯跑腿的臣子能够得此优待?四是"献"既为楷伯之臣,与毕公家的隶属关系还相隔一层,何以对毕公感戴有加?这些都与"献"作为器主的身份颇不协调。相反,以"献"为动词,以"楷伯"为器主,则文辞更显顺适。本铭大意是说,楷伯代表主人前往觐见周天子,事情办得完善无过。楷伯辟事天子,命其臣属献上铜饰的车子。楷伯此行得到天子的休赐,倍觉殊荣,"十世不忘献身在毕公家",故有此器之作,以光耀父乙。如此看来,以"楷伯"为器主,以"楷伯簋"命名本器恐更切当。

如果把"献"作为动词看待,本器铭文中的"楷伯"当然不会是毕公之子,因为"十世不忘献身在毕公家"绝不可能是毕公之子的口气。有学者认为楷伯是"毕公的高等家臣"[②],看来是有道理的。或许这次楷伯代表主人往见周天子受到赏识,事毕即被分封到楷国成为诸侯,从而成为见于文献记载的周代黎侯。2006 年在山西黎城西关村发掘了一处西周墓葬群,其 M8所出青铜鼎、甗属西周晚期器,器主为"楷侯宰"。研究者认为"楷"通读为"黎",楷侯就是黎侯[③]。周初新封的黎侯与商末西伯戡灭的黎国当然不是一个国家,而且各自的地望也可能不同。关于黎之所在,旧有两说,或谓在上党壶关县(今长治西南),或谓在潞州黎城县(今黎城东北)。顾颉刚、刘起釪认为,西伯文王所戡之黎在今长治南面壶关境内,周代的黎侯国不在壶关黎亭而在潞州黎城[④],其推测由楷侯诸器的出土得到证实。

---

① 张政烺:《张政烺先生批注〈两周金文辞大系考释〉》,中华书局 2011 年版,第 114 页。
② 马承源主编:《商周青铜器铭文选》(三),文物出版社 1988 年版,第 56 页。
③ 高智、张崇宁:《西伯既戡黎——西周黎侯铜器的出土与黎国墓地的确认》,《古代文明研究通讯》2007 年总第 34 期。
④ 顾颉刚:《顾颉刚古史论文集》卷九,中华书局 2011 年版,第 411—412 页。

从楷器出土地点和音韵通假上看，说"楷侯就是黎侯"应无问题。只是楷伯簋(献簋)铭文中楷伯尚不能确定必是毕公之子。这一点，还可从楷(黎)国族并非姬姓得到进一步证明。

西周时期师趛簋铭说："唯王正月既望，师趛作楷姬旅盨，子子孙孙其万年，永宝用。"(《集成》4429)根据"妇人书姓与伯仲"①、"妇人称国及姓"②的礼规，这里的"楷姬"很像是师趛从楷国娶来的妻子，表明楷为姬姓国。又师趛鼎铭云："唯九月初吉庚寅，师趛作文考圣公、文母圣姬尊鬲，其万年子孙永宝用。"(《集成》2713)师趛的母亲称"圣姬"，似乎也是迎娶的姬姓女子。但是，周代贵族妇女称名的情况十分复杂，恐怕还不能由此得出具有排他性、唯一性的结论。这里可以举一个类似的例子。吹方鼎铭说："吹作楷妊尊彝。"(《集成》2179)比照师趛簋铭文，也可以说"楷妊"是作器者吹的妻子，如是则楷为妊姓。然据方簋盖铭云："楷侯作姜氏宝鬻彝，方事姜氏，作宝簋，用永皇方身，用作文母楷妊宝簋，方其日受宝。"(《集成 4139》)可知这位"楷妊"是楷侯方的母亲，也就是方的父亲亦即前任楷侯之妻，由此证明楷侯并非妊姓。那么，师趛簋中的"楷姬"是否也属于这种情况，意味着楷非姬姓呢？

"姬"在文献和金文中不只是一种"姓"称，有时还是不同姓氏女子的通称。对此前人已有揭示。如《史记·齐太公世家》索隐即谓："妇人亦总称姬，姬亦未必尽是姓也。"文献即有这样的例证③，金文亦然。如西周中期遟父钟铭说："遟父作姬齐姜龢林钟"(《集成》103)，其"姬齐姜"三字，姜为姓称，则"姬"非姓④，当指妇人。西周晚期裒盘铭说："用作朕皇考郑伯、郑姬宝盘"(《集成》10172)，"郑姬"是裒的母亲，而郑国本为姬姓，则此姬亦非姓，必是为配为母的女性通称。除此之外，"姬"作为姓称，使用过程中其姓前所冠国族名并不限于父家氏名一种，大家氏名亦不鲜见。

第一种情况，"姬"姓前的国族为父家族氏名者：

西周中期弲鼎："弲作井(邢)姬用鼎。"(《集成》2192)

① 《礼记·丧服小记》，阮元校刻：《十三经注疏》，中华书局1980年版，第1499页。
② 《史记·周本纪》索隐，中华书局1982年版，第147页。
③ 杜勇：《说甲骨文中的巴方——兼论巴非姬姓》，《殷都学刊》2010年第3期。
④ 陈梦家：《西周铜器断代》，中华书局2004年版，第227页。

西周中期格伯簋："格伯作晋姬宝簋。"（《集成》3952）

西周中期伯尊："伯作蔡姬宗彝。"（《集成》5969）

西周晚期伯夏父鼎："伯夏父作毕姬尊鼎"。（《集成》2584）

西周晚期晋司徒伯䚗父鼎："晋司徒伯䚗父作周姬宝尊鼎"。（《集成》2597）

西周晚期膳夫旅伯鼎："膳夫旅伯作毛仲姬尊鼎。"（《集成》2619）

西周晚期司寇良父壶："司寇良父作为卫姬壶。"（《集成》9641）

西周晚期自匜："自作吴姬媵匜。"（《集成》10186）

西周晚期吕王壶："吕王造作芮姬尊壶。"（《集成 9630》）

春秋早期郳伯御戎鼎："郳伯御戎作滕姬宝鼎"。（《集成》2525）

以上铭文"姬"姓之前所冠国族名，计有周族、邢国、晋国、蔡国、毕国、毛国、卫国、吴国、芮国、滕国，均为姬姓。这些姓前所冠为父家族氏名，是没有疑义的。

第二种情况是，"姬"姓前的国族为夫家氏名者：

西周晚期蔡侯鼎："蔡侯作宋姬媵［鼎］。"（《近出》327）

西周晚期郑伯匜："郑伯作宋孟姬媵匜。"（《近出》1013）

西周晚期许姬鬲："许姬作姜虎旅鬲。"（《集成》575）

春秋早期鲁伯愈父鬲："鲁伯愈父作郳姬仁媵羞鬲。"（《集成》690）

春秋早期黄子盘："黄子作黄孟姬行器。"（《集成》10122）

春秋晚期蔡大师腆鼎："蔡太师腆媵许叔姬可母飤鐴。"（《集成》2738）

春秋晚期陈姬小公子錞："陈姬小公子子为叔妫飤錞。"（《集成》4379）

上引铭文中，宋为子姓，许为姜姓，郳为曹姓，陈为妫姓，黄为嬴姓，其妇人犹以姬称，用的是父家而不是夫家氏名。"宋姬""宋孟姬"为蔡、郑两国女子嫁入宋国者，"许叔姬"为蔡国女子嫁入许国者，"郳姬"为鲁国姬姓女子嫁入郳国者，"许姬""黄孟姬""陈姬"则为父家氏名不详的姬姓女子嫁入许、黄、陈等国者。这种情况在清华简中亦有所见。如《系年·第五章》说："蔡哀侯娶妻于陈，赛（息）侯亦娶妻于陈，是赛（息）妫。"① 按照"妇

---

① 清华大学出土文献研究与保护中心编，李学勤主编：《清华大学藏战国竹简》（二），中西书局 2011 年版，第 147 页。

人称国及姓"的礼规，息侯之妻当称"陈妫"，《左传·庄公十八年》即是这样说的："原庄公逆王后于陈，陈妫归于京师。"但《系年》中的陈妫出嫁于息，却又称"息妫"，与上引金文同例。

前人把周代贵族妇女称名情况概括为"妇人书姓与伯仲"，或"妇人称国及姓"，实际只是一种"简约的说辞，在实际称名习俗中，其情状要复杂得多"①。根据上述姬姓妇人称名的第二种情况，再参照前引吹方鼎"楷妊"之例，似乎很难从"楷姬"的称名中得出楷为姬姓的唯一性结论。可惜金文材料有限，我们目前还找不到相关资料对楷国姓氏给予确切的证明。但从文献上看，楷（黎）国当为子姓而非姬姓。

西伯戡黎后，殷末黎国即已败灭。那么，周代的楷（黎）国从何而来？《吕氏春秋·慎大》说："武王胜殷，入殷，未下舆，命……封帝尧之后于黎。"《史记·周本纪》则说：武王封"帝尧之后于蓟"。二说各不相同。依《世本》黎为"子姓"②。《姓氏急就篇》也说："黎氏，黎侯之后，子姓。"此条不知是否同为《世本》之文。《史记·楚世家》集解引服虔曰："黎，东夷国名也，子姓。"又《左传·昭公四年》杜注："黎，东夷国。"西伯所戡黎国位于殷西，未必真是东夷国，但黎为子姓却是各家认可的说法。根据这些资料，顾颉刚、刘起釪认为，"似乎周代封了殷人的另一支在黎城为黎侯；也可能就是'戡黎'时所征服的原来为殷同姓的黎国，征服后把他迁到黎城，作为臣服于周的侯国，所以它仍然为子姓国"③。从楷伯簋（献簋）铭文看，楷伯之封当在周初康昭时期，故以顾、刘二氏所说的前一种可能性为大。楷伯称其考曰父乙，这种以日名相称的礼俗正是殷人（或殷遗民）的习俗④，这也是黎为子姓的旁证。

楷（黎）非姬姓，则楷伯簋（献簋）铭中的"楷伯"就不好说成是毕公之子。之所以强调楷伯非毕公之子这一点，是为了说明楷（黎）之兴替，与《耆夜》中毕公是否担任伐黎的主将没有关联，不能由此得出毕公因伐黎有功，得封其子于黎（楷）的结论。换句话说，西周金文有关楷伯、楷仲、楷侯的材料，都不能

---

① 陈絜：《商周姓氏制度研究》，商务印书馆 2007 年版，第 297—298 页。
② 《左传·隐公元年》正义引，阮元校刻：《十三经注疏》，中华书局 1980 年版，第 1712 页。
③ 顾颉刚：《顾颉刚古史论文集》卷九，中华书局 2011 年版，第 412 页。
④ 张懋镕：《周人不用日名说》，《历史研究》1993 年第 5 期。

作为《耆夜》所言武王伐黎且以毕公作为主将的可信性证明，此其一。

其二，毕公作为伐黎主将，亦与情理不合。伐黎之役能够给殷廷带来巨大震荡，以致祖伊惊呼"殷之即丧"，表明此为事关殷商存亡的重大战役，不由武王亲自挂帅征伐是不可想象的。但是，清华简《耆夜》显示，此次伐黎的主将却是毕公，连武王也要"夜爵酬毕公"，似乎能征善战的武王并未亲与其事，致使伐黎之役的重要性大为降低。

其三，武王八年，适文王新丧，不可能出师伐黎。这里牵涉到文王、武王的纪年问题。根据我们研究，文王受命称王，随即改元，七年而崩；武王继位，未尝改元，仍延续文王纪年，直至十三年辞世①。这意味着"武王八年"实即文王崩逝第二年，此时周邦尚在治丧期间，出师伐黎似嫌过急。对于十一年武王伐纣，《史记·伯夷列传》即载伯夷指责武王说："父死未葬，爰及干戈。"屈原《天问》亦云："载尸集战，何所急？"②倘若文王死后第二年，武王即兴兵伐黎，则其急切更甚。就算武王不受三年服丧之礼的束缚，八年戡黎，九年观兵盟津，十一年伐纣，也不利于养精蓄锐，集中优势兵力，一举克商。

其四，武王伐黎不合周人东进伐商的战略部署。文王生前，伐商大幕即已拉开。《尚书大传》《史记·周本纪》均言文王"五伐"，只是所伐次第有所不同。但从战略步骤上看，"《史记》的说法是比较正确的"③。第一个战略步骤是，文王受命称王元年断虞芮(今山西平陆、芮城境)之讼，使其成为自己的可靠盟国，二年伐犬戎(汧陇之间)，三年伐密须(今甘肃灵台西南)，把岐周建成无后顾之忧的巩固根据地。第二个战略步骤是，四年伐黎(今山西长治西南)，五年伐邘(今河南沁阳西北)，扫清黄河北岸的亲殷势力，摧毁伐纣时可能在近畿地区成为后援的力量，为适时伐纣做好准备。第三个战略步骤是，六年伐崇(今河南登封境内)，七年作丰邑(今陕西西安西南)。据上博简《容成氏》关于文王图商的记载，所谓作丰邑实即"灭丰镐而设"④。

---

① 参见本书第十章：《清华简〈程寤〉与文王受命综考》。
② (宋)洪兴祖：《楚辞补注》，中华书局1983年版，第114页。
③ 顾颉刚、刘起釪：《尚书校释译论》(第二册)，中华书局2005年版，第1062页。
④ 李零：《三代考古的历史断想——从最近发表的上博楚简〈容成氏〉、赞公盨和虞述诸器想到的》，《中国学术》2003年第2期。

这个环节在于全力打开黄河南岸的东进通道，保证伐商之师的顺利东进。从这些情况看来，文王伐黎是整个战略步骤中不可缺少的一环，不会晚至武王继位后才有此举。而崇侯也是殷人重要的同盟国，是维护殷商统治的中坚力量，若崇国已先于黎国而亡，殷人仍无反应，只有到了武王戡黎之时，才导致"殷始咎周"[①]的后果，恐怕是轻重倒置了。

根据上述理由，可以认为清华简《耆夜》所载武王伐黎的真实性是经不起推敲的，实为单文孤证而已。概言之，西伯文王戡黎的传统说法仍不可动摇，《尚书·西伯戡黎》《尚书大传》《史记》以及上博简《容成氏》等各种文献的相关记载亦难于遽然否定。

三、《蟋蟀》的来源与改造

清华简《耆夜》记载，在伐黎归来的饮至典礼上，先是武王"夜爵酬毕公，作歌一终，曰《乐乐旨酒》"，又"夜爵酬周公，作歌一终，曰《輶乘》"；继之是"周公夜爵酬毕公，作歌一终，曰《英英》"，又"夜爵酬王，作祝诵一终，曰《明明上帝》"，其时"周公秉爵未饮，蟋蟀骤降于堂，[周]公作歌一终，曰《蟋蟀》"[②]。这里的作歌作诵，似与春秋时期盛行的赋诗有所不同。赋诗是吟诵《诗》中的诗句来委曲表达一种意旨，为此甚至不惜断章取义。《耆夜》给人的印象是，武王在饮至典礼上即席作诗二首，周公作诗三首，真是风云际会，诗才高卓。这些暂且不去管它，仅就周公作《蟋蟀》来说，就不免疑云重重。

简文中的《蟋蟀》与《诗·唐风·蟋蟀》不仅标题相同，而且内容多有关联。但二者是否同一首诗，学者有不同意见[③]。为了便于分析，我们先把这两篇诗对照抄写下来，并将简诗《蟋蟀》第一章与第三章互换位置，使

---

① 《尚书·西伯戡黎》序，阮元校刻：《十三经注疏》，中华书局 1980 年版，第 176 页。

② 清华大学出土文献研究与保护中心编，李学勤主编：《清华大学藏战国竹简》（一），中西书局 2010 年版，第 150 页。

③ 曹建国：《论清华简中的〈蟋蟀〉》，《江汉考古》2011 年第 2 期。

问题尽可能显得清晰一些。

唐风《蟋蟀》	简文《蟋蟀》
（一）	（三）
蟋蟀在堂	蟋蟀在舍
岁聿其莫	岁聿云□
今我不乐	【今夫君子　不喜不乐】
日月其除	□□□□　□□□□
无已大康	毋已大康
职思其居	则终以惧
好乐无荒	康乐而毋荒
良士瞿瞿	是惟良士之思思
（二）	（二）
蟋蟀在堂	蟋蟀在席
岁聿其逝	岁聿云落
今我不乐	今夫君子　不喜不乐
日月其迈	日月其迈　从朝及夕
无已大康	毋已大康
职思其外	则终以祚
好乐无荒	康乐而勿〔荒〕
良士蹶蹶	是惟良士之思思
（三）	（一）
蟋蟀在堂	蟋蟀在堂
役车其休	役车其行
今我不乐	今夫君子　不喜不乐
日月其慆	夫日□□　□□□荒
无已大康	毋已大乐

职思其忧	则终以康
好乐无荒	康乐而勿荒
良士休休	是惟良士之迢迢

　　两相对比，诗当然是不完全一样的。从句式上看，《唐风》三章，章各八句，句均四字；而简诗三章，章各十句，句则四、五、七字不等。从用韵上看，《唐风》第一章铎、鱼通韵，第二章为月部韵，第三章为幽部韵；简诗第一章押阳部韵，第二、三章鱼、铎通韵。从诗句上看，"役车其休"与"役车其行"，"职思其居(外、忧)"与"则终以惧(祚、康)"，意思也有较大的差别。

　　但是，诗中有些差别是无足轻重的。如简诗五字句"康乐而无荒"，去掉转折连词"而"字，则为四字句，且于诗义无损。至于简诗七字句"是惟良士之迢迢(思思)"，去掉语助词"是惟""之"等字，亦成四字句。简诗章各十句，通过省并亦可形成章各八句的体式。如"日月其迈，从朝及夕"，去其后句，仅留前句，同样是韶光易逝的意思；"今夫君子，不喜不乐"，简化为"今我不乐"，诗义变化不大，只是"君子"与"我"指代略异。

　　如果从内容上考察，这两篇诗则有很多相同的地方。有的诗句一字不差，如"蟋蟀在堂"用于起兴，"日月其迈"感叹岁月无情，"无(毋)已大康"诫勉行为的节制。有的诗义相近，如"好乐无荒"与"康乐而毋荒"，"岁聿其莫"与"岁聿云落"。而良士"休休"与良士"迢迢"，均言德性，只是略有侧重。更重要的是，两诗主旨无异。用诗中现成句子来概括，就是"今我不乐，日月其迈"，"好乐无荒，良士瞿瞿"，强调既要及时行乐，又要节之以礼。《毛诗序》以为"《蟋蟀》刺晋僖公。俭不中礼，故作是诗以闵之，欲其及时以礼自虞乐也"。这都是儒家倡行诗教的附会之说，历代都有学者反对。如宋代杨简《慈湖诗传》就说："《蟋蟀》乃晋国之士相警切之辞，而序谓之刺晋僖公，误矣。"[①]根据对近年山西曲沃晋侯墓地出土的晋侯对盨等器的多方研究，证明"晋僖公绝不是俭啬的人，而是耽于逸乐，爱好

---

① (宋)杨简：《慈湖诗传》，文渊阁《四库全书》本。

田游与美味的豪奢贵族"①。这就从根本上颠覆了诗序的无根之说。

那么，《蟋蟀》是否如《耆夜》所说是周公在伐黎归来的饮至礼上即席而作呢？看来也不是。观《尚书·无逸》篇，周公反复强调"君子所其无逸"，并遍举殷王"无逸"与"耽乐"正反两方面的教训，要求"嗣王其监于兹"，"则其无淫于观、于逸、于游、于田，以万民惟正之供"。这与《蟋蟀》主张"好乐无荒"，即把"康乐"放在第一位的及时行乐思想是相抵触的，至于"今我不乐，日月其迈"就更不符合周公积极进取的政治品格。在清华简《耆夜》中，还有周公所作的《英英》，诗云：

> 王有旨酒，我忧以飂。既醉又侑，明日勿稻(慆)。

看周公劝酒这个劲头，简直与贪恋美酒的酒鬼无异。武王作《乐乐旨酒》也说"嘉爵速饮，后爵乃从"，《辖乘》说"嘉爵速饮，后爵乃复"，也是豪饮的架势。凡此均与周人厉行戒酒的政策不符。如《尚书·酒诰》是周公对康叔所作的一篇诰辞，实际也是面向全国颁发的戒酒令。篇中说："文王诰教小子，有正、有事，无彝酒。越庶国饮，惟祀，德将、无醉。"这是说自周文王以来，就规定不能常常饮酒，即使在祭祀神灵时可以少量饮酒，也要用道德来约束，不能喝醉。对于聚众"群饮"者，周公则施以严刑峻法，"尽执拘以归周，予其杀"。可见厉行戒酒是文王以来的一贯政策，何至于文王死后不久，武王、周公就改弦易辙，武王死后周公又换了一副面孔对群饮者大开杀戒呢？政治固然是令人捉摸不透的东西，但这样反复无常的做法恐怕不像武王、周公的治国风格。这些情况表明，把《耆夜》中的《蟋蟀》《英英》等诗篇说成是周公所作，无疑是有困难的。

《毛诗序》强调诗的"美刺"政治教化功能，相当程度上掩蔽了《诗》三百产生的历史真相。就《蟋蟀》而言，其诗本事其实没有必要作太多牵强附会的解说，把它看作来自民间的歌谣可能更为合适。《汉书·地理志下》说：

> 河东土地平易，有盐铁之饶，本唐尧所居，《诗·风》唐、魏之国

① 李学勤：《论清华简〈耆夜〉的〈蟋蟀〉诗》，《初识清华简》，中西书局2013年版。

也。……其民有先王遗教，君子深思，小人俭陋。故《唐诗》《蟋蟀》、《山枢》、《葛生》之篇曰"今我不乐，日月其迈"；"宛其死矣，它人是媮"；"百岁之后，归于其居"。皆思奢俭之中，念死生之虑。吴札闻《唐》之歌，曰："思深哉！其有陶唐氏之遗民乎？"

晋地有唐尧遗风，人民"思奢俭之中，念死生之虑"，正由《蟋蟀》充分展露出来。诗中的"役车"不管是休止中还是行进中，都意味着"良士"赋役的繁重。这些"良士"当为国人中的士阶层，他们不堪役事之苦，感叹时光易逝，主张既要及时行乐，又要节之以礼。孔子论《诗》谓"《蟋蟀》知难"，难就难在面对役事的艰难、岁月的流逝，作为良士如何把握"好乐无荒""奢俭中礼"的人生。这或许就是诗之本事吧！

不管怎样，这两篇《蟋蟀》诗本质上是同一作品，稍加比较即可看出迹象。但简诗《蟋蟀》比《唐风·蟋蟀》更为原始，这也是可以觉察到的事实。李学勤先生说："从《唐风》一篇显然比简文规整看，简文很可能较早，经过一定的演变历程才成为唐风的样子。"[①]这个意见是切中肯綮的。在《诗》三百的传流演变历程中，一个重要环节是周王廷太师对《诗》的增减修改。过去余冠英先生认为研究改《诗》问题没有直接的材料，只能进行比较推测。他说："《诗经》和汉魏乐府歌辞性质相同，所以不妨以汉魏乐府的修改情况推论《诗经》。不过汉魏乐府里许多改过的歌辞和原辞同时存在，甚至改作所依据的另一作品也存在，比较之下，一目了然。研究《诗经》里的修改就没有同样的条件。往往不能不从那些斧凿之痕去推敲。"[②]如今清华简中《蟋蟀》的发现，笔者以为就是《诗》篇损益与修改的直接证据，可以弥补过往的缺憾。前面对简诗与《唐风》的对比分析，应可说明简诗即是《唐风·蟋蟀》据以改作的底本。

现在的问题是，《蟋蟀》既经修改润色成为周王室的宫廷乐歌，为什么在官方定本出现以后还有像简文这样的原始版本流传于世呢？看来当时周王

---

① 李学勤：《论清华简〈耆夜〉的〈蟋蟀〉诗》，《初识清华简》，中西书局 2013 年版。
② 余冠英：《关于改"诗"问题——讨论〈诗经〉文字曾否经过修改的一封信》，《文学评论》1963 年第 1 期。

朝尚不存在严厉的文化专制主义，各诸侯国完全可以有自己的文化抉择。如现存《尚书·金縢》的版本带有中原主流文化的色彩，而楚地流传的《金縢》今据清华简可知面貌并不完全一样，有的异文还有很大差异，如谓"武王既克殷三年"即是显例。长沙马王堆汉墓发现的《春秋事语》，与今传本《左传》同记一事，往往亦相违忤①。郭店简《性自命出》、上博简《孔子诗论》、清华简《系年》，等等，更为传世文献所未见。因此，有《蟋蟀》这种较为原始的版本流传楚地并不足异。

楚国早期居于中原，深受中原文化浸染。即使西周前期南迁江汉，亦未与中原文化割断关系，重视诗教即是带有中原特色的文化传统之一。清华简《耆夜》应该就是战国时期楚地士人利用《蟋蟀》早期写本等素材撰作的一篇体现诗教功能的历史文献，不一定就是百家争鸣大潮涌动后尊隆文、武、周公的产物。

楚地与唐邦虽然相距遥远，但其民风在某些方面也有相似之处。《汉书·地理志下》说：

> 楚有江汉川泽山林之饶；江南地广，或火耕水耨。民食鱼稻，以渔猎山伐为业，果蓏蠃蛤，食物常足。故呰窳媮生，而亡积聚，饮食还给，不忧冻饿，亦亡千金之家。

班固这段话来自《史记·货殖列传》，对楚地民情风俗有更精确的概括。由于自然条件优越，物产丰饶，人民饮食足而易偷生，重享乐而无积蓄，故《蟋蟀》"好乐无荒，良士瞿瞿"的主旨思想，对于养成积极进取的生活态度不乏借鉴意义。作者通过编织故事情节的手法，将《蟋蟀》说成是周公之作，借以增强诗教的效果。至于历史情节是否真实，已无暇顾及。此与赋诗断章，曲申己意，本质上并无不同。《吕氏春秋·慎人》谓："舜自为诗曰：'普天之下，莫非王土。率土之滨，莫非王臣。'"此将《诗·北山》附会为舜作之诗，正与《耆夜》相类。看来古人说诗，习惯于借题发

---

① 杜勇：《论〈春秋事语〉与〈左传〉的关系》，孟世凯主编：《赵光贤先生百年诞辰纪念文集》，中国社会科学出版社 2010 年版。

挥，并不担心有张冠李戴之嫌。至于《耆夜》中其他几首诗，来源不明，无可深考，要亦作者托武王、周公之名的拟作。

四、《耆夜》的撰作与古书的形成

先秦古书包括行世单篇是如何形成的？这是一个非常有意义却难以确切回答的问题。从前疑古派在这方面做过很多工作，对于科学审查和利用史料具有积极的意义。但是，他们的工作重在辨伪，尤其是对晚出古籍一概否定，似显过于绝对。今天重新审视这项工作，需要对古书进行客观有据的个案研究，进而总结出古书形成的一般规律。其中既要考察古籍的史料价值，也要对民族文化形态的多样化有科学的说明。在这里，我们想就清华简《耆夜》的形成过程略作分析，以见一斑。

《耆夜》不是史官的即时记录，也不是根据王室档案整理成文的作品，而是由楚地士人虚拟成篇的战国文献。此与楚国深受中原文化浸染，倡行诗教有关。然而，《耆夜》是否存在另一种可能性，即由中原士人撰作而后传流到楚地呢？若《耆夜》源出中原，则武王伐黎、周公作《蟋蟀》在中原诸子的著述中当会留下蛛丝马迹，而不至于各种文献一无所见。司马迁作《史记》有时诸说并存，疑以传疑。若《耆夜》为中原文献，又有重要参考价值，史迁对武王伐黎诸事恐怕也不至于无语提及。只有文出楚人之手，传播有限，鲜为人知，才会保留这样的异说。

当然，《耆夜》之作也不能说全是向壁虚构。即以篇中《蟋蟀》论，应该采用了《诗》三百的原初本。这个原初本固然与当时官方定本有别，但其主要诗句或主旨是相同的，故可使用。《左传·襄公二十七年》载：

> 郑伯享赵孟于垂陇，子展、伯有、子西、子产、子大叔、二子石从。赵孟曰："七子从君，以宠武也。请皆赋，以卒君贶，武亦以观七子之志。"子展赋《草虫》。赵孟曰："善哉，民之主也！抑武也，不足以当之。"伯有赋《鹑之贲贲》。赵孟曰："床第之言不踰阈，况在野

乎？非使人之所得闻也。"子西赋《黍苗》之四章。赵孟曰："寡君在，武何能焉？"子产赋《隰桑》。赵孟曰："武请受其卒章。"子大叔赋《野有蔓草》。赵孟曰："吾子之惠也。"印段赋《蟋蟀》。赵孟曰："善哉。保家之主也！吾有望矣。"公孙段赋《桑扈》。赵孟曰："'匪交匪敖'，福将焉往？若保是言也，欲辞福禄，得乎？"

此记郑伯七子赋《诗》，赵武皆有应对，主客双方对《诗》之熟悉，真是到了"不学诗，无以言"①的程度。不只中原各国如此，楚君亦然。《左传·昭公三年》说："郑伯入楚，子产相。楚子享之，赋《吉日》。"这是楚君欲与郑伯共同田猎，故取《诗·小雅·吉日》田猎之诗为赋。特别是楚武王论京观引及《周颂》之《时迈》《武》篇，更见楚地《诗》学的发达。《左传·宣公十二年》载：

> 潘党曰："君盍筑武军而收晋尸以为京观？臣闻克敌必示子孙，以无忘武功。"楚子曰："非尔所知也。夫文，止戈为武。武王克商，作《颂》曰：'载戢干戈，载櫜弓矢。我求懿德，肆于时《夏》，允王保之。'又作《武》，其卒章曰：'耆定尔功。'其三曰：'铺时绎思，我徂维求定。'其六曰：'绥万邦，屡丰年。'"

楚子所谓《武》第三章在今《周颂·赉》中，第六章在今《周颂·桓》中，是古今篇次不同。一般说来，只有各国所用《诗》三百的版本基本一致始可交流对话，但春秋时期《诗》之篇次似未定于一尊。或许战国时代情况仍然如此，故《耆夜》所用《蟋蟀》一诗与今本有别。诗中"蟋蟀在堂"一句本来用于起兴，作者编织故事情节时用以指实，这应是作者造作此文留下的痕迹。显然，利用已有文献资料加以改造，也是《耆夜》形成的条件之一。

此外，《耆夜》所记武王伐黎一事是否也有传世文献可资利用呢？如果有，多半应是《尚书·西伯戡黎》。《西伯戡黎》的最后写定"很可能出

---

① 《论语·季氏》，阮元校刻：《十三经注疏》，中华书局1980年版，第2522页。

自周代宋国人之手"①。虽然未见先秦文献引用它，但春秋战国时期已经
传流于世应无问题。从《西伯戡黎》本文看，篇首"西伯"二字未明所
指，而祖伊深感形势急迫，商纣慨言生死定数，似乎伐黎是克商前夕的事
情。在文化积淀尚不深厚的楚国，误以西伯为武王是不奇怪的。《吕氏春
秋·贵因》说：

> 武王至鲔水。殷使胶鬲侯周师，武王见之。胶鬲曰："西伯将何
> 之？无欺我也。"武王曰："不子欺，将之殷也。"

这说明武王承其父爵而为西伯的传说早在战国时代就有了。《论衡·恢
国篇》亦云："武王为殷西伯，臣事于纣，以臣伐君。"此是汉代犹有武王袭
爵西伯之说。《耆夜》作者不是严肃的历史学家，其意不在述说历史而在宣
扬诗教，因而顾不上进行历史考证，就形成了武王伐黎这样的文字。

关于"武王伐黎"的说法，也许事出有因。由于文王统治后期年事已
高，不便亲自率师征伐，所谓"五伐"之役多半是武王担任主帅，驰骋疆
场，故有武王伐黎传说的流播。至于武王八年伐黎，似乎表明《耆夜》的
作者要把伐黎说成是武王之役，必须在时间上找到一个支撑点。文王受命
七年而崩，继之九年武王观兵盟津，十一年伐纣，这些史实使作者只能推
测武王伐黎为其八年，实际是指文王死后第二年。因为在文王死后的几年
中，缺少重大事件的年份只有八年和十年，十年离伐纣之年太近，事所不
宜，就只有安排八年作为武王伐黎之年了。这或许就是"武王八年"伐黎
的来历吧。

在编撰《耆夜》时，作者还虚拟了一个历史舞台，这就是伐黎归来的饮
至典礼。饮至礼在春秋战国时期是人们熟悉的。《左传·桓公二年》云：
"凡公行，告于宗庙。反行，饮至，舍爵，策勋焉，礼也。"杨伯峻解释说：
诸侯出师攻伐，返而祭告祖庙，"祭告后，合群臣饮酒，谓之饮至"②。《耆
夜》没有详述典礼的仪节，重点放在了饮酒赋诗上。宴享赋诗是春秋时代的

---

① 顾颉刚、刘起釪：《尚书校释译论》（第二册），中华书局 2005 年版，第 1070 页。
② 杨伯峻：《春秋左传注》，中华书局 1981 年版，第 91 页。

社会风尚，以此为背景把已有流传的《蟋蟀》再加上自己拟作的几首诗，嵌入有武王、周公、毕公等人参加的典礼之中，倒是颇有几分真实感，也可增加诗教的力量。

　　综上可见，清华简《耆夜》并不是一篇真实记述史实的古文献，而是战国时期楚地士人虚拟的一篇诗教之文。它利用和误解了当时有关传说和文献资料，杜撰了武王伐黎、周公作《蟋蟀》等历史情节，貌似史官实录，实则史料价值不高。但《耆夜》作为战国时期楚地文化之树生长出来的果实，对于我们研究楚文化本身发展的机理，却有重要的参考作用。

第　四　章

关于清华简《保训》的著作年代问题

在《清华大学藏战国竹简》第一册尚未正式出版之前，其中的《保训》释文与图版即已先期公布①，从而引起了学术界广泛而热烈的讨论。不少学者就其文字、史事、思想等内容详加考究，探赜索隐，孜孜以求，形成了许多卓有创见的学术成果。在研究过程中，虽有学者注意到《保训》著作年代及其史料价值问题②，却并无专篇系统加以探讨。本章就此加以探讨，以供大家商榷。

一、关于周文王遗言

研究清华简《保训》的著作年代，不妨先从简文的性质说起。

《保训》开篇即云："惟王五十年，不豫，王念日之多历，恐坠宝训，戊子，自靧水，己丑，昧［爽］……［王］若曰"③云云。这是说文王在位五十年，患病不安，担心来日不多，怕丧失宝训。某月戊子日，病情有好转，可以自己用水洗面了。第二天天明后，文王决定传宝于太子姬发，慎重地向他讲述了关于虞舜与上甲微遵行中道的两个传说，并借以传授宝训。由于文王

① 清华大学出土文献研究与保护中心：《清华大学藏战国竹简〈保训〉释文》，《文物》2009 年第 6 期。

② 刘国忠、陈颖飞：《清华简〈保训〉座谈会纪要》，《光明日报》2009 年 6 月 29 日。

③ 李学勤：《清华简〈保训〉释读补正》，《中国史研究》2009 年第 3 期。

在位五十年有案可稽，此次召诰太子又值病重之时，意在亲传宝训，因此把《保训》视为"周文王临终时对其太子发即武王所作的遗言"①，单从义理文脉上看是绝无疑义的。但问题在于，《保训》是真正的文王遗言，还是后人托古拟作的文王遗言，却是需要认真加以分辨的。

　　说到周文王遗言，《逸周书·文传》篇从行文背景看亦有类似性质。分析《文传》的有关制作情况，对我们认识《保训》的著作年代是有启迪的。

　　《文传》篇首云："文王受命之九年，时维暮春，在鄗（镐），召太子发曰：'吾语汝我所保所守，守之哉！'"《太平御览》卷八十四引此冠以《周书》曰："文王在镐，召太子发曰：'呜呼，我身老矣！吾语汝我所保与我所守，传之子孙。'"②下文即对太子发讲授为君之道及治国理财之法。既言"身老"，又言将治国之道"传之子孙"，颇有临终安排后事、交代遗言的意味。所谓"文王受命之九年"，文献上即有文王崩于是年之说③。今本《竹书纪年》更言帝辛"四十一年（按：即文王受命九年）春三月，西伯昌薨。"④此言"春三月"与《文传》"时维暮春"相合，尽管其材料来源不可确知，但至少说明历史上有人认为周文王是其受命九年暮春三月辞世的。这样，《文传》在记事内容与时间上都显示出了周文王遗言的性质。

　　然而，《文传》是真正的周文王遗言吗？历代学者似未有过肯定的看法。李学勤先生也说，《文传》"文辞不古，也算不得遗言"⑤。这就向人们提出一个问题：《文传》从行文表述上看是文王遗言，而实际上又不是文王遗言，这其中的奥秘何在？赵光贤先生说，《逸周书》中除《商誓》《度邑》《皇门》《祭公》《芮良夫》为周初或西周中叶所作，《克殷》《世俘》《作雒》像后世史官记事外，"其他绝大多数大约是从春秋到战国时的伪作，绝非西

---

　　① 李学勤：《论清华简〈保训〉的几个问题》，《文物》2009 年第 6 期。

　　② 《太平御览》卷八十四《皇王部》引，文渊阁《四库全书》本。

　　③ 关于文王卒年，文献上有受命七年、九年等不同说法。《尚书大传》持七年说，《汉书·律历志·世经》等持九年说。另《史记·周本纪》称文王受命"后十年而崩"，其"十"乃"七"字传写之误。

　　④ 王国维：《今本竹书纪年疏证》，方诗铭、王修龄：《古本竹书纪年辑证》，上海古籍出版社 2005 年版，第 239 页。

　　⑤ 李学勤：《论清华简〈保训〉的几个问题》，《文物》2009 年第 6 期。

周文字"①。赵先生所说"伪作",实际就是后世的托古言事之作,尽管其中有些材料可能带有部分真实性,但整体上是不能视为西周作品的。《文传》的情况正是如此。

《文传》说:"厚德广惠,忠信爱人,君子(按:《御览》引作"人君")之行。不为骄佚,不为靡泰,不淫于美,括柱茅茨,为爱费。"此与《尚书·无逸》所说"文王卑服,即康功田功。徽柔懿恭,怀保小民,惠鲜鳏寡。……文王不敢盘于游田,以庶邦惟正之供"思想是相通的,或有一定的材料依据。但从整体上看,《文传》晚出的特征是颇为明显的。一是《文传》称"有十年之积者王,有五年之积者霸";"兵强胜人,人强胜天"等,完全是春秋时期才有的语言风格,显与文王时代的情势不合。二是《文传》称"时惟暮(季)春",而四时各有孟仲季之分,在春秋中期以后始见记录。②如《左传·襄公十四年》称正月"孟春",昭公十七年言四月"孟夏",即其例证。三是《文传》"山林非时不升斤斧,以成草木之长;川泽非时不入网罟,以成鱼鳖之长"等文句,在《逸周书·大聚》篇中称为"禹之禁",而且义近《孟子·梁惠王上》所说"数罟不入洿池,鱼鳖不可胜食也;斧斤以时入山林,材木不可胜用也",说明这是"古代依时授政语言的遗留,不会是出于某一个人,很难相信文王要将它作为临终遗言"③。这些情况表明,《文传》的制作当不早于春秋中期。有学者从语法、韵语、修辞等历史语言学角度对《逸周书》进行研究,认为《文传》篇的"写定时代大致当在战国时代",亦言之有据。如《文传》5 见"也"做语尾助词,《文传》13 见"者"字结构,即是"战国的时尚"④。由此可见,《文传》未必是真正的文王遗言,"盖在战国、秦、汉之间,彼固取前世王侯卿大夫之行事而揣度

---

① 赵光贤:《〈逸周书〉略说》,《亡尤室文存》,北京师范大学出版社 2001 年版。

② 《诗·周颂·臣工》有云"维莫之春",郑玄笺:"莫,晚也。周之季春,于夏为孟春。"孔疏:"暮晚者,古暮字作莫。……时有三月,季为其晚,故以周之季春为晚春也。"此之暮春,郑玄以为是周正,于夏正则为孟春,正当天子行籍田礼之时。显然这里所说的暮春与后来四时各有孟仲季之分是不同的,不能据此认为《臣工》时代即周初已有这种制度。

③ 罗家湘:《从〈文传〉的集成性质再论〈逸周书〉的编辑》,《云南民族大学学报》(哲学社会科学版)2004 年第 4 期。

④ 周玉秀:《〈逸周书〉的语言特点及其文献学价值》,中华书局 2005 年版,第 274 页。

之，复杂取传记之文以附益之者"①。

现在我们要思考的是，清华简《保训》的制作情况是否与《文传》一样，亦为托古言事之作呢？因为《保训》作为战国中晚期之际的出土文献，其著作年代便有几种可能性：或为商末周初之作，或为春秋之作，或为战国前期之作。只有作为史官实录而成书于商末周初，《保训》才有可能算得上真正的周文王遗言。否则就与《文传》一样，即使有些材料可信为真，也只能是后世假托文王名义的拟古之作。

已有学者指出："关于周文王遗言，史无明文。近代出土文献中，有许多篇籍也是史无明文的，我们对之并不觉得特别难以理解。但作为周文王这样的超级历史人物，有关遗言后人全不知晓，那是说不过去的。""尤其是思想内容比较接近撰著《中庸》的子思学派，也全然不知文王曾有讲'中'的遗言。"②若《保训》真为周文王遗言，《尚书》百篇不录，《周书》七十一篇不载，先秦诸子不闻，的确有些让人费解。至于《尚书·顾命》有"我高祖寡命"之文，似不能成为历史上有文王遗命的文献学证据。这里的"高祖"指文王，从无异说。但"寡命"旧释为寡有之命，意即人少及之。近人杨筠如另有新说，谓"寡，读为'嘏'"，因为"瑕、顾、寡并通，故'寡'可为'嘏'也"③。则"寡命"当为"嘏命"亦即大命，非为文王"顾命"。且《顾命》篇得名亦非本此，实际是指成王临终前的遗命。所以文献上是没有关于周文王遗言的记载的，此其一。

其二，《保训》看上去文辞古奥，并不意味着它来源于西周文本。一方面，由于《保训》简文"文字风格主要是楚国的"④，加之为出土文献，释读较为困难，因而很容易给人产生古奥艰深的感觉。实际情况可能是文本传写过程中，由于当时各国"言语异声，文字异形"⑤所造成的结果，并不能说明文本本身的问题。另一方面，《保训》有诸多词语见于传世西周文献，

---

① （清）崔述：《崔东壁遗书》，上海古籍出版社1983年版，第353页。

② 姜广辉：《〈保训〉十疑》，《光明日报》2009年5月4日。

③ 杨筠如：《尚书覈诂》，陕西人民出版社2005年版，第434页。

④ 李学勤：《周文王遗言》，《光明日报》2009年4月13日。

⑤ （汉）许慎：《说文解字·叙》，中华书局1992年版，第315页

不能排除有蹈袭的可能①。如简文"不豫",《尚书·金縢》称"王有疾不豫";其"戊子,自靧水",《尚书·顾命》称"王乃洮頮(或作靧)水";其"己丑,昧爽",《尚书·牧誓》称"甲子,昧爽";其"昔舜旧作小人",《尚书·无逸》称祖甲"旧为小人";其"庶万姓",《逸周书·商誓》《克殷》称"庶百姓",等等。特别是简文中"惟王五十年""王若曰"等商周习用语,容易给人造成文为古本的印象。如"王若曰"一般为史官实录用语,似乎说明它由来有自,非伪作可比。但实际上,古语并非只有古时才可使用,后世袭以成文亦非鲜见,犹如今天我们使用成语一样不足为怪。以"王若曰"为例,虽然西周文献或金文使用频率很高,但春秋战国文献亦每每可见,如《尚书·文侯之命》《左传·定公四年》即有"王若曰""王曰"云云。此外,简文"日不足惟宿不羕(详)"又见于《逸周书》,亦为晚出之语(说详后)。可见所谓《保训》文辞古奥也不能成为它制作于商末周初的有力证据。

其三,文王遗言对于处在克殷前夜而又胜算未定的周人来说,当属何等大事。文王在世时,可能在人心向背上"三分天下有其二"②,但毕竟商纣作为统一贵族国家的政治领袖,并未完全丧失其号令天下的统治地位。文王殁后,小邦周到底向何处去?如何完成伐商大业而成为天下共主?是需要认真对待的首要问题。周人自古公亶父始,几代人的苦心经营,只为一个战略目标,那就是东进克商。《诗·大雅·文王有声》云:"文王受命,有此武功,既伐于崇,作邑于丰。"便是这种克殷战略的体现。所以要说周文王的政治遗愿,实莫大于受命克商。武王伐纣,"为文王木主,载以车"③,即是以完成文王遗愿为旗号的。《尚书·洛诰》说:"扬文武烈,奉答天命。"《顾命》说:"敬迓天威,嗣守文武大训。"大盂鼎铭说:"丕显文王,受天有大命,在武王嗣文作邦。"(《集成》2837)毛公鼎铭(图4-1,图4-2)说:"丕显文武,皇天引厌厥德,配我有周膺受大命。"(《集成》2841)都是讲文、武受命克商,终成大业。其所奉天命,核心是一个"德"字:"敬德"者得天下,"丧德"者失天下。这在《尚书》周初诸诰中有至为明晰的反

① 姜广辉:《〈保训〉十疑》,《光明日报》2009年5月4日。
② 《论语·泰伯》,阮元校刻:《十三经注疏》,中华书局1980年版,第2487页。
③ 《史记·周本纪》,中华书局1982年版,第120页。

映。刘家和先生曾经指出："《尚书·周书》中的《大诰》《康诰》《酒诰》《梓材》《召诰》《洛诰》《多士》《无逸》《君奭》《多方》《立政》等篇，几乎篇篇都强调德的重要性。"①一方面，天命并非一成不变，而是依据"德"之有无发生转移的。如《召诰》说夏、殷"惟不敬厥德，乃早坠厥命。"而"皇天改大邦殷之命，惟周文武诞受羑若"②，则是因为"皇天无亲，惟德是辅"③。另一方面，天命既以德为依归，周人要确保自己膺受的天命，就不得不高扬"敬德"的旗帜。如周公教导其弟康叔说："惟乃丕显考文王，克明德慎罚，不敢侮鳏寡，庸庸(用可用之人)，祗祗(敬可敬之人)，畏畏(畏可畏之人)，显民。"④因此，以德配天、明德慎罚、敬德保民等天命思想，便成为周人诞保文武受命的不懈追求，也是《尚书》周初诸诰中"反复演唱的主旋律"⑤。但这样的思想，在《保训》中却了无踪迹，不具备文王政治遗言所应有的思想特征。再看《顾命》所见周成王辞世前的遗

图 4-1　毛公鼎

① 刘家和：《关于殷周关系》，《史学、经学与思想：在世界史背景下对于中国古代历史文化的思考》，北京师范大学出版社 2005 年版。

② 《尚书·康王之诰》，阮元校刻：《十三经注疏》，中华书局 1980 年版，第 244 页。

③ 《左传·僖公五年》引《周书》，阮元校刻：《十三经注疏》，中华书局 1980 年版，第 1795 页。

④ 《尚书·康诰》，阮元校刻：《十三经注疏》，中华书局 1980 年版，第 203 页。

⑤ 杜勇：《略论周人的天命思想》，《孔子研究》1998 年第 2 期。

图 4-2　毛公鼎銘文

命，所强调的关键问题是"用敬保元子钊，弘济于艰难，柔远能迩，安劝小大庶邦。"仍是强调时局艰难，嘱咐众臣辅佐康王安定天下。而《保训》所言中道，强调处理事情要把握好分寸，做到中正不偏。这种政治见解，不仅与周文王所处时代的政治需要相违，而且与周初诸诰所反映的以德为核心的天命思想不符，同样让人无法相信它是真正的周文王遗言。

二、关于《保训》的著作年代

由于《保训》不见于文献记载，缺少外证，所以只有通过简文本身多方比勘，求诸内证，以推考其著作年代。这里主要从其语言特征、阴阳观念、中道思想等三个方面加以分析，提出《保训》制作于战国前期的粗浅看法。

（一）从语言特征看《保训》的著作年代

清华简《保训》是否初作时的原貌，今已无从知晓。但即使在传抄过程中有个别文字异同现象发生，也不可能尽行掩蔽其整体的语言特征。所以从历史语言学角度进行分析，对于秦火之前的出土文献来说，应该是有可靠的工作基础的。

　　首先,《保训》的语法现象有很多特别之处,需要我们留意。一是第一人称代词"朕",《保训》凡三见:用为定语"朕疾"二例,用为主语"朕闻"一例。在甲骨文与西周金文中,"朕"多用作定语,作主语的情况极为罕见。有学者指出,"'朕'最初的作用主要是作定语的,后来才逐渐发展出主语和宾语的用法"①。《保训》中"朕"为主语的比例,占"朕"字总数的1/3。二是"之"用为代词,《保训》凡四见:"必受之以詷","女以书受之","帝尧嘉之","祗之哉"。据夏含夷先生研究,"在西周金文中作为代词的'之'很少用,而更少用作句子的宾语(据我所能找到的例子中,在西周金文当中这种用法只有五例);反之,'之'在东周金文中泛见,也多用作代词宾语"②。《保训》中"之"用为代词宾语,占"之"字总数比例的1/2。三是介词"以",《保训》凡三见:"必受之以詷","女以书受之","以复有易"。其中"以"之后接动词1例,接名词2例。从"以"之后所接词的词性看,"西周金文在'以'之后基本上都接名词,东周金文在'以'之后却多接动词"③。《保训》中"以"后所接动词的比例,占"以"为介词总数的1/3。这三种新的语法现象共同说明一个问题,那就是《保训》很可能是晚于西周而成篇的。

　　其次,《保训》篇虽以散文为主,但间有韵语,且用韵不止一处。如"昔前人传宝,必受之以詷(东部),今朕疾壹甚,恐弗念终(冬部)"。此为东冬合韵。又如"微志弗忘(阳部),传贻子孙,至于成康〔唐〕(阳部),祗备不懈,用受大命(耕部)"。此为阳耕合韵。又如"不及尔身受大命(耕部),敬(耕部)哉!勿淫,日不足惟宿不详(阳部)"。此为耕阳合韵。又如"钦(侵部)哉,勿淫(侵部)!"此为侵部独韵。据王力先生《诗经韵读》,这种东冬合韵、阳耕合韵现象,均为三百篇所未见。今文《尚书》有阳耕合韵,而无东冬合韵④。两周金文中,东冬合韵、阳耕合韵均有所见,但"冬、侵二部

---

　　① 周玉秀:《〈逸周书〉的语言特点及其文献学价值》,中华书局2005年版,第94页。

　　② 〔美〕夏含夷:《略论今文〈尚书〉周书各篇的著作年代》,《古史异观》,上海古籍出版社2005年版。

　　③ 〔美〕夏含夷:《略论今文〈尚书〉周书各篇的著作年代》,《古史异观》,上海古籍出版社2005年版。

　　④ 吕胜男:《今文〈尚书〉用韵研究》,《中国韵文学刊》2009年第2期。

都未发现独用例"①。《保训》的用韵情况表明，它很可能是晚出于《诗经》时代即春秋中期以后的。同时也证明它并非出自文王口授的史官实录。因为文王已是染病之身，仓促之间是不可能出口即多韵语的。即使后来宗周史官根据档案材料重新写定，一篇短文就有多处韵语，也未必符合诰训文体的严肃性。

最后，《保训》有关习用语的运用，为前面的历史语言学分析提供了佐证。《保训》篇末说："勿淫！日不足惟宿不详。"这是文王诫勉武王说：你不可贪图安逸享乐，要珍惜光阴，勤于国事，白昼短蹙，夜晚也不长啊！此类训诫用语，还见于今传《逸周书》。其《大开》说："戒后人其用汝谋，维宿不悉日不足。"《小开》说："后戒后戒，宿不悉日不足。"所强调的都是要夜以继日地勤于政事。《礼记·礼器》谓"日不足，继之以烛"，虽说的是祭礼，但其义相通。《大开》首以"八儆五戒"为纲，然后分叙其事。这种"以数为纪"的表达方法虽然出现较早，"但其广泛流行，却是春秋战国以后的事情"②。如《尚书·洪范》作于春秋中叶③，通篇以初一至次九言其洪范九畴，即其显例。而《小开》除运用如"三极""九因"等以数为纪的方法外，还有多用顶真格的特点，如谓"德枳维大人，大人枳维卿，卿枳维大夫，大夫枳维士，登登皇皇。□枳维国，国枳维都，都枳维邑，邑枳维家，家枳维欲无疆"。这种修辞方法也是战国时代最为盛行的。故有学者判断《大开》《小开》是战国时代写定的④，应可信据。《保训》之"日不足，惟宿不详"，与《大开》《小开》之"宿不悉日不足"词序略异，但语义相同，应是同一时代的产物。

不过，《保训》简文"日不足"一语，又见于《诗·小雅·天保》："降尔遐福，维日不足。"这是否意味着它与《天保》写作时代又相近同呢？关于《天保》的创作年代，经学者考证为周宣王朝诗⑤。诗中"维日不足"，郑

---

① 罗江文：《〈诗经〉与两周金文韵部比较》，《思想战线》2003 年第 5 期。

② 赵伯雄：《先秦文献中的"以数为纪"》，《文献》1999 年第 4 期。

③ 杜勇：《〈洪范〉制作年代新探》，《人文杂志》1995 年第 3 期。

④ 周玉秀：《〈逸周书〉的语言特点及其文献学价值》，中华书局 2005 年版，第 269—270 页

⑤ 赵逵夫：《论西周末年杰出诗人召伯虎》，中国诗经学会编：《1993 诗经国际学术研讨会论文集》，河北大学出版社 1994 年版。

玄笺："天又下予女（汝）以广远之福，使天下溥蒙之，汲汲然如日且不足也。"依郑所释，这是说上天所降远大之福，即使日日享取，也是受用不完的。这表明《天保》中的"维日不足"，与《保训》《大开》《小开》的取义是大相径庭的。这种现象应是春秋战国时人引《诗》断章取义的结果。《左传·襄公二十八年》卢蒲癸就说："赋诗断章，余取所求焉恶识宗！"即是说赋《诗》可以各取所需，不必顾及本义。《左传》《论语》《孟子》等古籍中有不少这样的例子，可资参照①。故《保训》的制作应晚于《天保》，并与《大开》《小开》形成并出共见的时代关系。

（二）从阴阳观念看《保训》的著作年代

《保训》说舜在民间时，"厥有施于上下远迩，逦易位迩稽，测阴阳之物，咸顺不逆"。其"阴阳之物"，《礼记·祭统》亦曾言及："昆虫之异，草木之实，阴阳之物备矣。"此指祭物中的可食昆虫和草木果实，显与《保训》异趣。但上博简《容成氏》却有类似说法："皋陶既已受命，乃辨阴阳之气……舜乃欲会天地之气。"②又《周礼·春官宗伯》说："占梦掌其岁时，观天地之会，辨阴阳之气。"其阴阳之为物、之为气，有如《老子》云："万物负阴而抱阳，冲气以为和。"是说万物负抱阴阳而生，都是阴阳两气互相激荡而成的和谐体。表明《保训》所谓"测阴阳之物"，与"辨阴阳之气""会天地之气"有着相通的内涵，阴阳所指已从具体自然现象的基础上，进一步抽象为哲理性的概念，用以说明宇宙万物构成和变化的基本元素。

那么，《保训》这种阴阳观念是上古尧舜时代本身就有的呢？还是周文王或西周以后的人们根据当时业已存在的社会思想外加上去的呢？

从较早的文字记录来看，甲骨卜辞已有"阴""阳"二字，但尚无二字连用者，且所指均为具体的自然现象。如"戊戌卜，其阴而，翌启，不见云"（《合集》20988，图4-3），其"阴"为天气阴晴之阴。又"其菜河……于滺（阴）酉"（《合集》30429，图4-4），其"阴"为方位，意即在黄

---

① 顾颉刚：《〈诗经〉的厄运与幸运》，郭万金编：《诗经二十讲》，华夏出版社2009年版。

② 马承源主编：《上海博物馆藏战国楚竹书》（二），上海古籍出版社2002年版，第272—273页。

河北岸举行祷祭。而卜辞中的"南阳"与"北对"（《屯南》4529），实际也是方位上的阴与阳对贞。这些天象的阴阳或地象的阴阳，都是浅明的感性现象，并不具备多少抽象或神秘意义。殷人尚且如此，更早的尧舜时代虽不排除对阴阳现象有所认识，但不会超越殷人形成更为抽象而深刻的阴阳思想。

图 4-3　《合集》20988　　　　　　　　图 4-4　《合集》30429

继后的周文王时代，曾有周原甲骨文的出土，却未发现"阴""阳"等文字，倒是见到许多使用数字重叠的符号。经张政烺先生研究，认为它就是早期的八卦符号。[1]这无疑为文王演《易》说增添了新的佐证，不过同时说明"八卦的原始，它与阴阳本是无涉的。"[2]《庄子·天下》所谓"易以道阴阳"，应是后来阴阳与八卦融合的结果。西周中后期永盂、敔簋铭文都提到"阴阳洛"，意为洛水南北两岸。此与《诗·大雅·公刘》云"相其阴阳，观其流泉"一样，都是表示地理方位，也不具备阴阳变化以生万物的意蕴。

---

① 张政烺：《试释周初青铜器铭文中的易卦》，《张政烺文史论集》，中华书局 2004 年版。
② 庞朴：《阴阳五行探源》，《当代学者自选文库·庞朴卷》，安徽教育出版社 1999 年版，第 214 页。

这说明文王时代的阴阳观念即便是附加到皋陶、虞舜的身上，也不会是《保训》那样的思想形态。

商周阴阳观念从表示天文和地理现象到升格为天地之气，并可决定自然与社会现象的正常与否，据传世文献记载是在西周末年。《国语·周语上》一记虢文公谏周宣王不籍千亩，谓立春前后，"阳气俱蒸，土膏其动"。即将阴阳视为一种反映自然现象变化的"气"，并决定着四时农事安排。二记周幽王二年，伯阳父针对三川地震发表议论说："夫天地之气不失其序；若过其序，民乱之也。阳伏而不能出，阴迫而不能烝，于是有地震。"其"天地之气"即指阴阳二气，是说阴阳一旦失调失序，不只引发地震等自然灾害，还将导致亡国之变。

春秋晚期，阴阳观念被广泛运用于自然现象和社会现象的解释。最有代表性的是《左传·昭公元年》医和所说的一段话："天有六气……曰阴、阳、风、雨、晦、明也，分为四时，序为五节，过则为菑。阴淫寒疾，阳淫热疾，风淫末疾，雨淫腹疾，晦淫惑疾，明淫心疾。"在这里，四时、音律、病理与阴阳都表现出极大的关联性。所谓"分为四时"，是指春夏秋冬四季为六气所化育，而阴阳又居六气之首，对四时起支配作用。此所体现的是四时教令的思想。所谓"序分五节"，是说宫商角徵羽五声的节奏与和谐是由阴阳之气来调节的。只有"气无滞阴，亦无散阳，阴阳序次"[1]，才有可能形成和谐的乐音。所谓"阴淫""阳淫"，是说阴阳过盛失调、六气失衡，就会产生各种疾病，如阴气过盛导致寒疾，阳气过盛导致热疾，等等。除此之外，春无冰、大雨雹、日食、水旱等各种灾异，也被认为是阴阳失调所致。甚至兵家学说也有阴阳观念的渗入。如《国语·越语下》记范蠡说："阳至而阴，阴至而阳；日困而还，月盈而匡。古之善用兵者，因天地之常，与之俱行。"阴阳思想在春秋晚期向各个意识领域弥漫渗透，盛极一时。《老子》讲宇宙生成模式，以"道"为万物之源，但还是少不了要加上一句："万物负阴而抱阳，冲气以为和。"

到战国中后期，阴阳与五行密相融合，一度成为显学。司马谈论六家要旨说："尝窃观阴阳之术，大祥而众忌讳，使人拘而多畏；然其序四时之大

---

[1] 《国语·周语下》，上海古籍出版社 1988 年版，第 128 页。

顺，不可失也。"①这说明阴阳学说虽然涵括广泛，但四时教令的思想始终是其主要内容。《管子·四时》也说："阴阳者天地之大理也；四时者阴阳之大经也。"四时教令思想可能起源很早，最初当与先民在长期生产实践中达成的对自然规律的朴素认识有关，"但其上升到天人关系的理论形态并与社会政治发生联系，则有赖于阴阳思想的发展"②。从《保训》的阴阳观念看，它是与春秋晚期开始盛行的四时教令思想结为一体的。所谓"咸顺不逆"即是"序四时之大顺"，其前提则是"测阴阳之物"，即深入分析和正确把握阴阳之气的合理关系与秩序，从而达到顺天应时的目的。

《保训》的阴阳观念与四时教令的思想熔为一炉，且由具体的自然现象上升为"天地之气"，体现出一种宇宙生成与变化的思想模式，与《老子》、上博简《容成氏》等相呼应，因而其著作年代也大体相近，同为战国前期之作。

(三)从中道思想看《保训》的著作年代

在《保训》篇中，文王对太子发讲述了两件历史传说，一是舜"求中""得中"的事，二是上甲微"假(借)中""追(归)中"的事。全篇主旨不离一个"中"字。但"中"为何物？《保训》本身并未明确揭示其义蕴。研究者或以为"中道"③，或以为"司法判决文书"④，或以为"地中"⑤，不只意见颇为分歧，而且每种意见都未能圆满解释这个"中"何以能够"求"而"得"之、"借"而"归"之的问题。

为了弄清"中"的含义，不妨先对有关历史传说略作分析。《保训》说："昔舜旧作小人，亲耕于历丘，恐求中，自稽厥志，不违于庶万姓之多欲。"这是说舜在历丘耕种时，担心能否找到"中"的标准，以满足百姓的各种愿望。笔者认为，这个"中"不必求之过深，实际不过是中正、公正的治事原

---

① 《史记·太史公自序》，中华书局 1982 年版，第 3289 页。

② 白奚：《中国古代阴阳与五行说的合流——〈管子〉阴阳五行思想新探》，《中国社会科学》1997 年第 5 期。

③ 李学勤：《论清华简〈保训〉的几个问题》，《文物》2009 年第 6 期。

④ 李均明：《〈保训〉与周文王的治国理念》，《中国史研究》2009 年第 3 期。

⑤ 李零：《读清华简〈保训〉释文》，《中国文物报》2009 年 8 月 21 日。

则罢了。《韩非子·难一》说:"历山之农者侵畔,舜往耕焉。期年甽亩正。河滨之渔者争坻,舜往渔焉,期年而让长。东夷之陶者器苦窳,舜往陶焉,期年而器牢。仲尼叹曰:'耕、渔与陶,非舜官也,而舜往为之者,所以救败也。舜其信仁乎!'"历丘之民在耕种、捕鱼、制陶过程中牵涉到各种利益关系,时常发生争执,处理起来非常困难。《保训》所言舜"求中""得中",其实就是说舜找到了如何公正处理这些纷争的原则与办法,并在实践中加以有效运用,以促成民众生产的有序进行和社会局面的安定和谐。

就同一篇文字而言,行文中使用的概念若无特别交代,前后应该是一致的。这就是说,《保训》所说上甲微向河伯"借中""归中"的"中",与前面所说舜"求中""得中"的"中",都应该是同一含义。但是这样诠释就不免带来新的问题,那就是一种抽象的以中正为标准的治事原则,怎么能有借又有还呢?

这里有必要交代一下有易氏、河伯与商部落的关系。《易·大壮》爻辞:"丧羊于易。"《旅》爻辞:"鸟焚其巢,旅人先笑后号咷,丧牛于易。"经顾颉刚先生研究,认为"这里所说的'易',便是有易。这里所说的'旅人',便是托于有易的王亥"[1]。《山海经·大荒东经》说:"王亥托于有易、河伯仆牛。有易杀王亥,取仆牛。"即是说商人先公王亥将自己部落的牛羊寄放在有易、河伯那里,结果有易氏杀了王亥,将牛羊占为己有。古本《竹书纪年》说:"殷王子亥宾于有易而淫焉,有易之君绵臣杀而放之,是故殷主甲微假师于河伯以伐有易,灭之,遂杀其君绵臣也。"[2] 有易国君绵臣为了贪图王亥的牛羊,便以王亥奸淫其妻的罪名,杀害了这位商部落的领袖。后来其子上甲微决心复仇,并向河伯"借师",得其援助,终于伐灭有易,杀死绵臣。整个事件给人们透露出一个信息,所谓王亥奸淫绵臣之妻的罪名是不成立的。否则,不只上甲微师出无名,而且本与有易交好的河伯,也没有派兵帮助上甲微的充分理由。在这整个故事中,上甲微、河伯、有易之间的三角关系,始终贯穿着一条中心线索,即事情的处理是否依照中正、公正的准则来进行。有易强加罪名杀害王亥,有失中正,而上甲微、河伯联手出

---

① 顾颉刚:《周易卦爻辞中的故事》,《燕京学报》1929 年第 6 期。

② 方诗铭、王修龄:《古本竹书纪年辑证》,上海古籍出版社 2005 年版,第 12 页。

兵，伐灭有易，则是以中正之师维护中正之道。依此来看，《保训》所谓
"假中"实际就是古本《竹书纪年》说的"假师"，而"归中"也就是归师。
只不过在《保训》作者的眼中，这个"师"乃是中正之师，于是将假中正之
师、归中正之师简称为"假中""归中"了。其实，这种用法也是有先例
的，如卜辞"立中"即与此相类。"中"本为旗斿，用作徽帜，以聚族众，
列众布阵，则为中军。所以在特定场合可以代指军队。如卜辞说"王作三
师：右、中、左"（《合集》33006），这里的"中"即是"师"——中师。
胡厚宣先生曾说："立中者，当为军事驻扎，武装垦殖，或者是原始氏族社
会立旗圈地开辟疆土之孑遗。"①也含有这样一层意思。不过，就《保训》来
说，"中"在特定场合虽可指代中正之师，但作为全篇一以贯之的概念，无
疑还是自其本义引申而来的中正、公正之意。

明确了《保训》"中"的含义，即可看出它与《论语》所讲中道颇多相
似之处。一则，孔子说："中庸之为德也，其至矣乎！民鲜久矣。"②是说中
庸作为一种至高的道德，民众已缺乏很久了。《论语·尧曰》说舜"允执其
中"，《孟子·离娄下》说"汤执中"，表明久为民众所缺失的中德只是由
舜、汤等人传承着。而《保训》所列几位掌握中道的人物，如舜、河伯、上
甲微、汤、文王等，古人多目为圣君，亦非普通民众可比。说明二者所言中
德的修为与传承，在人物层次上是一致的。二则，孔子说："刑罚不中，则
民无所错（措）手足。"③是说刑罚要公正得当，不能使民众惶惶不安。《尚
书·立政》说："兹式有慎，以列用中罚。"主张断刑要谨慎，要选用中正
适当的刑罚。《尚书·吕刑》更强调判案要明确依照律条，"咸庶中正"。叔
夷钟铭说"慎中厥罚"（《集成》273），也是以中正作为刑罚的准则。这些
思想在《保训》中也都有所体现。虽然《保训》不曾明确提出坚持中刑、中
罚的原则，但从肯定上甲微"借中于河，以复有易"的情况看，这件事本身
代表的就是一种公正或正义。上古兵刑不分，上甲微用兵惩罚有易氏，也属
于一种刑罚的中正、公正。说明二者主张刑罚中正原则也是一致的。三则，

---

① 于省吾：《甲骨文字诂林》（第四册），中华书局1996年版，第2943页。
②《论语·雍也》，阮元校刻：《十三经注疏》，中华书局1980年版，第2479页。
③《论语·子路》，阮元校刻：《十三经注疏》，中华书局1980年版，第2506页。

孔子道中庸，据《说文》"庸，用也"，则"中庸"就是用中，重在伦理层面上的实践，因而才能达成至德。《尚书·酒诰》说"尔克永观省，作稽中德"，也是强调对中德的身体力行。《保训》说"舜既得中"，"用作三降之德"。"三降之德"与《洪范》所言"又用三德"有异，不知是否说舜处理历山之民在耕种、捕鱼、制陶等三起事件过程中所表现出的中德。但不管怎样，《保训》中道的实践性与中庸精神仍是一致的。

子思学派的《中庸》说："中也者，天下之大本也；和也者，天下之达道也。致中和，天地位焉，万物育焉。"已将中德从伦理范畴发展到哲理高度，与《论语》中庸即用中的思想有别。由于《论语》《保训》所代表的智者群体，其思想认识水平大体处在同一水平线上，不同于战国中后期出现的《中庸》，故可推知《保训》的著作年代当不晚于战国前期，而与《论语》成书约略同时。

总之，从《保训》所反映的语言现象、阴阳观念、中道思想看，都有春秋以后的时代印记，似可认为它同《文传》一样，并不是史官实录的真正的周文王遗言，而是战国前期假借文王名义的托古言事之作。

三、关于《保训》的形成背景与史料价值

战国时期出现像《保训》这样的托古言事之作，其实并非孤立或个别的文化现象。《逸周书》中有不少篇章，其性质即与《保训》颇相近似。这里对《逸周书》的情况略作分析，或可帮助我们加深对《保训》形成背景的理解。

《逸周书》初名《周书》，东汉许慎引称《逸周书》，以区别于《尚书·周书》。《汉书·艺文志》总群书为"七略"，其六艺略著录"凡《书》九家，四百一十二篇"。其中"《周书》七十一篇"即其一家。晋孔晁注《周书》十卷后，一度又称为《汲冢周书》。清修《四库全书》辨其非出汲冢，始定名《逸周书》。其书汉代尚有全本，至唐代仅存 45 篇[①]。今传本标题 70

---

① 《汉书·艺文志》注，中华书局 1962 年版，第 1706 页。

篇，并序为 71 篇，当为后人原篇分合或附益渗入，已非原貌。

关于《逸周书》的文献价值，自汉至清大体经历了一个马鞍形的沉浮升降过程。西汉刘向把《周书》列为《书》类文献，并说：

> 周时诰誓号令也，盖孔子所论百篇之余也。①

在刘向看来，此书或为孔子整理《尚书》百篇的余品，其文献价值虽有所逊，但与《尚书·周书》同源，均为"周时诰誓号令"。班固称《周书》71 篇为"周史记"，更以周室史书观之。应该说，刘向与班固对这部《周书》的评价是很高的，似未从根本上怀疑它的真实性，故可与《尚书》同列并举。然而，后世学者并不认同他们的说法，《周书》的地位不升反降。《隋书·经籍志》即将"《周书》十卷"降列杂史，并谓此类著述"盖率尔而作，非史策之正也。……又有委巷之说，迂怪妄诞，真虚莫测。然其大抵皆帝王之事，通人君子，必博采广览，以酌其要，故备而存之。"唐刘知几《史通·六家》说："有《周书》者与《尚书》相类，即孔氏刊约百篇之外，凡为七十一章。上自文、武，下终灵、景。甚有明允笃诚，典雅高义；时亦有浅末恒说，滓秽相参，殆似后之好事者所增益也。"唐代学者对《逸周书》的这些看法，可谓毁誉参半。宋代以后则基本目为伪作，尽管也承认它不失为古书。如宋李焘《传写周书跋》说："书多驳杂，宜孔子所不取。战国处士私相缀续，托周为名，孔子亦未见。"②陈振孙亦谓："相传以为孔子删《书》所余者，未必然也。文体与古书不类，似战国后人依仿为之者。"③元黄玠说："观其属辞成章，体制绝不与百篇相似，亦不类西京文字，是盖战国之世逸民处士之所纂辑，以备私藏者。……虽其间驳而不纯，要不失为古书也。"④明丁黼《刻周书序》说："今所谓《汲冢周书》，多夸诩

---

① 《汉书·艺文志》注引，中华书局 1962 年版，第 1706 页。
② 黄怀信、张懋镕、田旭东撰，黄怀信修订，李学勤审定：《逸周书汇校集注》（修订本），上海古籍出版社 2007 年版，第 1186 页。
③ （宋）陈振孙：《直斋书录解题》，上海古籍出版社 1987 年版，第 28 页。
④ 黄怀信、张懋镕、田旭东撰，黄怀信修订，李学勤审定：《逸周书汇校集注》（修订本），上海古籍出版社 2007 年版，第 1188 页。

之辞，且杂以诡谲之说，此岂文、武、周公之事，而孔孟之所取哉？然其间畏天敬民、尊贤尚德、古先圣王之格言遗制，尚多有之。"①这些说法的共同点是否定《逸周书》为孔子删《书》所余，自非周时"诰誓号令"，而是战国时人的造作。

清代《逸周书》的地位略有上升，列为《四库》别史。《四库提要》云：

> 陈振孙以为战国后人所为，似非无见。然《左传》引《周志》"勇则害上，不登于明堂"，又引《书》"慎始而敬，终乃不困"，又引《书》"居安思危"，又称"周作九刑"，其文皆在今书中。则春秋时已有之，特战国以后又辗转附益，故其言颇驳杂耳。究厥本始，终为三代之遗文，不可废也。②

这实际是代表官方对《逸周书》的评价，影响巨大。此后，清代学者对《逸周书》的整理研究称盛一时。先有卢文弨抱经堂校本，世人称善。继有丁宗洛《逸周书管笺》、陈逢衡《逸周书补注》、朱右曾《逸周书集训校释》、唐大沛《逸周书分编句释》，各有进益。特别是朱右曾的集训校释，参考诸说，另作新解，远胜旧注。这些著述有一个共同点，就是既不把《逸周书》看作周代史书，也不笼统地说成战国时人的托古之作，而是注意辨别各篇真伪，区分不同价值。如陈逢衡说："《世俘》一篇，据《汉志》亦称《武成》。……《皇门》作于流言初起之时，《尝麦》作于三叔构祸之后，二篇文辞古奥，定是西周手笔。"③表明作者并不墨守《四库提要》的官方说法，而是通过细致的观察与分析，认为书中应有"周史记"的篇章。继而朱右曾认为："《克殷》篇所叙，非亲见者不能；《商誓》《度邑》《皇门》《芮良夫》诸

① 黄怀信、张懋镕、田旭东撰，黄怀信修订，李学勤审定：《逸周书汇校集注》（修订本），上海古籍出版社 2007 年版，第 1187 页。
② 黄怀信、张懋镕、田旭东撰，黄怀信修订，李学勤审定：《逸周书汇校集注》（修订本），上海古籍出版社 2007 年版，第 1196—1197 页。
③ 黄怀信、张懋镕、田旭东撰，黄怀信修订，李学勤审定：《逸周书汇校集注》（修订本），上海古籍出版社 2007 年版，第 1209 页。

篇，大似《今文尚书》，非伪古文所能仿佛。"①唐大沛更明确指出："是书原本有真古书完具者，有稍残缺者，有残缺已甚者，有集断简而成者，有取古兵家言指为文武之书者，有伪叙首尾强属之某王时者，有本篇已亡谰取他书以当之者。真赝相淆，纯杂不一，诚不可不分别观之也。"并说："《商誓》《度邑》《皇门》《尝麦》《祭公》《芮良夫》，与《今文尚书》二十八篇悉同轨辙。"②唐大沛以"真赝相淆，纯驳不一"来评价《逸周书》，确实切中要害。因为区分出周书各篇的真伪，才能更好地认识其文献价值。特别是清华简《皇门》《祭公》等真周书的发现，更加证明了对《逸周书》分篇观其真赝的科学性。顾颉刚先生曾说："《逸周书》一书大体上出于战国，写的多是西周初年的历史，足以代表战国时人对于周初史事的一种看法。……因为这书编于战国时人之手，所以有它虚构的一面；但因那个时代离西周还不太远，保存了若干西周的史料，所以又有它真实的一面。"③这种见解是比较客观公允的。

其实，不只《逸周书》有春秋战国时期的托古言事之作，即使被儒家奉为经典作品的《尚书》，其中亦有此类篇章。如《洪范》刘节定为战国时代的作品④，我们认为可能作于春秋中叶⑤，所述未必尽为周初史实。又如《尚书》头三篇即《尧典》《皋陶谟》《禹贡》，经顾颉刚等学者研究，认为可能写定于春秋战国时代，其中虽有历史素地的存在，但要完全视作尧舜时代的作品，照单全收，亦非妥善。

从《逸周书》《尚书》这些情况来看，由于春秋战国之际"家自为说，

① 黄怀信、张懋镕、田旭东撰，黄怀信修订，李学勤审定：《逸周书汇校集注》（修订本），上海古籍出版社2007年版，第1229页。
② 黄怀信、张懋镕、田旭东撰，黄怀信修订，李学勤审定：《逸周书汇校集注》（修订本），上海古籍出版社2007年版，第1225、1226页。
③ 顾颉刚：《武王的死及其年岁和纪元》，中华书局编辑部编：《文史》第18辑，中华书局1983年版，第1—31页。
④ 刘节：《〈洪范〉疏证》，顾颉刚编著：《古史辨》五，上海古籍出版社1982年版，第388—403页。
⑤ 杜勇：《〈洪范〉制作年代新探》，《人文杂志》1995年第3期。

人自为书，几于汗牛充栋"①，出现像《保训》这种托古言事之作并不足异。此与周室东迁、王纲解纽、诸侯力政、礼崩乐坏、社会进入剧烈动荡的时代背景有密切关系。社会剧烈动荡带来封建秩序的崩坏，加速了阶级的流动，从而导致知识阶层的形成和诸子之学的兴起。《庄子·天下》篇说：

> 天下大乱，圣贤不明，道德不一，天下多得一察焉以自好。譬如耳目鼻口，皆有所明，不能相通。犹百家众技也，皆有所长，时有所用。……天下之人，各为其所欲焉以自为方。悲夫！百家往而不反，必不合矣。后世之学者，不幸不见天地之纯，古人之大体，道术将为天下裂。

《淮南子·俶真训》也说："周室衰而王道废，儒墨乃始列道而议，分徒而讼。"所谓"道术将为天下裂"或"列道而议"，正是古代四大文明在轴心时代所经历的"哲学的突破"。这种突破"造成王官之学散为百家的局面，从此中国知识阶层便以'道'的承担者自居，官师治教遂分歧而不可复合"②。这种以道自任的精神以儒家的表现最为强烈。孔子说：

> 笃信善学，守死善道。危邦不入，乱邦不居。天下有道则见，无道则隐。邦有道，贫且贱焉，耻也；邦无道，富且贵焉，耻也。③

在这段话中，孔子主张誓死坚守善道，表现出一种崇高的信仰。而这种善道是服务于有道之邦的，与危邦、乱邦、无道之邦格格不入，故士者或去或隐，不相为谋。孔子主张"士志于道"④，"君子谋道不谋食"⑤，把对"道"的依归作为士的价值取向。继后孟子把士与道的关系说得更为积极：

---

① 黄怀信、张懋镕、田旭东撰，黄怀信修订，李学勤审定：《逸周书汇校集注》（修订本），上海古籍出版社2007年版，第1210页。

② 余英时：《士与中国文化》，上海人民出版社2003年版，第24页。

③《论语·泰伯》，阮元校刻：《十三经注疏》，中华书局1980年版，第2487页。

④《论语·里仁》，阮元校刻：《十三经注疏》，中华书局1980年版，第2471页。

⑤《论语·卫灵公》，阮元校刻：《十三经注疏》，中华书局1980年版，第2518页。

天下有道，以道殉身；天下无道，以身殉道。未闻以道殉乎人者也。①

儒家宣扬以天下为己任的"道"，其核心是一个"仁"字。人为仁人，政为仁政，即是儒家修齐治平所期待的理想境界。仁作为儒学的创新思想，来自于损益相因的古礼。所以孔子说："克己复礼为仁。一日克己复礼，天下归仁焉。为仁由己，而由人乎哉？"②

儒家以外其他的学派所主张的"道"，具体内涵当然有所不同，但都溯源于以往的文化传统。《韩非子·显学》说：

世之显学，儒、墨也。……孔子、墨子俱道尧舜，而取舍不同。皆自谓真尧舜。尧舜不复生，将谁使定儒、墨之诚乎？

这是说儒墨之争都想以尧舜之道的继承者自居。固然谁是"真尧舜"不好分辨，但百家争鸣、以古相高的风气却由此盛行开来。不同学派蜂出并作，纷纷利用先哲前贤之名，宣传各自的理论学说，一时蔚成风尚。战国时期陈侯因资敦铭云："高祖黄帝，迩嗣桓文"（《集成》4649），即是说远则祖述黄帝，近则承继齐桓、晋文。《淮南子·修务训》说：

世俗之人，多尊古而贱今，故为道者必托之神农、黄帝而后能入说。乱世暗主，高远其所从来，因而贵之。

对于这段话，余英时先生有过精辟的分析。他说："《淮南子》之说一方面指出诸家之'道'皆'托古'以争正统，另一方面，更透露出战国君主重视诸家之'道'的一个原因便在于它源自古代的传统。我们有理由相信，战国时代的各国君主多少都感到需要一套具有历史渊源的理论（即所谓'道'）来强化他们的政治权威的合法性。这显然对当时诸子的'托古'颇具激励的

---

① 《孟子·尽心上》，阮元校刻：《十三经注疏》，中华书局1980年版，第2770页。
② 《论语·颜渊》，阮元校刻：《十三经注疏》，中华书局1980年版，第2502页。

作用。"①可见战国前期产生像《保训》这样的托古言事之作不是偶然的，而是诸子之学勃然兴起的必然产物。《保训》所言尧、舜、上甲微、成汤、文王都是被古人目为圣王的人物，借用他们的名义来宣扬儒家的中道学说，是再也合适不过的事情。至于这是否真尧舜、真文王之类，并不是他们所关心的要害问题。

由此看来，要把《保训》视作真正的周文王遗言，进而说明虞夏商周如何持守中道，可能存在再次虚拟历史的危险。我们不怀疑《保训》所涉人物的真实性，也不否定诸如文王在位五十年之类记载的可靠性，但从总体上看，它似乎不宜作为研究虞夏商周历史的文献资料。但是，依据《保训》的制作年代，用以研究战国前期的历史文化，却有着不可低估的史料价值。

从《保训》简文看，我们至少可得到以下几点启示。其一，春秋战国之际，私学昌盛，百家争鸣，而儒家不失显学地位。儒家崇尚尧舜、文武之道，各种传闻经过转相附益，遂成为托古言事的重要素材。其二，春秋以后，社会动荡加剧，政治处于无序状态。人们期待公平公正的合理秩序，为倡导中道思想提供了丰厚的社会土壤。《保训》以周文王遗言这种形式宣扬中道思想，有助于增强其社会影响力。其三，在诸侯角力、波谲云诡的战国时代，儒家倡导的中道思想作为一种政治伦理，似不为上层统治者所重，以致《保训》不为《尚书》《逸周书》所收，终以单篇行世而至散佚。幸有清华简的发现，使得《保训》重见天日，为我们重新展示了一幅新的战国文化画面。

① 余英时：《士与中国文化》，上海人民出版社 2003 年版，第 33 页。

中　编

征　史　篇

第　五　章

清华简《厚父》与早期民本思想

　　清华简《厚父》记述时王与厚父君臣间一次别开生面的对话，试图总结前代国家的兴衰存亡之理，以应对举步维艰的政治实践。其文虽略，但涉及中国早期国家起源以及相与伴生的民本思想等重要课题，有着极高的学术价值。然篇中"王"为何人？其天赋君权的国家起源论有无可取之处？早期民本思想的真谛何在？这些问题都需要认真思考和探索，以便形成正确的历史认知。

一、《厚父》"王若曰"之"王"考实

　　初读《厚父》简文，颇觉内容十分重要。然篇中"王若曰"之"王"究竟为何人？此于有关史实的时代定位甚为关键，而整理者不赞一辞，使人略感遗憾。稍后得见李学勤先生《清华简〈厚父〉与〈孟子〉引〈书〉》一文，明确提出"《厚父》中的'王'乃是周武王"[1]。此说甚有理致，在此愿作续貂之论。

（一）《厚父》中的"王"非夏商之王

　　从清华简《厚父》有关内容看，篇中"王若曰"之"王"肯定不是夏代

---

[1] 李学勤：《清华简〈厚父〉与〈孟子〉引〈书〉》，《深圳大学学报》2015年第3期。

任何一位君王。简文记述厚父谈及夏朝时的情况说：

> 之慝王乃渴[竭]失其命，弗用先哲王孔甲之典刑，颠覆厥德，沉湎于非彝，天乃弗若(赦)，乃坠厥命，亡厥邦。[1]

这里的"亡厥邦"是指已经灭亡的夏邦无疑。孔甲为夏代君王，之后的"慝王"即邪恶之王"颠覆厥德"，坠失天命，国亡政息。是知《厚父》文中参与对话的"王"必非夏王。

那么，简文中这位"王"有无可能是某位商王呢？由于《厚父》只明确说到"夏邦"以及禹、启、孔甲等有关史实，不曾具体言及商朝的人和事，似有"王"为商王的可能。但细考简文，至少有以下三点理由可将这种可能性排除。

第一，《厚父》通篇充满"天"与"德"的观念，显与商代文献不类。如简文中厚父说："惟时下民淮(鸿)帝之子，咸天之臣民，乃弗慎厥德，用叙在服。"这是说天下万民都是上帝的儿子，皇天的臣民，他们不能谨慎对待其德行，于是随着夏朝灭亡也丧失了所在职事。这段话明显反映出对话者的观念中，帝与天合一而成为至上神，决定着人间命运和王朝兴替。夏代后嗣邪恶之王"颠覆厥德"，臣民"弗慎厥德"，终致亡国。这种帝天合一并以德为依归的天命思想，是周人独特的创造[2]，与殷人的宗教观念是迥然相异的。殷人尊帝不尊天，天在卜辞或金文中除指人之顶颠或方国地名外，多借为"大"字，并无神明之意。卜辞中的"徝"字，有学者释为"德"，可能代表殷人也有某种德的观念。然殷人笃信鬼神，远未将"德"与神明的关系理顺沟通。《尚书·商书》现存五篇今文，除《西伯戡黎》《微子》应为周代作品外，《汤誓》《盘庚》《高宗肜日》等三篇基本属于商代文献，其中虽然也出现"天""德"等字样，却是流传过程中加工润色的结果。以《盘庚》为例，"原文虽确是商代的，但现在所见它的文字有不少用的是周代的，可

---

[1] 清华大学出土文献研究与保护中心编，李学勤主编：《清华大学藏战国竹简》（五），中西书局2015年版，第110页。释文尽量用通行字，下引不另注。

[2] 杜勇：《略论周人的天命思想》，《孔子研究》1998年第2期。

知是经过周代加工润色写定下来的。"① 《盘庚》是《商书》中篇幅最长的文字，三篇计 1283 字，"天"字凡 5 见，"德"字 10 见；而《厚父》所存 460字，言"天"12 次，言德 9 次，其比例远远高于《盘庚》。《厚父》与《盘庚》的这种差异，说明《厚父》与商代文献不类，却有《尚书》周初诸诰一样的时代特征，弥漫着浓厚的"天""德"观念。

第二，商王不称天子。天子即上天之子，或曰天神之子。殷人崇信上帝，王称作帝之子而不以天子相称。殷墟卜辞有"帝丁""帝甲""文武帝"等商王美称，正折射出殷人所谓"帝立子生商"②的宗教意识。商代晚期器天子圣瓠说："天子耴(圣)作父丁彝"（《集成》7296），这里的"天子"是指大(太)子，非谓一国之君。《尚书·西伯戡黎》载祖尹称商纣为"天子"，商纣亦以"我生不有命在天"为辞，但这是用周代的观念言说商代之事。据顾颉刚、刘起釪二氏研究，《西伯戡黎》的原始材料是商代留下的，其最后写定当"出于周代宋国人之手，而且连观点和语言也多习用周人"③。周人称王为"天子"，金文屡见，较早见于献簋、邢侯簋、麦方尊等康世之器。文献上的反映要早一些，如《尚书·立政》称成王为"天子王"，《康王之诰》称康王为"天子"，可证天子之称始于周初。在清华简《厚父》中，厚父称时王为"天子"，也说明它不会是商代文献。

第三，禁酒被纳入基本国策亦非殷人所为。在《厚父》简文中，厚父对时王说："民式克敬德，毋湛于酒。"这是对时王治国理政的建议，并非谈夏代戒酒的情况，不宜理解为夏代后裔的酒诰④。虽然夏代也有饮酒之风，但未达到全面酗酒以致亡国的程度。李学勤先生认为，厚父这段话"与《尚书·酒诰》和大盂鼎铭文关于酒禁的论旨相同，均为针对商朝的覆灭而言"⑤，无疑是正确的。《厚父》建议禁酒，《酒诰》实施禁酒，二者有所区别，尽管诰文都把殷人以酒误国作为必须吸取的历史教训。可见《厚父》中的"王"不可能是商王，因为任何一位商王都不会把禁酒作为一项基本国策

① 顾颉刚：《顾颉刚古史论文集》卷九，中华书局 2011 年版，第 385 页。
② 《诗·商颂·长发》，阮元校刻：《十三经注疏》，中华书局 1980 年版，第 626 页。
③ 顾颉刚、刘起釪：《尚书校释译论》（第二册），中华书局 2005 年版，第 1070 页。
④ 赵平安：《〈厚父〉的性质及其蕴含的夏代历史文化》，《文物》2014 年第 12 期。
⑤ 李学勤：《清华简〈厚父〉与〈孟子〉引〈书〉》，《深圳大学学报》2015 年第 3 期。

来考虑，否则发生殷人"率肆于酒，故丧师"（大盂鼎，《集成》2837）的结局就成了一件无法理解的事情。

由于清华简《厚父》不是商代文献，商王不称天子，也不以禁酒为基本国策，故篇中的"王"既非夏王，亦非任何一位商王。这样，《厚父》中的"王"就只能在周代诸王中加以别择了。

（二）《厚父》中的"王"为周武王说

在《厚父》中，时王"问前文人之恭明德"，除了意欲了解夏朝的情况外，还就如何治理天下，正确处理"小人之德"问及厚父。厚父献策的内容之一就是戒酒。他说：

> 民式克敬德，毋湛于酒。民曰惟酒用肆祀，亦惟酒用康乐。曰酒非食，惟神之飨。民亦惟酒用败畏（威）仪，亦惟酒用恒狂。

这是强调臣民必须"敬德"，不能沉湎于饮酒佚乐。民众以为酒既可用于祭祀，也可用于享乐。实际上酒不是饮品，而是用来祭祀的。民众会因过度饮酒败坏仪态与尊严，也会因过度饮酒失性发狂。这段话的要旨是申明酒的用途与过度饮酒的危害，希冀臣民务必戒酒。如果把厚父这段话与《尚书·酒诰》略加比较的话，可以看出具有法令性质的《酒诰》必出《厚父》之后。《酒诰》虽然只是周公对康叔封卫发布的诰辞，但实际体现的是周朝整个国家厉行禁酒的策略。其总纲是："无彝酒"，"饮惟祀，德将无醉"。即不得经常饮酒，饮酒只能在祭祀时进行，并要约束自己的德性，不能喝醉。罚则是：对"群饮"者，"尽执拘以归于周，予其杀"。只有对殷遗民"湎于酒"者，政策略有放宽，"勿庸杀之，姑惟教之"，若仍不遵从教令，同样杀戮不赦。表明《酒诰》禁酒已进入国家律令层面，而不是仅限于一种咨政方略。而《厚父》所言禁酒无非是提出政策建议，离具体实施尚有距离。是知周人禁酒，必是厚父议政于前，周公施政于后。这样，《厚父》中的"王"就不可能是年幼即位的成王，亦非《酒诰》发布前摄政称王的周公。武王死后，政局动荡，为了平定三监之乱，周公决计东征，"一年救乱，二年克殷，三年践奄"^①，是时尚无暇顾及禁酒的问题。

在成王、周公之前，文王治岐时曾发布过禁酒令。《尚书·酒诰》说："乃穆考文王，肇国在西土，厥诰毖庶邦庶士越少正御事朝夕曰：祀兹酒。""祀兹酒"是说先周已有祭祀时才能饮酒的限制。但这只是一个诸侯国内的酒政，与《厚父》所说"天降下民，设万邦"的背景下，实行全国范围内的禁酒是有区别的。简文中厚父对"王"以"天子"相称，表明这位"王"已是天下共主。《礼记·曲礼》说："君天下曰天子。"《史记·殷本纪》说：克殷之后，"于是周武王为天子，其后世贬帝号，号为王。"然文王治岐时尚未代商而有天下，他可以称"西伯"，也可以称"王"，却不适宜称作"天子"。这就意味着《厚父》中的"王若曰"之"王"，当与周文王不相关涉。

如果说《厚父》中的"王"并非周文王的话，那么，文王之后、周公摄政之前，唯一符合"君天下曰天子"条件的，就只有周武王一人。《管子·形势》说："古者武王地方不过百里，战卒之众不过万人，然能战胜攻取，立为天子。"《礼记·中庸》说："武王缵大王、王季、文王之绪，壹戎衣(殷)而有天下，身不失天下之显名，尊为天子，富有四海之内，宗庙飨之，子孙保之。"其他文献如《吕氏春秋·当染》等亦有类似记载。而《厚父》称王为"天子"，是知"王"为武王，此其一。

武王克商归周后，深感洛邑未建，天下未集，不免忧心忡忡，夜不成寐。为了找到解决问题的办法，武王不断访问老臣，以探求前代兴衰存亡之道。最有名的是"王访于箕子"，箕子陈言："禹乃嗣兴，天乃锡禹洪范九畴，彝伦攸叙。"^②同清华简《厚父》一样，箕子所说的重点也是有关夏朝的兴替。可见《厚父》中的"王"不仅与武王的"天子"身份相应，而且符合武王克商后急于寻求治道的情势，此其二。

更令人惊异的是，《厚父》有一段话竟为《孟子·梁惠王下》所引。孟子对梁惠王说：

---

① 《周礼·天官冢宰》疏引《尚书大传》，阮元校刻：《十三经注疏》，中华书局 1980 年版，第 639 页。

② 《尚书·洪范》，阮元校刻：《十三经注疏》，中华书局 1980 年版，第 187 页。

　　《诗》云："王赫斯怒，爰整其旅，以遏徂莒，以笃周祜，以对于天下。"此文王之勇也。文王一怒而安天下之民。《书》曰："天降下民，作之君，作之师。惟曰其助上帝宠之。四方有罪无罪惟我在，天下曷敢有越厥志？"一人衡行于天下，武王耻之。此武王之勇也。而武王亦一怒而安天下之民。今王亦一怒而安天下之民，民惟恐王之不好勇也。

　　孟子所引《诗》句，见于毛诗《大雅·皇矣》，仅有个别异文，诗义明了，孟子未加解释，即直奔主题，谓"文王之勇也"。接下来的引《书》文句，依东汉赵岐注止于"天下曷敢有越厥志"。然见于清华简《厚父》者文字略异，称"古天降下民，设万邦，作之君，作之师，惟曰其助上帝乱下民。"李学勤先生通过对"降""助"等字的对勘分析，认为《厚父》"可能即是孟子引文的出处"①。这应该是正确的。是时，《厚父》能流传到楚地，中原诸国亦应有见，这才有孟子把它作为《书》来引用的可能。但孟子未出篇名，与他引《洛诰》"享多仪，仪不及物曰不享，惟不役志于享"诸语仅称"《书》曰"②同例。

　　观《厚父》简文，"天降下民"诸语出自厚父之口，意在说明夏代哲王谨遵上帝之命，以君师身份治理天下万民。此与武王本身的作为并无关联。因此，孟子引文以言"武王之勇"，便显得多有附会。这可能与当时赋诗断章的风气有关。孟子主张"说诗者不以文害辞，不以辞害志"③，故连类而及，引《书》也可能发生断章取义的情况。虽然简文"古天降下民"一段非"王"所言，但前面"王若曰"且有"（天）乃降之民，建夏邦，启惟后"一类的话，因而以此言"武王之勇"还不至于离题万里，只不过需要多加一些解释。所谓"四方有罪无罪惟我在，天下曷敢有越厥志"二句霸气十足，似与简文中"厚父"或"王"的口气相异，应该不是出自不同的传本。此二句很可能是孟子对《书》的解读，当与"一人衡行

---

① 李学勤：《清华简〈厚父〉与〈孟子〉引〈书〉》，《深圳大学学报》2015年第3期。

② 《孟子·告子下》，阮元校刻：《十三经注疏》，中华书局1980年版，第2757页。

③ 《孟子·万章上》，阮元校刻：《十三经注疏》，中华书局1980年版，第2735页。

于天下，武王耻之"相衔接①，以"诛一夫纣"②构成"武王之勇"的事实基础。从这些微妙曲折之处来看，孟子所引《书》文只有来自《厚父》，才使他用于说明"武王之勇"时不得不如此大费周章。在孟子时代，"厚父"是个什么样的人物应该是人们熟知的，与厚父对话的"王"其具体身份也应该是人们熟知的，不然孟子引《厚父》则不足以言"武王之勇"。这也证明《厚父》"王若曰"之"王"为周武王，此其三。

从上述三个方面的分析来看，说《厚父》"王若曰"之"王"为周武王，应可成立。《厚父》在孟子时代被人们视为《书》，但当时《尚书》是否已整编结集，不可确知。从清华简中发现多篇《尚书》来看，当时似以单篇行世为主。单篇行世则易于佚亡，加之秦禁《诗》《书》，到西汉能保留下来的《尚书》就只有立于学官的今文二十八篇，以及后来孔壁发现的古文十六篇。作为《书》类文献的《厚父》恐怕早在秦汉之际即已亡佚，故东汉赵岐注《孟子》引此《书》文，称"《尚书》逸篇也"。本为"逸篇"之文，却又见于梅本《古文尚书·泰誓》，则梅本《古文尚书》为伪古文又添一证。

确定《厚父》为《尚书》逸篇是有意义的。一方面，梅本《古文尚书》之为伪作得到进一步验证；另一方面，也使我们不至于把它同《逸周书》中某些托古晚出的篇章混为一谈。虽然不能完全排除《厚父》在流传过程中也发生个别文字上加工润色的可能性，但基本可以断定其初始文本当出自周武王时史官的手笔，故可作为周初的真实史料来使用。下面我们对《厚父》有关思想内容的分析，即基于此一前提。

二、君权天赋的国家起源论

国家是怎样产生的？这是古往今来人们非常关心的一个理论问题，也是进入国家社会以后人们面临的一个现实问题。因为无论何人，总是希望自身

---

① 赵平安：《〈厚父〉的性质及其蕴含的夏代历史文化》，《文物》2014 年第 12 期。
② 《孟子·梁惠王下》，阮元校刻：《十三经注疏》，中华书局 1980 年版，第 2680 页。

所在的国家能够走上光明与富强之路，在最大范围内符合人们的最大利益需求。而深入思考和探索国家产生的成因，就是为了正确认识国家所应肩负的伟大使命和根本任务，推进国家建设的不断发展与进步。可以说，古今中外，一代又一代学人始终对国家起源问题保持莫大热情，根源即在于此，价值追求亦在于此。

清华简《厚父》虽然篇幅不长，只是周武王与厚父之间的简短对话，但在国家起源问题上却具有特别的见解，发人深思。

《厚父》篇首记载周武王说："厚父！遹闻禹……川，乃降之民，建夏邦。"引文省略部分为第 1 简下端残损所致，整理者推测可能是有如豳公盨"天命禹敷土，堕山浚川"一类文字，是有道理的。随后厚父讲道：

> 古天降下民，设万邦，作之君，作之师，惟曰其助上帝乱(治)下民。
> 天命不可滤，斯民心难测，民弋(式)克恭心敬畏，畏不祥，保教明德，慎肆祀。……曰民心惟本，厥作惟叶。

在这些话语中，实已表达出一种关于国家起源以及国家任务的见解。其内涵大致有三：一是万民为天所降生，生活在众多的部落国中，是被统治的对象；二是国君亦为上天所设，以民之君师的身份成为统治者，协助天帝完成治民的使命；三是天命不可违逆，民心难于预测，但天命取决于民心，治国当以民为本，余为枝叶。其中最能代表国家意志的国君及其权力机构不是民众通过某种契约授权或选举产生的，而是来自于皇天上帝的主导与安排，故可称为君权天赋的国家起源论。

在武王君臣看来，夏邦就是上天建立的第一个国家，首任国君就是那位"堕山浚川"的夏禹。《尚书·洪范》记周初箕子说："天乃锡禹洪范九畴，彝伦攸叙。""彝伦"即常理，代表一种正常合理的社会秩序。夏邦能够建立这样的社会秩序，也是缘于上天赐禹大法九章。《国语·周语下》载太子晋说："伯禹念前之非度，厘改制量，象物天地，比类百则，仪之于民，而度之于群生……莫非嘉绩，克厌帝心，皇天嘉之，祚以天下。"此言大禹治水，改弦易辙，功勋卓著，受到皇天嘉奖，得以享其国祚，统治天下。这说明天建夏邦是周代政治家的普遍认识。

不宁唯是，春秋以后儒墨两家所持见解亦相近同。《论语·尧曰》说，尧禅位于舜，舜禅位于禹，都对继任者有过同样的政治交代："天之历数在尔躬，允执其中。""历数"即列次帝位，掌握统治天下的政治权力。这个权力来源于天，故称"天之历数"。在孟子看来，无论是尧舜对帝位的禅让，还是启"承继禹之道"，都是"天与之"的结果，即"天与贤，则与贤；天与子，则与子"①。荀子讲自然之天，"不为尧存，不为桀亡"，但对于神明之天，亦谓"天之生民"，"天之立君"②。可见先秦儒家对于天赋君权具有同样的信念。道家在国家起源问题上没有明确的说法，战国中后期走向兴盛的法家把人类历史分为上世、中世、下世三个阶段，认为下世"圣人承之，作为土地、货财、男女之分。分定而无制不可，故立禁。禁立而莫之司不可，故立官。官设而莫之一不可，故立君"③。这是把国家的起源看作圣人立禁、立官、立君的结果，与儒家有所不同。但墨家的说法在根本点上却与儒家有相通之处。《墨子·尚同下》说："古者民始生未有刑政之时……天下之乱，若禽兽然。夫明虖天下之所以乱者，生于无正长。是故选天下之贤可者，立以为天子。"而后天子立"三公"，"立诸侯国君"，立"正长"，从而形成宝塔式的权力结构，天子高居塔尖而君临天下。如果进一步追问，天子又是谁选立的呢？梁启超以为"自然是人民选择"，"与欧洲初期之'民约论'酷相类"④。实际在墨子看来，真正选立天子的是天。《尚同上》说："天下之百姓皆上同于天子，而不上同于天，则灾犹未去也。今若天飘风苦雨，溱溱而至者，此天之所以罚百姓之不上同于天者也。"⑤又《天志》说："故昔三代圣王禹、汤、文、武，欲以天之为政于天子，明说天下之百姓……以祭祀上帝鬼神，而求祈福于天。"⑥可见墨家仍把皇天上帝看作国家形成的决定性力量。这说明从周初到战国前期，政治家和思想家以天道观解

① 《孟子·万章上》，阮元校刻：《十三经注疏》，中华书局1980年版，第2737页。
② 《荀子·天论》《大略》，王先谦：《荀子集解》，中华书局2013年版，第362、595页。
③ 《商君书·开塞》，《诸子集成》本，上海书店1986年版，第16页。
④ 梁启超：《先秦政治思想史》，商务印书馆2014年版，第157页。
⑤ 《墨子·尚同上》，《诸子集成》本，上海书店1986年版，第46页。
⑥ 《墨子·天志上》，《诸子集成》本，上海书店1986年版，第120页。

释国家起源问题已成政治文化的主流。

　　不消说，今日学者是不会打开理性的大门，接纳这种国家起源说的。按照马克思主义的国家观，国家不是从来就有的，而是人类社会在一定发展阶段上的产物。在氏族社会后期，随着生产力的发展，社会产品有了剩余，逐渐形成了私有制和阶级对立。"为了使这些对立面，这些经济利益互相冲突的阶级，不致在无谓的斗争中把自己和社会消灭，就需要有一种表面上凌驾于社会之上的力量，这种力量应缓和冲突，把冲突保持在'秩序'的范围以内；这种从社会中产生但又自居于社会之上并且日益同社会脱离的力量，就是国家"①。若以这样的标准来衡量，君权天赋的国家起源论不只未能正确揭示人类历史发展的客观进程，似乎还有为剥削阶级统治的合法性、神圣性进行辩护的理论色彩。人们自然可以毫不留情地摒弃它、批判它，至少不必相信它。然而，如果历史地辩证地看问题，这种君权天赋的国家起源说也不必完全视为荒谬，其中蕴含的平等精神、正义精神、民本精神，对于古代国家的健康发展和社会进步仍有可取之处。

1. 平等精神

　　清华简《厚父》说："惟时下民𢼎帝之子，咸天之臣民。"此与《诗·大雅·烝民》所谓"天生烝（众）民，有物有则"义实相通，都是说天下万民为上天之子。《孟子·告子上》曾引用这几句诗，用以说明人皆上天所生，同具善良的本性。这就意味着在生命的源头上，庶民与天子并无不同，区别只在于国家元首不过是天之元子（长子）罢了。《尚书·召诰》说："皇天上帝改厥元子，兹（终）大国殷之命。"这是周人以自己的眼光视殷王为天子。《立政》中的周公称成王为"天子王"，召公所作《召诰》亦谓"有王虽小，元子哉"。《尚书·顾命》既说"用保元子钊弘济于艰难"，又说"敢敬告天子"，即是以康王钊为天之元子。元子固然有作民君师的特殊地位，但与庶民一样都是天帝一脉相传之子。此与汉代以后那种只有皇帝才是上天之子的观念迥然有别，多少带有在天帝面前人人平等的意味。

　　① 恩格斯：《家庭、私有制和国家的起源》，中共中央马克思恩格斯列宁斯大林著作编译局编：《马克思恩格斯选集》（第四卷），人民出版社1972年版，第166页。

基于人皆天帝之子的认识逻辑，天子作为民之君师，是一国元首，同时还承担着为民父母的角色，是国家这个超血缘大家庭的家长。西周中期豳公盨说："天命禹敷土，堕山浚川，乃差地设征，降民监德；乃自作配飨民，成父母。"（《新收》1607）《尚书·洪范》说："天子作民父母，以为天下王。"《礼记·大学》说："所谓平天下在治其国者，上老老而民兴孝，上长长而民兴弟，上恤孤而民不倍，是以君子有絜矩之道也。……《诗》云：'乐只君子，民之父母。'民之所好好之，民之所恶恶之，此之谓民之父母。"《左传·襄公十四年》说："良君将赏善而刑淫，养民如子。"孔子说："故君民者，子以爱之，则民亲之。"①孟子指责梁惠王说："为民父母，行政不免于率兽而食人，恶在其为民父母也？"②凡此说明，君与民的关系，有如家庭中父母与子女的关系。法国思想家卢梭说："我们不妨认为家庭是政治社会的原始模型：首领就是父亲的影子，人民就是孩子的影子；并且，每个人都生而自由、平等。"③也可以说，作为政治共同体的国家，原本就是家庭的放大，以父母关爱子女的情怀治国平天下，当然少不了自由、平等的价值诉求。

2. 正义精神

《诗·大雅·皇矣》云："帝作邦作对。"是说天帝缔造国家，并为其配生君王。《左传·襄公十四年》记师旷针对卫献公被赶走一事说："天生民而立之君，使司牧之，勿使失性。……天之爱民甚矣，岂其使一人肆于民上，以从其淫，而弃天地之性？必不然矣。"这是说天帝出于深厚的爱民之情，才为民立君的，不会纵容君主的邪恶而丢失天地的本性。可见"天生民而立之君"不是随意的无选择的，有虐政者不终其位，有善政者始堪其任。大禹因为有功于民，故成为夏邦首任之君。今本《尚书·益稷》记载禹的功绩说："洪水滔天，浩浩怀山襄陵，下民昏垫。予乘四载，随山刊木，暨益奏庶鲜食。予决九川，距四海，浚畎浍距川。暨稷

---

① 《礼记·缁衣》，阮元校刻：《十三经注疏》，中华书局1980年版，第1647页。
② 《孟子·梁惠王上》，阮元校刻：《十三经注疏》，中华书局1980年版，第2667页。
③ ［法］卢梭：《社会契约论》，何兆武译，商务印书馆2002年版，第9页。

播，奏庶艰食鲜食。懋迁有无化居，烝民乃粒，万邦作乂。"是说禹治九河泛滥，疏通田间积水，不仅消除了危害民众生命财产的洪灾，还使百姓得以耕种，有了粮食和肉类，并互通有无，调剂余缺，生活安定，天下太平。《左传·昭公元年》记刘子说："美哉，禹功！微禹，吾其鱼乎！"是说如果没有大禹治水，我们都成为水中之鱼了。孔子说："禹，吾无间（非议）然矣。菲饮食而致孝乎鬼神；恶衣服而致美乎黻冕；卑宫室而尽力乎沟洫。禹，吾无间然矣。"①孟子说："禹疏九河，瀹济漯，而注诸海；决汝汉，排淮泗，而注之江，然后中国可得而食也。当是时也，禹八年于外，三过其门而不入。"②这里有对大禹治水之功的颂扬，也有对他公而忘私、一心为民的政治品格的赞美。说明在人们心目中，皇天上帝对国君的选择是有其善恶标准的。

　　天帝不仅可以支配一个国君的命运，而且决定着一个王朝的兴亡。清华简《厚父》说：自孔甲以后的夏代国君"弗用先哲王孔甲之典刑，颠覆厥德，沉湎于非彝，天乃弗若（赦），乃坠厥命，亡厥邦"。此即《尚书·多方》所说："天惟时求民主，乃大降显休命于成汤，刑殄有夏。……乃惟成汤，克以尔多方简代夏作民主。"表明成汤代夏也是"天惟时求民主"的结果。周革殷命，情况亦然。大盂鼎铭文说："丕显文王，受天有大命，在武王嗣文作邦，辟厥匿，匍（抚）有四方，畯正厥民。"（《集成》2837）就在上天把统治天下的"大命"交给周人之前，"天惟五年须暇之子孙，诞作民主"③，是说天帝用了五年时间等待成汤子孙的悔悟，继续让他担任国君。但是殷纣并不考虑听从上天的旨意，"罔顾于天显民祇，惟时上帝不保，降若兹大丧"④。可见殷之代夏、周之代殷，天命发生转移，都是天帝所作的公正的裁定。天子的选择与国祚的久暂，均由上天根据天子治国理政的善恶表现来决定，所体现的正是一种"以善业为目的"⑤的正义精神。

---

①《论语·泰伯》，阮元校刻：《十三经注疏》，中华书局1980年版，第2488页。

②《孟子·滕文公上》，阮元校刻：《十三经注疏》，中华书局1980年版，第2705页。

③《尚书·多方》，阮元校刻：《十三经注疏》，中华书局1980年版，第229页。

④《尚书·多士》，阮元校刻：《十三经注疏》，中华书局1980年版，第220页。

⑤［古希腊］亚里士多德：《政治学》，吴寿彭译，商务印书馆1997年版，第3页。

3.民本精神

在先秦文献中，"民本"一词曾见于《商君书·画策》，是说治民之本在于法度，与今日所言民本其义相殊。在中国近代学术史上，第一次提出"民本思想"这个概念的似为梁启超，他所撰著的《先秦政治思想史》中即有"民本的思想"一章。但"民本"一词从何而来？梁氏未作说明。今日学者多以为来自梅本《古文尚书·五子之歌》："民惟邦本，本固邦宁。"但是，这样一个亘古不易的光辉命题不见于先秦文献，竟出现在数百年后的伪《古文尚书》之中，不免令人费解。《史记·夏本纪》说："帝太康失国，昆弟五人，须于洛汭，作《五子之歌》。"或许战国时确有此篇述古之作[1]，故孔壁逸《书》十六篇犹可见之。只因绝无师说，其后亡佚。至于梅本《古文尚书·五子之歌》诸篇，是为伪作，早有定谳。今有清华简《尹诰》（《咸有一德》）、《说命》的横空出世，进一步证明此为铁案。因此，《史记·夏本纪》集解引孔安国"盘于游田"诸语，并非出自真孔安国，而是来自刘宋时人尚不知其伪的伪孔传，不能作为《五子之歌》不伪的证据。

梁启超不引伪《古文尚书·五子之歌》来追溯"民本"一词的来源，是正确的。因为不以今传《五子之歌》为据，同样可以从先秦文献中抽象得出"民为邦本"一样的概念。《管子·霸言》云："夫霸王之所始也，以人（民）为本；本理（治）则国固，本乱则国危。"戴望《管子校正》说："《御览》治道部五引，人作民，理作治，是也。今本系唐人避讳所改。"[2]所言甚是。又《晏子春秋·内篇问下》说："卑而不失尊，曲而不失正者，以民为本也。"如果不从字面上看，《尚书》《左传》中反复出现的"保民""安民""养民"等话语，实际也是民本思想的反映。特别是清华简《厚父》的发现，表明早在西周初年民本思想即已产生。清华简《厚父》说："民心惟本，厥作惟叶。"其"民心惟本"之"本"虽以树木为喻，客体却是指国家的根本。"民心惟本"与"民惟邦本"义相近同，实为民本思想的嚆矢。这说明民本思想并非是战国时期有了"以民为本"的说法后才正式形成的政治理念。民本思

① 晁福林：《从"民本"到"君本"——试论先秦时期专制王权观念的形成》，《中国史研究》2013年第4期。
② （清）戴望：《管子校正》，《诸子集成》本，上海书店1986年版，第151页。

想的形成不是孤立的，乃是与君权天赋的国家起源论相与伴生的，正如梁启超说："此即天治主义与民本主义之所由结合也。"①至于早期民本思想的内涵与普适价值，我们将在下一节作专门讨论。

三、国家伦理视阈下的民本思想

国家作为最高层次的社会团体，以追求至善为其价值目标，表明它是一个特殊的伦理实体。国家伦理所要回答的问题在于，国家所以产生和存在的理由是什么？或者说它应该承担哪些合理的和必要的任务？虽然任何国家都是一个阶级的国家②，但防御外来危险，提供生存关怀，总是国家形成的客观进程中必须承担的任务。"如果说从客观存在的事实出发有必要实行统治，并且有关的统治机构也大体上做到了适应这种客观需要，那么，这种新产生的人对人的统治也就顺理成章地有了我们在此寻找的伦理学上的依据了"③。从国家伦理的角度审视先秦民本思想，可以得到更多有益的启迪。

（一）立君为民的国家伦理观

清华简《厚父》说："在夏之哲王，乃严寅畏皇天上帝之命，朝夕肆祀，不盘于康，以庶民惟政之恭，天则弗斁，永保夏邦。"这是说夏代那些贤明的君主，于是都敬畏天命，早晚祭祀，不逸乐懈怠，谨慎地办好有关庶民百姓的政务，所以得到上天认可，长久保有夏邦。《尚书·酒诰》记周公对康叔说："古人有言曰：'人无于水监，当于民监。'今惟殷坠厥命，我其可不大监抚于时。"所言"监"（監）者，后世作"鑑"（鉴），是镜子的意思。此言为政者不只要以水作为镜子来察看自己，还应当以百姓作为镜子来察看为政的得失。这些说法所体现的正是国家所要承担的关怀民生的根

① 梁启超：《先秦政治思想史》，商务印书馆 2014 年版，第 39 页。
② ［德］弗兰茨·奥本海：《论国家》，沈蕴芳、王燕生译，商务印书馆 1994 年版，第 4 页。
③ ［德］罗曼·赫尔佐克：《古代的国家——起源和统治形式》，赵蓉恒译，北京大学出版社 1998 年版，第 362—363 页。

本任务。后来儒家荀子对此有更为精辟的概括：

> 天之生民，非为君也；天之立君，以为民也。①

"立君为民"是一个带有根本性、前提性、法理性的命题。它不仅说明国家权力来源于上天所授，也明确揭示了国家所以存在的依据、目的和根本任务。这种带有神学意识的国家伦理观，在周代几乎是共同的社会信仰。《左传·文公十三年》载：

> 邾文公卜迁于绎。史曰："利于民而不利于君。"邾子曰："苟利于民，孤之利也。天生民而树之君，以利之也。民既利矣，孤必与焉。"左右曰："命可长也，君何弗为？"邾子曰："命在养民。死之短长，时也。民苟利矣，迁也。吉莫如之。"遂迁于绎。

邾文公要把都城迁往绎地，占卜的结果是对人民有利而对君主的生命不利。邾文公认为，只要对人民有利，也就是对国君有利，因为上天立君的目的和使命就在于利民、养民。至于迁都是否危及个人生命的短长，因有定数不必计较。邾文公只是一个小国之君，但他能够从国民的利益出发，认清自己的职责与使命，这是难能可贵的，同时说明立君为民原是当时深入人心的一种政治理念。《尚书·皋陶谟》说："天聪明，自我民聪明；天明畏，自我民明威"，似乎民本观念早在尧舜时代即已出现，实则《皋陶谟》成书甚晚，此所反映的应是周人的思想。《孟子·万章上》曾引《太誓》曰："天视自我民视，天听自我民听。"所言天之"视听"正与《皋陶谟》天之"聪明"同义，都是说天意来自民意。故逸书《泰誓》说"民之所欲，天必从之"②。《尚书·康诰》说："天畏棐忱，民情大可见。"《国语·楚语》说："民，天之生也，知天必知民矣。"《左传·庄公三十二年》史嚚说："神，聪明正直而壹者也，依人而行。"凡此说明，上天立君是为了人民，"民心惟

---

① 《荀子·大略》，王先谦：《荀子集解》，中华书局 2013 年版，第 595 页。

② 《左传·襄公三十一年》引，阮元校刻：《十三经注疏》，中华书局 1980 年版，第 2014 页。

本"是立国为政的根本宗旨。

从国家伦理的角度看，立君为民是先秦民本思想的核心命题，也是当时人们对国家存在的合理性、必要性、正当性的普遍认知。这就决定了周代统治者对民本思想不光是一种理论诉求，还必须付诸治国平天下的政治实践。

(二)从"明德"到"仁政"的核心关切

早期民本思想从周初发轫，到孔孟时代逐渐形成比较成熟的理论形态。其核心关切经历了由政治家倡行"明德"到思想家倡言"仁政"的发展过程，与时迁移，益臻详密。

关于"明德"一词，清华简《厚父》凡三见："王监嘉绩，问前文人之恭明德"；"民式克恭心敬畏，畏不祥，保教明德，慎厥祀"；"今民莫不曰余保教明德"。此与传世文献所见"明德"一词出现于周初适相一致。《诗·大雅·皇矣》云："帝谓文王，予怀明德。"郑笺："天之言云：我归人君有光明之德。"《尚书·康诰》说："惟乃丕显考文王，克明德慎罚。"伪孔传说："惟汝大明父文王，能显用俊德。"这是根据《尚书·尧典》"克明俊德"来作注的。这些解读都把"明德"当作一种高尚的伦理道德来看，其实有失片面。因为它无法完全说明天命的转移如果仅以最高统治者的德操为依归，则代表天命转移的民心民意就无从体现，也就无所谓"天视自我民视，天听自我民听"了。固然一国之君的德操会直接影响其治国方略，但最根本的还是其治国理政的实际效果。也就是说，"明德"不仅指统治者的道德规范，更偏重于统治者的政治行为本身。《尚书·君奭》说"嗣前人恭明德"，清华简《祭公》说"事，求先王之恭明德"①，阖公盨说"民好明德"，梁其钟说"肇帅型皇祖考秉明德"（《集成》187），叔向父禹簋"肇帅型先文祖恭明德"（《集成》4242），都说明"明德"是一种带实践性的政治行为。周人奉行"明德"的施政方针，在《尚书·周书》中多有反映，兹略举如下：

① 清华大学出土文献研究与保护中心编，李学勤主编：《清华大学藏战国竹简》（一），中西书局2010年版，第175页。

惟乃丕显考文王，克明德慎罚，不敢侮鳏寡。庸庸，祇祇，威威，显民。（《康诰》）

文王卑服，即康功田功，徽柔懿恭。怀保小民，惠鲜鳏寡。自朝至于日中昃，不遑暇食，用咸和万民。文王不敢盘于游田，以庶邦惟正之供。（《无逸》）

文王惟克厥宅心，乃克立兹常事司牧人，以克俊有德。……继自今立政，其勿以憸人，其惟吉士，用励相我国家。（《立政》）

以上材料说明，周人讲"明德"是以文王作为政治典范，主要内容可以概括为"明德慎罚""怀保小民"、勤政勿逸、举官任贤等几个方面①。其中可以作为总纲的是"明德慎罚"四个大字。"明德"偏重于敬天保民的善政，连鳏寡孤独这样的社会弱势群体也不轻慢，也可得到照顾和实惠，多少体现出社会的公平与正义。"慎罚"不仅要求依法办事，也强调慎行刑罚，注重教化。《尚书·酒诰》说："邦君、御事、小子尚克用文王教。"又说："庶士、有正、越庶伯、君子，其尔典听朕教。"都是说要用教育的方法治理人民。周人视"不孝不友"为"元恶大憝"②，"是故先王之教民也，始于孝弟"③。可见"慎罚"亦有注重教化的一面。总之，"明德慎罚"把养民与教民结为一体，正代表人君作民之君师的双重使命，也是为民父母的职责所在。《礼记·大学》开篇第一句话说："大学之道，在明明德，在亲民，在止于至善。"郑玄说："《大学》者，以记其博学，可以为政也。"说明"大学之道"乃为政之道，"明明德"即保民，"亲（新）民"即教民，"至善"是一种国家伦理，是治国理政所追求的最崇高、最神圣的价值目标。

如果说"明德慎罚"的民本思想在西周主要是出政治家所倡导并付诸实践，带有"实然"性，那么，以"仁政"为核心的民本思想则是由春秋战国时期的思想家所倡言，具有"应然"的特点。

---

① 杜勇：《略论周人的天命思想》，《孔子研究》1998 年第 2 期。
② 《尚书·康诰》，阮元校刻：《十三经注疏》，中华书局 1980 年版，第 204 页。
③ 李零：《郭店楚简校读记》（增订本），北京大学出版社 2002 年版，第 132 页。

　　孔子说："周监于二代，郁郁乎文哉！吾从周。"又说："久矣吾不复梦见周公。"[①]其服膺周文，宪章文武，梦回周公，跃然纸上。而文、武、周公的思想遗产为孔子所继承，自在情理之中。但继承中有所创新和发明，此即儒家的"仁"学思想。"仁"之含义，就"内圣"方面的个人修养言，是为"爱人"，"修己以安人"，"夫仁者，己欲立而立人，己欲达而达人"[②]。而扩展到"外王"的国家政治层面，则要求统治者"节用而爱人，使民以时"[③]；"施取其厚，事举其中，敛从其薄"[④]；富民而后"教之"[⑤]。可见孔子的"仁"学观，同样闪烁着民本思想的光辉。

　　孟子继承孔子的仁学思想，由"仁心"而"仁政"，愈显高远。萧公权说："仁政必有具体之设施。孟子所言，似可以教养二大端概之。而其养民之论，尤深切详明，为先秦所仅见。七篇之中，孟子所注重者为裕民生、薄赋税、止争战、正经界诸事。"[⑥]此以教民、养民言其仁政要旨，简明而切中肯綮。所谓教民，即设庠序学校以教民，"以暇日修其孝悌忠信"，"以明人伦也"[⑦]。所谓养民，亦即郏文公所称"命在养民"，周公所言"怀保小民"，祭公所说"事神保民"[⑧]。孟子说："保民而王，莫之能御也。"[⑨]但孟子构想的"养民"制度，又不免脱离客观实际，以至列国君主美其言而不敏于行。以正经界为例，孟子认为那是行仁政的起点，"经界不正，井地不钧，穀禄不平，是故暴君污吏必慢其经界。经界既正，分田制禄可坐而定也。"他的具体办法是："请野九一而助，国中什一使自赋。卿以下必有

　　①《论语·八佾》《述而》，阮元校刻：《十三经注疏》，中华书局 1980 年版，第 2467、2481 页。

　　②《论语·学而》《宪问》《雍也》，阮元校刻：《十三经注疏》，中华书局 1980 年版，第 2457、2514、2479 页。

　　③《论语·学而》，阮元校刻：《十三经注疏》，中华书局 1980 年版，第 2457 页。

　　④《左传·哀公十一年》，阮元校刻：《十三经注疏》，中华书局 1980 年版，第 2167 页。

　　⑤《论语·子路》，阮元校刻：《十三经注疏》，中华书局 1980 年版，第 2507 页。

　　⑥萧公权：《中国政治思想史》（上册），商务印书馆 2013 年版，第 92 页。

　　⑦《孟子·梁惠王上》《滕文公上》，阮元校刻：《十三经注疏》，中华书局 1980 年版，第 2667、2702 页。

　　⑧《国语·周语上》，上海古籍出版社 1988 年版，第 3 页。

　　⑨《孟子·梁惠王上》，阮元校刻：《十三经注疏》，中华书局 1980 年版，第 2670 页。

圭田，圭田五十亩；余夫二十五亩。死徙无出乡，乡田同井，出入相友，守望相助，疾病相扶持，则百姓亲睦。方里而井，井九百亩，其中为公田。八家皆私百亩，同养公田；公事毕，然后敢治私事，所以别野人也。此其大略也。"这是说卿大夫应有可供祭祀之用的圭田五十亩，加上家中剩余劳动力，每人二十五亩，大致在百亩左右，但不征赋税。至于乡野之民实行井田制，每家百亩，但八家须共耕公田百亩，以为赋税，此即"九一而助"。这种九分抽一的"助"法，或城中国人十分抽一的"赋"法，其税率应比当时普遍征收的要低，才有可能为孟子所倡导。特别是对野人实行"助"法，比起每年以一个常量征收赋税来说，可以避免灾荒之年给人民带来不堪重负、转死沟壑的严重后果。人民通过"分田"有了耕种的田地，形成制度性保障，生计问题得以解决，可收"有恒产者有恒心"之效，不至于"放辟邪侈，无不为已"[1]。可见孟子关于正经界的均平设计，不仅力图制止"暴君污吏必慢其经界"的现象，而且具有保民生、薄赋敛、省刑罚的用意。只是这一切均非统治者所愿，亦非势所能为，最后只能陷于空想。"是以所如者不合。退而与万章之徒序《诗》《书》，述仲尼之意"[2]。

孟子以民为本的仁政说，看似言称尧舜，思接三代，实际具有远观历史、立足现实、面向未来的境界，因而带有强烈的"应然"色彩。虽然其说不为当时以富国强兵为急务的政治家所采纳，但丝毫无损其思想价值。特别是孟子在民本思想中注入民贵君轻的理念，使儒家政治哲学更显得"充实而有光辉"[3]。

(三)民贵君轻与君本位问题

孟子提出民贵君轻说，把民本思想升华到一个前所未有并富有永恒价值的高度。《孟子·尽心下》说：

---

① 《孟子·滕文公上》，阮元校刻：《十三经注疏》，中华书局 1980 年版，第 2702—2703 页。

② 《史记·孟子荀卿列传》，中华书局 1982 年版，第 2343 页。

③ 《孟子·尽心下》，阮元校刻：《十三经注疏》，中华书局 1980 年版，第 2775 页。

> 民为贵，社稷次之，君为轻。是故得乎丘民而为天子，得乎天子为
> 诸侯，得乎诸侯为大夫。诸侯危社稷，则变置。牺牲既成，粢盛既絜，
> 祭祀以时，然而旱干水溢，则变置社稷。

　　孟子认为，诸侯可以"变置"，社稷可以"变置"，不言而喻，天子同样可以"变置"。诸侯由天子所设，改立的权力在天子。那么，谁设立的天子，谁就有权"变置"天子。在孟子看来，天子为上天根据民意而设，也就是他所说的"天与之，人与之"，"天视自我民视，天听自我民听"①。既然民意决定天意，天意支配君主的政治命运，当然最后的结论就是"得乎丘民而为天子"。故孟子又说："桀纣之失天下也，失其民也；失其民者，失其心也。得天下有道：得其民，斯得天下矣；得其民有道：得其心，斯得民矣。"②此与清华简《厚父》说"民心惟本"，讲的都是同一个道理。荀子关于"君舟民水"的见解③，实际也是侧重于人民的"革命"作用来说的。正是在这个意义上可以说民贵君轻，即人民的地位重于江山社稷，也重于君主。

　　问题是清楚的，孟子是用一个抽象的群体概念把人民看作天帝的化身，警示统治者不能轻忽人民的"革命"力量，必须高度重视现实社会中以个体呈现的民意民情，"亲亲而仁民，仁民而爱物"④。孟子说："三代之得天下也以仁，其失天下也以不仁。国之所以废兴存亡者亦然。"⑤国家的兴衰存亡在于国君是否行仁政，推行仁政的对象是人民，推行仁政者则是君主。一方面，孟子反对杨、墨之言，以为"无父无君，是禽兽也"⑥；另一方面，也不主张对君主无条件服从，对暴君虐政持坚决否定态度。对于不能履行养民

---

① 《孟子·万章上》，阮元校刻：《十三经注疏》，中华书局 1980 年版，第 2737 页。
② 《孟子·离娄上》，阮元校刻：《十三经注疏》，中华书局 1980 年版，第 2721 页。
③ 《荀子·哀公》载孔子说："且丘闻之，君者舟也；庶人者水也。水则载舟，水则覆舟。"而《荀子·王制》篇则谓语出"《传》曰"。以《传》言之，以"丘闻之"，或许此说有更早的历史渊源。但另一种可能性也是有的，即荀子吸取旧有说法加以改进和完善，从而形成一种全新并相对温和的政治理念。
④ 《孟子·尽心上》，阮元校刻：《十三经注疏》，中华书局 1980 年版，第 2771 页。
⑤ 《孟子·离娄上》，阮元校刻：《十三经注疏》，中华书局 1980 年版，第 2718 页。
⑥ 《孟子·滕文公下》，阮元校刻：《十三经注疏》，中华书局 1980 年版，第 2714 页。

教民职责的君主，轻者可易其君，重者可易其国。孟子曾设喻启导齐宣王，应当罢免不称职的官员，而国君不称职亦不例外。《孟子·梁惠王下》说：

> 孟子谓齐宣王曰："王之臣有托其妻子于其友而之楚游者，比其反也，则冻馁其妻子，则如之何？"王曰："弃之。"曰："士师不能治士，则如之何？"王曰："已之。"曰："四境之内不治，则如之何？"王顾左右而言他。

这里说对于"四境之内不治"的国君，同样可以"已之"，即中止其权力的行使。对于桀、纣一样的独夫民贼，汤、武革其命，孟子以为是正当的，故谓之"闻诛一夫纣矣，未闻弑君也"①。在孟子看来，暴君可诛，仁君则可得天下。他说："今天下之君有好仁者，则诸侯皆为之驱矣。虽欲无王，不可得已。"②由此可见，孟子提出民贵君轻，是从属和服务于他的仁政说的，并未达到伸张"民权"的高度。就人民本身的政治觉悟程度而言，在孟子看来远不如"士"。他说："无恒产而有恒心者，惟士为能。若民，则无恒产，因无恒心。苟无恒心，放辟邪侈，无不为已。及陷于罪，然后从而刑之，是罔民也。焉有仁人在位，罔民而可为也？是故明君制民之产，必使仰足以事父母，俯足以畜妻子，乐岁终身饱，凶年免于死亡。然后驱而之善，故民之从之也轻。"③在这里，孟子认为民众没有恒产也就没有恒心即恒常的道德规范，"放辟邪侈，无不为已"，乃至陷罪伏刑。因而主张"明君制民之产"以解决民众的温饱问题，这样明君就可以驱使民众走上善道了。可见主导"仁政"是君主，民众只是施行"仁政"的对象，目的还是在于人君驱民向善。这里既没有赋予人民当家作主的权利，也没有实行民主政治的任何渠道和措施，本质上还是在君本位的政治制度下，主张把关怀和改善民生作为国家的根本职能和任务。

战国晚期，赵威后认为民本君末，与民贵君轻说实无大异。《战国

---

① 《孟子·梁惠王下》，阮元校刻：《十三经注疏》，中华书局1980年版，第2680页。

② 《孟子·离娄上》，阮元校刻：《十三经注疏》，中华书局1980年版，第2721页。

③ 《孟子·梁惠王上》，阮元校刻：《十三经注疏》，中华书局1980年版，第2671页。

策·齐四》载:

> 齐王使使者问赵威后。书未发,威后问使者曰:"岁亦无恙耶?民亦无恙耶?王亦无恙耶?"使者不说,曰:"臣奉使使威后,今不问王而先问岁与民,岂先贱而后尊贵者乎?"威后曰:"不然。苟无岁,何以有民?苟无民,何以有君?故有舍本而问末者耶?"

这是从人民是立国的基础和根本这个角度来认识问题的,尽管实际社会生活中人民的地位卑贱,君主的地位尊贵,但就国家治理的重要性来说,仍然是民先于君,亦即民贵君轻。这件事启示我们,看问题角度有异,价值判断也会不同。因此,对于民贵君轻说,必须放在特定语境下来分析,不能抽象地无限度地拔高,甚至认为是民主思想的萌芽。所谓民主政治,美国总统林肯有一句话被认为是很好的注脚,即"government of the people(民有),by the people(民治),for the people(民享)"。金耀基认为,"民本思想与民主思想,虽相似但非同一,虽可通但非一物,民本思想不必有民治之精神,民主思想则以民治为基点,两者虽只隔一门,但光景固有不同也"①。这个分析是客观的。如果要从传统民本观念中识别和发掘其民权思想成分,来支持当代中国关于民权的价值理论和政治实践②,这种经世致用的想法是无可厚非的,但要说这是传统民本思想已有的内涵,可能陈义过高,未必符合历史的真实。

我们还须注意到,所谓民本是谁来以民为本呢?当然是天子,是诸侯国君,是各种"治人者",而不可能是民众自己。所以民本思想的背后,有君本位的存在,这是客观存在的事实。不仅民本思想最初是由掌握最高权力的统治者倡行的,而且后来在一定程度上能够反映民心民意并将民本思想发扬光大的思想家,也没有人是反对君主制的。如孔子说:"天下有道,则礼乐征伐自天子出。"③孟子说:"无君子莫治野人,无野人莫养君子。"④只不过

---

① 金耀基:《中国民本思想史》,法律出版社 2008 年版,第 17 页。
② 夏勇:《民本与民权——中国权利话语的历史基础》,《中国社会科学》2004 年第 5 期。
③ 《论语·季氏》,阮元校刻:《十三经注疏》,中华书局 1980 年版,第 2521 页。
④ 《孟子·滕文公上》,阮元校刻:《十三经注疏》,中华书局 1980 年版,第 2702 页。

孟子这里所说的"君子"不是孔子所谓有道时代的天子，而是有如滕文公辈的诸侯国君。荀子在道义与君主的关系问题上尽管主张"从道不从君"①，但同时认为天子是圣人。他说："故天子唯其人。天下者，至重也，非至强莫之能任；至大也，非至辨莫之能分；至众也，非至明莫之能和。此三至者，非圣人莫之能尽。故非圣人莫之能王。"②这说明民本思想与君主制并非冰炭不容，而是具有利民利君的双重作用。

由于民贵君轻说并不否定君主制，并为秦汉以后历代统治者所宣扬，于是有的学者认为儒家的民本思想是中华帝制的根本法则③。其实，君主制是政道，民本思想是治道④，二者并不是一回事。无论什么样的君主，离开人民就失去了统治对象，也就失去了立国的基础。即使主张君主极权政治的马基雅维里也说："我只想断言，对君主来说，与人民保持友好是必要的；否则的话，当他身处逆境之时就无可救药了。"⑤马氏所谓君主身处逆境主要指当国家遭到外敌入侵时，不能单凭统治者人数来应对这个局面，所以需要人民的拥戴与支持。《国语·周语上》引《夏书》曰："众非元后(国君)，何戴？后非众，无以守邦。"也有这一层意思。西周晚期芮良夫说："后除民害，不惟民害。害民，乃非后，惟其雠。后作类(善)。后弗类，民不知后，惟其怨。民至亿兆，后一而已，寡不敌众，后其危哉！"⑥这是从君民力量的悬殊上来说明君主不能与人民为敌，把自己置于危险境地。所以除了少数暴君昏君之外，历史上大多数君主即使不能以民众的利益为重，也不会公然放弃以民为本的口号，把自己置于刀尖之上。这种情况是否可以视为开明专制是另一回事，但可以肯定的是民本思想并非只有服务君主的一面，也有维护人民利益而反向制君的一面，而且这还是主要的一面。民贵君轻说反对暴君虐政，主张得民心者得天下，失民心者失天下，要求统治者与民同忧乐，

①《荀子·臣道》，王先谦：《荀子集解》，中华书局2013年版，第295页。
②《荀子·正论》，王先谦：《荀子集解》，中华书局2013年版，第383页。
③张分田：《儒家民本思想与帝制的根本法则》，《文史哲》2008年第6期。
④牟宗三：《政道与治道》，台湾学生书局1987年版，第1页。
⑤[意]马基雅维里：《君主论》，张志伟、梁辰、李秋零译，陕西人民出版社2001年版，第61页。
⑥黄怀信、张懋镕、田旭东撰，黄怀信修订，李学勤审定：《逸周书汇校集注》(修订本)，上海古籍出版社2007年版，第1003—1004页。

"乐民之乐者，民亦乐其乐；忧民之忧者，民亦忧其忧。乐以天下，忧以天下，然而不王者，未之有也"①。这些观念无论如何都是与专制政治绝相对立的，似乎不宜把它看作专制主义的补充或变相形态。梁启超对此曾有一段非常精辟且非过时的话，值得今日学者仔细思量："我国有力之政治思想，乃欲在君主统治下，行民本主义之精神。此理想虽不能完会实现，然影响于国民意识者既已甚深。故虽累经专制摧残，而精神不能磨灭。"②

讨论至此，我们可以对本章的主旨略作概括：清华简《厚父》是一篇有重要学术价值的出土文献。篇中周武王与厚父的对话，不仅代表了周人对早期国家起源的认知，也反映了中国早期民本思想的萌动。虽然其君权天赋的国家起源论不足信从，但从国家伦理的角度看，其中蕴含的平等精神、正义精神、民本精神，仍有值得肯定之处。特别是立君为民、明德慎罚、民贵君轻等民本思想的核心关切，由周代政治家的倡导与实践，再经儒家的传承与升华，已成为中国政治文化的宏丽精华，其传统价值和积极意义不可低估。

---

① 《孟子·梁惠王下》，阮元校刻：《十三经注疏》，中华书局1980年版，第2675页。
② 梁启超：《先秦政治思想史》，商务印书馆2014年版，第8—9页。

第　六　章

清华简《皇门》的制作年代及相关史事问题

清华简《皇门》原无篇题，因其内容与今本《逸周书·皇门》相符，故整理者一仍旧名。《皇门》被收入《逸周书》，并未影响学者判定它是西周文献，清华简的发现更是强化了人们的这种信念。然细加考索，清华简《皇门》固然以西周文字为主体，但也带有少量东周时期的语言色彩，似乎隐含着它是春秋时期根据王室档案整理成篇的信息。本章即就《皇门》的制作年代及相关史事续作探讨，以期形成合理的认识。

一、清华简《皇门》的制作年代

在今本《逸周书》中，除《皇门》为周公诰辞外，与此相类的还有《成开》《大戒》《本典》《官人》诸篇，唯有《皇门》被公认为真正的西周文献。如清人朱右曾说此篇"大似今文《尚书》，非伪古文所能仿佛"。丁宗洛亦云："此篇雄奇郁勃，的系周初文字。"①这种意见有其合理成分，因而得到广泛认同。今据简文，再作分析。

---

① 黄怀信、张懋镕、田旭东撰，黄怀信修订，李学勤审定：《逸周书汇校集注》（修订本），上海古籍出版社 2007 年版，第 1229、543 页。

(一)清华简《皇门》的语言特征

清华简《皇门》篇首云:"惟正[月]庚午,公格在者(库)门"。①今本为"惟正月庚午,周公格于左闳门",《周书序》则说:"周公会群臣于闳门以辅主之格言,作《皇门》。"②若由今本《皇门》和《周书序》来推定简文的"公"为周公,在校勘学上或许饶有意义,但对于说明文献的制作年代却无实质性的帮助。因为《逸周书》中显示周公作诰的篇目,并非都是可信为真的西周作品。李学勤先生考虑到这个问题,故择取简文"公若曰""朕沈(冲)人""余一人"等用语,对照今文《尚书》有关篇章分析其内涵,认为这个"公"表现出"与周王一样的身份","恐怕还应该是周公"③。这当然不只是肯定《皇门》的作诰者应为周公,实际意义是进一步证明该篇如同今文《尚书》有关《周书》一样,也是真实的西周文献。继之,又有学者在整理者工作的基础上,更为细致地将清华简《皇门》诸多用语择出,与西周金文、《诗》《书》有关文句加以对比研究,进一步确认"《皇门》为西周文献"④。这个结论有其可信的一面,但其比较论证过程只注意到文献的共时性而忽略其历时性,又不免使其可信度有所降低。有鉴于此,这里拟将文献的共时性与历时性结合起来,对竹书《皇门》有关用语分类比较,以期更能说明问题。所用语言材料主要选择《皇门》简文中关键性的名词或名词性短语,因为名词作为一个概念元素或由此形成的概念体系,实际是一个时代客观历史事物(物质的或精神的)的反映。随着时代的变迁,有的旧事物消失了,有的新事物产生了,有的事物发生了变化,都必然在文本用语上反映出来。至于有些相似的文句,发挥核心作

---

① 清华大学出土文献研究与保护中心编,李学勤主编:《清华大学藏战国竹简》(一),中西书局2010年版,第164—165页。下引不另注,释文尽量用通行字。

② 黄怀信、张懋镕、田旭东撰,黄怀信修订,李学勤审定:《逸周书汇校集注》(修订本),上海古籍出版社2007年版,第543、1131页。

③ 李学勤:《清华简九篇综述》,《文物》2010年第5期。

④ 孙飞燕:《清华简〈皇门〉管窥》,《清华大学学报》(哲学社会科学版)2011年第2期。

用的不是名词，则可变因素较多，姑置不论①。从《皇门》有关名词使用的时代性来看，大体可以分为以下四类。

第一类是只见于《皇门》简文者。

（1）朕寡邑小邦

武王灭商以后，比之于大邦殷，周人常常自称"小邦"。如《尚书·大诰》："兴我小邦周。"《多士》："非我小国敢弋殷命"，其"小国"当为"小邦"，为汉儒避刘邦讳所改。先秦文献未见以"寡邑"修饰中心词"小邦"而成短语者。

（2）大门宗子迩臣

"迩臣"即近臣，又见《左传·昭公三十年》《礼记·表记》《缁衣》等东周文献。"宗子"为文献所习见，如《诗·大雅·板》："大邦维屏，大宗维翰。怀德维宁，宗子维城。""大门宗子"指贵族嫡长子，但作为词组则不见于其他先秦文献。

（3）自釐臣至于有分私子

"釐臣"指治国之臣。"有分私子"与"大门宗子"相对，似指有采邑的庶子，然不见于其他先秦文献。

（4）勤卹王邦王家；勤劳王邦王家；弗卹王邦王家

"王邦"指天下共主所在的邦，或商邦，或周邦，视具体情况而定。"王邦"仅西周金文一见，即小盂鼎："赞王邦宾。"（《集成》2839）"王家"有时指王室，有时则指王室的政治或经济实体，西周金文或先秦文献均有所见。如大克鼎："敕乂王家"（《集成》02836），清华简《祭公》："保乂王家。"②《尚书·君奭》："乂王家。"《康王之诰》："保乂王家。"《左传·昭公二十六年》："以绥定王家。"但是，"王邦王家"并称，简文凡三见，却不为其他先秦文献所道及。

---

① 如竹书《皇门》云："天用弗保"，《墨子·非命上》引《太誓》有云："天亦纵弃之而弗葆。"《尚书·多士》："惟时上帝不保。"又如"政用迷乱"，《尚书·无逸》云："无若殷王受之迷乱。"又如"弗畏不祥"，《尚书·盘庚中》云："迪高后丕乃崇降弗祥。"《君奭》云："其终出于不祥"等，兹不赘述。

② 清华大学出土文献研究与保护中心编，李学勤主编：《清华大学藏战国竹简》（一），中西书局 2010 年版，第 174 页。

（5）乃旁求选择元武圣夫

今本作"元圣武夫"。清陈逢衡说："《书》曰：'聿求元圣。'《诗》曰：'赳赳武夫。'元圣可以资论道，武夫以备腹心。"①简本"元武"春秋金文有见，曾伯霎簠："元武孔鼎。"（《集成》4631）周王孙季怼戈："孔臧元武。"（集成 11309）简文"元武圣夫"或今本"元圣武夫"，两种形式组合的短语均不见其他先秦文献。

第二类是见于西周文献和金文者。

（1）肆朕冲人非敢不用明刑

"朕冲人"是商周统治者习用的自谦之词②。清华简《金縢》作"余沈（冲）人"③，今本作"予冲人"。《尚书·盘庚》《大诰》亦作"予冲人"。"余"与"予"为古今字，其义相同，只是西周金文用"余"不用"予"。从清华简《金縢》看，西周文献应作"余"，作"予"者当为后儒改订。

（2）我闻昔在二有国之哲王则不恐于卹

句中"哲王"两周通用，晚至屈原《离骚》犹可见及，但"二有国"或称"二国"却只见于西周文献。《尚书·召诰》说：有夏、有殷"惟不敬厥德，乃早坠厥命。今王嗣受厥命，我亦惟兹二国命，嗣若功"。"二国"指夏、殷，文意甚明。又《诗·大雅·皇矣》云："维此二国，其政不获。"毛传："二国，殷、夏也。"周初统治者以史为鉴，不时言及夏殷二国灭亡的教训，其后则很少见诸文献了。

（3）子孙用末被先王之耿光

"耿光"即光明之意。西周文献和金文均有所见。如《尚书·立政》："以觐文王之耿光。"禹鼎："敢对扬武公丕显耿光。"（《集成》2833）毛公鼎："无不閈于文武耿光。"（《集成》2841）

（4）朕荩臣

"荩臣"即所进用之臣，见于《诗·大雅·文王》："王之荩臣，无念尔

①　黄怀信、张懋镕、田旭东撰，黄怀信修订，李学勤审定：《逸周书汇校集注》（修订本），上海古籍出版社 2007 年版，第 547 页。

②　杜勇：《〈尚书〉周初八诰研究》，中国社会科学出版社 1998 年版，第 29—30 页。

③　清华大学出土文献研究与保护中心编，李学勤主编：《清华大学藏战国竹简》（一），中西书局 2010 年版，第 158 页。

祖。"清华简《芮良夫毖》亦云："及尔茇臣。"[1]

(5) 至于厥后嗣立王

"后嗣立王"意即其后继立之王，或称"后嗣王"或"后王"，仅见于周初文献。《尚书·酒诰》："在今后嗣王酣身。"《多士》："在今后嗣王，诞罔显于天。"《召诰》："兹殷多先哲王在天，越厥后王后民，兹服厥命。"《多方》："乃惟尔商后王，逸厥逸。"《立政》："继自今后王立政。"至于东周文献所称"后王"，每与"先王"相对为言，非此"后嗣立王"之意。

第三类是见于两周金文和文献者。

(1) 以助余一人忧

"余一人"殷墟甲骨文屡见，两周金文亦然，如师𩛥鼎、叔夷钟称"余一人"（《集成》2830、274），大盂鼎、师酉簋称"我一人"（《集成》2837、《新收》1600）、毛公鼎、鼏盨"余一人"与"我一人"并出共见（《集成》2841、4469），卌三年逨鼎又作"余我一人"（《新收》747-2）。两周文献作"予一人"，或省称"一人"，是为商周"国王一人所专用的称号"[2]。

(2) 肆朕冲人非敢不用明刑；敷明刑；乃弗肯用先王之明刑

"明刑"意即显明的刑罚。《皇门》简文凡三见，无疑是本篇的核心概念之一。两周金文和文献均可见及。如春秋金文叔夷钟："中敷明刑。"（《集成》285）秦公镈："睿敷明刑。"（《集成》270）《诗·大雅·抑》："克共明刑"。《管子·枢言》："明刑不暴。"《商君书·赏刑》："明刑不戮。"《战国策·赵二》："先王之明刑。"至于毛公鼎"作明井"（《集成》2841），井释型，或释刑，似以前者为佳，义为型范。

(3) 蔑有耇耇御事屏朕位

"朕位"指王位或国君之位。毛公鼎："憼于小大政，屏朕位。"（《集成》2841）胡簋："用令保我家、朕位、胡身。"（《集成》4317）者沪钟："以祇光朕位。"（《集成》121）又《尚书·尧典》云："巽朕位"，指古帝王

---

[1] 清华大学出土文献研究与保护中心编，李学勤主编：《清华大学藏战国竹简》（三），中西书局 2012 年版，第 145 页。

[2] 胡厚宣：《释"余一人"》，《历史研究》1957 年第 1 期。

之位。

（4）乃维急急胥驱胥教于非彝

非彝指非常法。《尚书·康诰》："勿用非谋非彝，蔽时忱。"《酒诰》："诞惟厥纵淫逸于非彝。"《召诰》："其惟王勿以小民淫用非彝。"《吕刑》："率乂于民棐（非）彝。"《国语·周语中》："故凡我造国，无从非彝。"

（5）既告汝元德之行

元德即大德。《尚书·酒诰》："兹亦惟天若元德。"《国语·楚语上》："是五王者，皆有元德也。"

（6）是人斯助王恭明祀

"明祀"不见于西周金文，东周金文所见"明祀"（沇儿镈，《集成》203），学者释为盟祀。两周文献则有《逸周书·商誓（哲）》："在商先誓（哲）王，明祀上帝。"《左传·僖公二十一年》："崇明祀。"

第四类是只见于东周文献者。

（1）并祀天神

"天神"一词不见于两周金文，仅东周文献有见。《国语·周语下》："度之天神，则非祥也。"《周礼·春官宗伯·大宗伯》："大宗伯之职，掌建邦之天神、人鬼、地示之礼。"又《大司乐》："以祀天神。"《礼记·郊特牲》："所以别事天神与人鬼也。"《山海经·西山经》："有天神焉，其状如牛。"《韩非子·外储说左上》："昭王尝与天神博于此。"

（2）是人斯乃谗贼

"谗贼"为东周文献所习见。《管子·四称》："良臣不使，谗贼是舍"；"谗贼与斗，不弥人争"。又《七主七臣》："诛贤忠，近谗贼之士"；"故记称之曰愚忠谗贼"。《墨子·尚同上》："不善用口者以为谗贼寇戎。"《楚辞·愍命》："制谗贼于中廇兮。"

（3）惟莫开余嘉德之说；懋扬嘉德

"嘉德"即善德、美德，简文凡两见，两周金文无，仅东周文献时可见及。《左传·桓公六年》："'嘉栗旨酒'，谓其上下皆有嘉德而无违心也。"《左传·襄公九年》："嘉德足以合礼。"

（4）斯乃非休德以应

"休德"即美德，唯东周文献有见。《国语·齐语》："有功休德。"《楚辞·远游》："贵真人之休德兮。"

(5)百姓万民用无不扰比在王廷

"百姓"与"万民"作为两个词汇在两周金文或文献中很常见，但两个词并称或者说组成一个短语，则仅见于《管子·轻重丁》："寡人欲为百姓万民藏之。"

以上所举四类词语，对于考察竹书《皇门》的制作年代所起的作用是各不相同的。第一类名词不为后世所见，可以解释为西周以降某些概念的消失。第二类词语只见于西周金文和文献，证明《皇门》产生的时代与之相同，故能留下相同的时代印记。第三类见于两周金文和文献者，说明西周时期的有些词语一直流传下来，直至战国时代仍在使用。这三类现象都可以在一定程度上对《皇门》为西周文献形成支持，唯有第四类只见于东周文献的词语与此相悖。因为前代的名词可以为后世所用，但后世才有的名词却不应出现在前代的文献之中。这就像今天我们使用的手机、电脑、因特网一类名词，绝不可能出现在百年前的清代文献中一样。当然也可以这样说，像"天神""谗贼""嘉德"一类词语不是西周时期不存在，而是流传下来的文献数量有限而无从见及。但是，《尚书》周初诸诰反复申述"明德慎罚"的重要性，却一次不提"嘉德""休德"，似过奇特。周人尊天，为其主要的宗教信仰，西周金文称"百神"（胡钟，《集成》260）、"大神"（疾钟，《集成》247）、"多神"（作册益卣，《集成》5427），又称"皇天"（胡簋，《集成》4317）、"旻天"（毛公鼎，《集成》2841），至于西周文献其例尤多，何以都不提及"天神"？这恐怕意味着"天神"还不是西周时期使用的概念。那么，此类词语的出现，是否意味着竹书《皇门》并非西周时期的作品呢？

为了弄清这个问题，我们还需要选择另外的观察点，即从历史语言学的角度再作一些分析。

第一，竹书《皇门》中的"厥"与"其"。

简文中的"厥"字凡八见，均为代词。例如：①以助厥辟。②是人斯既助厥辟勤劳王邦工家。③俾服在厥家。④至于厥后嗣立王。⑤以家相厥室。⑥以不利于厥辟。⑦厥邦。⑧以自落厥家。

简文"其"字仅一见："譬如戎夫，骄用从禽，其犹克有获？"这里的

"其"字不是代词,而是用作语气副词,表示反诘。虽然"其"与"厥"音义相通,均可作为第三人称代词使用,但在使用时间上却有早晚之别。据学者研究,西周中期以前,甲骨金文中的"其"字都作副词用,"进入西周中期以后,'其'和'厥'的界限开始模糊了,本来只作副词的'其'字,逐渐侵入'厥'字的领地,出现了作代词的用例"①。以此观之,清华简《皇门》不用"其"而以"厥"作代词,说明它的原初文本当作于西周前期。

第二,竹书《皇门》中的"朕""余""我"。

在简文中,"朕"字有 5 例:①朕寡邑小邦。②肆朕冲人非敢不用明刑。③蔑有耆耇虑事屏朕位。④朕遗父兄。⑤朕荩臣。

"余"字有 4 例:①以助余一人忧。②假余宪。③辅余于险。④临余于济。

"我"字有 3 例:①今我譬小于大。②我闻昔在二有国之哲王则不恐于恤。③我王访良言(此例"我"字当为衍文,说详后)。

从汉语共同语来说,从殷商到西周中期常用的第一人称代词是"我""朕""余";从西周晚期到春秋早中期常用的第一人称代词主要是"我","余"很少见,"吾"则刚刚出现;从春秋末到战国时代主要使用的第一人称代词是"我""吾","余"同样少见②。而清华简《皇门》同时使用第一人称代词"朕""余""我",说明它的写作年代当不晚于西周中期。

第三,竹书《皇门》中的"用""以""于"。

这三个词是上古汉语中最重要也最常用的联结词(介词和连词)。关于"用"字,在《皇门》简文中出现 19 次,成为本篇一大特点。其中,"肆朕冲人非敢不用明刑""乃弗肯用先王之明刑""小民用祷弗用祀""军用多实""维媮德用""骄用从禽"诸语的"用"字用作动词或为动词活用,不在讨论范围。"用"字明显作为介词用的只有 1 例,即"先祇复式用休"。而更多的是作为连词,计有 12 例,表示某种因果关系,与因而、因此的意思相近。如:①王用有监。②用克和有成。③王用能承天之鲁命。④百姓

---

① 唐钰明:《其、厥考辨》,《中国语文》1990 年第 4 期。

② 张玉金:《西周汉语代词研究》,中华书局 2006 年版,第 83 页。

万民用无不扰比在王廷。⑤先王用有劝。⑥王邦用宁。⑦小民用假能稼穑。⑧王用能奄有四邻。⑨子孙用末被先王之耿光。⑩政用迷乱。⑪狱用无成。⑫天用弗保。

赵诚先生通过对甲骨文至战国金文的研究，认为"用"字作为连词"这一现象基本产生于西周中期以至于战国时代"[1]。这说明竹书《皇门》可以是早至西周中期的文本，但其下限无从区分，只有借助介词"以"字来作进一步推断。

关于"以"字，在简文中出现 11 例：①以宾佑于上。②以家相厥室。③以问求于王臣。④以助厥辟。⑤戎兵以能兴。⑥斯乃非休德以应。⑦乃维诈诟以答。⑧以不利于厥邦厥辟。⑨以自落厥家。⑩是以为上。⑪以助余一人忧。

其中例①②③由"以"组成的介宾词组都放在动词前面，余则多与动词相接，个别与副词相接，但均未出现放在动词后面的情况。据研究，"在西周时期的铜器铭文中，'用'和'以'组成的介宾词组，都是放在动词前面的，无一例外。可见介宾词组放在动词(及其宾语)的后面，当是春秋时期才出现的句法"[2]。这也说明竹书《皇门》不是西周之后出现的文本。

关于"于"字，早在殷商时期即已作为介词使用了。在简本《皇门》中，作为介词的用例有：①今我譬小于大。②不恐于卹。③羞于王所。④以宾佑于上。⑤乃维急急胥驱胥教于非彝。⑥以问求于王臣。⑦监于兹。⑧辅余于险。⑨临余于济。⑩自釐臣至于有私分子。⑪至于厥后嗣立王。

除上引文句外，还有"於是人斯乃非休德以应"一例，句中的"於"今传本作"于"。"於"是"乌"(本篇已出现两次)的后起字，始见于春秋时期的铜器铭文中，仅有数例。"於"字直到春秋末、战国时才大量使用，与"于"字同时并行，逐渐取代"于"字[3]。对比今本《皇门》，竹书仅此一见的"於"字很可能原本为"于"，以抄手一时疏忽误写为"於"。《皇门》简

① 赵诚：《甲骨文至战国金文"用"的演化》，《语言研究》1993 年第 2 期。

② 陈永正：《西周春秋铜器铭文中的联结词》，陕西省考古研究所、中国古文字研究会、中华书局编辑部合编：《古文字研究》第十五辑，中华书局 1986 年版。

③ 陈永正：《西周春秋铜器铭文中的联结词》，陕西省考古研究所、中国古文字研究会、中华书局编辑部合编：《古文字研究》第十五辑，中华书局 1986 年版。

文多用"于"字的情况表明，它也不会是晚于西周的文本。

通过前面对清华简《皇门》主要用语及语法现象的考察，确定它为西周文献应无大误。只是简文中何以会出现少量西周之后的用语，还需要一个合理的解释。刘起釪先生说，《逸周书》中"初步可以肯定为周代《书》篇的，是关于周武王的几篇和周公篇卷中的少数几篇，即《克殷》《世俘》《商誓》《度邑》《作雒》《皇门》《祭公》七篇，可确认为西周文献（虽然文字在传写中当受有东周影响，但主要保存了原貌）"①。将《皇门》简本与今本加以对照，可以发现简本文字受东周影响不大，变化主要发生在汉儒隶定的今本之中。如简文"隹"字今本作"维"，"立"字今本作"位"，"㠯"字今本作"以"，"亡"字今本作"无"，"余"字今本作"予"，"於"字今本作"呜"，"邦"字今本改作"国"。学者由此推断，"楚简本相对今本来说变动较少，而保留原本的面貌要多一些"②，这无疑是正确的。

那么，诸如"天神""嘉德""谗贼"一类东周时期才有的核心概念，为什么会出现在主体是西周文字的《皇门》简本和今本之中呢？实际情况可能是，《皇门》作为周公诰辞，最初完整保存于王室档案之中。到了春秋时期，由于王室衰微，急需大门小宗建言荐贤，匡扶危局，故由史官从王室档案中析出并略加整理，作为先王之教来凝聚人心，以振兴王邦。在档案整编过程中，不免有限使用了春秋时期行用的词汇，从而使其染上了少量东周时代的语言色彩。《皇门》未能和其他周公诰辞一起被后世编入《尚书》，而是散落至《逸周书》中，或许与其成篇稍晚、影响较小有关。尽管如此，竹书《皇门》作为源自西周王室档案的历史文献，基本保存了当初周公诰辞的原貌，具有重要的史料价值。

（二）《皇门》的作诰时间

《皇门》的具体制作年代，各种材料均未涉及，后世学者因而有不同的推测。大体可归纳为两种意见：一是作于成王即政元年说。此为近人刘师培

---

① 刘起釪：《尚书学史》，中华书局 1989 版，第 95—96 页。
② 朱凤瀚：《读清华简〈皇门〉》，清华大学出土文献研究与保护中心编：《清华简研究》（第一辑），中西书局 2012 年版，第 184—204 页。

首倡①，今有王连龙补充论证，清华简整理者李均明从之②。二是作于周公摄政时期说，细分又有摄政初年与摄政后期的区别。清卢文弨据今本《竹书纪年》认为周公作诰在成王(嗣位)元年③，黄怀信、余瑾从之④，李学勤先生倾向这种说法，认为《皇门》反映了"周公刚刚摄政时的心理状态"⑤。相近的看法是，清陈逢衡以为作于"流言于初起之时"⑥，郭伟川从之，王向辉则明确为周公摄政二年前后⑦。与此不同的是，朱凤瀚认为《皇门》作于周公摄政后期，他说，"此当是周公东征归来后到七年致政成王前的几年。……此其间，周公已常居宗周摄政，并监督成周之营建。其重点已由平叛、救乱、处理东方之事，转向治理朝政。此篇诰辞应是治理朝政过程中所发布"⑧。这些说法的可靠性如何，下面分别予以讨论。

1. 关于《皇门》作于成王即政元年说

周公致政成王的时间，据《尚书·洛诰》是在周公摄政七年。《洛诰》云："戊辰，王在新邑烝……在十有二月。惟周公诞保文武受命，惟七年。"伪孔传说："十二月戊辰晦"，即本月最后一日。论者顺推其历日，《皇门》"正月庚午"正与"十二月戊辰"相衔接，为次年正月二日，于是断定《皇

① 黄怀信、张懋镕、田旭东撰，黄怀信修订，李学勤审定：《逸周书汇校集注》（修订本），上海古籍出版社 2007 年版，第 544 页。

② 王连龙：《〈逸周书〉研究》，社会科学文献出版社 2010 年版，第 156 页；李均明：《清华简〈皇门〉之君臣观》，《中国史研究》2011 年第 1 期。

③ 黄怀信、张懋镕、田旭东撰，黄怀信修订，李学勤审定：《逸周书汇校集注》（修订本），上海古籍出版社 2007 年版，第 544 页。

④ 黄怀信：《逸周书源流考辨》，西北大学出版社 1992 年版，第 110 页；余瑾：《对〈逸周书·皇门解〉的再分析》，《西北师大学报》（社会科学版）2002 年第 3 期。

⑤ 李学勤：《清华简与〈尚书〉、〈逸周书〉的研究》，《史学史研究》2011 年第 2 期。

⑥ 黄怀信、张懋镕、田旭东撰，黄怀信修订，李学勤审定：《逸周书汇校集注》（修订本），上海古籍出版社 2007 年版，第 544 页。

⑦ 郭伟川：《周公称王考——〈尚书·周书〉与〈逸周书〉新探》，《两周史论》，北京图书馆出版社 2006 年版；王向辉：《清华简〈皇门〉篇主旨新读》，《宝鸡文理学院学报》（社会科学版）2012 年第 5 期。

⑧ 朱凤瀚：《读清华简〈皇门〉》，清华大学出土文献研究与保护中心编：《清华简研究》（第一辑），中西书局 2012 年版，第 184—204 页。

门》作于成王即政元年。其实这是没有科学依据的。因为"是岁十二月戊辰晦，周公以反政"，源自《汉书·律历志下》所载刘歆的《世经》，《尚书》孔传同其说，只能说明这个"孔安国传"是出自刘歆之后的伪作，却不能证明"十二月戊辰晦"是由来有自的真实记载。刘歆《世经》推定武王克商在公元前 1122 年，所用历谱为三统历，但三统历先天三日，与实际天象并不相合①。按照刘歆的推算，《洛诰》所记周公摄政七年应为公元前 1109 年，查张培瑜《中国先秦史年表》，该年周正十二月癸酉朔，当月无戊辰；闰十三月癸卯朔，戊辰为二十六日，亦非晦日②。由此下推庚午则不在次年，而是在当月二十八日。可见"庚午"与"戊辰"虽然可以衔接，但并非上年岁末与次年岁初的历日，所以不能用来推考《皇门》的制作年代。

在简文中，以"公若曰"领起全篇诰辞，今本《皇门》与此对应的只有一个"曰"字，但联系前句"周公格左闳门会群门"，知此"曰"者为周公。论者以为，《皇门》篇中周公这次训诰没有用"王若曰"，表明周公时已致政，不再借用王命。这也是有问题的。实际上，周公致政后的诰辞史官有称"王若曰"或"王曰"者，如周公致政明年、成王即政元年所作《尚书·多士》篇是其例③，也有称"周公若曰"或"周公曰"者，见于《尚书·立政》《无逸》篇。在周公摄政期间，观《尚书·大诰》《康诰》《君奭》《洛诰》诸篇，情形亦复相同。这说明把"王若曰"或"周公若曰"作为区分周公是否致政的界标，并不是一条正确可行的路径。

与此相反，有证据表明《皇门》并非作于周公致政后的成王即政元年。《皇门》简文说："公格在者门"，明确交代了作诰地点。者门即是王宫路门（说详后），为天子内朝，是知周公此次作诰必在镐京而非成周。因为只有镐京才能在特定语境下代表"王所""王廷""王邦王家"。但是周公致政以后，主要留守成周，镇抚东土，此即《尚书·洛诰》所说"王命作册逸祝册，惟告周公其后"。因此，成王即政元年正月，周公还不可能立即返回宗周发布诰辞。

---

① 杜勇、沈长云：《金文断代方法探微》，人民出版社 2002 年版，第 170—171 页。
② 张培瑜：《中国先秦史历表》，齐鲁书社 1987 年版，第 34 页。
③ 杜勇：《〈尚书〉周初八诰研究》，中国社会科学出版社 1998 年版，第 72—89 页。

细绎《皇门》文意，还可以发现一个事实，那就是通篇不曾言及成王。这与周公致政后在周人内部所作诰辞，如《立政》《无逸》言必称成王大相异趣。如《立政》云："告嗣天子王矣"，"予旦已受人之徽言咸告孺子王矣"，"今文子文孙，孺子王矣"，"继自今后王立政，其惟克用常人"。《无逸》云："继自今嗣王，则其无淫于观、于逸、于游、于田，以万民惟正之供"，"嗣王其监于兹"。这些话语既是肯定和维护成王作为国家领袖的地位，也反映了周公尽心辅弼成王的情怀，与周公忠公为国、鞠躬尽瘁的境界相吻合。《皇门》通篇找不到成王的影子，与周公致政后的作诰风格不合，因而不能把它视作周公交代致政后事的诰辞。

2. 关于《皇门》作于周公摄政时期说

伏生《尚书大传》说，周公摄政，"一年救乱，二年伐殷，三年践奄，四年建侯卫，五年营成周，六年制作礼乐，七年致政成王"[1]。伏生把周公摄政七年的主要活动作了条陈，大体与事实相符。但在周公摄政七年期间，《皇门》具体作于何时，仍需探讨。

在周公摄政前三年中，国家的头等大事是稳定政局，东征平叛。武王病殁后，王室动荡，三监反叛，祸起东方，周王朝天下共主的地位岌岌可危。其时成王尚幼，周公苦撑危局，毅然发起东征平叛之役。《尚书·大诰》反映了这方面的史实。一则曰："不吊！天降割(害)于我家，不少延。"是说武王新丧，管蔡流言，武庚叛乱，连续给国家带来祸殃，不暇稍延。二则曰："有大艰于西土，西土人亦不静，越兹蠢。"是说周王朝面临极大艰险，作为根据地的西土也不安宁，有人乘机蠢蠢欲动，与反叛力量沆瀣一气。三则曰："肆朕诞以尔东征。天命不僭，卜陈惟若兹。"是说周公力排众议，决定兴兵东征。《大诰》大致作于周公摄政元年秋，是周公东征的战前动员令[2]。诰辞表明国家局势的危急，也体现了周公为巩固新建国家的坚强意志和不懈努力。如果《皇门》作于成王即位元年初或二年前后，《大诰》所体现出的

---

①《周礼·天官冢宰》疏引，阮元校刻：《十三经注疏》，中华书局 1980 年版，第639 页。

② 杜勇：《〈尚书〉周初八诰研究》，中国社会科学出版社 1998 年版，第 32—33 页。

艰难时局和周公坚定的平叛意志在《皇门》中亦当有所反映，然通观全文却看不到这方面的任何迹象。唯有"主舟"的譬喻与《大诰》所谓"若涉渊水，予惟往求朕攸济"略相近似。《皇门》简文说："既告汝元德之行，譬如主舟，辅余于险，临余于济。"细加分析，这两个譬喻仍有不同。周公东征前，面临涉其深渊的困境，迫切需要找到渡水亦即如何平叛的方法。待东征结束后，周公虽然仍需涉渊渡水，但此时的关键已不是方法问题，而在于如何凝聚人心，与周公这位舵手和衷共济，一起越过激流险滩，到达胜利的彼岸。从这里可以看出，把《皇门》作为周公摄政初年的诰辞即与文义不相切合。

《皇门》非成王嗣位元年所作，而作于周公摄取政后期的可能性比较大。

第一，从《皇门》制作背景看。简文说："朕寡邑小邦，蔑有耆耇虑事屏朕位，肆朕冲人非敢不用明刑，惟莫开余嘉德之说。"这里所说的"明刑"好像一个抽象的概念，所以整理者把它解释为"显明的刑罚"。然而，为什么周公不用显明的刑罚，难道只是因为无人用嘉德来开导他吗？仔细考量，感觉周公这番话不是泛泛之谈，实际指的是举兵平定三监之乱，在有些人看来属于"不用明刑"。《左传·定公四年》说："管蔡启商，惎间王室。王于是乎杀管叔而蔡蔡叔。"不用政治手段而是用武力来解决问题，似与"明刑"与"嘉德"的标准不相符合。早在三监之乱刚发生时，就有邦君御事对周公说："翼不可征，王害(何)不违卜。"①劝周公不要东征，形成一种对立的政见。周公东征平叛归来，驻师郊外，成王及一班大臣犹心存疑虑，致使周公迟迟不能返朝。可见，东征平叛实际并未得到王室上下的一致理解与支持，无怪乎周公有此"朕寡邑小邦，蔑有耆耇虑事屏朕位"的感慨。东征告一段落，并不代表周邦政权从此太平。按照武王生前的遗愿，营洛迁殷作为巩固周人统治的关键环节，连同其他政治制度建设，都还停留在计划的层面。这些工作当然离不开王室上下勠力同心，才能告成大功。所以周公召集群臣发表讲话，希望"大门宗子迩臣"以及"自釐臣至于有私分子"，能够荐贤建言，助其治国，共渡难关，把文武二王留下的基业传承下去。这说明把《皇门》之诰的发布背景确定在东征平叛之后，与诰辞内容适相一致。

---

① 《尚书·大诰》，阮元校刻：《十三经注疏》，中华书局1980年版，第198页。

第二，从《皇门》史鉴观念看。在周公的政治思想中，以史为鉴是一大特色。周公的多次讲话，每每谈及夏殷兴亡的历史教训，但不同场合所言夏殷史事又与诰辞的主旨密切相关。如《无逸》说殷王中宗、高宗、祖甲等人"不敢荒宁"，"能保惠于小民"，故其享国长久。之后的殷王"生则逸，不知稼穑之艰难，不闻小人之劳，惟耽乐之从"，故其国祚短暂。周公以此告诫成王不可贪图享乐，荒废政事。《召诰》讲有夏、有殷"惟其不敬厥德，乃早坠厥命"，希望成王"其疾敬德"，"祈天永命"。而《皇门》讲夏殷二国"大门宗子迩臣，懋扬嘉德，迄有宝，以助厥辟，勤恤王邦王家"，也是希望王室上下能够效法夏殷"大门宗子迩臣"，齐心协力，共建"王邦王家"的千秋大业。这也应是针对三监之乱有感而发的。在这次讲话中，周公还用了饶有趣味的譬喻，如梏夫、媚妻、媚夫、善夫、疑夫，涉及各色人等。其中关于媚夫的比喻尤具深意。简文说："媚夫有迩无远，乃弇盖善夫，善夫莫达在王所。乃惟有奉疑夫，是扬是绳，是以为上，是授司事师长。政用迷乱，狱用无成。小民用祷无用祀。天用弗保，媚夫先受殄罚，邦亦不宁。"这些譬喻恐怕也不是无的放矢，应该是借用另一种语言形式对周王朝新近事件的态度的委婉表达。文中的媚夫可能是指管、蔡等嫉妒周公掌握朝廷大权的那些人，他们暗中操纵国事，散布"公将不利于孺子"[1]的流言，里应外合，对善良正直之士加以排挤，对疑心重重只顾争名夺利的人笼络利用，结果使国家政治变得混乱不堪。管蔡等人虽然最后被诛，却给国家造成动荡不宁的后果。无论历史的经验还是现实的教训，都要求王室内部团结一致，共赴时艰，"多宪政命，用克和有成"[2]。这样的治国理念在周公平叛之后形成，才比较符合其思想发展的逻辑。

第三，从《皇门》所言臣工看。简文说："朕遗父兄眔朕荩臣，夫明尔德，以助余一人忧，毋惟尔身之懔，皆恤尔邦，假余宪。"在这里，周公将"父兄"与"荩臣"连言，均以臣工相视，与其执掌国家大权的地位是相符合的。其中，"父兄"并非泛称，父谓叔父，相应的兄即从兄。所谓"朕遗父兄"是指尚留人间或者说还健在的父兄。武王死后，周公同母所生的长兄

---

① 《尚书·金縢》，阮元校刻：《十三经注疏》，中华书局 1980 年版，第 197 页。

② 清华大学出土文献研究与保护中心编，李学勤主编：《清华大学藏战国竹简》（一），中西书局 2010 年版，第 164 页。

只有管叔一人。《孟子·公孙丑下》说:"周公,弟也。管叔,兄也。"《史记·管蔡世家》说到"武王同母兄弟十人",亦以管叔为周公之兄。周公摄政之初,管蔡即放出流言,诬蔑周公有篡权的野心,蓄意制造政治动乱。此时周公当然不会对管叔有所期待,也不会轻言包括管叔在内的"父兄",含糊自己的政治立场。所以《皇门》的制作只有在平定三监之乱后,才会殷殷切切期待健在的父兄,帮助他一道治理国家。因此,《皇门》的制作可以说是周公东征返朝后,将处理朝政的重点转向封藩建卫、制礼作乐、营洛迁殷等治国要务时发布的一篇重要诰辞。

二、《皇门》与西周门朝制度

与今传本一样,简本全篇并无"皇门"字样,实际有的只是"耆门"。整理者释"耆门"为库门,认为"库门是周制天子五门(皋、库、雉、应、路)的第二道门"①,"库门外皋门内为天子外朝"②。这就牵涉到西周门朝制度的有关问题,如天子宫门是五门还是三门,库门是天子宫门还是诸侯宫门,历史上都是颇有分歧的。如今我们结合古人未见的考古文物资料重新审视这些问题,希望对正确认识清华简耆门的性质有所助益。

(一)天子五门还是三门

在先秦文献中,不见天子五门的明确说法,即使带有理想化色彩的《周礼》亦未言及。最先提出此说的是东汉经学家,具体说来是先郑(司农)和后郑(玄)。由于郑玄遍注群经,学问甚大,在多种注疏中反复强调天子五门说,于是得到后世学者的普遍遵信,乃至明代宫殿建筑设计亦深受其影响。直到清朝乾隆年间,戴震始发异议,认为周制天子三门而非五门,继之焦循、金鹗等学者踵武相承,然未居主流。今天我们不抱任何成见再来考察这

---

① 李学勤:《清华简九篇综述》,《文物》2010年第5期。
② 清华大学出土文献研究与保护中心编,李学勤主编:《清华大学藏战国竹简》(一),中西书局2010年版,第165页。

个问题,只为进一步弄清历史真相。

《周礼·天官·阍人》说:"阍人掌守王宫之中门之禁。"郑玄注:

> 中门,于外内为中,若今宫阙门。郑司农曰:"王有五门,外曰皋门,二曰雉门,三曰库门,四曰应门,五曰路门。路门一曰毕门。"玄谓雉门,三门也。《春秋传》曰:"雉门灾及两观。"

二郑都认为天子有五门,只是对五门次第的认识略有差异。先郑以雉门为二门,郑玄谓为三门。郑玄引《春秋公羊传》定公二年之文言其理由,雉门为鲁国宫室的中门,因而天子五门其雉门亦当为中门,即第三门。何以知之雉门为鲁宫中门呢?郑玄在《周礼·秋官·朝士》注中又一次引及先郑天子五门说,并对雉门之为中门再次给予证明:

> 玄谓《明堂位》说鲁公宫曰"库门,天子皋门。雉门,天子应门。"言鲁用天子之礼,所名曰库门者,如天子皋门。所名曰雉门者,如天子应门。此名制二兼四,则鲁无皋门、应门矣。《檀弓》曰:"鲁庄公之丧,既葬,而绖不入库门。"言其除丧而反,由外来,是库门在雉门外必矣。如是,王五门,雉门为中门,雉门设两观,与今之宫门同。

郑玄引用《礼记·明堂位》《檀弓》篇,说明鲁公宫有库门、雉门,且库门在雉门之外,加之路门为各类宫室所共有,因而推断鲁公宫有库、雉、路三门,雉门为其中门。由于鲁用天子之礼乐,因而天子五门之中,雉门亦为中门。这就是郑玄改先郑二门(雉门)为三门的依据,从而形成有别于先郑的天子五门说。孙诒让认为,"今考天子五门之次,后郑此说确不可易"[1]。

其实,仔细分析郑玄的天子五门说,并未提供有效的证据。《明堂位》既然说鲁公宫的库门制如天子皋门,雉门制如天子应门,则意味着王宫无库门,亦无雉门,这是郑玄的天子五门说所面临的最大障碍。郑玄似乎意识到这个矛盾,于是便用"制二兼四"来弥缝其说。何谓"制二兼

---

[1] (清)孙诒让:《周礼正义》(二),中华书局1987年版,第542页。

四"？贾疏云：

> 后郑言此者，欲破先郑以天子雉门在库门外为之，若然，鲁作库门，名曰皋门，其制则与天子皋门同，是制一兼二，库门向外兼得皋门矣。鲁作雉门，名曰应门，其制与天子应门同，是亦制一兼二，则雉门向内，兼得应门矣。是鲁制二兼四之事。鲁之库门既向外兼皋门，鲁之雉门又向内兼应门，则天子库门在雉门外，何得库门倒在雉门内？此为一明。

这是说，鲁国虽用天子之礼，但仍不得立五门，于是比照天子皋门之制建立库门，比照天子应门之制建立雉门，使其一道门兼具两道门的功能，两道门则兼具天子四道门的功能，此即"制二兼四"。显而易见，这个解释是很牵强的。若名为此门，制同他门，则门与制相脱节，名与实相分离，既不合礼制，又不合逻辑，无法弥补天子五门说的罅漏。

检诸先秦文献，不仅没有周制天子五门之说，而且不见天子建有库门、雉门的可靠记载。故戴震说："天子之宫，有皋门，有应门，有路门，路门一曰虎门，一曰毕门。不闻天子库门、雉门也。"[1]略需说明的是《礼记·郊特牲》云："献命库门之内，戒百官也。"似乎说到王宫有库门。戴震认为，"此亦据鲁之事记者。以鲁用天子礼乐，故推鲁事合于天子，所称多附会失实"[2]。这个分析是可信的。一则，同是《礼记》，《明堂位》已言明"库门，天子皋门"，则天子有皋门必无库门，二者不可得兼。二则，《考工记》讲匠人营国，"左祖右社，面朝后市"，言及路门、应门者有之，却无一语涉及库门。三则，《尚书·顾命》（含《康王之诰》）记康王即位大典，涉及"南门""毕门""应门"，亦无只言片语提及库门。可见王宫无库门、雉门，并非虚言。

值得注意的是，戴震还提出了正确认识西周门朝制度的方法与路径。他说："天子、诸侯皆三朝，则天子、诸侯皆三门欤？……异其名，殊其

---

① （清）戴震：《三朝三门考》，《戴震集》，上海古籍出版社2009年版，第30—31页。

② （清）戴震：《三朝三门考》，《戴震集》，上海古籍出版社2009年版，第31页。

制，辨等威也。天子三朝，诸侯三朝，天子三门，诸侯三门，其数同，君国之事侔，体合也，朝与门无虚设也。"①戴氏强调朝与门相应，极具卓识。金鹗承其说云："然天子实亦三门，天子曰皋、应、路，诸侯曰库、雉、路。……又朝必有廷，所谓朝廷也。廷必有门以限之。"②也是说三朝中任何一朝，都有门与廷，在建筑上是一个整体。验之考古材料，这种堂、庭、门相统一的建筑早在商代就有了。如偃师商城第四号宫殿基址，整体东西全长 51 米，南北宽 32 米，占地面积约 1632 平方米。它以面南的正殿为主体，东、西、南三面均有庑。正殿与三面庑之间是庭院，正门设在南庑的中间部位，呈封闭式结构(图 6-1)③。

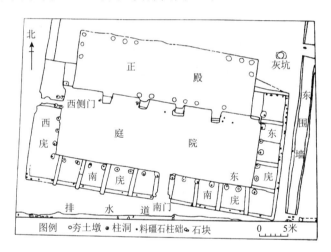

图 6-1　偃师商城四号宫殿基址发掘平面图

在周原遗址中，也发现同样的建筑基址。如凤雏的甲组大型建筑坐落在长方形的夯土台基上，南北长 45.2 米，东西宽 32.5 米，总面积约 1500 平方米。整个建筑坐北朝南，其形制以门道、前堂、后室为中轴，东西两侧配置

①（清）戴震：《三朝三门考》，《戴震集》，上海古籍出版社 2009 年版，第 30—31 页。
②（清）金鹗：《求古录礼说·诸侯外朝在库门外辨》，阮元、王先谦编：《清经解续编》（第三册），上海书店 1988 年版，第 279 页。
③ 杨锡璋、高炜主编，中国社会科学院考古研究所编著：《中国考古学》（夏商卷），中国社会科学出版社 2003 年版，第 211—212 页。

厢房，且以回廊相连，形成一个前后两进、东西对称的全封闭式院落。门道在南面中央，宽 3 米，深 6 米，两侧有东西门房(塾)。前堂是基址的主体建筑，比周围高出 0.3 米。堂前为中院(中廷)，北侧有三条斜坡状的阶道，可以升登前堂(图 6-2)[①]。

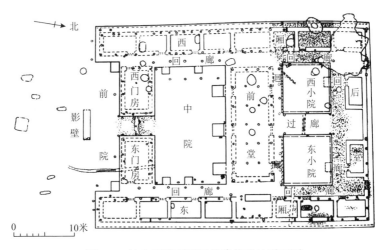

图 6-2　岐山凤雏西周甲组建筑基址平面图

　　这些考古材料表明，天子宫殿正如戴震、金鹗所说，是以朝为单元，同时具有门与廷的整体建筑，不能把门理解为仅是一道门墙，与朝堂、朝廷相分离，也不能把一朝看作两个朝门中间的建筑，如称库门外、皋门内为天子外朝之类。这是我们考察西周门朝制度的基本出发点。

　　天子三朝分为内朝、治朝与外朝，这是从无异议的。天子内朝，又称燕朝，与路门相对应。路门又称毕门、虎门。《尚书·顾命》孔疏：“云‘王出在应门之内’，出毕门始至应门之内，知毕门即是路寝之门。”《周礼·天官·阍人》贾疏：“言毕门者，从外而入路门为终毕。”古书也称路门为虎门。《周礼·地官·师氏》：“居虎门之左，司王朝。”郑玄注：“虎门，路寝门也。王日视朝于路寝，门外画虎焉，于守宜也。”路门所在的燕朝，主要是宗教性和礼仪性的，国君一般不在这里理政。《周礼·夏

　　① 张长寿、殷玮璋主编，中国社会科学院考古研究所编著：《中国考古学》(两周卷)，中国社会科学出版社 2004 年版，第 57—58 页。

官·太仆》云："王视燕朝，则正位，掌摈相。"郑玄注："燕朝，朝于路寝之庭。王图宗人之嘉事则燕朝。"路寝是国君的正式居室，内朝即在居室前面的庭院进行，是天子处理宗族事务或举行庆典的地方。据《尚书·顾命》载，康王的即位大典即在毕门（路门）内的路寝之庭举行。"二人雀弁执惠，立于毕门之内"，其两阶、东西两堂、东西两垂、侧阶，各设兵卫。"王麻冕黼裳，由宾阶隮（跻）"，卿士邦君各就其位。太保摄成王，为册命之主，太宗相之①，均由阼阶而上。太史则由宾阶上，面对太子钊宣布册命之书："命汝嗣训，临君周邦。"内朝除了举行各种礼仪活动，当不排除国君有时也用作议政之所。《礼记·玉藻》说诸侯从治朝"退适路寝听政"，大概属于这种情况。《左传·成公六年》载："公揖而入，献子从。公立于寝庭。"杜注："路寝之庭。"是说晋景公退朝返回路寝之庭，与韩献子复议迁都一事，亦为一例。

　　天子治朝，与之对应的理政场所是应门。《诗·大雅·绵》云："廼立皋门，皋门有伉。廼立应门，应门将将。"表明早在古公亶父时，周人迁居周原，所建宫室即有应门和皋门。《尔雅·释宫》："正门，谓之应门。"故治朝又称正朝。相对于外朝而言，燕朝与治朝又同称内朝。《礼记·玉藻》："（诸侯）朝服以日视于内朝。"郑玄注："此内朝，路寝门外之正朝也。"但治朝相对于燕朝来说，有时又称外朝。《国语·鲁语下》说："天子及诸侯合民事于外朝，合神事于内朝。"这里的内朝即指燕朝，外朝即指治朝。治朝位于路门之外，成为另一整体性建筑。《周礼·天官·大宰》："王视治朝，则赞听治。"郑玄注："治朝在路门外，群臣治事之朝。"《周礼·冬官·考工记》匠人职说："路门不容乘车之五个，应门二彻参个。内有九室，九嫔居之。外有九室，九卿朝焉。"都是说路门外的应门为治朝，是天子与贵族、大臣处理国家政务的地方。《尚书·顾命》对此有较为具体的描述："王出，在应门之内，太保率西方诸侯，入应门左，毕公率东方诸侯，入应门右。"相关礼仪结束后，康王发布诰辞说："庶邦侯、甸、男、卫，惟予一人钊报诰。"诰辞除了赞颂文王、武王的德业外，特别指出："今予

---

　　① 王国维：《〈周书·顾命〉考》，《观堂集林》（外二种），河北教育出版社 2001 年版，第 26 页。

一二伯父，尚胥暨顾，绥尔先公之臣服于先王。虽尔身在外，乃心罔不在王室，用奉恤厥若，无遗鞠子羞。"

天子外朝，相对应的建筑是皋门。《诗》云："皋门有伉"，"应门将将。"毛传："伉，高貌。王之正门曰应门。将将，严正也。"说明皋门雄伟，应门威严，其建筑风格各有不同。毛传把皋门说成郭门，则非正解。因为郭门与宫城相距甚远，并不构成一个整体性的建筑群，没有必要在诗中相提并论。郑玄笺云："诸侯之宫，外门曰皋门，朝门曰应门，内有路门。天子之宫，加以库、雉。"郑玄以皋门为宫门，比毛传有眼光，但所言库、雉二门实非天子之门。《左传·襄公十七年》说到宋国东城的"泽门"，或本作"皋门"，杜注为"南门"。日本竹添光鸿以为"古皋、泽字相同，诸侯本有皋门，宋亦然也。"[①]在这里，郑玄即以皋门、应门、路门为诸侯之宫的三门，又与他注《周礼》称库、雉、路为诸侯三门相违忤。至于说周人代殷而有天下，王宫增加库、雉而成五门，则文献无征。实际情况应该是，从周原建都伊始，到后来丰镐或洛邑营建宫城，周人就一直把三门三朝制延续了下来。《尚书·顾命》说：成王病殁，"太保命仲桓、南宫毛，俾爰齐侯吕伋以二干戈、虎贲百人，逆子钊于南门之外"。此"南门"应即皋门。因为成王驾崩，太子钊继承王位，当依仪式从宫外进入，以接受册命。这同《礼记·檀弓下》记鲁庄公死，闵公自外入宫，至库门易其丧服的情形相类。关于皋门所在的外朝，《周礼·秋官·小司寇》言其职能云："小司寇之职，掌外朝之政，以致万民而询焉。一曰询国危，二曰询国迁，三曰询立君。"刘家和先生曾举《左传》《尚书》中大量实例，说明"在非常时期，国君在外朝召集国人，征询意见，决定国家大计"，"外朝在某种程度上与希腊或罗马的公民大会有相似之处"[②]。这是很有见地的。《国语·晋语八》说："夫绛之富商，韦藩木楗以过于朝。"此处的"朝"指诸侯外朝之庭，说明外朝在平时可由民众出入其间，具有一定程度的开放性。

概言之，三朝与三门三廷相应，一门代表一组具有整体性的建筑。路门

---

① [日]竹光添鸿：《左氏会笺》（三），巴蜀书社 2008 年版，第 1320 页。

② 刘家和：《三朝制新探》，唐嘉弘主编：《先秦史论集》，中州古籍出版社 1989 年版，第 63—80 页。

即内朝，应门即治朝，皋门即外朝，从而形成周代王宫最基本的建筑格局。
"看来天子五门说是错误的"①，似无必要坚信不疑。

(二)金文"三门"非雉门

与西周门朝制度直接相关的金文资料，是小盂鼎、曶鼎说到的"三门"。它们所反映的情况与天子三门说是否相合呢？

先说曶鼎。曶鼎为懿王元年器，铭文所记主要为曶与限因人口交易、匡季抢夺曶禾而发生的讼事。彝铭第二节如下：

> 唯王四月既生霸辰在丁酉，井叔在异为[理]，[曶]使厥小子饙以限讼于井叔："我既赎汝五[夫]，[效]父用匹马束丝。限许曰：'氐则俾我偿马，效父则俾复厥丝。'氐、效父乃许。"饙曰："于王参门□□木榜，用踹，诞赎兹五夫用百锊。非出五夫则询。乃氐有询罙豑金。"井叔曰："在王廷乃赎用□，不逆，付曶，毋俾式于氐。"曶则拜稽首，受兹五[夫]，曰陪、曰恒、曰耕、曰豢、曰省，使寽以告氐。乃俾□曶酒及羊、兹三锊，用致兹人。曶乃每(诲)氐曰：汝其舍饙矢五秉，曰："式尚俾处厥邑，田厥田。"氐则俾复命曰："诺。"（《集成》2838）

关于本节铭文的释读，郭沫若②、陈梦家③、李学勤④多有歧见。细绎铭文，我们的看法也有不同，然不拟详加考订，仅略述其大意。本节铭文所记曶与限之间的讼事，曶、氐、效父为原告方，饙为诉讼代理人，限为被告方，井叔为执法大臣。讼案的起因是，曶要从限那里赎回原来大概隶属于氐的五个男子，代价是匹马束丝，由效父交付。限答应这件事，说让氐偿付给他一匹马，效父出一束丝。氐与效父表示同意。饙说，后来在王宫三门双方另签契约，还写在了木版上，由原来议定的匹马束丝，改为出资青铜百锊赎

① 刘家和：《三朝制新探》，唐嘉弘主编：《先秦史论集》，中州古籍出版社 1989 年版，第 63—80 页。

② 郭沫若：《两周金文辞大系图录考释》（七），科学出版社 1957 年版，第 97—100 页。

③ 陈梦家：《西周铜器断代》，中华书局 2004 年版，第 197—203 页。

④ 李学勤：《青铜器与古代史》，台北联经出版事业公司 2005 年版，第 374—388 页。

回这五个人。如果限违约不交出这五个人，瓺可以上告。所以现在瓺提起诉讼，要求交付这五人或退回青铜百锊。限的一方有无申辩，铭文没有记录。井叔所作的裁断是，既然在王廷订有契约，就不应违背，让限交出这五个人，不要使瓺产生其他想法。于是曶赎回了这五个人，派下属名寽的人把结果通知瓺①。瓺于是给曶送了酒、羊和三锊青铜，以表谢意，并接回这五个人。曶还让瓺付给矤五把箭，并使这五个人回到各自的居邑，耕种各自田地。瓺派人复命：一切照办。

在这场交易中，双方曾在"王廷"所在的"王三门"订立契约。陈梦家说：此三门当是小盂鼎的三门，"在王内朝"②。内朝一般指路门，有时可指应门。按照天子五门说，三门为雉门，不称内朝。依据天子三门说，三门为路门，适为内朝。曶之家族世司卜事，官职不算高，但很受周王器重。曶与限可能同为王室姬姓贵族，故可在路门一道参加有关宗族事务的仪典，并就双方人口交易在路寝之庭订立契约。当发生诉讼时，由身为执政大臣的姬姓贵族井叔来处理，也是为了调解宗族内部产生的纠纷。可见把这里的"三门"视作路门，与天子内朝的功能正相符合。若为雉门，则为治朝，曶作为司卜小吏恐无参与治朝议政的机会，不能与限在此订立有关交易的契约。

以路门释此曶鼎"王三门"似无窒碍，那么，小盂鼎涉及的"三门""南门"是否也可以用天子三门说加以解释呢？

小盂鼎铭文篇首说："唯八月既望辰在甲申，昧爽，三左三右多君入，服酒。明，王格周庙。"（《集成》2839）是说天未明将明之时，三左三右大臣及诸位臣工进入宗庙；天明之时，周王来到宗庙。这里需要探讨的问题是，周庙在宫中的具体位置。

《周礼·冬官·考工记》说："左祖右社，面朝后市。"郑玄注："王宫所居也。祖，宗庙。"但宫中宗庙社稷的位置所在，郑玄注《周礼·秋官·朝士》说："《郊特牲》讯绎于库门内，言远，当于庙门，庙在库门之

---

① 从文意看，"寽"在此处应为人名。姚孝遂说："邢叔就派寽去通知瓺"（姚孝遂：《〈曶鼎〉铭文研究》，《吉林大学社会科学学报》1962年第2期），今从之。

② 陈梦家：《西周铜器断代》，中华书局2004年版，第200页。

内，见于此矣。"在这里，孔子指责在库门绎祭有所失礼，最多也就是鲁国的情形，还不能据此得出郑玄所谓周天子宗庙社稷在"库门内、雉门外之左右"①的结论。早在郑玄之前，刘向《别录》即云："社稷宗庙在路寝之西。"又云"左明堂辟雍，右宗庙社稷"②。宗庙社稷本应左右分列，不可能俱在路寝之西，但刘向说宗庙与路寝为一整体性建筑却是正确的。清人戴震据《礼记》《左传》《穀梁》诸书否定郑玄之说，提出"宗庙作于路寝之东，社稷设坛墠于路寝之西，凡朝君臣咸立于庭"③。清金鹗以为"足正千古之谬"，更举五证以申明之。其中最有说服力的证据是：

> 《顾命》言康王即位于庙，当在既祔之后，上云"诸侯出庙门"，下云"王出在应门之内"，是庙在应门内可知。④

当然，可以作为证据的文献材料，除戴震、金鹗所论之外，实际还可以举出一些。如《诗·大雅·绵》云："乃召司空，乃召司徒，俾立室家；其绳则直，缩版以载，作庙翼翼。"《鲁颂·閟宫》云："路寝孔硕，新庙弈弈。"说明周人的寝宫与宗庙在兴建之初，就是结为一体的。这种习惯到春秋时期仍是如此。如《左传·襄公二十八年》载："尝于大公之庙，庆舍莅事……庆氏以其甲环公宫。"杜预注："庙在宫内。"又《左传·昭公十八年》载："子大叔之庙在道南，其寝在道北。"庙为南向，作为居室的寝既在其北，也就是寝在庙后了。西周金文中所见宫寝与庙、大室，大多数情况下都是不相分离的⑤。由此可以推定，周庙在王宫路门之内是符合事实的。

弄清了宗庙在王宫的位置，我们就可以进一步考察小盂鼎中"南门"和

---

① 《周礼·地官·小宗伯》注，阮元校刻：《十三经注疏》，中华书局 1980 年版，第766 页。

② 《周礼·冬官·考工记》匠人职疏引，阮元校刻：《十三经注疏》，中华书局 1980 年版，第 927 页。

③ （清）戴震：《考工记图》卷下，阮元、王先谦编：《清经解》（第三册），上海书店1988 年版，第 881 页。

④ （清）金鹗：《求古录礼说·庙在中门内说》，阮元、王先谦编：《清经解续编》（第三册），上海书店 1988 年版，第 255 页。

⑤ 杜勇、沈长云：《金文断代方法探微》，人民出版社 2002 年版，第 100 页。

"三门"的具体所指了。

小盂鼎铭接下来说:"盂以多旂佩鬼方……入南门。"报告两次对鬼方作战的斩获情况。这个南门与《顾命》中的南门其义相同,李学勤先生认为"应为王朝最外的门,文献称之为皋门"[①]。所言诚是。盂进入南门后,是在什么地方向周王报告情况呢?铭文说:盂"以兽(酋)进,即大廷",接着周王命荣开始审问鬼方敌酋,然后处斩。"大廷"一词见于商纣时的四祀邲其卣,文献作"大庭"见于《逸周书·大匡》。清陈逢衡说:"朝于大庭,询国危也。"[②]询国危是外朝的重要职能,当于天子皋门内进行,铭文言"入南门",即是进入外朝皋门,大廷位于皋门之内。清朱右曾认为,"大廷,外朝之廷,在库门内、雉门外"[③]。其言不确。铭文说周王到大廷,是从庙中事酒完毕,再率大臣来到外朝皋门听取战绩报告,审讯处斩敌酋。这些活动正适合在外朝皋门进行。

小盂鼎下面的铭文说:

> 王呼费伯令盂以人、职入门,献西旅,……入燎周庙。盂以…入三门,即立中廷,北向。盂告费伯,即位。费伯……于明伯、继伯、×伯告。咸,盂以诸侯罘侯、田(甸)、男……从盂征。既咸,宾即位,赞宾。王呼赞盂,以……进宾……大采,三周入服酒。王格庙,祝延□□□邦宾,丕裸……用牲禘周王、武王、成王。(《集成》2839)

本段铭文大意是说,在皋门处理完对敌酋的审判后,王让费伯传命,命盂带人、职入朝门,从西边的道路进献,参加在周庙举行的燎祭。盂随即进入三门,面北立于中廷。盂让费伯、明伯、继伯、×伯分别禀告战争的详细过程及有关情况,继之盂又将诸侯出兵征讨的事迹专门进行了报告。之后,周王请邦宾入位,向他们献酒,也向盂和他的部属费伯等人献酒。大采即上

---

① 李学勤:《小盂鼎与西周制度》,《历史研究》1987 年第 5 期。

② 黄怀信、张懋镕、田旭东撰,黄怀信修订,李学勤审定:《逸周书汇校集注》(修订本),上海古籍出版社 2007 年版,第 147 页。

③ 黄怀信、张懋镕、田旭东撰,黄怀信修订,李学勤审定:《逸周书汇校集注》(修订本),上海古籍出版社 2007 年版,第 147 页。

午八时左右，三周即致仕的国老进入周庙事酒，王到周庙，邦宾亦被引入，接着举行盛大的祼祭，并禘祭先王和武王、成王。

根据铭文的记述，可知周王命盂"以人、馘入门"也就是"入三门"，为的是"入燎周庙"。据此，这个"三门"只能是路门，因为前已言之，宗庙建在路寝门内，位于路寝之东。不入路门，别无宗庙，燎祭、祼祭、禘祭无从进行。可见郑玄以三门为雉门，并不准确。因为雉门只有东西两观，并无左祖右社，与此鼎铭记述的情况不合。《春秋·定公二年》："五月，壬辰，雉门及两观灾。天火曰灾。"杜注："雉门，公宫之南门。两观，阙也。"孔疏："是鲁之雉门，公宫南门之中门也。《释宫》云：'观谓之阙。'郭璞曰：'宫门双阙。'《周礼·大宰》：'正月之吉，县治象之法于象魏，使万民观治象。'郑众云：'象魏，阙也。'刘熙《释名》云：'阙在门两旁，中央阙然为道也。'然则其上县法象，其状魏魏然高大，谓之象魏；使人观之，谓之观也。是观与象魏、阙，一物而三名也。观与雉门俱灾，则两观在雉门之两旁矣。"这虽然说的是鲁公宫的情况，但王宫若有雉门，其制相同，亦必有两观，有两观则不可能在东西两侧再建宗庙社稷了。

这里，还要讨论一下《逸周书·世俘》中有关"南门"与"周庙"的关系问题。《世俘》虽为真周书，但错简较多，董理不易。兹引有关文句如下：

> 武王乃夹于南门用俘，皆施佩衣衣，先馘入。武王在祀，太师负商王纣悬首白旂、妻二首赤旂，乃以先馘入，燎于周庙。①

此记武王伐纣归来，"夹于南门用俘"，孔晁注："言陈列俘馘于宗庙南门，夹道以示众也。"顾颉刚也说："'先馘入'者，入周庙时，俘先馘后也。"②都把"南门"视作周庙之南门。陈梦家信从《世俘》及孔注，谓小盂鼎"以人、馘入门，献西旅，[以]□入燎周庙"，其西旅"当是大庙南门内

① 黄怀信、张懋镕、田旭东撰，黄怀信修订，李学勤审定：《逸周书汇校集注》（修订本），上海古籍出版社2007年版，第439—440页。
② 顾颉刚：《〈逸周书·世俘篇〉校注、写定与评论》，新建设编辑部编：《文史》第2辑，中华书局1963年版。

之地，在庙室之外，故继之以'入燎周庙'"①。他作周制门廷图即将周庙置于三朝之外、南门之内。这其实是个错觉。细析《世俘》，篇中所记武王"用俘"为一事，"在祀"为另一事。前者所谓"先馘入"是指俘虏先于馘耳而入，后者是说商纣及其二妻的首级先于馘耳而入，分明是两件事。但其文字不知有无错简，却很容易使人合为一事观之。把《世俘》篇中武王"南门用俘"与"燎于周庙"分作两件事，前者在外朝皋门（南门）内进行，后者在内朝路门（周庙）内进行，与小盂鼎所记献俘礼适相契合。

由此看来，曶鼎和小盂鼎中的"三门"当为路门，并非天子五门说认定的雉门。天子三门说可得金文资料的验证，极大地增加了它的可信度。

（三）竹书"耂门"即路门说

依周制天子三门说，三门为路门、应门、皋门，而库门是诸侯之宫路、雉、库三门的外门，当然与天子宫门不相瓜葛。那么，清华简《皇门》中的耂门若不释为库门，又该是天子三朝三门中的什么门呢？

清华简《皇门》篇首云："惟正［月］庚午，公格在耂门。"《逸周书·皇门》与此对应的文字是："维正月庚午，周公格左闳门。"《周书序》也说："周公会群臣于闳门。"晋孔晁《皇门》注："路寝左门曰闳门。闳，音皇也。"这样，耂门与闳门、皇门形成异文，其间是何关系，颇难理解。闳古音为匣母蒸部字，皇为匣母阳部字，二者在音韵上相去较远，孔晁却说二者音同，是为一疑。《说文》："闳，巷门也。"周公何以在巷门发布诰辞，是为二疑。而简文耂字门从老古声，为见母鱼部字，与闳字音韵亦非近同，是为三疑。对于这些问题，清华简整理者未予恰当说明，即径释耂为库，以库门为天子五门的第二道门，自然还有讨论的余地。

按天子五门说，库门为天子外朝。外朝须有大廷，以适应大型集会的需要，即在非常时期召集国人询国危、询国迁、询立君，或如小盂鼎、《逸周书·世俘》所示，外朝也可作为王师凯旋举行献俘礼的场所。由于战争关系国家安危，于外朝举行献俘礼是合理的。但是，从清华简《皇门》内容看，周公诰辞既不像《尚书·盘庚》那样涉及平民大众，也看不到国家需要迁

---

① 陈梦家：《西周铜器断代》，中华书局2004年版，第108页。

都立君或面临危难的迹象，周公没有理由到外朝发布诰辞。

清华简《皇门》作为源自西周王室档案的历史文献，是周公东征返朝后，将处理朝政的重点转向封藩建卫、制礼作乐、营洛迁殷等治国要务时发布的一篇重要诰辞。诰辞表明，周公召集群臣发表讲话，主要希望"大门宗子迩臣"以及"自釐臣至于有私分子"，能够荐贤建言，助其治国，共渡难关，把文武二王留下的基业传承下去。简文说："朕遗父兄眔朕荩臣，夫明尔德，以助余一人忧，毋惟尔身之懔，皆恤尔邦，假余宪。"①此言"父兄"与"荩臣"，与所言大门宗子、有私分子、迩臣、釐臣相呼应，说明作诰的主要对象是身为朝臣的宗族成员，而非平民大众。虽然周公东征归来，国家还面临许多困难，但直接威胁周邦安危的三监之乱已经平定，当时所要解决的问题是采取措施，维护国家的长治久安。在这方面，周公没有必要召集民众，到外朝发表一通征询意见的讲话。因此，把著门释作库门以外朝论之，与竹书《皇门》作诰的对象与内容实相抵牾，看不出应有的合理性。

那么，著门到底是什么门呢？笔者认为，解决这个问题的途径还是要回到孔晁的古注上来。孔晁说"路寝左门曰闳门"，这话不一定全对，路寝之门即路门，是指一整体性建筑，有其门是肯定的，却未必分立左右之门，或左、中、右三门。但孔氏把闳门释作路门却是可取的。也就是说，简文中的"著"可读为"路"，著门就是路门。已有学者指出：路古音为来母铎部，字本从各声，当有见母一读，因此见母铎部的著可读为路。路门又称虎门，虎为晓母鱼部，与见母鱼部的著关系更为密切②。

把著门释作路门，不仅与《皇门》周公在内朝作诰的内容相吻合，而且同样可以说明本篇又称《皇门》的来由。一方面，来母铎部的"路"可与匣母阳部的"皇"在音韵上形成对转关系；另一方面，路与皇其义亦通。《尔雅·释诂一》："路，大也。"《诗·大雅·生民》："实覃实訏，厥声载路。"毛传："路，大也。"《史记·孝武本纪》："路弓乘矢。"《集解》引韦昭

① 清华大学出土文献研究与保护中心编，李学勤主编：《清华大学藏战国竹简》（一），中西书局 2010 年版，第 165 页。

② 王志平：《清华简〈皇门〉异文与周代的朝仪制度》，清华大学出土文献研究与保护中心编：《清华简研究》（第一辑），中西书局 2012 年版，第 205—210 页。

曰："路，大也。四矢为乘。"说明《周礼·天官·阍人》贾疏："言路门者，路，大也。人君所居皆曰路，以大为名。"当非凭空之论。而皇有大义，文献有征。《说文》："皇，大也。"《尚书·洪范》："建用皇极。"伪孔传："皇，大。极，中。凡立事当用大中之道。"《文选·东京赋》："纡皇组，要干将"，李善注："皇，大也。"① 由于"路"与"皇"音义俱通，故"路门"又称"皇门"，是再也正常不过的事情。

　　然而，为什么"路门"还可以称作"闳门"呢？闳古音为匣母蒸部字，路则为来母铎部字，二者在音韵上不相近同，通常并不具备通假的条件。近有学者研究指出，弓、厷等声字在《诗经》押韵中还是蒸部字，但是到了战国时期，开始发生条件音变，产生了阳部字的异读②。闳字既然有匣母阳部的异读，则与皇字同其音韵，自然同皇字一样也可与来母铎部的路字相通假了。此外，闳字除有"巷门"之义外，本身通"宏"，也有"大"的意思。《正字通·门部》："闳，大也，宽广也。与宏通。"《韩非子·难言》："闳大广博，妙远不测。"陈奇猷集释："《意林》引闳作宏。"③《文选·上林赋》："布濩闳泽，延曼太原"，李善注："闳，大也。"④《礼记·月令》："食黍与彘，其器闳以奄。"孙希旦集解："器闳以奄，谓其中宏大，其口撗小，象冬气之收敛而藏物于内也。"⑤ 表明闳与路在音义上也是相通的。凡此表明，清华简《皇门》中的"者"，本字为"路"，一借为"者"，再借为"闳"，三借为"皇"，于是周公诰辞本作于路门，但在文献流传中却出现了借其音义的者门、闳门、皇门等异文。

　　从上面的分析看，周制天子五门说虽然流行近两千年，实则缺乏根据，不可盲从。相反，天子三门说不仅有充分的文献材料支持，而且与考古资料、铜器铭文、战国楚简所反映的情况密相吻合，值得信从。准此，把清华

　　①（梁）萧统编，（唐）李善注：《文选》，中华书局 1977 年版，第 57 页。

　　②王志平：《清华简〈皇门〉异文及相关问题》，中国社会科学院语言研究所《历史语言学研究》编辑部编：《历史语言学研究》（第五辑），商务印书馆 2012 年版，第 68—77 页。

　　③陈奇猷校注：《韩非子集释》（上），上海人民出版社 1974 年版，第 49—52 页。

　　④（梁）萧统编，（唐）李善注：《文选》，中华书局 1977 年版，第 125 页。

　　⑤（清）孙希旦撰，沈啸寰、王星贤点校：《礼记集解》，中华书局 1989 年版，第 486—487 页。

简《皇门》中的耆门释作路门，比释作库门更为有据，更为近真，更能反映历史的本相。

三、从《皇门》看周公的政治地位

《皇门》既然作于周公摄政后期，也就成为考察周公当时所处政治地位的重要资料。这牵涉学术界的一个老话题，即周公是否摄政称王。过去笔者对此有过专门探讨①，赞同周公摄政称王的看法迄今未改变，今据《皇门》再作补充说明。

（一）关于周公称"朕冲人""余一人"的问题

《皇门》简文说："肆朕冲人非敢不用明刑，惟莫开余嘉德之说。"前句"朕冲人"与后句的"余"相对举，明确显示"朕冲人"即指周公本人。在《尚书·大诰》所载周公诰辞中，也有"我幼冲人""予冲人"这样的用语。汉唐学者对"冲人"常以"童人""稚人"作解，并据今本《金縢》成王自称"予冲人"，类推《大诰》"余冲人"诸语亦为成王自称。清人江声反对这种意见，提出一个折中的办法，说是"周公我成王"②（即周公称成王）。如今《皇门》简出，知非稚子而年如周公者同样可以自称"朕冲人"或"予冲人"，表明这种用语"并不具有实际的年龄界限，不过是当时的统治者的自谦之词罢了"③。

除了"朕冲人"外，《皇门》还涉及"余（予）一人"问题。简文说："朕遗父兄眔朕荩臣，夫明尔德，以助余一人忧，毋惟尔身之懔，皆卹尔邦，假余宪。"在这段话中，两次出现"尔"与"余"对言，且"助余一人忧"与"假余宪"前后呼应，语言结构完全相同。是知"余一人"与"余"语义无

---

①　杜勇：《〈尚书〉周初八诰研究》，中国社会科学出版社1998年版，第8—33页。

②　（清）江声：《尚书集注音疏》卷六《大诰》，《皇清经解》本。

③　杜勇：《〈尚书〉周初八诰研究》，中国社会科学出版社1998年版，第30页。

别，都是周公自称，并非"指成王而言"①。

胡厚宣先生对"余一人"问题作过系统探讨，结论是"从商汤、盘庚、武丁以迄周之列王，只有天子才可以称余一人"，又说"周公摄成王政，称余一人"②。实际这一看法早在汉代就有学者进行过理论概括，如班固《白虎通·号》篇说："王者自谓一人者，谦也。欲言己材能当一人耳。故《论语》曰：'百姓有过，在予一人。'臣下谓之一人何？亦所以尊王者也。以天下之大，四海之内，所共尊者一人耳。"③按照《白虎通》的说法，"予一人"有自称、他称之别，但都是王者的称呼。关于王者自称"余（予）一人"，胡厚宣先生举出许多甲骨金文和文献材料来证明④，说服力很强。但对于今本《尚书·金縢》载周公曰："体，王其罔害。予小子新命于三王，惟永终是图。兹攸俟，能念予一人。"也说成是武王称"余一人"的例子，就可能有问题了。这段话不见于新发现的清华简《金縢》，《史记·鲁周公世家》则是作为周公对武王的贺词录入的。由于当时武王尚在，还不到"周公摄成王政"的时候，故《金縢》伪孔传、孔疏均以为这是周公称"我天子"，清人孙星衍更是力主此说⑤。然细味原文，正如顾颉刚、刘起釪所说："这句明明是周公讲的，用了'余'字，说指武王是不可通的，应当是周公自称。"⑥但是，周公此时未居天子之位，他为何自称"余一人"？顾、刘二氏未作解释。此外，还有一个类似的例子，那就是周公致政成王后所作《多士》诰辞也自称"我一人"和"予一人"。其时成王已经亲政，周公退居臣列，按说周公口中不该再出现只有天子才可以使用的"余一人"这种称呼，可篇中一则曰："猷告尔多士，予惟时其迁居西尔。非我一人奉德不康宁，时惟天命。"再则曰："予一人惟听用德，肆予敢求尔于天邑商。"为什么会发生这种情况呢？

① 王连龙：《〈逸周书〉研究》，社会科学文献出版社 2010 年版，第 163 页。
② 胡厚宣：《释"余一人"》，《历史研究》1957 年第 1 期。
③ （清）陈立：《白虎通疏证》，中华书局 1994 年版，第 47 页。
④ 胡厚宣：《重论"余一人"问题》，四川大学历史系古文字研究室编：《古文字研究》第六辑，中华书局 1981 年版，第 15—33 页。
⑤ （清）孙星衍：《尚书今古文注疏》，中华书局 1986 年版，第 329 页。
⑥ 顾颉刚、刘起釪：《尚书校释译论》（第三册），中华书局 2005 年版，第 1234 页。

个中缘由，应与周公特殊的政治身份有关。其一，如果不是武王死后成王年幼嗣位，无力应对复杂的政治局面，周公不得已摄政称王，作为天子专称的"余一人"就不会出现在《尚书·康诰》《酒诰》《皇门》等周公诰辞中。假设周公讲话实际并未使用这种用语，而是史官误加的，那也不会误加在一个不曾具有相应政治身份的人身上。其二，在周公致政后所作《多士》诰辞中，之所以还见到他自称"余一人"，亦是因为周公曾经摄政称王，以致形成一种特有的威望或惯性沿用了此一称呼，并得到史臣认同而录入诰辞之中。至于伪孔传把这里的"我一人"解释为"我天子"，不过是与文义相悖的迂曲之说，不足为训。其三，《金縢》为后世编成的记事之文，并非实录。篇中周公自称"予一人"，应为编者根据周公曾摄天子事可用"予一人"的称呼，因而虚拟的周公用语，并不代表武王时周公就开始僭用天子的专称。

(二)关于《皇门》称"公若曰"的问题

清华简《皇门》称"公若曰"，传世文献未见这种词例，极有可能是竹书失其"周"字。在甲骨金文或文献材料中，称"某若曰"固然以王者居多，但王室高级贵族亦可使用。如西周金文中的"叔氏若曰"（逆钟乙，《集成》61）、"伯龢父若曰"（师毁簋，《集成》4311），文献则有"微子若曰""父师若曰"①"芮伯若曰"②，均为其证。但具体到周公其人，情形便有些复杂。上文说过，周公摄政期间和致政之后，史官对其诰辞既有称"王若曰"者，也有称"周公若曰"者。那么，为什么同一个人讲话，史官会有两种不同的称谓？参照前述周公称"余一人"的事实，应该说道理是一样的，那就是因为周公曾经有过摄政称王的政治经历。

不过有必要指出，周公摄政称王并非废除小子诵已经继承的王位，而是以摄王即代理国王的身份执掌国家大权。《左传·隐公元年》："不书即位，摄也。"杜注："假摄君政。不修即位之礼，故史不书于册。"摄即代理、兼理之意。所谓摄政当然摄的是王政，故周公做了实际上的天子，成王只是名义上

---

① 《尚书·微子》，阮元校刻：《十三经注疏》，中华书局 1980 年版，第 177 页。

② 黄怀信、张懋镕、田旭东撰，黄怀信修订，李学勤审定：《逸周书汇校集注》（修订本），上海古籍出版社 2007 年版，第 998 页。

的天子。由于名与实的分离，于是出现二头政长的局面。就正式的继统来说，成王是真正的王。《逸周书·武儆》说："(武王)命诏周公旦立后嗣，属小子诵。"《史记·周本纪》说："(武王)后而崩，太子诵代立，是为成王。"《召诰》谓"有王虽小，元子哉"，《洛诰》亦称"王肇称殷礼，祀于新邑"，都说明周公致政之前成王一直未去王位，只是不曾亲政而已。史墙盘、逨盘等铜器铭文历数周王而不言及周公，都是从成王的正统地位着眼的。但由于"成王犹幼在位"①，缺乏治国理政的经验和才干，非由周公摄政称王不足以应对接叠而来的内忧外患。因此，史官对周公摄政时或致政后的诰辞尊称"周公若曰"可，就其实际政治地位称"王若曰"亦可。《尚书·大诰》孔颖达疏云："惟名与器不可假人，周公自称为王，则是不为臣矣，大圣作则，岂为是乎？"这是在专制主义思想笼罩下泥于君臣名分的迂腐之见，不足以说明周初政局的复杂性。由于"古时天泽之分未严，诸侯在其国自有称王之俗"②，如西周中晚期金文中的夨王、吕王、丰王、昆疟王均其例，至于"共伯和干王位"③更是人所共知，故周公代为国家元首并不是一件不可思议的事情。

(三)关于《皇门》通篇不言成王的问题

说《皇门》通篇不曾言及成王，或许会产生疑问。《皇门》简文云："我王访良言，于是人斯乃非休德以应。"句中的"我王"很容易被理解为周公称成王，实际上并非如此。今本与此对应的文字为："王阜良乃惟不顺之言，于是人斯乃非维直以应。"④其文句已发生严重错乱，但"王"前无"我"字，应可证明简文的"我"字当为衍文。因为本段承上文"厥后嗣立王"而来，"王"仍是指的夏商二国末代君王，而不是"我王"即周公当政时的周成王。后文"敬哉，监于兹"，同样是说要以夏商二国末世君王为鉴

---

① 清华大学出土文献研究与保护中心编，李学勤主编：《清华大学藏战国竹简》(一)，中西书局 2010 年版，第 158 页。

② 王国维：《观堂集林》(外二种)，河北教育出版社 2001 年版，第 779 页。

③ 方诗铭、王修龄：《古本竹书纪年辑证》(修订本)，上海古籍出版社 2005 年版，第 58 页。

④ 黄怀信、张懋镕、田旭东撰，黄怀信修订，李学勤审定：《逸周书汇校集注》(修订本)，上海古籍出版社 2007 年版，第 553 页。

戒，谨慎治理国家。所以中间穿插一段周初"我王"之事是不符合逻辑的。此时周公告诫朝中臣工不曾提及成王，并非权柄在握表现出对成王的无视，或因成王对东征的疑虑犹心存芥蒂，而是因为成王年幼尚无管理国家的政治能力，一切非由周公主政不可。

但从《尚书·金縢》看，成王似乎又是一位已经成熟的小政治家。当他获知周公曾有代武王死的祝书，不禁泣下，说："昔公勤劳王家，惟余冲人亦弗及知。今皇天动威，以章公德，惟余冲人其亲逆公，我邦家礼亦宜之。"①成王诵表现出来的这些言行，给人的印象似乎是无可置疑的国家领袖，所以周公是否具有忠心、是否建功立业都由他最后评判。然《金縢》为后出之文，编者采集各种传闻，有可能把当时包括太公、召公在内的朝中大臣的主流意见借成王之口说出，以维护天子的权威。这虽然只是一种推测，但与成王年幼在位的政治背景相合。因此，《金縢》篇有关内容还不能对成王继位即已亲政的观点形成支持。

与《金縢》相似的还有清华简《系年》，记载了成王亲征商邑之事。《系年》第三章说："周武王既克殷，乃设三监于殷。武王陟，商邑兴反，杀三监而立彔子耿。成王屎（粍）伐商邑，杀彔子耿。飞廉东逃于商盖氏，成王伐商盖，杀飞廉。"②这段记载颇多疑窦，既言武王死后"杀三监而立彔子耿"，当为成王时事，又说"成王粍伐商邑杀彔子耿"，亦为成王时事，同时一立一杀，前后矛盾，表明《系年》所述史事未必全可信据。楚地发现的《春秋事语》也有这种情况③。这些暂且不去管它，只说成王伐商邑，似不可视作成王亲征，否则《金縢》载周公东征归来，成王何以启金縢之柜，布周公之书，行郊迎之礼呢？可见"成王"一词宜乎作为时间符号来对待，尚不能由此得出成王与周公一道东征的结论。小臣单觯说："王后屋克商，在成师，周公锡小臣单贝十朋，用作宝尊彝。"（《集成》

---

① 清华大学出土文献研究与保护中心编，李学勤主编：《清华大学藏战国竹简》（一），中西书局 2010 年版，第 158 页。

② 清华大学出土文献研究与保护中心编，李学勤主编：《清华大学藏战国竹简》（二），中西书局 2011 年版，第 141 页。

③ 杜勇：《论〈春秋事语〉与〈左传〉的关系》，孟世凯主编：《赵光贤先生百年诞辰纪念文集》，中国社会科学出版社 2010 年版，第 440—451 页。

6512)这里的"王"也是成王,不过同样是一个时间概念,是说成王时第二次克商。清华简《系年》第四章说:"周成王、周公既迁殷民于洛邑,乃追念夏商之亡由,旁设出宗子,以作周厚屏,乃先建卫叔封于康丘,以侯殷之余民。卫人自康丘迁于淇卫。"①此与康侯簋所说"王剌伐商邑,诞令康侯鄙于卫"(《集成》4059)略同,仍是以成王交代分封卫国的时代背景,并不意味着《左传·定公四年》谓"周公相王室",对康叔"命以《康诰》而封于殷墟"有何不实。一句话,说周成王嗣位即已亲政,还曾偕同周公东征都未必合乎事实,以此否认周公摄政称王并不具备足够的说服力。

综上所述,《皇门》是一篇以西周原始档案为蓝本,在春秋时期略有加工润色的历史文献。其文本大体相沿王室档案的旧貌,但也有少量东周文字的嵌入。就其原初文献而言,《皇门》的制作可能是周公东征返朝后,将其处理朝政的重点转向封藩建卫、制礼作乐、营洛迁殷过程中发布的一篇重要诰辞。诰辞所涉皆门实即内朝所在的路门,又称闳门、皇门。周公在此作诰,自称"余一人",史官以"(周)公若曰"等同"王若曰"领起全篇诰辞,诰辞始终不曾言及成王等事,都不同程度反映了周初复杂的政治背景卜周公摄政称王的史实。

---

① 清华大学出土文献研究与保护中心编,李学勤主编:《清华大学藏战国竹简》(二),中西书局 2011 年版,第 144 页。

第 七 章

清华简《祭公》与西周三公之制

　　清华简《祭公》篇题原作《祭公之顾命》①，是战国中晚期流传于楚地的写本，内容与今本《逸周书·祭公》基本一致，主要记载祭公谋父辞世前对周穆王及当朝三公的诫勉之词。在简本中，祭公所召"毕𫗴、井利、毛班"本为三公人名②，传世本却误作"毕桓于黎民般"③，致使后世训释离题万里，真义难明。清华简《祭公》的发现，不只使传世本这一讹误得以勘正，更重要的是文涉三公具体人物，为研究西周三公之制提供了崭新的线索，其意义远非其他异文可比。本章拟在论证清华简《祭公》制作年代的基础上，进而结合简文、金文与传世文献对西周三公之制进行深入考察，以期形成符合历史实际的新认识。

一、清华简《祭公》的制作年代

　　清华简《祭公》见存于今本《逸周书》，自然给竹书的整理与研究带来

---

　　① 清华大学出土文献研究与保护中心编，李学勤主编：《清华大学藏战国竹简》（一），中西书局 2010 年版，第 174—175 页。下引不另注，释文尽量用通行字。

　　② 沈建华：《清华楚简〈祭公之顾命〉中的三公与西周世卿制度》，《中华文史论丛》2010年第 4 期。

　　③ 黄怀信、张懋镕、田旭东撰，黄怀信修订，李学勤审定：《逸周书汇校集注》（修订本），上海古籍出版社 2007 年版，第 931 页。

莫大方便。但是，正因为《祭公》被收入《逸周书》，其史料价值又不免使人怀疑。《逸周书》编成后屡遭变故，今传本更是真赝相淆，纯杂不一。除少数篇章可能是西周文献并具有一定史料价值外，大多数"文体与古书不类，似战国后人依仿为之者"①。因此，《祭公》篇的制作年代和史料价值如何，便成为首先需要讨论的问题。

相对于《逸周书》其他篇章来说，《祭公》的著作年代较少争议，差不多古今学者都认为是西周作品。如清人唐大沛说："史序穆王之辞俨是诏书一道，祭公稽首嘉之，宜哉！其序祭公顾命之辞，首言文、武之功德，愿王法文、武以守绪业，复以王所不足者切实戒之。其戒三公，凛然正色，以规其过。古大臣侃侃之风，裁千载犹可想见也。西周真古书渊懿质挚，必出于当时良史之笔。"②这是说《祭公》是出自西周良史手笔的真古文，渊懿可信。李学勤先生曾利用金文资料对今本《祭公》加以研究，进一步肯定它"是真正的西周文字"③，"年代与恭王元年的师询簋应该非常接近"④。也有学者从语法、语音、修辞等方面加以考察，肯定今本《祭公》篇为西周文献⑤。

清华简《祭公》的发现，为我们研究它的著作年代提供了更好的条件。清华简既为战国中后期之物，《祭公》篇必在此前即已流传。郭店简、上博简与清华简约略同时，所见《缁衣》已引及《祭公之顾命》（今本《缁衣》误作《叶公之顾命》），说明《祭公》成篇必在《缁衣》制作之前。关于《缁衣》的作者，传统上有子思子或公孙尼子两种说法，但篇中内容来源于"子曰"，意味着孔子见到过《祭公》篇。即使这个"子曰"不一定是孔子的真实言论，而是子思子或公孙尼子的传述发挥，也说明《祭公》篇在孔子前

① （宋）陈振孙：《直斋书录解题》，上海古籍出版社1987年版，第28页。
② 黄怀信、张懋镕、田旭东撰，黄怀信修订，李学勤审定：《逸周书汇校集注》（修订本），上海古籍出版社2007年版，第924页。
③ 李学勤：《祭公谋父及其德论》，《古文献丛论》，上海远东出版社1996年版，第96—102页。
④ 李学勤：《师询簋与〈祭公〉》，《中国古代文明研究》，华东师范大学出版社2005年版，第51—53页。
⑤ 周玉秀：《〈逸周书〉的语言特征及其文献价值》，中华书局2005年版，第271—272页。

后已广为流传。这样，《祭公》的制作就只有两种可能性，或作于春秋时代，或作于西周中晚期。在这个问题上，李学勤先生新近发表《清华简〈祭公〉与师询簋铭》一文，依据简本列出八点与传世本及相关金文对比，认为"清华简本《祭公》比传世本更在文句上近似师询簋，证实该篇的可信"①。循着这样的思路，我们续加研究发现，清华简中有些文字仅见于西周金文，即使有的并见于《诗经》《尚书》《左传》《国语》，语义也有所不同。这就进一步证明《祭公》只能是西周文献，其制作年代不会晚至春秋时期。下面所举十个例证即可说明这个问题。

（1）《祭公》简文："克夹邵（绍）成康"，今本误作"克龛绍成康之业"。"夹绍"一词仅西周金文有见，如师询簋"用夹𨤲（绍）厥辟"（《集成》4342），禹鼎"克夹𨤲（绍）先王"（《集成》2833），逨盘"夹𨤲（绍）文王武王达殷"，"夹𨤲（绍）先王"②。"𨤲"即召，甲骨金文同构，与绍相通，义为辅助。《左传》《国语》不用"夹绍"而用"夹辅"，如"夹辅周室"③，"夹辅先王"④。

（2）《祭公》简文："塚（修）和周邦"。"修和"一词见于《尚书·君奭》："修和我有夏。"西周金文则作"𠖣龢"，如师询簋"𠖣龢于政"（《集成》4342），史墙盘"𠖣龢于政"（《集成》10175），逨盘"（𠖣）龢于政"⑤。"龢"同"和"。𠖣与戾通，《广雅·释诂一》："戾，善也。"是"𠖣"与"修"均有善、美之意，则"𠖣龢"与"修和"其义相近。从今本《祭公》称"执和周国"看，"执"也可能另有写本作"𠖣"，后因形近而讹为"执"（執）。然"修和"或"𠖣龢"均不见于《左传》《国语》等东周文献。

（3）《祭公》简文："惟时皇上帝"，今本作"维皇皇上帝"，衍一"皇"

---

① 李学勤：《清华简〈祭公〉与师询簋铭》，《初识清华简》，中西书局 2013 年版，第 135—139 页。

② 陕西省考古研究所、宝鸡市考古工作队、眉县文化馆：《陕西眉县杨家村西周青铜器窖藏》，《考古与文物》2003 年第 3 期。

③《左传·僖公四年》，阮元校刻：《十三经注疏》，中华书局 1980 年版，第 1792 页。

④《国语·鲁语上》，上海古籍出版社 1988 年版，第 160 页。

⑤ 陕西省考古研究所、宝鸡市考古工作队、眉县文化馆：《陕西眉县杨家村西周青铜器窖藏》，《考古与文物》2003 年第 3 期。

字。西周金文胡钟亦云"惟皇上帝"(《集成》260)，师询簋、胡簋则曰"皇帝"(《集成》4342、4317)。按"皇帝"指上帝，春秋金文不见。《尚书·吕刑》云："皇帝哀矜庶戮之不辜"，"皇帝清问下民。"《左传》《国语》称"上帝"而不言"皇帝"。

(4)《祭公》简文："求先王之共(恭)明德。"今本无此句。《尚书·君奭》云："嗣前人，恭明德。"西周金文仅叔向父禹簋云："肇帅型先文祖，共(恭)明德，秉威仪。"(《集成》4242)其他金文作"秉明德"。《左传》《国语》等东周文献则未见"恭明德"一语。

(5)《祭公》简文："朕之皇祖周文王、烈祖武王，宅下国，作陈周邦"，"作陈周邦"今本作"作陈周"。本句文例与大盂鼎"在武王嗣文作邦"(《集成》2837)相一致，关键词均为"文武作邦"。"作邦"一词，先秦文献甚为罕见，唯《诗·大雅·皇矣》"帝作邦作对"略相近似。

(6)《祭公》简文："其皆自时中乂(义)万邦"，今本略同。《尚书·洛诰》云："其自时中乂万邦，咸休。"周初何尊铭云："余其宅兹中国，自兹乂民。"(《集成》6014)其文例均相近似。简文"时中"的"中"，亦即何尊所谓"中国"，指以成周为中心的统治区。如《史记·周本纪》谓洛邑为"天下之中，四方入贡道里均"①。《左传》《国语》等东周文献则不见"乂万邦"之语。

(7)《祭公》简文："我亦不以我辟窞(陷)于难"。"陷于难"，西周金文作"陷于艰"，艰与难同义。如师询簋："弗以乃辟圅(陷)于艰。"(《集成》4342)毛公鼎："弗以乃辟圅(陷)于艰。"(《集成》2841)不娶簋："弗以我车圅(陷)于艰。"(《集成》4328)今本《祭公》"陷"作"险"，二字同在谈部，音近可通。《左传》《国语》等东周文献无"陷于艰"语，与之近似的只有成书较晚的《晏子春秋·内篇问上》云："不能与君陷于难。"

(8)《祭公》简文："訆(旻)天疾畏(威)。"今本作"昊天疾威"。西周金文师询簋："今日(旻)天疾兇(威)，降丧"(《集成》4342)毛公鼎："叹(旻)

---

① 《穆天子传》卷四称"自宗周瀍水以西"，知此"宗周"即成周(洛邑)，穆王曾以此作为统治中心，广事征伐和巡游。或因祭公之顾命在此相告，故有"自时中乂万邦"之语。若然，清华简《祭公》此处的"中"仍指洛邑而非中道。

天疾畏（威）。"（《集成》2841）按《诗·小雅·召旻》《雨无正》俱云："旻天疾威"。杨树达据此考证师询簋说："余疑铭文日字当读为旻，旻字从日文声，此省声存其形也。"①竹书《祭公》"旻"用假借字"訆"，是知今本作"昊"有误。

（9）《祭公》简文："保胥（乂）王家"今本同。大克鼎："諫（敕）辪（乂）王家。"（《集成》2836）毛公鼎："辪（乂）我邦我家。"（《集成》2841）叔向父禹簋："奠保我邦我家。"（《集成》4242）按"王家"一词今文《尚书》习见，如《君奭》"乂王家"，《康王之诰》"保乂王家"。"王家"有时指王室，有时则指王室的政治或经济实体。先秦文献除《逸周书·皇门》外，仅有《左传·昭公二十六年》一见："晋、郑咸黜不端，以绥定王家。"春秋时代王室衰微，诸侯力政，"王家"已不大被人提及了。

（10）《祭公》简文："毋以嬖士息（塞）大夫卿士。"郭店简、上博简《缁衣》引文略同，今本《祭公》作"无以嬖御士疾大夫卿士"。文献单称"卿士"或"大夫"者习见于《左传》《国语》，但"大夫卿士"连称则仅见于《尚书·牧誓》。西周金文言及"卿士"者有番生簋盖、伯公父簋（《集成》4326、4628），言及"大夫"者仅有大夫始鼎（《集成》2792），然此器或疑为伪。伯公父簋铭云："我用召（绍）卿事（士）辟王。"与简文强调卿士的重要地位相合。

以上所举各条简文，其用语或文例与西周金文颇相一致，且有的为东周文献所未见（1—8条），有的即使见于西周金文和东周文献（9—10条）也各有特点，非常鲜明地体现了作品的时代风格。只有制作年代相同的作品，才会留下相同的时代印记。这说明《祭公》篇不是后世托古之作，而是西周中晚期史官整理成篇的古文献，其真实性毋庸怀疑。

《祭公》在西周中晚期即已成篇，到春秋战国时期更有广泛流传。简本《祭公》是战国前期楚地的传习本，而传世本当是中原地区流传下来的，二者互有同异，均非《祭公》属笔成篇的初始本。在文献传流过程中，抄写本个别文字有所改动，出现不同于初始本的借音、借义或讹误等情况，这是不可避免的。但无论如何，清华简《祭公》与其初始面貌不会有太大的出入，这

---

① 杨树达：《积微居金文说》（增订本），中华书局1997年版，第59页。

就为我们的研究工作奠定了可靠的文献基础。而篇中有关三公人名的记载涉及西周政制的一大关节，尤其值得用心探究。

二、清华简中的三公

清华简《祭公》记祭公谋父身染沉疴，穆王前往探视，言必称"公"，或曰"祖祭公"，不仅满怀一种难以割舍的亲情，而且视为肱股，礼敬有加。穆王说："余畏天之作威，公其告我懿德。"这是穆王担心祭公的疾病无法痊愈，要他告以治国理政的美德作为遗言，指引国家健康发展。祭公应允穆王的请求，并召来毕𣄀、井利、毛班三位大臣，陈说自己的劝诫之辞。话语中，祭公三次以"天子，三公"连称，显见三公是天子臣僚中地位最高的辅弼大臣。简文对身为三公的毕𣄀、井利、毛班并不以"公"相称，而是直呼其名，说明三公可以使用多种称谓，未必不可须臾离其"公"字。同时，祭公还两次称"三公"，谓"皇天改大邦殷之命，惟周文王受之，惟武王大败之，成厥功"，勉励他们"事，求先王之恭明德；刑，四方克中尔罚"。观其辞气，"三公只是对三位大臣的合称"①，似乎祭公不在三公之列。但祭公言国事忧危萦怀，戒三公凛然正色，若无相当或更高的政治地位，即使年高德劭或为王室宗亲，如此话语仍有不宜。又若祭公时已致仕，且弥留病中，穆王还躬身问政，似亦不宜。在天子与三公之间别无其他政治环节的情况下，毕𣄀、井利、毛班已是三公，而本身以公相称的祭公谋父则不能说与三公之职无缘，更有可能位列三公之首。这样，当朝三公即有四人，与传统认为三公仅由三位大臣担任大相异趣。细考文献，四人并为三公的情况在西周并不鲜见。早在成康之际，朝廷就有四人同时称公，即《尚书·顾命》所言召公、毕公、毛公，《立政》又提及"司寇苏公"。周厉王时，文献记载同时称公的执政大臣亦有四人，即虢公长父、荣夷公、邵公、周公。《吕氏春秋·当染》说："周厉

---

① 李学勤：《清华简〈祭公〉与师询簋铭》，《初识清华简》，中西书局 2013 年版，第135—139 页。

王染于虢公长父、荣夷终。"虢公长父《墨子·所染》误作"厉公长父"，荣夷终就是《国语·周语上》所言"好专利"的荣夷公。而邵公谏厉王"弭谤"，彘之乱又匿太子靖于宫中，继与周公辅相王室。这些事实表明，三公之职当不以三人为限，故以祭公为穆王朝三公之一，应无违碍。过去由于材料限制，人们对三公之制的认识常常流于概念之争。如今清华简《祭公》言及三公具体人物，更有利于进行个案研究。这里先考察祭公、毕䣄、井利、毛班等人的姓氏、封地、职爵等情况。

（一）清华简中三公的姓氏

《左传·僖公二十四年》载富辰云："昔周公吊二叔之不咸，故封建亲戚以蕃屏周。管、蔡、郕、霍、鲁、卫、毛、聃、郜、雍、曹、滕、毕、原、酆、郇，文之昭也。邘、晋、应、韩，武之穆也。凡、蒋、邢、茅、胙、祭，周公之胤也。"这段话说到周初大分封，清华简中三公家族的封国尽在其中，其姓氏可由此寻绎。

祭国始封者为"周公之胤"，《汉书·王莽传》谓为"周公庶子"，自是姬姓无疑。因封于祭，后以国为氏，《春秋》《左传》所言"祭公""祭伯"者即是。第一代祭公历成、康、昭三世，死于昭王南征荆楚之役。《吕氏春秋·音初》说："周昭王亲将征荆，辛余靡长且多力，为王右。还反涉汉，梁败，王及蔡公抎(陨)于汉中。辛余靡振王北济，又反振蔡公。"这里说的"蔡公"即祭公，蔡与祭相通，是为祭国始封之君。祭公作为王朝卿士，得侍昭王左右，故辛余靡先救坠入汉水的昭王，次则返救祭公。然终因振救不及，殁于汉水。穆王时代的祭公谋父为第一代祭公之子。《祭公》载穆王曰"祖祭公"，孔晁云："祭公，周公之后，昭穆于穆王在祖列。"[1]是祭公谋父与康王同辈，其父则与成王同辈，适为周公之了了。

毕国始封者为"文之昭"，即文王庶子毕公高，当然也是姬姓。西周早期金文称"毕姬"(伯夏父鼎，《集成》2584)，与文献所言毕为姬姓相合。《史记·魏世家》说："魏之先，毕公高之后也。毕公高与周同姓。"司马迁

---

① 黄怀信、张懋镕、田旭东撰，黄怀信修订，李学勤审定：《逸周书汇校集注》(修订本)，上海古籍出版社2007年版，第924页。

不采《左传》文昭之说，仅称毕公"与周同姓"，当是出于对毕氏较他国先行衰微的误解。清华简中的毕𩰪，今本《祭公》作"毕桓"，文献仅此一见。清人于鬯指出，毕桓当为"毕公高之后"[①]，是正确的。《穆天子传》提到与穆王随行的一位高官毕矩，曾代表天子接受西膜国觐见的礼品。据同书所载，代表穆王从事此项邦交活动的祭公、井利、逢固等都是朝中重臣，则毕矩的政治地位应相仿佛，很可能就是穆王时三公之一的毕𩰪[②]，矩字或因传写致讹。

清华简中的"井利"，井即邢，亦为周公之后。西周早期邢侯簋说井侯"作周公彝"（《集成》4241），白狷父鬲称"白狷父作井姬、季姜尊鬲"（《集成》615），是邢为姬姓之证。《广韵》谓井为"姜子牙之后"[③]，未知所本。姜姓作为周人联姻之族，太公之后文献未见有人出任王朝卿士，是以井利为姜姓的可能性不大。

清华简中的毛班，为姬姓毛氏是无疑的。毛为文昭十六国之一，始封之君为毛叔郑。《逸周书·克殷》说："王入，即位于社太卒之左，群臣毕从。毛叔郑奉明水。"《史记·周本纪》《汉书·古今人表》并作"毛叔郑"，后者谓为"文王子"。《尚书·顾命》载成王辞世时，毛公为顾命大臣之一。这个毛公是毛叔郑还是叔郑之子，不可确知。《春秋》经传所见毛伯、毛伯卫、毛伯过、毛得，均为毛叔郑后裔，西周金文中的毛公、毛班、毛伯亦然。

清华简《祭公》所见祭公、毕𩰪、井利、毛班均为姬姓，分封后以国为氏。他们的始祖或为文王之子，或为周公之胤，都是王族贵胄，具有尊贵的血统，显赫的身世，崇高的社会地位，为其入仕朝廷职任三公、执掌国家大权奠定了坚固的政治基础。

(二)清华简中三公的封地

由于清华简中的三公即祭公、毕𩰪、井利、毛班均属以国为氏，故其

---

① 黄怀信、张懋镕、田旭东撰，黄怀信修订，李学勤审定：《逸周书汇校集注》（修订本），上海古籍出版社2007年版，第931页。

② 李学勤：《清华简九篇综述》，《文物》2010年第5期。

③ 周祖谟：《广韵校本》（上册），中华书局2004年版，第320页。

封地与所在国邑无异。考其地望，无一不在千里王畿之内。

祭之封地，历史上有长垣、管城、中牟三说，陈槃证以《穆天子传》卷五"祭父自圃郑来谒"[①]，谓穆王时祭公谋父已居郑州，非春秋时自长垣迁来；而管城、中牟本指一地，只因区划变迁致使地有分合[②]。近年考古发掘表明，祭国故城在今郑州市郑东新区祭城路(原金水区祭城镇)祭城村下，遗址虽遭破坏，但仍保留着几段夯土墙基。遗址内外，有西周、春秋时期的鬲、罐、豆陶器残片出土[③]。祭城的地望由此得到进一步确认。

毕之封地，古有渭北毕陌和渭南毕郢(或曰毕原)二说。毕陌说前人已辨其非。如《皇览》曰："秦武王冢在扶风安陵县西北，毕陌中大冢是也。人以为周文王冢，非也。周文王冢在杜中。"[④]《括地志》亦云："秦悼武王陵在雍州咸阳县西十里，俗名周武王陵，非也。"[⑤]至于毕郢或曰毕原，既是文王、武王、周公墓地所在，又是毕国封地，位于渭南即丰镐一带。《孟子·离娄下》说："文王生于岐周，卒于毕郢。"古本《竹书纪年》说："毕西于丰三十里。"[⑥]《史记·周本纪》说："所谓'周公葬于毕'，毕在镐东南杜中。"《左传·僖公二十四年》杜注："毕国在长安县西北。"《括地志》云："毕原在雍州万年县西南二十八里。"[⑦]其地均不出今陕西省西安市长安区。1992年，陕西长安县出土周宣王时器吴虎鼎，铭中记吴虎所受土地，"厥南疆毕人眔疆，厥西疆荛姜眔疆"(《新收》[⑧]709)，表明毕国位于丰京所在的丰镐一带是确然可信的。

邢初封于邢丘(今河南温县东南)，继迁于襄国(今河北邢台)，邢侯簋所

---

① 王贻梁、陈建敏：《穆天子传汇校集释》，华东师范大学出版社1994年版，第251页。

② 陈槃：《春秋大事表列国爵姓及存灭表撰异》(三订本)(上)，上海古籍出版社2009年版，第262页。

③ 马世之：《中原古国历史与文化》，大象出版社1998年版，第47页。

④《史记·秦本纪》集解引，中华书局1982年版，第210页。

⑤《史记·秦始皇本纪》正义引，中华书局1982年版，第289页。

⑥《汉书·楚元王传》注引，中华书局1962年版，第1953页。

⑦《史记·魏世家》正义引，中华书局1982年版，第1835页。

⑧ 钟柏生、陈昭容、黄铭崇，等编：《新收殷周青铜器铭文暨器影汇编》(简称《新收》)，台北艺文印书馆2006年版。

见邢侯即其始封之君①。陈槃认为，井利为"邢侯同族之仕于王朝者"②，但这个"同族"的说法似嫌笼统。在西周金文中，除有井侯外，还有井伯、井叔、井季等人。他们以井为氏，应为井侯支裔。徐中舒说："邢侯大宗出坯就封于邢，其次子当仍留居王朝，食采于畿内的井邑。"③其说甚是。邢侯为周公第四子，其大宗、小宗各有封土当晚于第一代邢侯，故畿内"井邦"的始封很可能在康王时代。据散氏盘铭文，散氏田界与井邑接壤。散氏盘出土于陕西凤翔，散伯车父鼎等器出土于陕西扶风，是知井邑与凤翔、扶风一带的散国地相邻近。井侯此一支裔受封于畿内，后来又发生分化，井伯氏为大宗，井叔、井季则别为小宗。

毛之封地，传注无考。明代王夫之《尚书稗疏》说："春秋犹有毛伯而随周东迁，非其旧地。安定有毛氏，则其国当在周京之西北也。"④清人顾栋高《春秋大事表》以为在今河南宜阳县境，未详所据。杨宽先生说："《路史》说毛伯簋是刘敞得于扶风，陈介祺《毛公鼎拓本题记》又谓毛公鼎是清代道光末年出土于岐山，可知毛国当在陕西省扶风和岐山之间，今定在岐山县东南。"⑤杨伯峻《春秋左传注》亦同此说。由于铜器是可以移动的，根据铜器出土地点来决定器主居邑所在不免带有或然性。但是，如果不止一器大致出于同一地域范围，则其可靠性就大为增加。故谓毛国始封于扶风、岐山一带应可信从。

上述井国、毛国的封邑大致在凤翔至扶风之间，这里即是古公亶父举族迁往的"周原"，为周人发祥地。毕国封邑所在的长安区地处丰镐一带，属于文王、武王东进开拓之土。相比之下，祭公的封邑位于今郑州市郑东新区，地略偏东，但仍在王畿之内。所谓王畿是宗周镐京和成周洛邑两个政治中心统辖的东西相连的行政区域，亦即《国语·周语中》所谓"规方千里以

<hr>

① 杜勇、沈长云：《金文断代方法探微》，人民出版社 2002 年版，第 119 页。

② 陈槃：《春秋大事表列国爵姓及存灭表撰异》（三订本）（上），上海古籍出版社 2009 年版，第 327 页。

③ 徐中舒：《〈禹鼎〉的年代及其相关问题》，《考古学报》1959 年第 3 期。

④ （明）王夫之：《尚书稗疏》卷四下《顾命》，《船山全书》（第二册），岳麓书社 1998 年版，第 209 页。

⑤ 杨宽：《西周列国考》，《杨宽古史论文选集》，上海人民出版社 2003 年版，第 161—244 页。

为甸服"。《逸周书·作雒》说："制郊甸方六百里，因西土方千里。"这里的"郊甸"和"西土"即指东西两都"方千里"的京畿地带。《汉书·地理志》也说："洛邑与宗周通封畿，东西长而南北短，短长相覆为千里。"千里王畿是周王朝君临天下的腹心地带，畿内诸侯与畿外诸侯一道受封，都具有"蕃屏"周室的政治作用。

(三)清华简中三公的职爵

1.祭公谋父的职爵

祭的爵秩，文献所称有伯、侯、公三种。《春秋·隐公元年》"祭伯来"，杜注："祭伯，诸侯为王卿士者。祭国，伯爵也。"《汉书·古今人表》称"祭侯"为周公之子，似为侯爵。《春秋·桓公八年》："祭公来"。同年《公羊传》云："祭公者何？天子之三公也。"《左传》杜注："祭公，诸侯为天子三公者。"这是说祭为公爵。单从这些记载看，确实给人爵无定称亦无高下之感。其实，细绎《春秋》《左传》之文，知祭为畿内诸侯，本为伯爵，入为王朝卿士，身任三公，则晋为公爵。但公爵并非世代相袭，只有畿内诸侯成为三公之后，始可以公相称。所谓"祭伯来"者，以其时任祭国之君，故以伯爵相称。所谓"祭公来"者，系"诸侯为天子三公"，担任前往纪国迎娶王后的使臣，故称以公爵。至于"祭侯"之称，是指广义上的诸侯，非谓爵称，此与称"周公八子，并为侯伯"[①]为例相同。

祭公谋父与其父亲一样，既是祭国之君，又入为王朝卿士。《穆天子传》卷五说"遣祭父如圃郑"，又说"天子西游，乃宿于祭"，"祭公饮天子酒"[②]，说明穆王西征道便，遂宿其国。途中又为天子占梦，侯赞盛姬丧礼，代表天子接受河宗栢夭与赤乌之人进献的礼品。特别是当许国之君前来觐见穆王时，"祭公以天子命曰：去兹羔，用玉帛见"，其权力地位显然在其他大臣之上。这与清华简《祭公》所见情形是一致的。

清华简《祭公》载祭公谋父自述："昔在先王，我亦不以我辟陷于难。"

①《三国志·魏书·武帝纪》裴松之注，中华书局1982年版，第41页。
②王贻梁、陈建敏：《穆天子传汇校集释》，华东师范大学出版社1994年版，第258、267页。

表明他在昭王时代即已入仕，身任要职。但祭公谋父在穆王前期应已辞世，这与其父享年较高有关。在此可以进行大致的推算。以"成康之际……刑错四十余年不用"①、"周昭五十九年……丧六师于汉"②、"穆王立五十五年"③等文献记载来考量，成、康、昭、穆四世积年当不少于 114 年。由于第一代祭公历仕成、康、昭三朝，假定成王元年他的年龄与同辈的成王相若，也是13 岁④，到昭王十九年崩逝时当有 72 岁。又假定祭公谋父小于其父 20 岁，到穆王二十七年(以此年为中界可将穆王统治划分为前后两个时期)则近 80岁的高龄了。若以夏商周断代工程所拟西周年表推算，祭公谋父到穆王二十七年则寿高 92 岁。祭公以耄耋之年还继续活跃于穆王后期，不时随王出游，恐非身体条件所允许。今本《竹书纪年》记祭公谋父薨于穆王二十一年，虽属推测，但在时间上大体接近。

2. 毕钜的职爵

毕之爵秩，文献无载。近出西周晚期的毕伯鼎铭云："毕伯克肇作朕丕显皇祖受命毕公彝彝。"⑤是毕伯克为其先祖毕公所作祭器。由自称"毕伯"可知其本爵为"伯"。又春秋晚期吕縲钟铭云："郘(吕)齹(縲)曰：余毕公之孙，吕伯之子。"(《集成》230)王国维据此考证说："郘即《春秋左氏传》晋吕甥之吕也。……吕甥既亡，地为魏氏所有。此郘伯、郘齹，皆魏氏也。《史记·魏世家》：'晋文公命魏武子治于魏，生悼子。悼子徙治霍，生魏绛。'……悼子徙霍，或治于吕，故遂以吕为氏。魏锜称吕锜，锜子魏相又称吕相，亦称吕宣子。皆其证也。……魏氏出于毕公，此器云'毕公之孙，郘伯之子'，其为吕锜后人所作，彰彰明矣。"⑥钟铭称吕锜为"吕伯"，并与"毕公"对言，也说明毕为伯爵。

---

① 《史记·周本纪》，中华书局 1982 年版，第 134 页。

② 方诗铭、王修龄：《古本竹书纪年辑证》(修订本)，上海古籍出版社 2005 年版，第 46 页。

③ 《史记·周本纪》，中华书局 1982 年版，第 140 页。

④ 杜勇：《〈尚书〉周初八诰研究》，中国社会科学出版社 1998 年版，第 17 页。

⑤ 陕西省考古研究院、渭南市文物保护考古研究所、韩城市文物旅游局：《陕西韩城梁带村墓地北区 2007 年发掘简报》，《文物》2010 年第 6 期。

⑥ 王国维：《观堂集林》卷十八《郘钟跋》，中华书局 1994 年版，第 891—894 页。

毕公高虽为毕国第一代封君，但并未就国治事，而是在朝廷担任执政大臣。至于《尚书·顾命》所说毕公"应是第二代毕公了"[①]。这位毕公与召公等人同为顾命大臣，排序却在召公、芮伯、彤伯之后，位列第四，显非武王伐纣时"释百姓之囚，表商容之闾"[②]的毕公。《尚书·康王之诰》说，"太保率西方诸侯入应门左，毕公率东方诸侯入应门右"，以朝见新王，毕公地位几与召公相若。孔颖达疏："太师毕公为东伯。"[③]此谓毕公官居太师，并无根据。《史记·周本纪》说："康王命作策毕公分居里，成周郊，作《毕命》。"这里的"作册"旧释为命作册书，郭沫若认为是一种职官："作策、作册，乃史职之通称……毕公即大史矣。"[④]康世史䚄簋说："王诰毕公，乃锡史䚄贝十朋。"（《集成》4030）从本铭文看，毕公之僚属有史，正好印证毕公为大史的说法。太史称"公"，亦有西周早期金文为证，公太史方鼎、作册魃卣均以"公太史"（《集成》2370、5432）见称，是"公"为爵称，"太史"为官名，即太史寮的长官。自康王之后，再也见不到有关毕公的金文。穆王朝的毕䢼，作为第三或第四代毕公，除了《祭公》篇亦不见载于其他文献。若按西周世官制原则推断，毕䢼的官职应以承继父祖太史之职的可能性为最大。

3. 井利的职爵

畿内井氏非井侯大宗，无由袭其侯爵。西周金文"井伯"屡见，为井侯小宗封于畿内而出任王官者，当以伯为本爵。金文又有井公，则为朝中执政大臣，尊享公爵。穆王时期的井利，身任天子三公，故《穆天子传》又称井公，今本《竹书纪年》亦称井公利。

虽然井利可称井公，但与金文中仅有一见的"井公"似非一人。据曶壶盖铭文，王册命曶任成周八师冢司徒，"井公入右曶"（《集成》9728）。郭沫若定此为孝王时器，认为"井公当即井叔"[⑤]。唐兰将曶壶盖铭中的井公

---

① 唐兰：《西周青铜器铭文分代史征》，中华书局1986年版，第166页。

② 《史记·周本纪》，中华书局1982年版，第126页。

③ 《尚书·康王之诰》，阮元校刻：《十三经注疏》，中华书局1980年版，第243页。

④ 郭沫若：《金文丛考》，人民出版社1954年版，第69页。

⑤ 郭沫若：《两周金文辞大系图录考释》（七），科学出版社1957年版，第101页。

与《穆天子传》中的井利视同一人，故定此为穆世之器，谓"井公似在穆王后期，井伯、井叔均其后"①。然细观曶壶盖，为椭方形，长椭口，捉手饰一道弦纹，盖沿饰窃曲纹，属于西周铜壶Ⅲ型 2 式②。此类铜壶年代多属西周晚期，曶壶也不会早至穆王时代。故曶鼎铭文中的井公与穆王时期的井利不能牵合为一。又有学者认为，"井利即穆公簋盖和师遽方彝的宰利"③，恐怕也有问题。从《穆天子传》看，井利除与穆王两次下六博棋外，另有三事可述：一是穆王西征途中，由井利代表天子接受鄑邦之君进献的豹皮、良马等礼品；二是穆王在河宗举行礼河之祭，命井利、梁固率领六师参加活动；三是穆王在出狩途中举行盛姬的丧礼，由井利主办所需器物财用。其中第三事即主办盛姬丧礼所需物品，与金文和《周礼·宰夫》所见宰的职掌略相吻合。如蔡簋铭云："王若曰：蔡，昔先王既命汝作宰，司王家，今余唯申就乃命，命汝眔曶缵胥对各，从司王家外内，毋敢有不闻。"（《集成》4340）又穆公簋盖铭说："（王）呼宰利赐穆公贝廿朋。"（《集成》4191）可见宰为宫内之官，主要料理王家内外事务，或奉命赐予大臣财物，其职司与天子三公不侔。即使井利主办过盛姬丧礼所需器物财用，最多不过是临时兼顾此项事务，所任未必宰职。所以宰利与井利虽然同名，仍不宜以一人视之。

从金文资料看，穆王时期井伯氏家族在朝中担任高级官员者，还有司马井伯親。他与井利是何种关系呢？親簋铭云：

> 唯廿又四年九月既望庚寅，王在周，格大室，即位，司工（空）遽入右親立中廷，北向。王呼作册尹册申命親曰："更（赓）乃祖服，作豕司马"……用作朕文祖幽伯宝簋。④

簋记载穆王二十四年，親被册命为豕司马。这个親，也就是师瘨簋盖铭中担任册命师瘨傧右的"司马井伯親"（《集成》4284）。近有学者认为井利

① 唐兰：《西周青铜器铭文分代史征》，中华书局 1986 年版，第 400 页。

② 张长寿、陈公柔、王世民：《西周青铜器分期断代研究》，文物出版社 1999 年版，第 138 页。

③ 李学勤：《清华简九篇综述》，《文物》2010 年第 5 期。

④ 《中国历史文物》2006 年第 3 期，封二。

是亲之子，活动于穆王后期，为共懿时期的井伯之父①。实际上这种可能性是没有的。《史记·周本纪》说："穆王即位，春秋已五十矣。"即使即位再年轻一点，穆王的征伐和远游也当发生在他统治前期，到晚年老迈时恐怕会力不从心。尤其是上文说过，井利早在穆王前期祭公辞世时已任三公，则不可能在穆王后期亲死后才继为冢司马。

亲任职冢司马是"更乃祖服"，作器纪念的对象是其"文祖幽伯"。"文祖"为其先祖，则"更乃祖服"的"祖"只能是其祖父。李学勤先生说："如是祖父，亲的父亲早卒，他直接承袭祖父的世职，尽管这种事情少见，仍是可能的。"②如宰兽簋铭：王命宰兽"更乃祖考事，缵绁宫康宫王家臣妾"（《新收》663）；郤曶簋铭：王命郤曶"用嗣乃祖考事，作司徒"（《集成》4197），均同其例。井伯亲继任祖父之职担任"冢司马"（或省称司马）主要在穆王后期，则其祖父出任司马之职必在穆王前期。《周礼·大司马》所言司马职掌是"以九伐之法正邦国"，《荀子·王制》也说"司马知师旅甲兵乘白之数"，《诗·小雅·祈父》毛传："祈父，司马也。职掌封圻之兵甲。""祈父之职，掌六军之事，有九伐之法。"都说明司马是职掌军事的职官。这很符合《穆天子传》中井利作为六师主帅并随穆王南征的身份。由此看来，亲之祖父应该就是清华简中的井利，二者在姓氏、职官、活动年代方面均相契合。

4. 毛班的职爵

毛之本爵为伯。《左传·僖公二十四年》言及"原伯、毛伯"，杜注："原、毛皆采邑。"孔疏："此原伯、毛伯，盖是文王之子原、毛之后，世为王臣，仍为伯爵。"穆王时班簋铭文，先说"王命毛伯更虢城公服，粤（屏）王位，作四方极"，继而又说"王命毛公以邦冢君……伐东国瘠戎"（《集成》4341）。郭沫若指出："上第一命称毛伯，此第二命称毛公，因毛伯代替了虢城公的职位，升了级。"③这个分析十分精辟，说明毛为畿内之国，本为伯爵，毛伯代替虢城公的职位后始晋升为公爵。值得注意的

---

① 陈颖飞：《清华简井利与西周井氏之井公、井侯、井伯》，清华大学出土文献研究与保护中心编，李学勤主编：《出土文献》第二辑，中西书局 2011 年版。

② 李学勤：《论亲簋的年代》，《中国历史文物》2006 年第 3 期。

③ 郭沫若：《班簋的再发现》，《文物》1972 年第 9 期。

是，虢城公与毛伯并非同一家族。《左传·僖公五年》说："虢仲、虢叔，王季之穆也，为文王卿士。"又《国语·晋语四》说："（文王）询于八虞而谋于二虢。"是说周初有两个虢。虽然不知班簋铭中的虢城公是虢仲还是虢叔的后裔，但与毛伯并非同一家族是可以肯定的。这说明三公之职既可由某一家族世守其官，也可在姬姓高级贵族内部更替。

毛国之君，世为王官，穆王时毛班亦不例外。毛班之名，过去仅见于《穆天子传》与班簋铭文，今出清华简复又见之，为确定班簋为穆世器提供了新的证据。在班簋铭中，"毛伯""毛公""毛父""皇公""昭考"是一人之异称，毛班为其子[①]。由于穆王在位的时间长达五十五年，所以不妨碍毛公父子都在穆王时代建功立业。穆王前期，毛班已身任三公，继其父爵，但具体官职不详。

根据前面对祭公、毕桓、井利、毛班等人姓氏、封地、职爵等方面的个案分析，我们对穆王朝三公的情况大体可以形成如下一些认识：

第一，三公是天子的辅弼大臣，地位高居群臣之上，但不以三人为限。

第二，三公来自畿内诸侯，姬姓，伯爵，入为王朝卿士即晋升为公爵。

第三，三公在朝中一般都有实际的军政职官，如毕公为太史，井利为司马。

第四，三公职务既可世袭，亦可改任，不必为某些家族所垄断，如毛伯赓继虢城公的职爵即是。

以上概括只是局部揭示了西周三公之制的某些特征，但以此为出发点，却有利于后文对西周三公之制的全方位考察。

三、西周三公之制蠡测

关于西周三公之制的情况，汉儒已不明了，颇多异说；今人所作研究，仍少胜义。这里，我们想在检视古今各种三公说的基础上，再就三公之制的主要特征加以说明。

---

① 杜勇、沈长云：《金文断代方法探微》，人民出版社 2002 年版，第 109—110 页。

（一）三公三相说

《春秋公羊传·隐公五年》云："天子三公者何？天子之相也。天子之相，则何以三？自陕而东者，周公主之；自陕而西者，召公主之；一相处乎内。"公羊家认为三公为天子之相，即辅佐天子的执政大臣，是有一定道理的。"相"，甲骨文已有其字，用为省视之意，与《说文》所言本义相同。战国时期中山王嚳壶铭云："使得贤士良佐嗣，以辅相厥身。"（《集成》9735）此以"辅相"连言，是"相"有佐助之意。《周易·泰·象传》云："后以财成天地之首，辅相天地之宜，以左右民。"孔颖达疏："相，助也。"可见天子之相就是辅助天子处理政事的朝廷大臣。《墨子·尚同上》说"天子立，以其力为未足，又选择天下之贤可者，置立之以为三公"，《荀子·君道》说"天子三公，诸侯一相"，都有相同的意蕴。但是，公羊家为了说明三公来由，凑足三相之数，在具名周、召二公"分陕而治"之外附加"一相处于内"，则于史无征，不足凭信。

（二）三公三司说

此说源自汉初伏生《尚书大传》："天子三公，一曰司徒公，二曰司马公，三曰司空公。"[①]其后《尚书》今文三家袭其说。三公三司说强调司马、司徒、司空在西周官制体系中的重要地位，并非无见。《诗·大雅·绵》云："乃召司空，乃召司徒，俾立室家。"是先周古公时代已有此类职官。《尚书·牧誓》《梓材》也分别言及司徒、司马、司空，西周早期的铜器铭文同样提到司徒（司土司簋，《集成》3696）、司空（司工丁爵，《集成》8792），中晚期金文盠方尊、毛公鼎更称"三有司"（《集成》6013、2841），为中央政府所属三个重要的军政部门。然据《国语·周语上》记载，虢文公讲到籍田礼最后是各级官员出动巡查，"农师一之，农正再之，后稷三之，司空四之，司徒五之，太保六之，太师七之，太史八之，宗伯九之，王则大徇"。其官职大致由低到高排序，直至周王为止。若三公只限于三有司官长，太保、太师、太史等人则无缘进入三公之列。

---

① 《周礼·地官司徒》疏引，阮元校刻：《十三经注疏》，中华书局1980年版，第697页。

（三）三公三太说

此说较早为史家所采。《汉书·百官公卿表》说："夏、殷亡闻焉，周官则备矣。……太师、太傅、太保，是为三公，盖参天子，坐而议政，无不总统，故不以一职为官名。"班固首肯三太说，存疑三司说，摒弃三相说，对后世影响较大。

许慎《五经异义》云："古《周礼》说：天子立三公，曰太师、太傅、太保，无官属，与王同职。"①又《周礼·地官司徒》疏引《郑志》赵商问："案成王《周官》，立大师、大傅、大保，兹惟三公。"②对此"立大师"等十一字，清人段玉裁《古文尚书撰异》、孙诒让《周礼正义》均认为是真古文，为晚书《周官》作伪者所袭。其实，所谓古《周礼》《周官》云云未必真为周初旧文，很可能只是礼家者言，故除古文礼家外，今文礼家如《大戴礼记·保傅》亦有此说。

关于古文礼家的三太说，因为涉及真实的人物和具体的官职，故能赢得一些学者的遵信③。如果说太公为太师、召公为太保尚有可据，则周公为太傅则疑点甚多。如《左传·定公四年》说："武王之母弟八人，周公为太宰。"《逸周书·周书序》说："周公为太师。"④《史记·周本纪》也说："召公为保，周公为师。"这些不同记载表明，以周公官任太傅尚难定于一尊。更为重要的是，西周金文始终未见太傅一职，使三太说失所依据。有学者认为，师㝨簋中的"小辅"即文献所说"少傅"，表明西周有与之对应的太傅一职，属教养一类的职官⑤。然小辅即使可称为少傅，或者更有正职太傅，这个太傅所掌也只是鼓乐之事，职务并不显赫，无法与天子三公比肩。

---

① （唐）虞世南：《北堂书钞》卷五十《设官部二》引，中国书店 1989 年版，第 143 页。又《太平御览·职官部四·总叙三师》引《逸礼》亦曰："太公为太师，周公为太傅，召公为太保。"《逸礼》是否真出自孔壁古文，还有待研究。

② 《后汉书·郑玄传》云："门人相与撰玄答诸弟子问《五经》，依《论语》作《郑志》八篇。"《郑志》一书，隋唐时期尚存，后亦散佚。

③ 宫长为：《西周三公辨析》，《吉林师范学院学报》（哲学社会科学版）1994 年第 4 期。

④ 黄怀信、张懋镕、田旭东撰，黄怀信修订，李学勤审定：《逸周书汇校集注》（修订本），上海古籍出版社 2007 年版，第 1134 页。

⑤ 张亚初、刘雨：《西周金文官制研究》，中华书局 1986 年版，第 2 页。

(四)周、召、毛三公说

汉儒关于三公的几种说法，各有所见，亦各有所失，总体上难于成立。今有学者试图突破前人藩篱，另创新说，认为"在周、召、毛、毕、太公等五公之中，其中有世袭(指本人及其子孙)与非世袭(仅本人)之分，前者为周、召、毛，后者为毕公、太公。周、召、毛子孙世袭为公，即为周代之三公"[①]。此说仍与史实不符。如前文所言，自第一代祭公始，其后裔多有公称，如祭公谋父、祭公敦等，春秋时期亦有祭公为王官，此与周、召、毛子孙的情况并无不同。此说把祭公子孙排除在三公之外，亦非允当。

(五)三公之制新说

上述各种说法除了把三公限定为三人外还存在这样那样的问题，都不足以揭示西周三公之制的历史真相，这使我们不能不考虑其他的可能性。但是，古往今来各种政治制度的设计，为了适应复杂多变的现实需要，总是处在不断调整变化之中，要弄清各种制度细节无疑是有困难的。所以这里只对西周三公之制的主要特征加以分析。

1. 三公是天子辅弼大臣的通称

三公是一个集合性或统括性的职官概念，并不适合只视作三位担任某一职务的执政大臣，这在上文已经说到。古文献中的"三"字具有众多之义，三公即多公、群公。清人汪中《述学》云："一奇二偶，一二不可以为数，二乘一则为三，故三者数之成也。……因而生人之措辞，凡一二之所不能尽者，约之以三以见其多。三之所不能尽者，则约之以九以见其极多。"[②]陈梦家也说："凡此'三字'乃是多、诸之义，不一定是三人。"[③]在古文献中，这种例证甚多，三公之"三"即属此类。故把三公视为辅相天子的执政大臣的统称，而不以三人为限，可能更符合历史实际。《老

---

① 应永琛：《试论周代三公制度的建立、发展及其衰亡》，尹达等主编：《纪念顾颉刚学术论文集》(上册)，巴蜀书社1990年版，第307—322页。
② (清)汪中：《述学·内篇一·释三九上》，四部丛刊本。
③ 陈梦家：《西周铜器断代》，中华书局2004年版，第111页。

子·德经》说:"故立天子,置三公。"《墨子·尚同下》说:"是故天下之
欲同一天下之义也,是故选择贤者,立为天子。天子以其知力为未足独治
天下,是以选择其次立为三公。"《大戴礼记·虞戴德》说:"九卿佐三
公,三公佐天子。"这说明在古人眼中,三公是与天子的权力相伴生的,
是最高统治者的辅弼大臣。这是三公一词所具有的最根本的含义。因此,
自黄帝以来,有不少重臣被视为天子三公。例如,《史记·五帝本纪》集
解引郑玄曰:"风后,黄帝三公也。"《楚辞·怀沙》王逸注:"殷契合神灵
之祥知而生,于是性有贤仁,为尧三公。"①《墨子·尚贤下》说:"昔伊
尹为莘氏女师仆,使为庖人,汤得而举之,立为三公。"又《尚同中》说:
"傅说被褐带索,庸筑乎傅岩,武丁得之,举以为三公。"《史记·殷本
纪》说:"(纣)以西伯昌、九侯、鄂侯为三公。"这些所谓三公,名称是后
起的,实际就是指辅佐天子的执政大臣。

在殷墟卜辞中,已有"三公""多公"之名,但其含义与天子辅相大臣
无关。例如:

(1)……至于多公,王受……。(《合集》27495)

(2)……巳卜,三公父下岁,惟羊。(《合集》27494)

(3)辛亥贞,壬子侑多公岁。(《合集》33692)

此为三、四期卜辞。卜辞中的"三公""多公"指商族先公,意即岁祭
多位先公,以求佑助。这说明作为天子之相的三公之名,必是殷商以后才有
的一种官爵称谓。

在周初,"公"作为高级贵族的一种称谓,有尊称意味但并不突出。如
"周公"他人可称,本人亦可自称。特别是周公方鼎铭云:"周公作文王尊
彝。"(《集成》2268)如果"公"纯为尊称,则周公不宜在先父面前自称为
"公"。而《尚书·金縢》称太公、召公为"二公",《洛诰》成王称周公为
"公",《召诰》召公称周公为"公",《康王之诰》言康王即位典礼毕,"群公
既皆听命,相揖趋出",说明当时"公"与官爵之称的联系尚不紧密。但
是,三公之名的源起,应与周公、召公、太公同秉国政、掌治天下有关。他
们执掌国家大权,又适成三人,故后世即以三公称之。待王室爵制建立,三

---

① (宋)洪兴祖:《楚辞补注》,中华书局 2009 年版,第 147 页。

公也就成为尊享公爵的执政大臣的通称了。从清华简《祭公》看，西周穆王时期已有三公之名，且祭公谋父又属赓继父职，则三公作为官爵之称应不晚于昭穆时代。

2. 三公诸臣通常有一人为首席执政大臣

三公是由多人组成的执政群体，具有集体议事、决策、布令、施政的职能。在三公诸臣中，通常有一人担任"无不总统"的首席执政大臣。这一点，与秦汉时期的丞相"掌丞天子助理万机"①略相类似。周初武王死后，成王年幼继位，周公、召公、太公均为当朝重臣，但周公一直处于权力核心地位。《尚书·顾命》所见成康时期的召公，清华简《祭公》所见穆王朝的祭公谋父，都具有首席执政大臣的地位。祭公谋父曾三次对穆王进谏，一次是申说"先王耀德不观兵"，谏阻穆王西征犬戎，事见《国语·周语上》；一次是作《祈招》之诗，婉言"式昭德音"，谏止穆王恣意漫游，事见《左传·昭公十二年》；最后一次是以临终遗言形式对穆王及三公的殷切劝诫，事见清华简或今本《祭公》。有关遗言的核心内容曾被今传本《缁衣》引述，清华简《祭公》亦云："汝毋以戾兹罪辜亡时远大邦，汝毋以嬖御塞尔庄后，汝毋以小谋败大作，汝毋以嬖士塞大夫卿士，汝毋各家相乃室，然莫恤其外。"此言"五毋"，涉及天子远道出游、后宫治理、政务谋划、朝中用人、王室内务等多方面的国家政务，正是首席执政大臣职责所在。

又如共王十二年永盂铭云：

　　唯十又二年初吉丁卯，益公内(入)即命于天子，公乃出厥命，锡畀师永厥田：阴阳洛，疆眔师俗父用，厥眔公出厥命：井伯、荣伯、尹氏、师俗父、遣仲，公乃命酉司徒函父，周人司工屝、眅史、师氏、邑人奎父、毕人师同，付永厥田，厥率履厥疆宋句，永拜稽首，对扬天子休命。(《集成》10322)

_____

① 《汉书·百官公卿表》，中华书局 1962 年版，第 724 页。

　　铭文反映的决策施政过程是，首先由"益公内（入）即命于天子"，领受王命赐与师永田地，接着益公与井伯、荣伯、尹氏、师俗父、遣仲等人共同宣布周王命令，最后交由郑司徒、周司空等人具体办理，完成土地交割程序。在这个过程中，益公作为首席执政大臣的地位是非常清楚的。而实施王命又必须有其他五位执政大臣共同参加，显然具有一种集体议政机制。这个过程看上去好像是周天子独裁其事，大臣议政徒具形式，实际上在王命形成之前，应由诸位大臣提出过有关问题的解决方案，不过最后由天子定夺而已。

　　在西周金文中，具有首席执政大臣身份的人物还有明公、番生和毛公。成王时令方彝铭云："王命周公子明保，尹三事四方，受卿事寮。"（《集成》9901）西周中期番生簋云："王命缵司公族、卿事（士）、太史寮。"（《集成》4326）宣王时期的毛公鼎云："王曰：父厝，已曰，伇（抄）兹卿事寮、太事寮于父即尹，命汝缵司公族，雩（与）三有司、小子、师氏、虎臣、雫（与）朕褺事，以乃族捍敔王身。"（集成 2841）铭文所见明公、番生、毛公，所主职事甚广，卿事寮、太史寮、公族（王族）等各方面的事务尽在掌握之中，自非首席执政大臣莫属。

　　首席执政大臣又称卿士。如《史记·周本纪》说："厉王不听，卒以荣公为卿士，用事。"又说："幽王以虢石父为卿，用事，国人皆怨。"《左传·隐公三年》说："郑武公、庄公为平王卿士。"杜预注："卿士，王卿之执政者。言父子秉周之政。"《诗·小雅·十月之交》云："皇父卿士，番维司徒，家伯维宰，仲允膳夫，聚子内史，蹶维趣马，楀维师氏，艳妻煽方处。"可见"皇父卿士"作为首席执政大臣，位居司徒、太宰、膳夫、内史、趣马、师氏诸职之上。卿士有时也泛指朝廷所有执政大臣。如《尚书·顾命》云："卿士邦君麻冕蚁裳，入即位。"又《洪范》云："谋及卿士，谋及庶人。"西周中央政府有卿事（士）寮、太史寮两大行政机构，尤以卿事（士）寮为中枢。卿士作为首席执政或所有执政大臣的称谓，或源于此。

　　杨宽先生曾推测说，西周初期的中央政权"以太保和太师作为首脑"，"掌握着朝廷的军政大权"；西周中期以后"太师仍然为卿事寮的长官，掌握军政大权。"①这实际是以"太师"为首席执政大臣，所持证据主要来自《诗经》。如《大雅·常武》云："赫赫明明，王命卿士，南仲大祖，大师皇父：整我六师，以修我戎。"《小雅·节南山》云："尹氏大师，维周之氏。秉国之均，四方是维。"其实，这里的卿士不过泛称而已，大师恐非首席执政大臣的正式官职。从西周金文看，太师是师的上司，且有伯仲（正副）之分。据师𫘦鼎铭，共王对师𫘦的赐物中有"大（太）师金膺"（《集成》2830），即太师所用饰有青铜的马带。这是一种以示恩宠的越级赏赐，说明太师是师的上级。在师望鼎铭中，师望自称"大师小子"（《集成》2812），"小子当谓属官"②。可见大师直接领导的是师氏，并非总揽百揆的军政首脑。文献所见的祭公谋父、荣夷公、虢文公、虢石父，金文所见的明公、益公、番生、毛公，都是首席执政大臣，却并无证据显示他们官为太师。虽然大师可能是三公体制下的执政大臣之一，但要视为"无不总统"即负责全局性军政要务的首席执政大臣则不尽适当。

3. 三公体制具有多元化组织结构

《汉书·百官公卿表》说三公"坐而议政，无不总统"，大概只适合首席执政大臣的情况。首席执政大臣总揽百揆，不再担任某一具体职官是合理的。但其他执政大臣当是不同政府部门的长官，从而使三公体制具有多元化的组织结构。如共王时期处理几个土地交割案例，都有中央政府多位大员参与其事。据三年卫盉、五祀卫鼎、十二年永盂铭文，可列三份执政大臣名单如下：

伯邑父、荣伯、定伯、𤳉伯、单伯（卫盉，《集成》9456）
井伯、伯邑父、定伯、𤳉伯、伯俗父（卫鼎，《集成》2832）
益公、井伯、荣伯、尹氏、师俗父、遣仲（永盂，《集成》10322）

在上述三份执政大臣名单中，除单伯、益公、尹氏、遣仲三人只出现过一次外，井伯、伯邑父、荣伯、定伯、𤳉伯、伯（师）俗父六人先后出现过两次，说明当时中央政府已形成较为稳定的常设议政机构，强化了三公议政决

---

① 杨宽：《西周中央政权机构剖析》，《先秦史十讲》，复旦大学出版社 2006 年版，第 20—43 页。
② 杨树达：《积微居金文说》（增订本），中华书局 1997 年版，第 66 页。

策的有序化和官僚化特征。比较三份执政大臣名单，伯邑父在卫盉中排名第一，到五祀卫鼎时井伯却位列第一排在伯邑父之前，到永盂时益公作为首席执政大臣又位列井伯之前。这种排位的变化可以有两种解释：一是首席执政大臣是随时可以更换的，但不影响其前任继续担任执政大臣，故十年间首席执政大臣三易其人；二是当时首席执政大臣并未发生变化，只因临时有事缺位，由位居其次的执政大臣代为召集众臣处理相关事务。这到底以何种情况为然，抑或二者兼而有之，都不好确定，但首席执政大臣可由周天子根据需要随时调换应无可疑。

三份名单先后涉及十位执政大臣，可以完全确定为首席执政大臣的是益公。益公曾任册命师询、走马休等人的傧相，又曾奉王命"征眉敖"（乖伯簋，《集成》4331），当是武将出身。联系西周前期的周公、召公、祭公，穆王时期的虢城公、毛公，都曾担任领兵作战的军事统帅，说明首席执政多由武职出身的朝廷大员担任。此与当时"国之大事，在祀与戎"①的情势是相符合的。定伯、㵸伯他器未载，伯邑父仅卫盉、五祀卫鼎两见，具体职务不详。荣伯为荣国族首领，曾任册命应侯视工的傧右，所任职官当为司徒，故其子依世官原则在夷王时称"司徒荣伯"（宰兽簋，《新收》663）。单伯即扬簋中的司徒单伯。井伯，共王十二年走簋作司马井伯，可能是穆王后期司马井伯亲之子。尹氏金文屡见，不具其名，当为内史之首，即太史寮的主官。伯（师）俗父曾任司寇（南季鼎，《集成》2781），又随史密东征南淮夷（史密簋，《新收》636）。遣仲曾随毛公一道征无需（盂簋，《集成》4162），也担任过军事统帅。从这些人员构成看，三公议事机构一般有五六位执政大臣，以三有司为主干，包括行政、军事、史职、司法等职能部门主官，是朝廷议事、决策、施政的常设机关，反映了西周中期以来中央政权的多元化组织结构的特点。

4. 三公爵秩多不世袭

对于西周爵制，孟子有过"其详不可得闻"②的感叹。《春秋公羊传·隐

---

① 《左传·成公十三年》，阮元校刻：《十三经注疏》，中华书局1980年版，第1911页。
② 《孟子·万章下》，阮元校刻：《十三经注疏》，中华书局1980年版，第2741页。

公六年》说："天子三公称公，王者之后称公，其余大国称侯，小国称伯、子、男。"此言诸侯爵秩重类别而不重等差，与《礼记·王制》称"公、侯、伯、子、男"为五等爵不同。近人傅斯年、郭沫若、杨树达等对文献和金文加以考索，根本否认西周五等爵制的存在，一时成为主流意见。其实，爵与禄相互依存，既是官员制禄的依据，也是其政治身份高低的象征，若无等级则其经济利益和政治权利都无从体现。所谓爵名淆乱而无定称恐怕只是表象，实则周代爵制大体有两个系统，畿内诸侯多以伯为本爵，入为王朝卿士则尊享公爵；畿外诸侯多以侯为本爵，次者为子男。两相通观，公高于侯、伯，而侯、伯却不分轩轾，子、男则居其次。

　　作为爵制，"公"只限于"天子三公称公、王者之后称公"。他如诸侯在国内称公或死后称公等情况，只是一种尊称而非爵秩。三公身为朝中执政大臣，以辅弼天子为职责，享有最高等级的公爵是很自然的。公的爵秩高于伯，金文亦有征。上文所言班簋记毛伯接替虢城公的职事后称毛公，是爵随职迁最显明的例子。接着，王命毛公率师伐东国猾戎，命吴伯"以乃师左比毛父"，吕伯"以乃师右比毛父"，也是公爵高于伯爵的体现。据敔簋铭文，某年十月南淮夷进犯，已至周人腹地洛水两岸，情形相当危急。周王命敔前往抵御，战功甚著，斩获首级一百，执讯(左耳)四十，俘人四百，先献于荣伯之所，但最后周王在成周大庙举行献俘礼时，儐右不是荣伯，而是"武公入右敔，告禽：聝百，讯卅"(《集成》4323)，也从一个侧面说明了公爵在伯爵之上的事实。

　　据西周金文资料显示，伯与侯的爵位大体相当。如应侯视工在成周接受天子赏赐的册命仪式上，"荣伯入右应侯视工"(应侯视工钟，《新收》82)。一般说来，册命典礼中的儐右其地位略高或相当于受册命者，是荣伯的爵秩不低于应侯，否则不适宜担任儐相。又柞伯鼎载，"虢仲令柞伯曰：……令汝其率蔡侯左至于昏邑"[①]。柞伯拥有对蔡侯军队的指挥权，其爵位也不会低于蔡侯。荣仲方鼎铭说："王作荣仲序……荣仲速芮伯、胡侯、子。"[②]出现了伯先于侯的排序，表明芮伯与胡侯至少处于同一爵秩，

---

　　① 朱凤瀚：《柞伯鼎与周公南征》，《文物》2006 年第 5 期。
　　② 陈絜：《浅谈荣仲方鼎的定名及其相关问题》，《中国历史文物》2008 年第 2 期。

不可强分高下。

三公诸臣大都来自畿内诸侯，其封国即采邑，具有俸禄性质。畿内诸侯以伯为本爵，升任执政大臣即尊享公爵。金文中生称公者约二十余人，较著名的有周公、明公、㴲公、毛公、康公、井公、益公、单公、穆公、武公等人，其中不排除个别为尊称而非爵秩的情况，但大多数应该具有执政大臣或首席执政大臣的身份。至于畿外诸侯为统治一方的大员，职责重大，离任到王室担任公卿分身乏术，故很少见到有入为王朝卿士者。周初朝中重臣周公、召公、太公以长子赴国，本人不就封，只是建国初期的情形。《尚书·顾命》所载六位顾命大臣中的卫侯(康叔封)曾为成王"司寇"①，与管制殷遗民有关，亦属特例。郑国本为畿内诸侯，故郑桓公为幽王司徒，郑武公、庄公先后为平王卿士。郑国因灭虢、郐而有其地，势力渐大，东迁以后被列为诸侯，是畿内采邑主转化为畿外诸侯的结果。至于《左传·昭公十二年》载楚灵王对子革说："昔我先王熊绎与吕伋、王孙牟、燮父、禽父并事康王"，是说他们在康王时代作为臣属同为国家效劳，并不代表五人"以畿外诸侯的身份入仕周康王"②而为执政大臣。

在西周王官体系中，执政大臣或首席执政是可以随时调换的，公爵一般及身而止，不一定世袭相传，所以没有一个家族可以长期占据这一职爵。班簋铭文说到毛伯继虢城公服，虢公子裔则未继其位，说明三公之职既可由某一家族世守其官，也可在姬姓高级贵族内部发生转移。毛氏家族在西周虽有多人断续担任三公，如毛伯、毛班、毛公厝，但其裔孙在春秋时期不为王朝卿士则恢复本爵，故有毛伯得、毛伯过、毛伯卫之称。西周晚期屖簋铭云："屖作皇祖益公、文公、武伯，皇考恭伯䵼彝"(《集成》4153)。这里所说益公、文公、武伯、恭伯者，观其情势不只是死后尊称，生称亦当如此。屖之先祖虽有两代称公，及至祖与父亲却称伯，也是公爵不完全世袭的例证。他如西周金文中毛公与毛伯、井公与井伯、单公与单伯、芮公与芮伯并出共见，大体也属于这种情况。

① 《左传·定公四年》，阮元校刻：《十三经注疏》，中华书局1980年版，第2135页。
② 吕文郁：《周代采邑制度》(增订版)，社会科学文献出版社2006年版，第30页。

5. 三公合议制的民主执政色彩

三公之制的组织形态类似一个国务委员会，主要通过合议协商形式对国家事务进行集体决策。马克斯·韦伯说："从历史上看，合议有过两重意义：a)同一个职务由多人担任，或若干职务处于相互间直接权限的竞争之中，相互间有否定权。这是旨在统治最小限度化而实行的技术上的权力分立。……b)合议的意志形成：只有通过若干人的合作，才能使一项命令合法产生，或者采用协商一致的原则，或者采取多数表决的原则。这是现代合议的概念，但在古代并不罕见。"[①]早在西周初年，武王病重期间及成王继位后，周公执掌国家大权，遇有国家大事，常与召公、太公共同商议决定。清华简《金縢》所谓"二公告周公"，或"周公乃告二公"[②]，实际就是集体决策。又据《尚书·君奭》记载，为了辅佐成王"咸成文王功"，周公与召公作深度的思想沟通，要他同心协力，共赴时艰。这是周公对领导集体的倾力维护。其后，逐渐形成的三公体制继承了集体决策的传统。卫盉、卫鼎、永盂等铭文显示，国家重大事务均须三公集体到场，通过共同协商讨论，形成解决问题的决策方案，上呈周王审定通过，再予实施。在这里，虽然作最后裁定的是周王，但经过三公合议形成决策方案，无论如何都是当时中央政府一个至关重要的理政环节。

三公合议制相对于个体决策来说，不仅带有民主决策的内涵，而且对提高决策质量具有明显优势。一是有助于提高决策的正确性。三公成员来自多个政府部门的主官，拥有较为丰富的管理信息和执政经验，可以从不同角度权衡利弊，提供多个选择方案，减少偏差与失误，使决策更全面、更准确。二是有助于增强决策的可接受性。三公成员既是决策者，又是执行者。由于他们自身参与了决策过程，就变得更容易接受决策方案，并在自己的工作范围内努力实施，不致决策方案因有阻力而中途夭折。三是有助于彰显决策的合法性。三公合议决策反映的是集体意志，其权威性和合法性都比个体决策要高。不仅可以增加社会的认可度，而且在一定程度上可以制约君主对决策

---

① [德]马克斯·韦伯：《经济与社会》（上卷），商务印书馆1997年版，第310页。

② 清华大学出土文献研究与保护中心编，李学勤主编：《清华大学藏战国竹简》（一），中西书局2010年版，第158页。

方案的否决权，促进国家管理健康运行。可见议行合一的三公之制作为西周中央政府重要的决策程序，多少体现出一种权力分立、合议协商、制约君权的民主执政理念。

但是，由于制度化和规范化程度不高，三公政制的民主火焰很容易被周天子专权的暴戾行为所熄灭。这在厉宣时期表现得尤为突出。如厉王"弭谤"与"专利"，宣王"不籍千亩"与"料民于太原"①，前有执政大臣召公、芮良夫的严词谏诤，后有虢文公、仲山父的晓喻规诫，均不曾阻止君王的一意孤行。特别是厉王与首席执政荣夷公联手，强制推行专利政策，终致国人发难，流王于彘。可见三公合议制只是王权羽翼下的权力分立和民主决策，若遇王权过于强大而无从制衡，则易使国家政策偏离正常的轨道。

尽管如此，三公合议制仍不失为中国传统政治一项重要的制度文明成果，其民主执政理念不乏积极意义。若与后来秦始皇的专制统治相比较，这一点可以看得更为清楚。据《史记·秦始皇本纪》载，国家事务的重大决策无不由秦始皇独断其事，言重九鼎。例如，关于王号诸事的议定，虽有丞相王绾、御史大夫冯劫、廷尉李斯等人提出尊称"泰皇"等方案，嬴政却决定自称"始皇帝"，并废除谥法，子孙以世代计数，企想传之无穷。再如，王绾等人提出在燕、齐、楚置王，群臣称便，秦始皇并不采纳，而是分天下为三十六郡。又如，博士淳于越反对仆射周青臣对秦始皇的阿谀奉承，重提分封子弟以为枝辅的政治主张。李斯力言其非，请求焚毁《诗》《书》，消灭私学。秦始皇接受李斯的提案，随即发生焚书坑儒的严重事件。秦始皇通过朝议处理政务，即使群臣称便，即多数人意见如此，也不具备否决权，动摇他的独裁统治。合议制的民主执政要素在这里荡然无存，剩下的只是不受约束的专制权力。在其后两千年的中国政治体系中，中央政府的执政制度建设主要围绕君权与相权的矛盾从不同侧面展开，结果是相权屡遭削弱，君权不断加强，民主执政要素无从生长。专制主义政治体制既不利于产生具有普适价值的民主思想成果，也严重阻碍了中国传统社会的转型与进步。

---

① 《国语·周语上》，上海古籍出版社 1988 年版，第 14、24 页。

综上所述，三公之制源于周初，"公"最初只是高级贵族称谓，昭穆时代逐渐演变为爵秩。三公为朝廷执政大臣的通称，但不以三人为限，主要由卿士寮、太史寮有关部门的主官三四人或五六人组成。三公之中常有一人为首席执政大臣，一般不再担任具体官职。三公多来自具有伯爵的畿内诸侯，以采邑收入作为俸禄，而畿外诸侯入为王朝卿士则较为少见。凡执政大臣都尊享公爵，通常只是及身而止，多不世袭，以保持机构的政治活力。在周天子享有最高决策权的前提下，三公诸臣实行集体议政、决策、施政的工作机制，实际行使中央政府职能，具有民主执政色彩。这种王权羽翼下的中央政府三公合议体制，对于提高决策质量，优化国家政策，减少行政失误，具有一定的进步作用。

第　八　章

清华简《芮良夫毖》与厉王革典

　　清华简《芮良夫毖》是一篇诗歌体的出土文献。或因体裁限制，篇中对周厉王统治的具体情况未作明晰交代，但字里行间已折射出西周国家所面临的政治危机，即国防上"周邦骤有祸，寇戎方晋"，内政上"自起残虐，国用不宁"，整个形势"若重载以行峭险"。而周厉王却不知"寤败改繇"，依然"恒争于富，莫治庶难，莫恤邦之不宁"①，致使外患与内忧交织，诸侯与国人离心，政乱国危，大厦将倾。这些材料进一步揭示了周厉王作为一个暴君的本来面目，而不是像近年来有些学者对周厉王重新评价的那样，是一位有作为的君主②，应该恢复他改革家的名誉③。本章拟从分析《芮良夫毖》所见厉世政治危机出发，对厉王时期的对外战争和统治政策略加讨论，以期形成正确的历史认识。

一、《芮良夫毖》所见厉世政治危机

　　西周历史进入厉王时代，由于各种社会矛盾的长期积累，早已失去昔日

---

　　① 清华大学出土文献研究与保护中心编，李学勤主编：《清华大学藏战国竹简》（三），中西书局 2013 年版，第 145—147 页。下引不另注，释文尽量用通行字。

　　② 李玉洁：《评周厉王革典》，《河南大学学报》（社会科学版）1986 年第 1 期；张应桥：《重评周厉王》，《郑州大学学报》（哲学社会科学版）2006 年第 2 期。

　　③ 罗祖基：《重新评价周厉王》，《学术月刊》1994 年第 1 期。

开疆拓土的辉煌，渐成江河日下的颓势，内忧外患，接叠而至。这不仅从清华简《芮良夫毖》的内容上可以反映出来，而且细考本诗作者，益见当时政治危机的不断加剧，已引起社会多方面的高度关注与忧思。

《芮良夫毖》第1简背面，隐约可见篇题"周公之颂志(诗)"①，但留有刮削痕迹，或因文不对题，为抄写者所废。竹简整理者根据篇中"芮良夫乃作毖再终"等内容，新拟篇名为《芮良夫毖》，并撰《说明》称："芮良夫针对时弊所作的训诫之辞，涉及君王应敬畏天常、体恤民意、德刑兼施、勿用奸佞以及君臣莫贪利享乐、应谨奉慎守等方面的治国之道。"②这个表达实际肯定了芮良夫为《芮良夫毖》的作者。

其实，芮良夫是否为《芮良夫毖》的作者，还是一个可以讨论的问题。芮良夫是周初所封畿内姬姓诸侯，封地在今陕西大荔东南。畿内分封的姬姓贵族，其政治进路一般以出任王官为常。西周金文每每可见的芮公、芮伯，即是芮国后裔出任王官者。《诗·桑柔》序云："《桑柔》，芮伯刺厉王也。"郑笺："芮伯，畿内诸侯，王卿士也，字良夫。"③说明从周初到厉世，芮氏一直活跃于西周政治舞台，是掌握周王室核心权力的畿内姬姓家族之一。

芮良夫能够成为西周一代名臣，与其家族的显赫地位有关，更重要的是他心忧国事，力谏厉王专利，从而使其政治生涯流芳千古。《国语·周语上》所载"芮良夫论荣夷公专利"一节，即是他反对实行专利政策的谏词。这段文字几乎被司马迁一字不差地录入《史记·周本纪》，进一步凸显了芮良夫的贤臣形象。与此性质相同的另一篇谏词是《逸周书》中的《芮良夫》。《周书序》说："芮伯稽古作训，纳王于善，暨执政小臣，咸省厥躬，作《芮良夫》。"④《逸周书》中的许多篇章并非真正的西周文献，后世托古之作占有相当篇幅。但《芮良夫》为真周书则是学者一致的意见。如杨宽先生说：

---

① 清华大学文献研究与保护中心编，李学勤主编：《清华大学藏战国竹简》（三），中西书局2013年版，第86页。

② 清华大学文献研究与保护中心编，李学勤主编：《清华大学藏战国竹简》（三），中西书局2013年版，第144页。

③ 《诗·大雅·桑柔》，阮元校刻：《十三经注疏》，中华书局1980年版，第558页。

④ 黄怀信、张懋镕、田旭东撰，黄怀信修订，李学勤审定：《逸周书汇校集注》（修订本），上海古籍出版社2007年版，第1135页。

"这篇谏词，可能有后人增饰的地方，但基本上是可信的。"①

芮良夫是一位具有远见卓识的政治家，也是一位诗人。《诗·大雅·桑柔》就是他的作品。《潜夫论·遏利》篇云："昔周厉王好专利，芮良夫谏而不入，退赋《桑柔》之诗以讽。"②更早的《左传·文公元年》载秦穆公说："周芮良夫之诗曰：'大风有隧，贪人败类。听言则对，诵言如醉。匪用其良，覆俾我悖。'是贪故也，孤之谓矣。"③秦穆公所引之诗，正是《桑柔》第十三章。从诗中所说"天降丧乱，灭我立王"等情况看，《桑柔》应是厉王流彘后芮良夫写作的诗篇④。

芮良夫家世显赫，时任朝廷重臣，既具备深切关怀国家命运的情愫，又有能诗擅文的才华，这就使他充分具备了写作《芮良夫毖》的条件和可能。同时，《芮良夫毖》所言"厥辟、御事各营其身，恒争于富，莫治庶难"，即与《国语·周语上》所载芮良夫说"夫荣公好专利而不知大难"⑤语义相近；其言"呜呼畏哉，言深于渊，莫之能测"，亦与芮良夫所说"防民之口，甚于防川"具有相同义蕴。再加上《芮良夫毖》明言"芮良夫乃作毖再终"，以此推断芮良夫为本诗的作者，似乎无懈可击。然而，若细加考量，还是有问题的。如厉王专利与弭谤，当时持异议的人很多，未必只有芮良夫独言其非。特别是简文开篇言诗之作意的那一段文字，与诗小序颇相类似⑥，不可能出自芮良夫的手笔。时人为文作诗，虽然不妨提及自己的名字，但一般都出现在正文之中。如《诗·大雅·烝民》云"吉甫作颂，穆如清风"；《诗·鲁颂·閟宫》云"奚斯所作，孔曼且硕"；《诗·小雅·节南山》云"家父作诵，以究王讻"；《逸周书·芮良夫》云"予小臣良夫稽道谋告"，"以予小臣良夫观"⑦，等等。其中尹吉甫、奚斯、家父、芮良夫都是正文所见的作者之

---

①　杨宽：《论〈逸周书〉》，《中华文史论丛》1989年第1期。

②　《潜夫论·遏利》，《诸子集成》本，上海书店1986年版，第11页。

③　《左传·文公元年》，阮元校刻：《十三经注疏》，中华书局1980年版，第1873页。

④　赵逵夫：《西周诗人芮良夫与他的〈桑柔〉》，《贵州文史丛刊》1997年第5期。

⑤　《国语·周语上》，上海古籍出版社1988年版，第12页。

⑥　姚小鸥：《〈清华大学藏战国竹简·芮良夫毖·小序〉研究》，《中州学刊》2014年第5期。

⑦　黄怀信、张懋镕、田旭东撰，黄怀信修订，李学勤审定：《逸周书汇校集注》（修订本），上海古籍出版社2007年版，第998、1006页。

名。至于诗篇正文前的小序通常为后人或编辑者所加，且多附会之词。这就使我们对《芮良夫毖》的作者不得不谨慎对待。尤其是当我们把《芮良夫毖》同芮良夫所作《桑柔》一诗略加比较后，更可看出一些端倪。

其一，二者对戎祸认识的差异。读过清华简《芮良夫毖》的人，应该都有这样一种感受，那就是作者对于寇戎入侵的危机感十分强烈。作者除了希望厉王君臣在内政问题上改弦易辙外，还大声疾呼"寇戎方晋，谋猷为戒"，企盼国君"以力及作，燮仇启国，以武及勇，卫相社稷。怀慈幼弱，赢寡矜独。万民俱燕，邦用昌炽"。这说明寇戎为患已严重威胁到国家的安全，使诗人深感忧虑。而在芮良夫《桑柔》一诗中，并未言及寇戎为患的问题。《芮良夫》作为训诫厉王和执政大臣的一篇谏词，仍对戎祸危机只字不提。这说明《芮良夫毖》与《桑柔》的作者应非一人，因而在关注时政问题的重点上表现出一定的差异。

其二，二者所用人称代词的差异。在第一人称代词方面，《芮良夫毖》用"我"5次，用"吾"4次，用"朕"1次；《桑柔》用"我"8次，用"予"3次。其中最大的差异是，《芮良夫毖》所用的"吾"字，不为《桑柔》所见。据学者研究，"作为第一人称代词的'吾'，从春秋时代起已很常见，但在西周时代还十分罕见"[①]。在第二人称代词方面，《芮良夫毖》只用"尔"，计有2次。《桑柔》则用"尔"4次，用"汝"1次，用"而"1次。其中《桑柔》"予岂不知而作"，以"而"作为第二人称代词，古籍罕用。在第三人称代词方面，《芮良夫毖》用"其"13次，用"之"3次，用"彼"2次，用"厥"2次；《桑柔》用"彼"9次，用"其"5次，而不用"厥"与"之"。《芮良夫毖》和《桑柔》均为长诗，在人称代词使用方面表现出极大的差异，表明作者写作习惯各有不同。

其三，二者引诗状况的差异。《芮良夫毖》有些诗句又见于《诗经》某些篇章，如"心之忧矣"，在《柏舟》《绿衣》《有狐》《园有桃》《蜉蝣》《瞻卬》等篇均可见及；"凡百君子"亦见于《雨无正》《巷伯》。《桑柔》一诗亦有其例，如"忧心殷殷"又见于《北门》《节南山》。这种情况是引诗造成的，还是朝廷对所采诗歌整编的结果，尚不好判断。但《芮良夫毖》具有引

---

① 张玉金：《西周汉语语法研究》，商务印书馆2004年版，第86页。

诗的痕迹却是明白无疑的。如简文"或因斩柯，不远其则"，显然袭自《诗·豳风·伐柯》，而且为了押韵的需要，将"伐柯伐柯，其则不远"后一句变其语序，改作"不远其则"。又如简文"天之所坏，莫之能枳（支）。天之所枳（支），亦不能坏。"亦属引诗。据《国语·周语下》说："周诗有之曰：'天之所支，不可坏也。其所坏，亦不可支也。'昔武王克殷，而作此诗也。"① 又《左传·定公元年》亦暗引此诗，谓"天之所坏，不可支也"。引诗为文，古籍习见，但引诗作诗，特别是明引多句原诗，对一个高明的诗人来说，则有失创作的意义。反观《桑柔》，却未见此种状况发生。可见《芮良夫毖》与《桑柔》的作者其艺术品位是有差异的。

其四，二者辞章精工程度的差异。《芮良夫毖》用词欠工，韵味寡淡，远不如《桑柔》来得精美。《桑柔》开篇云："菀彼桑柔，其下侯旬。捋采其刘，瘼此下民。"这里用桑柔起兴以言其事，体现了诗三百最常见的艺术手法。但《芮良夫毖》起首则直陈其事："敬之哉君子！天猷畏矣"，颇相异趣。又如同样是说民穷财尽，《桑柔》云："国步蔑资，天不我将。"《芮良夫毖》则云："岁乃不度，民用庆尽。"韵味立见高下。又如简文云：

> 心之忧矣，靡所告怀。
> 兄弟愿矣，恐不和均。
> 屯圆满溢，曰余（予）未均。
> 凡百君子，及尔茙臣。
> 胥收（纠）胥由，胥穀胥均。

这里连用 3 个"均"字作为韵脚，颇显枯拙，不像《桑柔》全篇写得那样成熟雅洁。同为政治诗，作者的文学才华可谓轩轾相异。

其五，二者所见撰人政治地位的差异。《芮良夫毖》说："心之忧矣，靡所告怀。"是说作者对国事忧心如焚，却没有地方可以诉说。诗中又说："朕惟冲人，则如禾之有稺，非穀哲人，吾靡所援口诣。我之不言，则畏天之发机。我其言矣，则逸者不美。"作者以稚嫩的禾苗为喻，说明自己资历尚

---

① 《国语·周语下》，上海古籍出版社 1988 年版，第 145 页。

浅，又无哲人佑助，完全失去向时王进言的依傍。若是沉默不言，只怕上天要降下灾难；若要表明自己的政治态度，又恐招来上位者的不满。内心充满矛盾和苦闷，深深折磨着诗人。即使国君"莫我或听"，他还是要"作毖再终，以寓命达听"。这些内容表明，《芮良夫毖》的作者尚不具备像芮良夫那样可以直接向国君进言的政治地位。同时，《芮良夫毖》措辞的严厉程度也无法与芮良夫的诗文相比。芮良夫称："荣公若用，周必败。"[①]对"专利作威，佐乱进祸"的执政大臣，要他们"洗尔心，改尔行，克忧往愆，以保尔居"[②]。在《桑柔》一诗中，芮良夫指责他们是"贪人败类"，为政害民。将《芮良夫毖》与芮良夫的诗文相比较，可以看出作者的政治地位判然有别。

从上述五个方面来看，要说《芮良夫毖》与《桑柔》同为芮良夫的手笔，似乎还有诸多疑点，难以凭信。实际情况可能是，当时反对厉王暴政、心忧国事艰危的人很多，像芮良夫这样的王朝卿士，或进谏，或为文，都有便利的条件。其他政治地位尚不够高的官员或贵族，既无直达天听的顺畅渠道，又慑于厉王的高压政策，除了表示沉默，还有人以诗作倾吐心声，希图厉王君臣能够改弦易辙，当为情理中事。《诗·大雅》中的《民劳》《板》《荡》可能就是这些人写作的诗篇。《芮良夫毖》作者的情况与之相近，应是朝廷权力场边缘的某位低级官员，但在后来流传过程中被附会成芮良夫的作品，诗前小序就是这种附会的产物。此外，诗作在流传过程中还可能发生过文字的局部改动。如"吾"字作为第一人称代词出现在诗作的最后部分，与"朕""我"杂用，或为后来抄写者随手改动的结果，但不能以个别文字带有晚出特征即把它视为后世的依仿之作。据《史记·周本纪》载，在厉王统治后期，周王朝连续发生的大事有：三十年实行"专利"，三十四年厉行"弭谤"，三十七年发生"袭厉王"的国人暴动。而清华简《芮良夫毖》有谏阻专利和弭谤的内容，由此可以推断《芮良夫毖》大约写作于厉王在位的最后几年，真实地反映了当时的社会状况。

由于《芮良夫毖》的作者并非朝中大员芮良夫，而是远离权力中心的一

① 《国语·周语上》，上海古籍出版社1988年版，第13页。
② 黄怀信、张懋镕、田旭东撰，黄怀信修订，李学勤审定：《逸周书汇校集注》（修订本），上海古籍出版社2007版，第1002、1006页。

位低级官员，这就表明厉王后期的政治危机是各级统治者普遍感知的事实。一般来说，对国家大政方针的利弊得失，统治者下层的体认相对不如高层那么深切，责任感也没有那么强烈。所以像《芮良夫毖》的作者这类低级官员都表现出极大的忧虑，则意味着当时国家面临的内忧外患已达到人所共知的严重程度。如何应对"若重载以行崝险"的危机，对执掌国政的厉王君臣来说无疑是一场生死攸关的严峻考验。

二、厉世对淮夷与犬戎的战争

在有的学者看来，西周青铜器铭文所见厉世征伐战争，不仅与厉王革典密切相关，而且其赫赫武功可圈可点，完全可以为周厉王加戴一顶有为之君的桂冠。但结合清华简《芮良夫毖》所给的启示，进而细考有关金文资料，似乎无法证成其说。下面试作分析，以明真谛。

（一）厉世对淮夷的战争

淮夷在西周金文中又称南淮夷、南夷或淮南夷，是淮河流域众多部族的合称。周初淮夷地近山东，与东夷相错杂，有时亦可相互指代，如称周公东征"宁淮夷东土，二年而毕定"[①]，即是以淮夷指称东夷。《尚书·费誓》说伯禽封鲁以后，"淮夷、徐戎并兴"，始见作乱之迹。穆王时，师雍父驻军于"由师"（录威卣，《集成》5419）、威驻军于"堂师"（威簋，《集成》4322），对淮夷内侵进行了有效防御。到周厉王时情况为之一变，淮夷数度北侵，烽火不息。

关于厉王时期对淮夷的战争，文献仅《后汉书·东夷传》略谓："厉王无道，淮夷入寇，王命虢仲征之，不克。"[②]所幸相关金文资料为我们提供了较为丰富的信息。只是金文资料的断代难度较大，歧说甚多，很难形成一致的意见。就厉王时期的铜器断代来说，伯䢅父簋的发现起到关键性的作用，

---

① 《史记·鲁周公世家》，中华书局1982年版，第1518页。
② 《后汉书·东夷列传》，中华书局1965年版，第2808页。

使一批厉世铜器的时代得以完全解决。伯㪤父簋铭文有云："唯王九月庚午，王出自成周，南征，伐反（服）子，虞、桐、遹。"李学勤先生认为，这与厉王宗周钟说的显然是一回事，并由此推定鄂侯驭方鼎、翏生盨、禹鼎、敔簋、晋侯铜人都是厉王时器[①]。下面将相关铜器内容略作系联，可以看得更为清楚：

宗周钟	反子				
伯㪤父簋	反子	桐	遹		
翏生盨	角	津桐	遹		
鄂侯鼎	角		遹	鄂侯驭方	
禹鼎			鄂侯驭方	武公	禹（叔向父）
多友鼎				武公	向父（禹）
敔簋				武公	

鉴于上表所列铜器铭文时代既明，因而后文不再多作讨论，以节省篇幅。但是，仅将这些铜器铭文落实到厉王之世，"未能与有明确纪年的铭文联系起来"[②]，还不易看出当时战争的整个进程和复杂性。所以这里尝试利用相关铭文中的历日要素推导排谱，以期对厉世伐淮战争的全貌有更深入的了解。

从金文资料看，厉世对淮夷的征伐战争大体可以分为三个大的阶段。第一阶段以虢仲受命出征始。虢仲受命征淮夷，除见于《后汉书·东夷传》外，虢仲盨铭亦曾言及："虢仲以王南征，伐南淮夷，在成周，作旅盨，兹盨有十又二。"（《集成》4435）器铭与文献相印证，学者断为厉王时器，是可信的。铭文说到虢仲受命南征淮夷，既未言及战况，又称铸作军旅用盨，当为"行将出师时事"[③]。至于虢仲南征的具体情形，唯新出柞伯鼎铭有所反映：

唯四月既死霸，虢仲令柞伯曰："在乃圣祖周公，繇有共于周邦。

---

① 李学勤：《谈西周厉王时器伯㪤父簋》，《文物中的古文明》，商务印书馆 2008 年版，第 299—302 页。

② 李学勤：《谈西周厉王时器伯㪤父簋》，《文物中的古文明》，商务印书馆 2008 年版，第 299—302 页。

③ 郭沫若：《两周金文辞大系图录考释》（七），科学出版社 1957 年版，第 120 页。

用昏无极，广伐南国。今汝其率蔡侯左至于昏邑。"既围城，令蔡侯告
征虢仲，遣氏曰："既围昏。"虢仲至。辛酉，搏戎。柞伯执讯二夫，获
馘十人。其弗敢昧朕皇祖，用作朕烈祖幽叔宝尊鼎，其用追享孝，用祈
眉寿万年。子子孙孙其永宝用。①

该器的时代有共王、夷王、厉王诸说②，当以朱凤瀚先生所主厉王说为
长。铭中的昏邑，各家都认为是南方淮水流域某个地方，时为昏部族所盘
踞，则指挥这场战争的虢仲与前引《后汉书》和虢仲盨中的虢仲，同为一人
一事的可能性最大③。由于昏部族"广伐南国"，周王朝无法容忍，故有虢仲
统领柞（胙）伯、蔡侯的诸侯军队，对昏部族发起进攻。铭文中"辛酉，搏
戎"可能已到五月初吉时段，因为从虢仲命令柞伯出师，到柞、蔡联军围
城，再到虢仲接到报告赶往昏邑，"四月既死霸"这个月末的时段应已过
去，故可得其历日五月初吉辛酉。看来此次昏邑之战并不顺利，柞伯"执讯
二夫，获馘十人"，战果甚微。配合主帅柞伯作战的蔡侯，恐怕也不会有多
大斩获。很可能此役未能攻克昏邑，有效遏止淮夷入侵的攻势。

此后，淮夷"广伐南国"的军事行动仍在继续。或在次年正月，应侯视
工奉命击退了淮夷逆部族的进犯。应侯视工簋铭云：

　　唯正月初吉丁亥，王若曰：应侯视工伐淮南夷逆，敢搏厥众鲁，敢
嘉兴作戎，广伐南国。王命应侯征伐淮南夷逆。休，克扑伐南夷，我俘
戈。余弗敢且，余用作朕王姑单姬尊簋。④

铭中"正月初吉丁亥"只有系于柞伯鼎次年，才能与其历日"四月既死

① 朱凤瀚：《柞伯鼎与周公南征》，《文物》2006年第5期。
② 李学勤：《从柞伯鼎铭谈〈世俘〉文例》，《江海学刊》2007年第5期；黄盛璋：《关于
柞伯鼎关键问题质疑解难》，《中原文物》2011年第5期；朱凤瀚：《柞伯鼎与周公南征》，
《文物》2006年第5期。
③ 朱凤瀚：《柞伯鼎与周公南征》，《文物》2006年第5期。
④ 首阳斋、上海博物馆、香港中文大学文物馆：《首阳吉金——胡盈莹、范季融藏中国
古代青铜器》，上海古籍出版社2008年版，第114页。

霸"(五月初吉辛酉)相协调。此次应侯视工"扑伐南夷逆"又见于应侯视工鼎铭:

> 用南夷逆敢作非良,广伐南国。王命应侯视工曰:"政(征)伐逆。"我[受]命扑伐南夷逆,我多俘戎。余用作朕刺考武侯尊鼎,用祈眉寿永命,子子孙孙其永宝用享。(《新收》①1456)

关于应侯视工簋、鼎的时代有孝王、夷王、厉王等说法②。以淮夷"广伐南国"的情况来看,李学勤先生定为厉王早年时器是很合理的。二器铭文同记一事,所言"俘戈""多俘戎""克扑伐南夷",表明"南夷逆"的进犯被应侯视工击退,战局有所改观。

虢仲、应侯出师攻伐淮夷,当为战争的第一阶段。由于未能完全遏制淮夷进犯的势头,致使后来厉王率师亲征淮夷,战争进入第二阶段。伯㦰父簋铭云:

> 唯王九月初吉庚午,王出自成周,南征伐𦛨(服)子:麘、桐、遹。伯㦰父从王伐,亲执讯十夫、馘廿,得俘金五十钧,用作宝簋,对扬,用享于文祖考,用锡眉寿,其万年子子孙孙永宝用享。③

此铭"九月初吉庚午"与前引应侯视工簋的历日"正月初吉丁亥"不能协调,表明此次厉王亲征淮夷当发生在应侯视工反击"淮南夷逆"之后的二三年内,具体时间或在厉王十四年。此由无㠱簋铭似可推知:

---

　　① 钟柏生、陈昭容、黄铭崇,等编:《新收殷周青铜器铭文暨器影汇编》(简称《新收》),台北艺文印书馆 2006 年版。

　　② 王龙正、刘晓红、曹国朋:《新见应侯见工簋铭文》,《中原文物》2009 年第 5 期;李朝远:《应侯见工鼎》,《上海博物馆集刊》第 10 期,上海书画出版社 2005 年版;李学勤:《论应侯视工诸器的时代》,《文物中的古文明》,商务印书馆 2008 年版,第 252—257 页。

　　③ 李学勤:《谈西周厉王时器伯㦰父簋》,《文物中的古文明》,商务印书馆 2008 年版,第 299—302 页。

唯十又三年正月初吉壬寅，王征南夷，王锡无曩马四匹。（《集
成》4226）。

关于无曩簋的时代，学者意见极为纷纭，影响较大的是共王、夷王、厉
王诸说[①]。夏商周断代工程定为懿王前后器[②]，但懿、孝、夷三王二世，各王
在位时间不是太长，只好排谱在共王十三年，致使"正月初吉壬寅"在正月
十一日，与月相既生霸重叠太多，不可遽信。夷王说与厉王说相对年代接
近，但后说更有理据。郭沫若以为本铭无曩与厉世鬲从盨中大史无婃必是一
人[③]，徐中舒则联系无曩簋、小克鼎、鬲从鼎等器，认为无曩与膳夫克皆称
"皇祖釐季"，二人必为同祖兄弟，而膳夫克与鬲从共见一铭，鬲从鼎言"王
在位达三十二年以上，宣王以前穆王以后，也只有厉王在位三十七年，才符
合这个条件"[④]。这些证据都非常有力，远较他说为胜。本铭记厉王十三年
（前865年[⑤]）"王征南夷"，无曩因功获赏"马四匹"，可能与无曩为厉王伐
南夷作战前准备有关。而伯䲵父簋"九月初吉庚午"，只有置于无曩簋铭的
次年（前864年），二者历日始可协调。根据《中国先秦史历表》[⑥]，取本年
建丑，九月壬戌朔，庚午为九日，与初吉时段基本相合，表明伯䲵父簋所记
"王出自成周，南征伐服子"可能发生在厉王十四年。伯䲵父作为随王出征
的高级将领，亲自参加了厉王征伐屔、桐、滴等部族的战役，获得"执讯十
夫、馘廿，得俘金五十钧"的战绩，故勒铭记功。其时随从厉王南征的将领

---

① 共王说如夏商周断代工程专家组：《夏商周断代工程 1996—2000 年阶段成果报告》
（简本），世界图书出版公司 2000 年版，第 31 页。夷王说如陈梦家：《西周铜器断代》，中华
书局 2004 年版，第 274 页。厉王说如郭沫若：《两周金文辞大系图录考释》（七），科学出版
社 1957 年版，第 121 页；徐中舒：《禹鼎的年代及其相关问题》，《考古学报》1959 年第 3
期；马承源：《中国青铜器研究》，上海古籍出版社 2002 年版，第 95 页。

② 王世民、陈公柔、张长寿：《西周青铜器分期断代研究》，文物出版社 1999 年版，第
69 页。

③ 郭沫若：《两周金文辞大系图录考释》（七），科学出版社 1957 年版，第 121 页。

④ 徐中舒：《禹鼎的年代及其相关问题》，《考古学报》1959 年第 3 期。

⑤ 参见夏商周断代工程专家组：《夏商周断代工程 1996—2000 年阶段成果报告》，世界
图书出版公司 2000 年版，第 33 页；杜勇、沈长云：《西周金文断代方法探微》，人民出版社
2002 年版，第 281 页。

⑥ 张培瑜：《中国先秦史历表》，齐鲁书社 1987 年版。

除伯㝬父外，还有翏生。翏生盨铭云：

> 王征南淮夷，伐角、津，伐桐、遹（濮），翏生从，执讯折首，俘戎器，俘金，用作旅盨，用对烈，翏生眔大妣，其百男、百女、千孙，其万年眉寿，永宝用。（《集成》4461）

翏生与伯㝬父一道"伐桐、濮"，并参加"伐角、津"之役，"执讯折首，俘戎器，俘金"，亦有斩获。但整个战况不可详知，总体上周师连续进攻淮夷的中心区域，产生了巨大的震慑作用，致使南夷、东夷二十六邦遣使前往觐见，以示臣服。㝬（胡）钟有云：

> 王肇遹省文武勤疆土，南国䝿（服）子敢陷处我土，王敦伐其至，扑伐厥都，䝿（服）子乃遣间来逆邵王，南夷、东夷俱见，廿又六邦。（《集成》260）

㝬（胡）钟即有名的宗周钟，据唐兰考证是厉王自作之器，且由后来所出胡簋、五祀胡钟得到确证①。张政烺据十二年胡簋铭认为，宗周钟当作于厉王十三年②。从无異簋、伯㝬父簋历日相次的情况看，似以定在厉王十四年为宜。此次征伐的战略目标是"南国服子"，结果东夷也一道前来觐见，说明"服子"本指南夷，当为西周王朝对南淮夷的特定称谓③。厉王南征所伐淮夷族邦，所见有虁、角、津、桐、濮等国族。学者以为"角"位于今江苏宿迁县东南，"桐"位于今安徽桐城县北④，或与事实相近，余则有待细

---

① 罗西章：《陕西扶风发现厉王㝬簋》，《文物》1979 年第 4 期；穆海亭、朱捷元：《新发现的西周王室重器五祀㝬钟考》，《人文杂志》1983 年第 2 期。

② 张政烺：《周厉王胡簋铭文》，《张政烺文史论集》，中华书局 2004 年版，第 531—544 页。

③ 朱凤瀚：《由伯㝬父簋铭再论周厉王征淮夷》，《古文字研究》第 27 辑，中华书局 2008 年版，第 192—199 页。

④ 马承源：《关于翏生盨和者减钟的几点意见》，《中国青铜器研究》，上海古籍出版社 2002 年版，第 281—288 页；李学勤：《谈西周厉王时器伯㝬父簋》，《文物中的古文明》，商务印书馆 2008 年版，第 299—302 页。

考。所谓"扑伐厥都"，意味着淮夷诸邦还有一个共同的中心都邑，然具体所在不明。在周师还归途中，厉王还与鄂侯驭方有过一次会晤。鄂侯驭方鼎铭说：

> 王南征，伐角、僪（潏），唯还自征，在砅，噩（鄂）侯驭方纳醴于王，乃裸之，驭方侑王，王休宴，乃射，驭方会王射，驭方休阑，王宴，咸饮。王亲锡驭方玉五瑴，马四匹，矢五束，驭方拜手稽首，敢对扬天子丕显休赏，用作尊鼎，其万年子孙永宝用。（《集成》2810）

铭中的"砅"字，王国维以为系指"大伾"[1]，郭沫若谓即今河南汜水县里许之大伾山[2]，地在今荥阳市西北。至于鄂侯的都邑所在，过去有东鄂、西鄂二说，近年随州羊子山墓地出土噩国青铜器，证明鄂国都邑应在随州，与曾国邻近[3]。联系静方鼎铭文说，王在成周命静"司在曾、鄂师"（《近出》357），其曾、鄂并列，且由一人司其职，说明两国相距不远。有学者认为，今随枣走廊中部的安居镇应是鄂国的政治中心所在[4]。或因鄂侯驭方未直接参与此次叛乱，因而被召北上觐见厉王，得到优渥的赏赐。鄂侯驭方为南淮夷的首脑人物，厉王待以燕射之礼，却没有起到安抚或警示的作用。

在战争的第二阶段，厉王师行千里，战绩不彰，并未使淮夷真正臣服，颇有观兵耀武的色彩，甚至可能暴露了王朝军队缺乏战斗力的弱点。故此后"不久，如禹鼎所记，在厉王征讨回来时曾设宴款待的鄂侯驭方，竟率领南淮夷、东夷内犯，侵扰南国东国"[5]，情形更为严重，战争进入第三阶段。禹鼎铭云：

> 呜呼哀哉！用天降大丧于下国，亦唯鄂侯驭方率南淮夷、东夷广伐

---

① 王国维：《观堂集林》（外二种），河北教育出版社 2001 年版，第 805 页。

② 郭沫若：《两周金文辞大系图录考释》（六），科学出版社 1957 年版，第 41 页。

③ 张昌平：《论随州羊子山新出噩国青铜器》，《文物》2011 年第 11 期。

④ 朱继平：《从淮夷族群到编户齐民——周代淮水流域族群冲突的地理学观察》，人民出版社 2011 年版，第 47 页。

⑤ 李学勤：《谈西周厉王时器伯𢻬父簋》，《文物中的古文明》，商务印书馆 2008 年版，第 299—302 页。

南国、东国，至于历内。王乃命西六师、殷八师，曰："扑伐鄂侯驭方，勿遗寿幼。"肆师弥怵匌恇，弗克伐鄂。肆武公乃遣禹率公戎车百乘、厮驭二百、徒千，曰："于匡朕肃慕，唯西六师、殷八师伐鄂侯驭方，勿遗寿幼。"雩禹以武公徒驭至于鄂，敦伐鄂，休获厥君驭方。肆禹有成，敢对扬武公丕显耿光。用作大宝鼎，禹其万年子子孙孙宝用。（《集成》2833）

　　铭文称"呜呼哀哉！用天降大丧于下国"，与《尚书·大诰》谓"不吊！天降割（害）于我家"以言三监之乱颇相近似。足见此次鄂侯驭方率淮夷、东夷的反叛，来势迅猛，以至朝野震动，认为是上天降临的一场大灾难。铭中的关键地名是"历内"，陈梦家以为"此当作历汭"，"历水在历城之东"①。然地过偏东，不可信据。《国语·郑语》记史伯说："是其子男之国，虢、郐为大……若克二邑，邬、弊、补、舟、依、𪏆、历、华，君之土也。"徐元诰集解云："依、𪏆、历、华四国，据《国名纪》，皆古之郐邑。郐在今河南密县、新郑县境，则此四国皆在其地无疑矣。"②如是"历"则位于成周东南，正处济、洛、河、颍之间。同时，"历内"当断开来读，"内"即古芮国，地在今陕西大荔县附近③。这说明鄂侯所率叛军不限于"广伐南国、东国"，兵锋实已逼向京畿地区。这在晋侯铜人、十月敔簋等铭中亦有反映。

　　晋侯铜人铭云："唯五月，淮夷伐格，晋侯搏戎，获厥君冢，侯扬王于兹。"（《近出二》④968）学术界对于晋侯铜人的真伪尚有不同看法⑤，这里姑从厉王铜器说⑥。铭文中的"格"，据李学勤先生考证，当系晋地或与晋

---

① 陈梦家：《西周铜器断代》，中华书局 2004 年版，第 271 页。

② 徐元诰：《国语集解》，中华书局 2002 年版，第 463—464 页。

③ 沈建华：《卜辞金文中的伓地及其相关地理问题初探》，《初学集》，文物出版社 2008 年版，第 97—105 页。

④ 刘雨、严志斌：《近出殷周金文集录二编》（简称《近出二》），中华书局 2010 年版。

⑤ 李伯谦：《关于有铭"晋侯铜人"的讨论》，《中国文物报》2002 年 11 月 1 日第 7 版。

⑥ 苏芳淑、李零：《介绍一件有铭的"晋侯铜人"》，《晋侯墓地出土青铜器国际研讨会论文集》，上海书画出版社 2002 年版。

国邻近，也就是战国时韩地格氏，豫北荥阳北的张家楼村曾出土多种"格氏"陶文，应即其所在①。这样看来，晋侯铜人所记淮夷进攻河济流域，与鄂侯驭方的叛军"至于历、内"，当属此一战争阶段的不同战役。又十月敔簋铭云：

> 唯王十月，王在成周，南淮夷迁及内，伐湄、昴、参泉、裕敏、阴阳洛。王命敔追御于上洛怒谷，至于伊。班，长榜载首百，执讯冊，夺俘人四百，畜于荣伯之所，于怒衣津，复付厥君。唯王十又一月，王格于成周大庙，武公入右敔，告擒馘百，讯冊，王蔑敔历，事(使)尹氏授釐敔：圭、瓒、罶贝五十朋，锡田于敨五十田，于早五十田，敔敢对扬天子休，用作尊簋，敔其万年子子孙孙永宝用。(《集成》4323)

铭中所说"湄、昴、参泉、裕敏"等地，难以确考，唯其"阴阳洛""上洛""伊"等地名，可以说明成周伊洛流域亦遭南淮夷的大规模入侵。

在战争此一阶段中，周王室投入了全部的军事力量，西六师、殷(成周)八师、公戎车悉数出动，晋侯等诸侯军队也给予了有力的配合，武公、禹、敔成为当时抗敌的名将。令人惊异的是，作为主力部队的西六师、殷八师面对鄂侯叛军的强大攻势，"弥怵匈惺"，表现得惊恐万状，闻风丧胆，几近丧失作战能力。虽然晋侯、敔率部苦战，有所克获，但不决定全局。最后由武公率领的王室禁卫军"公戎车"出战，战争始获转机。禹直接指挥这支军队展开反击，一直追至鄂都，擒获鄂侯驭方，对其兵民不分老少，杀戮无遗，一举灭掉鄂国，战争方告结束。

综观厉王对淮夷的战争，大体有这样几个特点：一是战争经历的时间久、战线长。从金文历日排谱情况看，战争断断续续至少进行了五六年的时间，出现防御、进攻、再防御三大阶段，几经反复和曲折，直至灭掉鄂国，战事始告平息。就作战区域论，从淮河流域到京畿腹地，战火从南向北不断蔓延，其激烈程度是罕见的，以至时人惊呼"天降大丧于下国"。二是作为

---

① 李学勤：《晋侯铜人考证》，《中国古代文明研究》，华东师范大学出版社 2005 年版，第 120—122 页。

战争总指挥的周厉王，缺乏洞察边患、治兵御敌的军事才干。面对淮夷的频繁入侵，厉王不能有效组织地方诸侯进行防范，发挥其"以藩屏周"的拱卫作用，也不能精心整治西六师、殷八师等王朝主力部队，以增强战斗力，有效抵御淮夷对王畿地区的入侵。即使厉王帅师亲征，转战千里，也未能重创淮夷，以致随后不久淮夷又发动叛乱，攻势更为凌厉。历史上称其"用兵，不得其所，适长寇虐"[①]，实非虚言。三是战争解除了淮夷为患的严重威胁，但说不上取得决定性、战略性的胜利。厉王在战争中对鄂侯叛军"勿遗寿幼"的残暴行为，使楚君熊渠都深感畏惧而去其王号，淮夷自然一时也不再敢兴风作浪。但是，这并不说明淮夷问题已彻底解决。所以到宣王统治时期，淮夷依然时服时叛。一方面，淮夷作为"旧我帛晦(贿)人，毋敢不出其帛、其积、其进人"(兮甲盘，《集成》10174)，表示归服；另一方面，淮夷"反厥工吏，弗迹我东国"，即背叛王朝官吏，致使东国不循王道，故宣王命师寰率齐、哀、莱诸国之师及左右虎臣"征淮夷"(师寰簋，《集成》4313)。《诗·大雅·江汉》说："王命召虎"，"淮夷来铺"，是说直到宣王之时，召公虎才把淮夷敉平。

(二)厉王对猃狁的战争

猃狁，文献或作猃狁，亦称薰育、獯鬻，东周以降又称犬戎，是西北地区一个古老的部族。历世对猃狁的战争，传世文献唯《后汉书·西羌传》略有提及："厉王无道，戎狄寇掠，乃入犬丘，杀秦仲之族，王命伐戎，不克。"但就周人与猃狁间的冲突来说，早在先周时代即多次发生，以致周族只得避其锋芒，去豳止岐。武王克商以后，声威远被，犬戎相安无扰。穆王统治时期，欲北向拓疆，结果造成与犬戎关系的恶化。《国语·周语上》载："穆王将征犬戎，祭公谋父谏……王不听，遂征之，得四白狼、四白鹿以归。自是荒服者不至。"《后汉书·西羌传》则说："至穆王时，戎狄不贡，王乃西征犬戎，获其五王，又得四白鹿，四白狼，王遂迁戎于太原。"此之"太原"与《诗·小雅·六月》"薄伐猃狁，至于大原"者同地，当在清水河上游的宁夏固原地区。周夷王时，"乃命虢公率六师，伐太

---

① 《诗·大雅·桑柔》郑笺，阮元校刻：《十三经注疏》，中华书局1980年版，第558页。

原之戎"①。至"厉王失政"之后,"猃狁荆蛮,交侵中国"②。宣世"狎狁孔炽","侵镐及方,至于泾阳"③。幽世申侯与犬戎联手,一朝断送了西周王朝的政治命运。

清华简《芮良夫毖》所谓"寇戎方晋",所指即为狎狁。虽然淮夷亦可称戎,但经过厉王前期几次战争之后,到厉王后期难成大患,所以这里的"寇戎"似非淮夷。至于狎狁,据多友鼎铭文记载,西周王朝对它也有过一次征伐,战事相当激烈,但并未从根本上解决戎祸危机,以致始终成为国防上的一个严重问题。兹引多友鼎铭文如下:

> 唯十月,用狎狁放(方)兴,广伐京师,告追于王,命武公:"遣乃元士,羞追于京师。"武公命多友率公车,羞追于京师。癸未,戎伐筍,衣(卒)俘,多友西追。甲申之晨,搏于郬,多友有折首执讯:凡以公车折首二百又□又五人,执讯廿又三人,俘戎车百乘一十又七乘,衣(卒)复筍人俘。或搏于龏,折首卅又六人,执讯二人,俘车十乘,从至。追搏于世,多友或有折首执讯,乃毂追,至于杨冢,公车折首百又十又五人,执讯三人,唯俘车不克以,衣(卒)焚,唯马驱尽。复夺京师之俘。多友乃献俘馘讯于公,武公乃献于王。乃曰武公曰:"汝既静京师,赉汝,锡汝土田。"丁酉,武公在献宫。乃命向父召多友,乃徙于献宫。公亲曰多友曰:"余肇使汝,休,不逆,有成事,多擒,汝静京师。锡汝圭瓒一,汤钟一肆,𬭬鋚百钧。"多友敢对扬公休,用作尊鼎,用朋用友,其子子孙永宝用。(《集成》2835)

关于多友鼎的时代,主要有两种说法,一为厉王④,一为宣王⑤。从类型

①《后汉书·西羌传》,中华书局1965年版,第2871页。
②徐宗元辑:《帝王世纪辑存》,中华书局1964年版,第94页。
③《诗·小雅·六月》,阮元校刻:《十三经注疏》,中华书局1980年版,第424页。
④李学勤:《论多友鼎的时代及意义》,《人文杂志》1981年第6期。
⑤田醒农、雒忠如:《多友鼎的发现及其铭文试释》,《人文杂志》1981年第4期;刘雨:《多友鼎铭的时代与地名考订》,《考古》1983年第2期;[美]夏含夷:《测定多友鼎的年代》,《考古与文物》1985年第6期。

学上分析，多友鼎应为"西周晚期偏早时器"①。若联系㝬钟、伯㝬父簋、鄂侯驭方鼎等器中的国族名、人名、地名作综合考察，把多友鼎置于厉王时期是合宜的。在多友鼎铭中，武公是征伐犬戎的主帅，与禹鼎记其征伐淮夷所处地位相一致。而多友与禹鼎中的禹其地位亦相仿佛，都是前线直接率军作战的高级将领。多友征伐狁狁还归镐京后，武公在献宫命"向父"召唤多友，给予圭瓒等赏赐。这位"向父"就是禹鼎中伐鄂的将领"禹"，又称"叔向父禹"（叔向父禹簋，《集成》4242）。他在多友接受赏赐时，实际担任傧相角色，其地位高于多友，无疑与他在伐鄂之战中建有军功有关。这说明多友伐狁狁必在禹伐鄂侯之后。武公、叔向父、多友三人同出一铭，在厉王统治时间长达37年的情况下，若器非一世，断无此等巧合。据此可推，此次伐狁狁之战发生在厉王统治中期的可能性较大。

多友鼎涉及诸多地名，以李学勤先生的考订最具价值②。后来有学者实地考察并详加探讨③，事实更为清楚。铭文中的"京师"，非谓镐京，当为公刘居豳之野，为周族故地，位于今陕西彬县东北；"筍"即旬，在今陕西旬邑东北；"郗"即漆水，与豳地相近，坐落在泾河河谷；"恭"即共，在今甘肃泾川；"世"与"杨冢"或在甘肃平凉、宁夏固原一带。这些地名的考订，对于确定狁狁居"汧、陇之间"④具有重要的坐标意义。

此次狁狁"广伐京师"，其用兵规模和侵掠地域之大都远超从前，给周王朝带来巨大震憾。朝廷作出的应敌反应是，由武公指挥这场御敌之战。战争发生后，应可征召西六师出征作战，实际调遣的军队却是"公车"。《周礼·春官宗伯·巾车》云："巾车掌公车之政令。"郑注："公犹官也。"⑤《诗·鲁颂·閟宫》云："公车千乘，朱英绿縢，二矛重弓。"毛传："大国之赋千乘。"⑥是公车为在官兵车，非私家武装，私家武装可以强大到举兵灭国

①　王世民、陈公柔、张长寿：《西周青铜器分期断代研究》，文物出版社1999年版，第48页。

②　李学勤：《论多友鼎的时代及意义》，《人文杂志》1981年第6期。

③　李峰：《西周的灭亡》（第三章），上海古籍出版社2007年版，第164—220页。

④　王国维：《鬼方昆夷狁狁考》，《观堂集林》（外二种），河北教育出版社2001年版，第369—383页。

⑤　《周礼·春官宗伯·巾车》，阮元校刻：《十三经注疏》，中华书局1980年版，第822页。

⑥　《诗·鲁颂·閟宫》，阮元校刻：《十三经注疏》，中华书局1980年版，第616页。

的程度也是不可想象的。禹鼎铭称"公戎车"由武公统帅，编制为"百乘，厮驭二百，徒千"。此与武王伐纣所率"戎车三百乘，虎贲三千人"[1]情形略同，都是具有常备军性质的王室禁卫军[2]。他们平时守卫王宫和都城，战时根据需要投入战斗。在一般情况下，周王派遣西六师或成周八师对外作战即可，而"公车"这支王室禁卫军的出动，则意味着当有重大的军事行动或战略目标。如禹鼎铭文所载，在西六师和成周八师伐鄂失利的情况下，武公率领"公戎车"对鄂作战，最后彻底打败并俘获鄂侯驭方。那么，此次对狎狁作战调遣"公车"，要达成什么样的军事目标呢？

据铭文显示，从"甲申之晨搏于郙(漆)"开始，多友率部与狎狁先后在漆、龚、世、杨冢等地有过四次交战。漆之战狎狁失利败逃，所俘旬民得到解救。在追击过程中，周师与狎狁又在龚、世两地交战，到杨冢之战"复夺京师之俘"，战争即告结束。从这个过程看，此次作战目标不过是御敌入侵，"静京师"，夺回被俘周民而已，并无从根本上摧毁狎狁军事力量，彻底解除边患的战略构想。因而四次战役虽有斩获，但战果十分有限。这一点，只要与小盂鼎"伐鬼方"（《集成》2839）的战争作一对比，即可看出问题。

小盂鼎：伐鬼方　　俘车 130　　执酉 4　　获馘 5039　　俘人 13081

多友鼎：伐狎狁　　俘车 127　　　　　　折首 356　　执讯 28

因铭文残泐，以上统计仅其大略。由此亦可看出康王伐鬼方与厉王伐狎狁都经过多次战役，总计俘车的数量大体相当，但获馘与俘虏的人数相差极为悬殊。鬼方受到康王的沉重打击，从此衰微不振。而厉王伐狎狁却未能消灭其有生力量，以致厉王后期还面临戎祸威胁的危机。

泾东京师地带不只是周族故地，也是西周国防的西大门。"沿泾水谷地是古来关中通西北的一条通道"[3]。此次狎狁沿谷道"广伐京师"，明显具有入侵丰镐地区的战略意图。多友的军队从京师漆地追敌到杨冢，再从杨冢过京师返回镐京，前后历时 14 天，中间还有 4 次交战。这说明从京师到镐京也不过三四天的行程，其战略地位之重要可想而知。然而这道西北防线到厉

---

① 《史记·周本纪》，中华书局 1982 年版，第 121 页。

② 陈恩林：《先秦军事制度研究》，吉林文史出版社 1991 年版，第 92 页。

③ 黄盛璋：《周都丰镐与金文中的荓京》，《历史研究》1956 年第 10 期。

王时已不堪一击。如在癸未这一天，狁对旬邑发起攻击，当天即俘获一批邑民向西转移，并于次日甲申在漆地与周师展开激战。可见泾东京师地带边备废弛的情况相当严重。这种局面直至厉世末季并无改观，故《芮良夫毖》说："民不日幸，尚忧思。"

此次厉王伐狁是一场防御性质的战争，既未有效歼灭寇戎的有生力量，也未体现出彻底解除西北边患的战略目标。虽然此后犬戎犯边的具体材料尚未见到，但可以肯定犬戎的威胁始终存在，所以《芮良夫毖》才说"寇戎方晋"，而序称"周邦骤有祸"。然而，厉王依然不修边备，以确保国家安全无虞，反而"自纵于逸，以嚣（遨）不图难"，看不出在国防建设上有所作为的迹象。

三、专利政策的是与非

历史上以厉王为无道之君，备受抨击的是两件事，一是"专利"，二是"弭谤"。对于使用血腥手段高压弭谤，钳制众口，任何时候都是暴君行为，恐怕不宜作翻案文章。但是，通过专利政策的合理性评价，似可绕个圈子为弭谤清洗罪名，进而塑造厉王的正面形象。所以对厉王专利的有关问题还有必要详加探讨，以明是非。

文献上关于厉王专利的记载，最早见于《国语·周语上》云：

> 厉王说荣夷公，芮良夫曰："王室其将卑乎！夫荣公好专利而不知大难。夫利，百物之所生也，天地之所载也，而或专之，其害多矣。天地百物，皆将取焉，胡可专也？所怒甚多，而不备大难，以是教王，王能久乎？夫王人者，将导利而布之上下者也，使神人百物无不得其极，犹日怵惕，惧怨之来也。……今王学专利，其可乎？匹夫专利，犹谓之盗，王而行之，其归鲜矣。荣公若用，周必败。"既，荣公为卿士，诸侯不享，王流于彘。

此段文字被《史记·周本纪》转引，系年于"厉王即位三十年"①，说明专利是厉王统治后期发生的事情。然而，何为专利？何以实施专利？犹可再议。

关于专利政策的内涵，一般认为就是独占山林川泽之利。这样理解是正确的，只是略嫌抽象，不能说明事情的原委。许倬云先生的解读稍详，他说：

> 厉王的罪名中，"专利"一项，《国语》本文并无正面交代。但细玩文义，有数点可以析出。第一，利大约指天然资源，是以谓之"百物之所生"，"天地之所载"。第二，利须上下均沾，是以王人"将导利而布之上下"。惟有以赏赐的方式，广泛地分配利源，始使"周道"绵延至今。第三，荣夷公专利的结果，是"诸侯不享"。循此推测，周人在分封制度下，山林薮泽之利，由各级封君共享。即使以赏赐或贡纳方式，利源仍可上下分治。厉王专利，相对的也就使诸侯不享。②

在这里，许氏以为利为天然资源，须上下均沾，是为卓见。但他把"诸侯不享"理解为诸侯不享山林薮泽之利，则不确切。所谓"享"当是指诸侯朝贡祭祀之意，亦即《国语·周语上》所说："日祭、月祀、时享、岁贡、终王，先王之训也。"而"不享"则意味着诸侯对中央王朝离心力的加大。同时，专利不只使各级封君的利源受到影响，封君治下的国人也深受其害。这是问题的关键，否则无以说明后来国人暴动的缘由。

在这个问题上，也有学者认为，专利是把原来公有的山林川泽和分散贵族手中的经济利益收归西周王室，是国家发展过程中"具有进步意义的历史事件，同时说明厉王是个有作为的君主"③。这恐怕与历史实际不合。

第一，山林川泽为多级占有而非公有。西周统治者宣称："丕显文武，膺受大命，溥有四方。"（师克盨，《集成》4467）说明天命所在是"溥天之

---

① 《史记·周本纪》，中华书局1982年版，第141页。
② 许倬云：《西周史》（增补二版），生活·读书·新知三联书店2012年版，第319—320页。
③ 李玉洁：《评周厉王革典》，《河南大学学报》（社会科学版）1986年第1期。

下，莫非王土"①的法理依据。正是基于这一前提，西周王朝得以实行"授民授疆土"（大盂鼎，《集成》2837）的分封制度。但是，"王土"一经分封，实际就变成了上至天子、下及封君的多级占有制。除了周天子直接控制的王畿土地外，全国绝大部分土地包括山林川泽都在各级贵族的封土之内。如康叔封卫，"封畛土略，自武父以南及圃田之北竟。取于有阎之土以共王职，取于相土之东都以会王之东蒐"②。宜侯夨簋铭云："赐土：厥川三百□，厥□百又廿，厥宅邑卅又五，厥□百又廿，锡在宜王人十又七姓，锡奠七伯，厥卢□又五十夫，易宜庶人六百又□六夫。"（《集成》4320）说明诸侯的封疆之内，有土田，也有山林川泽，还有依附于土田的农夫，这就是所谓"锡之山川，土田附庸"③。在周天子直接控制的王畿之内，贵族受封的土田山川面积虽然要小得多，但由封君实际占有的情形并无二致。如召卣铭说："召启进事，奔走事皇辟君，休，王自毅使赏毕土方五十里。"（《集成》10360）"方五十里"的地域虽不算大，其中必有山林川泽为召所占有是无疑的。据共王时的九年卫鼎记载，贵族矩伯从裘卫那里得到车马用器后，"乃舍裘卫林眘里，赋唯颜林。"（《集成》2831）这块名叫"颜林"的林地虽归林眘里管辖，但其占有权属于矩伯，所以矩伯才能用它来作交换。可见在西周分封制度下，山林川泽为不同层次的封君多级占有，并非完全属于公有。

第二，山林川泽为多级管理而非无禁。西周国家对山林川泽的管理，主要设司徒之官"掌建邦之土地之图，与其人民之数，以佐王安扰邦国"④。在铜器铭文中，司徒或作"司土"，其职事屡有言及。免簋铭文说："王格于大庙，井叔右免，即命，王授作册尹书，俾册命免，曰：命汝胥周师司林。"（《集成》4240）这是周王命免协助周师管理某一林地。继后，免又被正式任命为司徒。免簠铭文说：

①《诗·小雅·北山》，阮元校刻：《十三经注疏》，中华书局 1980 年版，第 463 页。

②《左传·定公四年》，阮元校刻：《十三经注疏》，中华书局 1980 年版，第 2135 页。

③《诗·鲁颂·閟宫》，阮元校刻：《十三经注疏》，中华书局 1980 年版，第 615 页。

④《周礼·地官司徒·大司徒》，阮元校刻：《十三经注疏》，中华书局 1980 年版，第 702 页。

唯三月既生霸乙卯，王在周，命免作司土(徒)，司奠(郑)还林眔虞眔牧，锡织衣、銮，对扬王休，用作旅齍彝，免其万年永宝用。(《集成》4626)

铭文中的"奠"为地名，疑即西郑。"还"当读为"苑"①，是为郑地的苑囿。此时免被周王任命为司徒，掌管郑地的苑、林、虞、牧，约当《周礼·地官司徒》中的囿人、林衡、山虞、牧人等司徒属官。同簋铭文说："王命同：左右吴大父司场、林、虞、牧，自淲东至于河，厥逆(朔)至于玄水。"(《集成》4271)铭中"吴大父"也应职任司徒，故周王任命同协助其掌管场人、林衡、泽虞和牧人等属官。又曶壶铭文说："王呼尹氏册命曶，曰：更乃祖考作冢司土于成周八师。"(《集成》9728)是说军队也设有司徒之官，且不只大司徒一人。又微緐鼎铭说："王在宗周，王令微緐耡司九陂。"(《集成》2790)《诗·陈风·泽陂》云："彼泽之陂"，毛传："陂，泽障也。"②表明川泽亦有周王任命的泽官管理。在西周官僚体系中，不仅中央王朝有司徒及其属官管理山林川泽，即使各级诸侯也设有司徒履行相应职责。如散氏盘铭所示，散国有司徒逆寅，矢国则有虞丂、虞芅等虞官。这种严格的多层级管理体制，表明山林川泽不是开放无禁的，亦非"任何人都可以进入山泽中从事采集活动"③。

第三，山林川泽为多级征税而非不征。《孟子·梁惠王下》说："昔者文王之治岐也……关市讥而不征，泽梁无禁。"④《礼记·王制》也说："关讥而不征，林麓川泽以时入而不禁。"⑤周朝统治者虽不禁止民众开采山林川泽，但不代表没有任何税收。依照《周礼》的说法，大司徒的职掌之一就是"以土均之法辨五物九等，制天下之地征，以作民职，以令地贡，以敛财赋，以均齐天下之政"⑥。其"地征""地贡"当然包括从山林川泽收敛的

---

① 郭沫若：《两周金文辞大系图录考释》(七)，科学出版社 1957 年版，第 90 页。

② 《诗·陈风·泽陂》，阮元校刻：《十三经注疏》，中华书局 1980 年版，第 379 页。

③ 杨宽：《西周史》，上海人民出版社 1999 年版，第 841 页。

④ 《孟子·梁惠王下》，阮元校刻：《十三经注疏》，中华书局 1980 年版，第 2676 页。

⑤ 《礼记·王制》，阮元校刻：《十三经注疏》，中华书局 1980 年版，第 1337 页。

⑥ 《周礼·地官司徒·大司徒》，阮元校刻：《十三经注疏》，中华书局 1980 年版，第 704 页。

"财赋"。逨盘铭文有云：

> 今余唯经乃先圣祖考，申就乃命，命汝胥荣兑，兼司四方虞林，用宫御。(《新收》757)

这是说周王命逨辅助荣兑管理四方虞林，为王室提供御用物品。这虽是宣王时期的事情，但铭文说是重申先圣祖考之命，表明对山林川泽征税是周王朝的一贯政策，非自厉宣始。除了王畿内外的封君须向王室交纳山林川泽的财税外，依附于土地的农夫即"土田附庸"同样需要向直接领有土田山泽的封君缴纳实物税。《诗·豳风·七月》云：

> 一之日于貉，取彼狐狸，为公子裘。二之日其同，载缵武功，言私其豵，献豜于公。

可见农夫打猎，上好的狐狸皮，肥壮的野猪肉，都要献给贵族，以作衣食之用，自己留下的只能是等而次之的貉子皮、小野猪。至于"蚕月条桑"，"八月载绩"，其丝麻织品也要献给封国的贵族，"为公子裳"。《诗·大雅·棫朴》云："芃芃棫朴，薪之槱之"，表明庶民还要为贵族提供生活所需柴薪等燃料。庶民贡纳的直接对象是封君，贡纳品中有一部分应是封君上缴王室的赋税。

以上分析说明，在西周分封制下，山林川泽既不是公有的，也不是完全开放可由庶民自行开采利用的，而是由各级封君占有，其利益由王室、封君、庶民上下均沾。这应该是西周山林川泽管理的常态。所谓"厉始革典"①，即是通过专利政策改变这一常态，也就是清华简《芮良夫毖》所谓"改变常术，而毋有纪纲"。山林川泽之利本来为各级封君共享，厉王革典变成独占天地百物之利，而非"导利而布之上下"。要独占其利，显然只有在原来的基础上加大贡赋的征取，天地百物之利才会集中到工室中来。由于山林川泽为不同层级的贵族所占有，而实际从事开采的劳动者是作为"土田附

---

① 《国语·周语下》，上海古籍出版社 1988 年版，第 110 页。

庸"的国人，因而实施专利政策，不仅极大损害了王畿内外各级封君的实际
利益，也严重影响到国人的生计，动摇了西周国家的统治基础。《芮良夫
毖》说："民乃嚣嚣，靡所屏依。"芮良夫也说："专利作威，佐祸进乱，民
将弗堪。""下民胥怨，财单竭，手足靡措，弗堪戴上，不其乱而？"又说：
"民至亿兆，后一而已，寡不敌众，后其危哉！"①也就是说，专利政策把人
民搞得财殚力尽，无以为生，必然诱发灾难性的后果。当灾祸一旦发生，君
主一人，民众千万，寡不敌众，身危可知。这是一种非常精彩、深刻并带有
规律性的政治见解。后来发生国人暴动，并有"公卿惧诛而祸作"②，证明
了芮良夫对厉王君臣"好专利而不知大难"的预见。

专利政策的内涵弄清楚了，接下来需要说明的是，周厉王何以要推行专
利政策？

《国语·周语上》称厉王君臣"好专利"，《史记·周本纪》称"好利"。
一个"好"字集中体现了周厉王贪得无厌的本性。换句话说，厉王专利就是
在其贪婪本性驱使下实行的财税政策。如此评说似乎缺少深度，也看不出一
个重大事件的因果关系。这让学者很不满足，于是别辟蹊径，另创新说。如
许倬云先生对专利政策形成的原因就有如下分析：

> 西周王室颇有紧迫的情形，外有国防需要，内有领主的割据。周
> 室可以措手的财源，大约日渐减少。费用多，而资源少，专利云乎，
> 也许只是悉索敝赋的另一面。这是时势造成的情况，厉王君臣未必应
> 独任其咎。③

许氏把专利政策看作解决国防和财政危机的需要，为后来学者重新评价
周厉王提供了一个高尚的理由，甚至连血腥弭谤都变得熠然生辉起来。如谓
"周厉王的专利与弭谤，主要是出于对外平叛战争的军事需要，在非常时期

---

① 黄怀信、张懋镕、田旭东撰，黄怀信修订，李学勤审定：《逸周书汇校集注》（修订
本），上海古籍出版社 2007 年版，第 1002—1006 页。
② 《史记·十二诸侯年表》，中华书局 1982 年版，第 509 页。
③ 许倬云：《西周史》（增补二版），生活·读书·新知三联书店 2012 年版，第 320 页。

采取的特殊经济和政治措施"①。应该说，周厉王统治时期确实面临着内外交困的政治危机，但专利政策是否真正起到应对危机的作用，这还要看实际效果如何。

从我们上节的分析看，厉王十三年前后对淮夷的战争以及后来对犬戎的反击，都与厉王三十年实施专利相距有年，不好说专利是因战争而起。即使要医治战争创伤，加强国防力量，也只有大力发展生产，薄敛于民，减少不必要的财政开支，才能真正起到寓兵于农的作用。在厉王统治后期，犬戎为患的危机虽然存在，但厉王专利积累起来的财富，并未用于积极备战或军事反击。《逸周书·芮良夫》说："今尔执政小子，惟以贪谀为事，不勤德以备难。"又说："尔执政小子不图善，偷生苟安，爵赇成。贤智箝口，小人鼓舌，逃害要利，并得厥求，唯曰哀哉！"孔晁注云："专利为贪，曲从为谀。""贤者得默以逃害，小人佞谄以要利，各得其求，君子为之哀"②。所言荣夷公等执政大臣，爱财而行专利，得其所求，说明实施专利所得财富，已落入厉王君臣囊中，供其挥霍享受，并未发挥满足国防需求的特殊作用。

清华简《芮良夫毖》说到"寇戎方晋"时，作者首先想到是谨慎谋划，上下同心，选用贤能，以卫社稷，而不是与民争利，扩大财源，以作御敌之策。诗云：

> 寇戎方晋，谋猷为戒。和专同心，毋有相负。徇求有才，圣智用力。必探其宅，以亲其状。身与之语，以求其上。

特别是《芮良夫毖》篇首有序云：

> 周邦骤有祸，寇戎方晋，厥辟、御事各营其身，恒静（争）于富，莫治庶难，莫恤邦之不宁。

---

① 张应桥：《重评周厉王》，《郑州大学学报》（哲学社会科学版）2006 年第 3 期。
② 黄怀信、张懋镕、田旭东撰，黄怀信修订，李学勤审定：《逸周书汇校集注》（修订本），上海古籍出版社 2007 年版，第 1005—1007 页。

这段话再也清楚不过地把厉王专利的本质揭示了出来。所谓"厥辟、御事"即指厉王及荣夷公等近臣,他们沆瀣一气,实施专利,争相聚敛财富,既不顾及庶民的苦难,也不忧虑"寇戎方晋"给国家安宁带来灾祸,完全堕入"婪贪、犴悁、满盈、康戏,而不智(知)寤告"的境地。诗人劝诫道:"敬哉君子,恪哉毋荒。畏天之降灾,恤邦之不臧。毋自纵于逸,以嚣(遨)不图难。"诗人所说的"君子",芮良夫谓为"贪人败类",实不为过。

由此可见,厉王专利并非从内治庶难、外安边患的国家利益出发而采取的一项财政改革措施,而是贪财好利、淫逸享乐的误国害民之举。《逸周书·芮良夫》说:"后(国君)除民害,不惟民害;害民,乃非后,惟其仇。"[①]对于这样的害民仇民之君,恐怕是不好以有所作为观之的。

四、周厉王是否应该重新评价

对于历史人物的评价是一个非常复杂的理论和现实问题。从历史评价活动的结构来看,主要包括评价主体、评价客体和评价中介系统三个必不可少的要素。其中,评价中介系统是联系评价主体和客体的中间环节,核心内容是评价尺度,亦即直接影响评价结果的价值标准。"评价尺度对于评价活动而言,具有逻辑上的先在性"[②]。这是我们在评价历史人物时不得不高度重视的问题。评价尺度与正确的立场、观点和方法密不可分。如果阶级立场、政治立场无可非议的话,学者所持观点和方法就显得尤为重要。所谓观点不只是唯物史观的运用,还包括判别是非善恶的价值观,即存在于评价历史人物背后且起支配作用的价值判断。至于方法,主要还是史学研究中对史料的分析和把握。只有在观点与方法上不失偏颇,才有可能对历史人物的功过是非给予恰当的评说。

---

① 黄怀信、张懋镕、田旭东撰,黄怀信修订,李学勤审定:《逸周书汇校集注》(修订本),上海古籍出版社 2007 年版,第 1003 页。

② 王学川:《历史价值论》,浙江大学出版社 2014 年版,第 127 页。

关于周厉王的评价，学界主流意见从未给予正面的肯定，即使在特殊时期也认为"厉王是一个暴虐的君主"①。应该说，这种看法还不是现代史家今日才有的新见，实为历史上早有的定评。这从周厉王的谥号上即可反映出来。

《逸周书·谥法》说："谥者，行之迹也。……是以大行受大名，小行受小名；行出于己，名生于人。"②谥号对周代贵族来说，是其一生德行和功绩的总结。过去郭沫若认为西周无谥法是不可信的③。谥号所用常为一字，或二三字，但褒贬已寄寓其中，均非生时美称。在西周逨盘铭文中，厉王作"剌王"。"剌"字除与"烈"相通外，亦与"厉"通，如《史记·秦本纪》的"厉共公"，《秦始皇本纪》附《秦纪》即作"剌龚公"。《玉篇·厂部》："厉，虐也。"又《犬部》："戾，虐也。"④《说文·束部》："剌，戾也。"⑤是"厉"与"剌"，其义相通。周厉王以"厉"为谥，按照《逸周书·谥法》的解释："致戮无辜曰厉。"⑥《周礼·秋官司寇》序官"司厉"郑注："犯政为恶曰厉。"⑦童书业遍寻《左传》等书例证，认为周代"谥为'厉'者，皆有昏德或不终者。"⑧《国语·楚语上》记载楚恭王制谥的情形，把这一谥号的内涵说得更为具体明了：

> 恭王有疾，召大夫曰："不谷不德，失先君之业，覆楚国之师，不谷之罪也。若得保其首领以殁，唯是春秋所以从先君者，请为'灵'若'厉'。大夫许诺。王卒，及葬，子囊议谥。大夫曰："王有命矣。"子囊曰："不可。夫事君者，先其善不从其过。赫赫楚国，而君临之，抚

---

① 郭沫若主编：《中国史稿》，人民出版社 1976 年版，第 285 页。

② 黄怀信、张懋镕、田旭东撰，黄怀信修订，李学勤审定：《逸周书汇校集注》（修订本），上海古籍出版社 2007 年版，第 625—627 页。

③ 杜勇：《金文"生称谥"新解》，《历史研究》2002 年第 3 期。

④ 胡吉宣：《玉篇校释》，上海古籍出版社 1989 年版，第 4274、4564 页。

⑤ （汉）许慎撰，（清）段玉裁注：《说文解字注》，上海书店 1992 年版，第 276 页。

⑥ 黄怀信、张懋镕、田旭东撰，黄怀信修订，李学勤审定：《逸周书汇校集注》（修订本），上海古籍出版社 2007 年版，第 692 页。

⑦ 《周礼·秋官司寇》，阮元校刻：《十三经注疏》，中华书局 1980 年版，第 868 页。

⑧ 童书业：《周代谥法》，《春秋左传研究》（校订本），中华书局 2006 年版，第 343 页。

征南海，训及诸夏，其宠大矣。有是宠也，而知其过，可不谓'恭'乎？若先君善，则请为'恭'。"大夫从之。

这是说楚恭王临终前，曾召集大夫说，自己一生多有罪过，可以"灵"或"厉"为谥。待死后临葬制谥之时，经子囊提议，改谥为"恭"，即《谥法》所谓"既过能改曰恭"①。可见"厉"为谥字，虽然有时以"剌"相借，却不可以"烈"为训，看作褒美之辞。厉王"专利"残民以逞，"弭谤"草菅人命，即是得此恶谥的题中应有之义。

除谥法之外，史书同样可以体现对人物的臧否。古代史官记事，不仅有秉笔直书的传统，而且命词遣意必带褒贬的意蕴。如晋太史董狐书曰"赵盾弑其君"，孔子称他为"古之良史也，书法不隐"②。然董狐记史所用"弑"字，并非仅是书法无隐的直笔，同时也带有认同为臣之道的礼法色彩。晋灵公本身是被赵穿杀死的，当时赵盾正在逃亡途中，并未参与其事。董狐却以赵盾为弑君之人，他认为，"子（赵盾）为正卿，亡不越竟（境），反（返）不讨贼，非子而谁？"③因此赵盾必须背负弑君的罪名。同时，这个"弑"字还有臣杀其君、以下犯上的意思。《说文·杀部》："弑，臣杀君也。"段注："述其实则曰杀君，正其名则曰弑君。《春秋》正名之书也，故言弑不言杀。三传述实以释经之书也，故或言杀或言弑，不必传无杀君字也。许释弑曰臣杀君，此可证矣。"④这表明史官"述其实"与"正其名"是既相区别又相联系的两件事。所谓"述其实"是"直书"，而"正其名"则是将史官的价值判断蕴含其中。这是史书必不可少的内容。正如宋人吴缜所说："夫为史之要有三：一曰事实，二曰褒贬，三曰文采。有是事而如是书，斯谓事实。因事实而寓惩劝，斯谓褒贬。事实、褒贬既得矣，必资文采以行之，夫然后成史。"⑤

---

① 黄怀信、张懋镕、田旭东撰，黄怀信修订，李学勤审定：《逸周书汇校集注》（修订本），上海古籍出版社 2007 年版，第 639 页。
② 《左传·宣公二年》，阮元校刻：《十三经注疏》，中华书局 1980 年版，第 1867 页。
③ 《左传·宣公二年》，阮元校刻：《十三经注疏》，中华书局 1980 年版，第 1867 页。
④ （汉）许慎撰，（清）段玉裁注：《说文解字注》，上海书店 1992 年版，第 120 页。
⑤ （宋）吴缜：《新唐书纠谬·序》，《丛书集成初编》，商务印书馆 1936 年版。

就先秦文献记述有关厉王的史实来说，其褒贬色彩是很分明的。《国语·周语上》说："厉王虐，国人谤王。邵公告曰：'民不堪命矣。'"《左传·昭公二十六年》说："至于厉王，王心戾虐，万民弗忍，居王于彘。"《鲁连子》云："周厉王无道，国人作难，王奔于彘。"①《墨子·所染》将夏桀、殷纣、厉王、幽王并举，以为"此四王者，所染不当，故国残身死，为天下僇"②。其中《国语》《左传》为史书，其他子书对史实也多有涉及。所用"虐""戾虐""无道""为天下僇"等字眼，不光是陈述事实，而且带有对厉王政治行为的评价成分。后来《史记》多次提到周厉王"暴虐""无道"，也是基于相同的价值判断。《汉书·艺文志》说："古之王者世有史官，君举必书，所以慎言行，昭法式也。"③表明史官记事与周代谥法一样，同样具有"因事实而寓惩劝"的褒贬功能和规范人君言行的制约作用。所谓"孔子成《春秋》而乱臣贼子惧"④，道理就在这里。后来秦始皇废谥法、焚史书，也是企图防止后世对其专制暴行任加评说。

无论是谥法还是史书，所褒贬的总是具体的个人。后来儒家对人的伦理规范，从个别到一般，上升到理论形态，提出具有普遍意义的为君、为臣之道。孟子说：

> 规矩，方员之至也；圣人，人伦之至也。欲为君尽君道，欲为臣尽臣道，二者皆法尧舜而已矣。不以舜之所以事尧事君，不敬其君者也；不以尧之所以治民治民，贼其民者也。孔子曰："道二：仁与不仁而已矣。"暴其民甚，则身弑国亡；不甚，则身危国削。名之曰"幽""厉"，虽孝子慈孙，百世不能改也。⑤

在这里，孟子把统治者分为君、臣两类，认为君有君道，臣有臣道，区别有道与无道的标准在于孔子所说的"仁与不仁"。孔子认为，"博施于民而

---

① 《史记·周本纪》正义引，中华书局 1982 年版，第 144 页。
② （清）孙诒让：《墨子间诂·所染》，中华书局 2001 年版，第 14 页。
③ 《汉书·艺文志》，中华书局 1962 年版，第 1715 页。
④ 《孟子·滕文公下》，阮元校刻：《十三经注疏》，中华书局 1980 年版，第 2715 页。
⑤ 《孟子·离娄上》，阮元校刻：《十三经注疏》，中华书局 1980 年版，第 2718 页。

能济众"①，不只是仁道，一定是圣德，是尧舜都难于做到的。孟子说："尧舜之道，不以仁政，不能平治天下。"②他曾对梁惠王说："王如施仁政于民，省刑罚，薄税敛，深耕易耨。壮者以暇日修其孝悌忠信，入以事其父兄，出以事其长上。"③这说明君道就是"君行仁政"④，就是要重视人民的利益，坚持民贵君轻、安民保民的民本主义治国理念。而周厉王、幽王之类"暴其民""贼其民者"，自是无道之君，虽百世不能改也。

儒家宣扬的此类君臣之道，实际上是一种国家伦理。因为为君为臣者掌握着国家执政大权，对国家走向光明还是黑暗起着决定性的作用。德国政治学家赫尔佐克认为，在国家伦理学说方面，"历史所拥有的最古老的自成体系的理论来自中国的儒家"⑤。不管国家伦理的具体内容可以归纳多少条，以民为本必是其基本精神之一。赫尔佐克在分析早期国家伦理学说时，引用的典型材料有汉谟拉比法典结束语中如下一段话：

> 我一向孜孜不倦、不遗余力地为人民办事，是马都克给了我牧师职务，要求我去关怀所有这些人。我让他们过和平生活、给他们全面的关心，让他在我的智慧中得到温馨和安全。为了给孤儿寡母应得的权利，我将我这些美好的话语写在这块纪念碑上。⑥

这与儒家所言民本主义的为君之道颇有相通之处。民本主义在早期国家阶段是可贵的治国理念，不只规范着人君的政治行为，实已涉及国家为什么存在、应该完成什么样的任务等国家伦理学的基本命题。拿这样的标准来衡量，周厉王的所作所为，当然与儒家的价值取向是背道而驰的。

那么，由于时代的悬隔和变迁，儒家关于国家伦理的论述以及对幽、厉

---

① 《论语·雍也》，阮元校刻：《十三经注疏》，中华书局 1980 年版，第 2479 页。

② 《孟子·离娄上》，阮元校刻：《十三经注疏》，中华书局 1980 年版，第 2717 页。

③ 《孟子·梁惠王上》，阮元校刻：《十三经注疏》，中华书局 1980 年版，第 2667 页。

④ 《孟子·梁惠王下》，阮元校刻：《十三经注疏》，中华书局 1980 年版，第 2681 页。

⑤ ［德］罗曼·赫尔佐克：《古代的国家——起源和统治形式》，赵蓉恒译，北京大学出版社 1998 年版，第 366 页。

⑥ ［德］罗曼·赫尔佐克：《古代的国家——起源和统治形式》，赵蓉恒译，北京大学出版社 1998 年版，第 368 页。

等历史人物的评价，是否可以弃若敝屣呢？恐怕还不能这样做。一个民族、国家的存在与发展总有其生生不息的动力，总有一些具有普适价值的文明因素可以跨越时空，恒久地发生作用。像民本主义这样的治国理念，即是具有普适价值的，是可以跨越时空、恒久发生作用的中华优秀传统文化的基因之一。以它作为价值取向来评价周厉王一类历史人物，应该是不会过时的。

把历史人物作为评价的客体时，如果主体背后的价值尺度无可置疑的话，史学研究方法的正确运用就成为至关重要的环节了。随着近年铜器铭文和简帛佚籍的不断发现，人们对西周历史的了解更为具体和深入，形成一些新的见解是正常的，也是必要的。但就周厉王的史实来说，并未发现可以彻底颠覆旧说的新史料。从理论上讲，在给周厉王议定谥号的时候，当时人们知道并掌握的事实一定不比今人少，可以说再多的新史料也不能改变这一逻辑关系。虽然古人对历史人物的评价不可避免地存在这样那样的缺陷，但新说的建立一定要用材料说话，做到客观公正。这是史学研究不可不遵行的学术规范。

在重评周厉王的论著中，有些研究方法可能是存在问题的。一是事实不清。如谓厉王革典就是废除周族世代相传的籍田古制，反映了宗法君主制赖以树立的经济基础的崩溃①。此说不以《国语·周语上》"宣王即位，不籍千亩"为据，却以"自厉王之流，籍田礼废"②的韦昭注立论。实则韦注是说自厉王被放逐后，籍田礼因无天子主持而告停止，到宣王即位后就正式废除了。由此恐怕不能得出厉王废除籍田古制的结论。再说，籍田礼说到底只是一种劝农的礼仪形式，对变革耕作和土地制度关系不大，说是破坏宗法君主制的经济基础，未免陈义过高。又如《诗·大雅·桑柔》本是厉王流彘后芮良夫写作的诗篇，却被看作芮良夫讽刺荣夷公好专利而作，进而认为周厉王通过暴力弭谤，就是禁止以诗歌讽谏这种行为，标志着王政的结束即《诗》亡的开端③。这也是属于曲解史料的牵强附会之说。二是事实因果关系不清。如有的学者为了肯定厉王专利的积极意义，说它扭转了西周王室财力匮

① 罗祖基：《重新评价周厉王》，《学术月刊》1994年第1期。
② 《国语·周语上》，上海古籍出版社1988年版，第15页。
③ 罗祖基：《重新评价周厉王》，《学术月刊》1994年第1期。

竭，使国家出现强盛局面，并以强盛的国力对戎狄入侵进行了成功的反击①。但资料显示，厉王对外战争发生在前，专利政策实施在后，并不存在这样的因果关系。又如认为厉王专利为了解决对外战争引起财政枯竭的问题，不只根据不足，还完全忽略了厉王君臣聚敛民财的实际效果，未能找到正确的因果联系。三是对事实本质认识不清。如厉王时期的对外战争，金文资料所记事实是有局限的，战事失利或失败的一面肯定不会得到充分反映，因为这不符合勒铭记功的制器目的。即以现有铜器铭文而论，厉王在战争中多处于被动防御地位，虽有局部获胜，但从战略上看并未起到加强国防、消弭边患的作用。以此为周厉王正名，也不免以偏概全。至于高压弭谤，完全是一种历史上少见的残暴行为，与清除原始民主遗存、涤荡宗法政治体制并无必然联系。

综上所论，欲对周厉王重新评价，洗其暴君恶名，树立有为之君的正面形象，不是价值尺度有所偏差，就是史学研究方法多显不当，所得结论自不可信。实际上，无论是国防上轻忽戎患，不修边备，还是内政上专利贪财，残民以逞，都表明周厉王的所作所为已严重突破了国家伦理的基本底线，是一个不折不扣的暴虐之君。这样的君主，被时代所唾弃，永远钉在历史的耻辱柱上，是不足为怪的。

---

① 李玉洁：《评周厉王革典》，《河南大学学报》（社会科学版）1986 年第 1 期。

下　编

稽　古　篇

第 九 章

清华简与伊尹传说之谜

　　近出清华简发现不少与伊尹相关的古文献[①]，其中有三篇极为重要：一是《尹至》，内容与《吕氏春秋·慎大》相近；二是《尹诰》，是久已失传的古文尚书《咸有一德》；三是《赤鹄之集汤之屋》，记有从未见及的伊尹与巫鸟的有关神话传说。虽然这些文献不见得都是商代文字，但对于考索伊尹有关史迹仍有重要的学术价值。文献有关伊尹的传说纷然杂陈，学者所作考订良多歧见，真相难明。诸如，伊尹是有莘氏人还是殷族人？是出身庖厨的媵奴还是伊族之长？他死后受到殷人隆重祭祀是因为充当间谍立下亡夏的奇功还是另有德业可述？这些问题都是难解的谜团，一直处在若明若暗之中。本章根据各种新旧资料对此略作探讨，以期形成更为真切的历史认识。

一、甲骨文中的伊尹

　　伊尹为商汤贤相，一代名臣，这是古典文献给人们的基本印象。虽然传世文献都是商代以后甚或千年的记录，但因甲骨文的发现和证明，终使伊尹渐褪其神话色彩，成为真实的历史人物。不过，甲骨文只是占卜记录，记事

[①] 从目前公布的材料看，在《清华大学藏战国竹简》第一册、第三册、第五册中，与伊尹相关的文献有：《尹至》《尹诰》《赤鹄之集汤之屋》《汤处于汤丘》《汤在啻门》等篇。

内容仍有很大的局限性。我们从中知道的只有死去的伊尹在殷人祀谱中所处的地位。

《楚辞·天问》说："初汤臣挚，后兹承辅。何卒官汤，尊食宗绪？"所言"挚"是伊尹的私名，近出清华简《尹诰》亦见此称。王逸注："言伊尹佐汤命，终为天子，尊其先祖，以王者礼乐祭祀，绪业流于子孙。"[①]《吕氏春秋·慎大》也说："祖伊尹，世世享商。"衡之卜辞，是可信据。

首先，伊尹一直受到殷人隆重的祭祀。如卜辞云：

> ［辛］亥卜，至伊尹用一牛。（《合集》21575）
> 乙亥贞，其侑伊尹二牛。（《合集》33694）
> 癸巳［卜］，侑于伊尹牛［五］。（《合集》34240）
> 伊尹岁十羊。（《合集》27655）
> ……御伊尹五十。（《屯南》3132）
> 丁丑贞，多宁以ᚢ侑伊。（《屯南》2567）
> 癸丑，子卜，来丁酚，伊尹至……。（《合集》21574）
> 辛卯卜，侑于伊尹，一羌一牢。（《屯南》3612）

上引卜辞分别属于一、三、四期，表明伊尹终殷商之世一直受到丰盛的祭祀，祭法有岁、至、侑、酚、御等多种，祭牲有牛、羊或羌人，用牲数少者为一，多者达到五十。其地位之尊崇可以想见。

其次，伊尹可以配祭殷人先公先王。如卜辞云：

> 甲申卜，侑伊尹五示。（《合集》33318）
> 癸酉卜，侑伊五示。（《合集》32722）
> ……丑贞，王祝伊尹，取祖乙鱼，伐告于父丁、小乙、祖丁、羌甲、祖辛。（《屯南》2342）
> 丁巳卜，侑于十位：伊又九。（《合集》32786）
> ……戌卜，侑岁于伊廿示又三。兹用。（《合集》34123）

---

① （宋）洪兴祖：《楚辞补注》，中华书局 1983 年版，第 115 页。

癸丑卜，上甲岁，伊宾。(《合集》27057)

贞其卯羌伊宾。/ 王其用羌于大乙，卯惟牛，王受又。(《合集》26955)

上引卜辞表明，伊尹在殷人祀谱中配祭先公先王有时为五位(五示)，有时为九位(伊又九)，有时为二十三位(伊廿示又三)。特别是在祭祀上甲和大乙(成汤)时，以伊尹为宾(配祭)，事非寻常。卜辞显示，宾配成汤受祭的往往是殷王，例如：

贞大甲不宾于咸。

贞下乙不宾于咸。(《合集》1402正)

这是武丁时期的两条卜辞，说到祭祀"咸"即成汤，以大甲和下乙(小乙)配祭。不要说对上甲、成汤这样的名公名王通常以后王配祭，就是其他的先公先王亦是如此，如"父乙宾于祖乙"(《合集》1657正)即是。而伊尹可配祭上甲与成汤，足见其地位之高几与商王比肩，确有以王者礼乐祭祀的意味。

最后，伊尹在殷人神殿中是可以支配自然现象的神灵。如卜辞云：

……伊尹无大雨。(《合集》27657)

弜秦于伊尹无雨。(《合集》27656)

丁未卜，惟伊壱雨。(《合集》32881)

其宁风伊。(《合集》30259)

乙巳贞，其秦禾于伊。(《合集》33282)

以上为第三、四期卜辞，伊尹可以影响风雨年成，说明他在殷人神殿中并不只是消极接受祭祀的亡灵，而是可以决定殷人祸福的神明。这是连殷王族核心成员死后都难以企及的神之权能。

在甲骨文中，另有黄尹其人，不少学者认为也是伊尹。早年郭沫若、岛

邦男已有其议，近年蔡哲茂先生更是力主此说。他利用学者对卜辞辞例比较
研究的成果，把甲骨文中的"龜示""求示"读为"舅示"，并由成汤迎娶伊
尹所在有莘氏之女，推论伊尹为成汤之舅，以此论证伊尹与黄尹为同一人①。
为此，蔡氏提供了一个饶有趣味的证据链，不妨移录如下：

伊——伊尹——伊奭——伊示——伊祊人——龜示
‖
黄——黄尹——黄奭——黄示——黄祊人——求示

　　细审蔡氏通过对比方式归纳而成的证据链，给人的感觉很像两条平行
线，相交或合一的希望至为渺茫。因为伊尹为成汤之舅说文献无征，失其本
根(说详后)。至于卜辞中的"龜"字，学者有着不同的释读，唯蔡氏以为"可
读为舅，是表示亲属称谓"。然检视卜辞，亲属称谓诸如祖、妣、父、母、
兄、弟、子、妇等并不少见，却未见"示"前冠以亲属称谓而作"某示"
者。所以即使把"求示"与"龜示"画上等号，还是无助于证成黄尹即伊尹的
论断。

　　综合各方面的意见看，黄伊与伊尹应非一人。黄尹只见于一期宾组卜
辞，数量较多，而伊尹则分别见于一、三、四期卜辞，数量略少。若按历组
卜辞前移的意见，一期所见伊尹卜辞数量会稍多一些。问题是同在武丁统治
时期，其占卜机构似无必要对同一人使用两种不同的称谓。退一步讲，就算
出于某种需要可以同人异称，但此人所受祭礼或其神权却不应该出现太大的
差异。齐文心说："黄尹在殷人的心目中神通广大，既能降福又能降祸，大至
舌方入侵，小至感染疾病，无不与黄尹的作祟有关，于是用十牛、三十牛、
五十牛以至百牛对黄尹进行祭祀，甚至以二羌、十伐举行人祭，以祈求黄尹
的保佑。祭仪的隆重较之对伊尹的祭祀有过之而无不及。这表明黄尹在世时
是一位功绩卓著地位崇高的大人物。卜辞中有'黄示'，是指祭祀黄尹的神
位，'黄奭'可能是指黄尹之配。在甲骨卜辞中尚未发现黄尹配享先王的例

----

① 蔡哲茂：《殷卜辞"伊尹龜氏"考——兼论它示》，《"中央研究院"历史语言研究所集刊》
1987年第58本第4分。

子，这表明他的实际地位与伊尹有所不同。"①这个分析是有说服力的。同时，伊、黄各为独立的族氏，亦不好牵合为一。已有学者指出："伊、黄在卜辞中都是族氏之名。卜辞中除伊尹、黄尹外，还有子尹、戗尹(《屯南》341)等。子、戗也都是族氏之名。黄和伊作为族氏之名在卜辞中始终存在……说明二者是两个不同的族氏，不是同一族氏的不同称呼。所以伊尹、黄尹是两个人，不是一个人。"②这些看法富有理据，是可信从。

接下来，需要谈谈如何理解伊尹出现在殷人祀谱之中的问题。《左传·僖公十年》说："神不歆非类，民不祀非族。"意即神灵不会享用别族的祭品，民众也不会祭祀别族的神灵。又《僖公三十一年》说："鬼神非其族类，不歆其祀。"其原因正如《左传·成公四年》所引《史佚之志》云："非我族类，其心必异。"依据这一祭祀原则，伊尹是不该出现在卜辞所见殷人祀谱之中的。因为传统看法伊尹是有侁氏人，与殷人并非同一族类。《吕氏春秋·本味》高诱注："侁读曰莘。"《墨子·尚贤下》《孟子·万章上》即作"莘氏"或"有莘"。《史记·夏本纪》也说夏禹"其后分封"，有"辛氏"之国，则"辛氏""有莘氏""有侁氏"为一国之异称。《世本·氏姓篇》云："莘，姒姓，夏禹之后。"③若伊尹是有莘氏人，则为姒姓，与属于子姓的殷王族并无血缘上的任何联系，不宜在殷人神殿上占有一席之位。

怎么解释这一矛盾现象？常玉芝先生的看法是："古代的这种祭祀原则在殷商时期还尚未施行。卜辞表明，殷人对有功于商族的异族名臣是非常尊崇的，在这些名臣去世后，商人对他们进行着频繁而隆重的祭祀，并且世代不断。"④这是推断殷商时期尚不存在非其族类不祀的原则，用以说明伊尹被纳入殷人祀谱的合理性。

固然"神不歆非类，民不祀非族"的祭祀原则是春秋时期才有的理论概括，但并不意味着与它相应的事实是同步发生的。一般说来，客观事物

① 齐文心：《伊尹、黄尹为二人辨析》，《英国所藏甲骨集》(下编)，中华书局1982年版，第181页。

② 温明荣、郭振禄、刘一曼：《试论卜辞分期中的几个问题》，"中国考古学研究"编委会编：《中国考古学研究——夏鼐先生考古五十年纪念论文集》，文物出版社1986年版，第172页。

③ (汉)宋衷注，(清)秦嘉谟等辑：《世本八种》(孙冯翼集本)，中华书局2008年版，第15页。

④ 常玉芝：《商代宗教祭祀》，中国社会科学出版社2010年版，第399页。

的本身相对于反映它的概念来说，在历史上的出现总要早得多。前引《史佚之志》实已表明殷代同样通行这一祭祀原则。因为史佚为商末周初人，"历周文、武、成三代"①。可见"非我族类，其心必异"的认知由来已久，绝非周初或春秋时期才有的礼规。上古时代一直有族姓之分，这种区分不仅仅是为了方便称呼，或用以划清"同姓不婚"的界限，应该还有规范宗族祭祀的功能，否则神灵世界与现实世界就无法统一起来。虽然"周因于殷礼"②，仪节会有所损益，但作为基本的祭祀规则当不会改变，正如它从周秦到明清一直被沿袭下来一样。在古代希腊罗马，同样是"祖先不受外人的祭祀"③，说明这在古代是带有普遍性的习俗。因此，要说殷人不存在"神不歆非类，民不祀非族"的祭祀原则可能是有悖事实的。只是这样一来，伊尹作为一位异族名臣被纳入殷人祀谱，着实让人费解。那么，伊尹有无可能并非出自异姓而是一位与殷人同姓的旧臣呢？下一节我们就来讨论这个问题。

二、伊尹的族属

关于伊尹的族属，目前所见大体有三种意见：一是伊尹为有莘氏人。这是一种居于主流地位的传统说法。如《路史·前纪三》说："伊尹，莘人。"今人或谓伊尹是"有莘氏之子弟"④，或以为是"有莘氏族之长"⑤。二是伊尹为"少皞氏的直系后裔"⑥。这是学者新创之说。三是伊尹为殷氏王族

---

① 杨伯峻：《春秋左传注》，中华书局1981年版，第360页。
② 《论语·为政》，阮元校刻：《十三经注疏》中华书局1980年版，第2463页。
③ 李宗侗：《中国古代社会新研、历史的剖面》，中华书局2010年版，第13页。
④ 张政烺：《释"它示"——论卜辞中没有蚕神》，吉林大学古文字研究室编：《古文字研究》第一辑，中华书局1979年版。
⑤ 徐喜辰：《论伊尹的出身及其在汤伐桀中的作用》，《人文杂志》1990年第3期。
⑥ 刘宗汉：《卜辞伊尹考》，宋镇豪等主编：《西周文明论集》，朝华出版社2004年版，第323—335页。

人。此说由张光直先生首倡①，继有学者发挥②。这些意见是非得失如何，先作必要的分析。

（一）伊尹非有莘氏人

伊尹为有莘氏人，看上去似有充分的文献依据。《楚辞·天问》说："成汤东巡，有莘爰极。何乞彼小臣，而吉妃是得？水滨之木，得彼小子。夫何恶之，媵有莘之妇？"屈赋文字简约，义或不昭。东汉王逸注云："言汤东巡狩，从有莘氏乞匄伊尹，因得吉善之妃，以为内辅也。"并就"乞彼小臣""得彼小子"揭出伊尹水滨出生的故事：

> 言伊尹母妊身，梦神女告之曰："臼灶生蛙，亟去无顾。"居无几何，臼灶中生蛙，母去东走，顾视其邑，尽为大水，母因溺死，化为空桑之木。水干之后，有小儿啼水涯，人取养之。既长大，有殊才。有莘恶伊尹从木中出，因以送女也。③

但这个故事还有更早的版本，见于《吕氏春秋·本味》篇：

> 有侁氏女子采桑，得婴儿于空桑之中，献之其君。其君令烰人养之。察其所以然，曰："其母居伊水之上，孕，梦有神告之曰：'臼出水而东走，毋顾。'明日，视臼出水，告其邻，东走十里，而顾其邑尽为水，身因化为空桑。"故命之曰伊尹。此伊尹生空桑之故也。长而贤。汤闻伊尹，使人请之有侁氏。有侁氏不可。伊尹亦欲归汤，汤于是请取妇为婚。有侁氏喜，以伊尹为媵送女。

---

① 张光直：《谈王亥与伊尹的祭日并再论殷商王制》，《"中央研究院"民族学研究所集刊》1973年第35期。

② 王晖：《先商十干氏族研究》，《中国史研究》2003年第3期；又收入《古史传说时代新探》，科学出版社2009年版，第133—150页。

③ （宋）洪兴祖：《楚辞补注》，中华书局1983年版，第108页。

　　这两个版本的故事都没有提到伊尹的生父，很容易让人觉得夏末商初社会还处在母权制时代。而伊尹的母亲被洪水淹死，他也成为水滨的弃子。关于水滨弃子这样的母题，在中外神话传说中并不少见。如作为犹太人先知的摩西就是从水中捞出的孩子，周人始祖弃出生后也曾被弃置于寒冰（冰亦水）之上。这些神话英雄历经磨难、艰辛与考验，最后得以存活并有大功于世，显示出身世的不凡。

　　在这里，我们无暇探讨神话的意蕴，神话背后的历史情况如何才是我们关注的焦点。本来有莘氏的采桑女只是得到弃子伊尹的人，至于伊尹的母亲是否也是有莘氏女子，故事并未明确交代。从伊尹被献给有莘氏国君，国君并不知其详情看，伊尹不像是有莘氏的子弟。因为上古时代一个国族活动的地域并不很大，本国范围内发生导致家破人亡的特大洪灾，其国君竟一无所知，只因得到伊尹才派人前往灾区查验，这恐怕是说不过去的。可见这则故事本身还无法说明伊尹就是有莘氏人。另据《左传·昭公元年》赵孟说："虞有三苗，夏有观、扈，商有姺、邳，周有徐、奄。"这是说虞、夏、商、周即使王道盛明之时，犹有诸侯反叛。商时的姺、邳亦为其例。杨伯峻以为"姺亦作侁，即《吕氏春秋·本味篇》之有侁氏"①。有莘氏是如何反叛商朝统治的，因史传无文，不可详知。但不管怎样，有莘氏有过一度反商的敌对行为，看来是尽人皆知的。伊尹若出自有莘氏，有莘氏又发生过如此严重的反叛事件，他作为有侁氏贵族还能安坐在殷人的神殿之上，一直保持备受尊崇的神圣地位，这也是不可想象的。

　　过去张政烺先生认为伊尹为有莘氏子弟，商和有莘氏当时还处于母系制度的末期，"从有莘氏这方面讲，伊尹本有继位的资格，他放弃自己的继承权，和商并为一国，但舅权的尊严还在，故废立太甲易如反掌"②。这些看法都缺乏应有的根据。比如说商与有莘氏尚处于母系制度末期，即与商王传子制和有莘氏嫁女的基本事实相违忤。又说伊尹与商并一国，故舅权之大足以废立国君，亦属臆测。特别是前已言及，伊尹若为有莘氏人，则与商族异姓，无法解释非其族类不祀的礼规。可见伊尹为莘人的传统说法未必可靠，由此所作的相关推论更是无枝可依。

---

　　① 杨伯峻：《春秋左传注》，中华书局 1980 年版，第 1207 页。
　　② 张政烺：《释"它示"——论卜辞中没有蚕神》，吉林大学古文字研究室编：《古文字研究》第一辑，中华书局 1979 年版。

(二)伊尹非少皞氏后裔

伊尹作为有莘氏人与殷人异姓异德，要列入殷人祀谱在礼制上存在不可逾越的障碍。这一点，刘宗汉先生认识得比较清楚，所以他另辟蹊径，千方百计把伊尹说成少皞氏的后裔。他提出，伊尹生于空桑，居少皞氏之地，又与少皞氏同名为挚，故伊族为少皞氏的直系后裔，亦即殷末周初尚可见及的奄国；商人信仰崇拜鸟与桑林，而少皞氏也以鸟名官，且空桑为东夷集团的中心圣地，说明商人同样出自少皞氏，亦即东夷集团少皞氏四叔之一的该；商人祭祀伊尹是新宗对旧宗宗主的崇拜，以便达到控制东夷集团的中心（伊地）的少皞氏后裔，进而控制整个东夷集团的目的①。

刘氏注意从伊尹与商人当为同一族属来考虑问题，应该说是一条正确的思路。又说伊尹生于空桑，空桑在今山东曲阜，而西周晚期的伊設簋出土于今曲阜地区的邹城市，以证邹城是古伊国的所在地，亦可备一说。但他认为伊氏与殷人同为少皞氏支脉，区别只在旧宗与新宗的不同，则不足凭信。因为少皞氏嬴姓，殷人子姓，史有明文，这就从根本上使其新说无法成立。

(三)伊尹非殷氏王族

1963 年，张光直先生发表《商王庙号新考》一文，对商王庙号在系谱上有规律分布的现象给予全新的阐释，提出商王族二分亲族支派和两派轮流执政之说。该文未作任何论证即将伊尹纳入殷王室宗族集团之中，言称"殷代的所谓'旧臣'在政治上似乎有很大的力量。如伊尹权势之盛，可以放逐大甲，同时在宗族上就有相当大的地位，为武丁时代王室祀典所收"②。十年后，张氏再次著文重申上述见解，并把伊尹明确为当时王室两大执政群中的 B 组成员③。张氏的新说在海外曾引起热烈讨论，也曾受到严肃的批评④，大陆

① 刘宗汉：《卜辞伊尹考》，宋镇豪等主编《西周文明论集》，朝华出版社 2004 年版，第 323—335 页。

② 张光直：《商王庙号新考》，《"中央研究院"民族学研究所集刊》1963 年第 15 期。

③ 张光直：《谈王亥与伊尹的祭日并再论殷商王制》，《"中央研究院"民族学研究所集刊》1973 年第 35 期。

④ 杨希枚：《联名制与卜辞商王庙号问题》，《"中央研究院"民族学研究所集刊》1966 年第 21 期，第 17—37 页。

有学者也认为其说"很难说有多少科学性"①。后来，王晖先生发表《殷商十干氏族研究》一文，对张氏之说略有商榷，但同时也从中受到启发，提出"商代及先商时期存在着以十干命名的部族"，"伊尹为丁族"，"商王为十干部族的共主"②。该文主旨虽有不同，但认为伊尹属于商王族则相一致。

以伊尹为子姓王族的说法，虽与史实接近，但仍有未谛。伊氏既为独立的族氏，应该早就从王族中分化而出，不宜再与王族相混一。上博简《容成氏》第 37 简说："汤乃谋戒求贤，乃立泗（伊）尹以为差（佐）。"③从伊尹远离商王族而商汤求贤若渴的情况看，伊氏与王族的关系已较疏远了。同时，把伊尹视为商王族中的丁族也有不易讲通的地方。譬如，卜辞说："伊岁遘匚丁日"（《屯南》1110），是伊尹与匚丁均以丁日为祭，则殷人先公匚丁与伊尹同样应为丁族。匚丁是成汤的直系祖先，如是则成汤属于丁族，亦当以丁日为祭。但卜辞有云：

> 贞翌乙未，酌咸。（《合集》1384）
> 其往于甲，酌咸。（《合集》975 反）
> 辛亥卜，争贞，今来乙卯，侑于咸，十牛。（《合集》6943）
> 贞翌乙亥，侑彶于唐，三十羌，卯三十牛，六月。（《合集》313）

上引卜辞中的咸、唐皆成汤之名，其祭日有甲乙却没有丁。就算成汤是十干部族的共主，他自身也应归于某一部族。若以其祭日论，当为乙族，但这又与其直系祖先为丁族相矛盾。这说明殷王族内部怎样细分为不同的亲族支派，还有待深入探讨。

（四）伊尹为殷氏支族说

前面谈到的三种关于伊尹族属的见解，都存在一些问题，无法令人信服。这里，我们尝试提出一种新的意见：伊尹为殷氏支族说。

---

① 张懋镕：《商代日名研究的再检讨》，《考古学研究》，三秦出版社 1993 年版。
② 王晖：《殷商十干氏族研究》，《中国史研究》2003 年第 3 期。
③ 马承源主编：《上海博物馆藏战国楚竹书》（二），上海古籍出版社 2002 年版，第 279 页。

《史记·殷本纪》说："契为子姓，其后分封，以国为姓，有殷氏、来氏、宋氏、空桐氏、稚氏、北殷氏、目夷氏。"《索隐》按："《系本》子姓无稚氏"，北殷氏"作髦氏，又有时氏、萧氏、黎氏。"可见殷人始祖契的后裔，以国为氏者甚多，并不止殷氏一系。在子姓众多的族氏中，殷氏只可看作广义的王族，而真正的王族则是指殷氏中始终掌握王权的核心宗族或家族。即便是居于核心地位的殷氏王族，也可能因为诸如分化、分封、分离等原因派生出新的分支族氏。如上引《史记》所言宋氏，即是武王克商之后所封微子及其后裔，但微氏亦不止宋氏一系，故有见于史墙盘被周武王分封于王畿内的微史家族。因此，子姓殷氏除了世代执掌邦族大权的王族外，也应有其支族如众星拱月般存在于王族周围。伊尹所自出的族氏，可能就属于殷氏内部拱卫王族的支族之一。

伊尹之伊，为族氏名；尹者，官名。《尔雅·释言》："尹，正也。"郭璞注："谓官正也。"邢昺疏："言为一官之长也。"《尚书·顾命》："百尹御事。"伪孔传："百尹，百官之长。"据《吕氏春秋·本味》说：有莘氏国君得到伊尹之后，"命之曰伊尹，此伊尹生空桑之故"。是知伊尹并非是成为商汤辅弼大臣之后才有的称呼。那么这个"尹"字所代表的实际含义就不是一般意义上的官名，而应是指伊族之长了。至于伊为族氏之名，这在甲骨文中有清楚反映。如卜辞云：

> 伊卜。(《英》2011)
> 惟伊受又。(《合集》27288)
> 惟伊其射。(《合集》32801)
> 伊田有正。(《英》2327)
> 甲戌卜，其执伊又岁。(《合集》27306)
> ……酉卜，令伊伐……。(《屯南》2145)
> 伊史无左，九月。(《英》2119)
> 其令伊永为丁令，惟甲令。(《英》2262)

上引卜辞单称"伊"者既是人名，同时也是族氏名。所谓"执伊"就是使伊的意思。"令伊伐"与"王令𨑃伐于东邦"(《合集》33068)同例,说明伊与𨑃一样,也具有人名兼族名乃至地名的多重含义。"伊史"为伊族任史官者。"伊永"为人名,齐文心先生说:"伊永之称前所未见,伊为国族名,永为私名。"[1]这些材料表明,伊作为国族名应该是可信的。

从殷商到西周,伊这个族氏一直存在,并有青铜器见知于世,足见其社会地位不低。商周青铜器有关伊氏的人名,今日可见的就有"伊辛"(沫𣎴伊辛铙,《集成》412)、"伊生"(伊生簋,《集成》3631)、"伊𩰬"(辛事簋,《集成》10582)、"伊諆"(伊諆簋,《集成》4533)、"伊伯"(史懋壶盖,《集成》9714)等。西周早期的伊尊[2]铭文(图9-1,图9-2)只有一个"伊"字,则以族氏名的可能性较大。另有两条金文材料或可窥知伊之族姓:

　　沫𣎴伊辛铙:"沫𣎴,伊辛。"(《集成》412)(图9-3)
　　鬼壶:"鬼作父丙宝壶,伊𤦲。"(《集成》9584)(图9-4)

图9-1　伊尊

图9-2　伊尊铭文

---

①　齐文心:《关于英藏甲骨整理中的几个问题》,《史学月刊》1986年第3期。
②　吴镇烽:《商周青铜器铭文暨图像集成》11174,上海古籍出版社2012年版。

图 9-3 沬趚伊辛铙

图 9-4 鬼壶铭文

伊辛铙属于商代晚期器，铭文中的人名"伊辛"含有日名"辛"字。鬼壶属于西周中期，铭文最后两个字为复合氏名，其中有"伊"，且作器者"鬼"使用日名"丙"称其父考。这些现象尤需我们注意。据张懋镕先生研究，铜器上"缀有日名和族徽，多可以判定为殷商后裔所作器"。①这是带有规律性的总结，对判定铜器族属很有价值。伊氏使用日名与族徽（这个族徽尚不见于其他殷系青铜器），证明伊尹当属于子姓殷氏。

不宁唯是，从有关伊尹的各种传说中，我们还可看到伊氏与殷人在太阳、鸟、桑林崇拜方面的一致性。这也从一个侧面揭示了伊尹为子姓殷氏的事实。

《山海经·大荒东经》说："东海之外，甘水之间，有羲和之国。有女子名曰羲和，方浴日于甘渊。羲和者，帝俊之妻，是生十日……大荒之中，有山名曰孽摇頵羝，上有扶木，柱三百里，其叶如芥。有谷曰温源谷。汤谷上有扶木。一日方至，一日方出，皆载于乌。"②这段文字把先秦时期太阳神话的主要内容反映了出来。其要义有：①天有十日，为帝俊之妻羲和所生。帝俊之夋，皇甫谧说是帝喾之名，王国维以为乃帝喾之喾（本字作夒）的讹字③。

---

① 张懋镕：《西周青铜器断代两系说刍议》，《考古学报》2005 年第 1 期。
② 袁珂：《山海经校译》，上海古籍出版社 1985 年版，第 245—247 页。
③ 王国维：《观堂集林》（外二种）上，河北教育出版社 2001 年版，第 261 页。

《礼记·祭法》说:"殷人禘喾而郊冥",是以帝喾为殷人远祖。②羲和生下十个太阳,把它们安置在汤谷扶木之上。扶木即扶桑,故《山海经·海外东经》说:"汤谷上有扶桑,十日所浴,在黑齿北。居水中,有大木,九日居下枝,一日居上枝。"①扶桑又叫空桑,为日月出入之所。《山海经·大荒南经》郭璞注引《归藏·启筮》说:"空桑之苍苍,八极之既张,乃有夫羲和,是主日月,职出入,以为晦明。"②③十日轮班出入,由乌载着飞过天空。乌后来被说成是一种三只脚的乌鸦。《淮南子·精神训》:"日中有踆乌。"高诱注:"踆犹蹲也,谓三足乌。"

先民对于太阳神的崇拜产生很早,"庙底沟文化彩陶上频繁出现的太阳鸟图像,与大汶口文化和良渚文化所见的同类图形完全相同,说明当时的太阳神观念普遍存在,传播范围很广"③。过去管东贵先生认为是"殷民族所创造的太阳神话"④,验之考古资料并不相符。但是,殷人对太阳神话有过改造并虔诚信仰应无可疑。不仅《山海经》说羲和生十日,商王庙号以十干命名,暗示殷人具有强烈的日神崇拜观念,而且殷墟卜辞所见对日神的祭祀,更将其宗教信仰显露无遗。甲骨文中对日神的祭祀有宾祭、哉祭、侑祭、刚祭等多种方式,对出日、入日的祭祀亦较频繁,祭仪有哉、用、侑、裸、岁、酒、卯等。"这些祭仪常见于殷代,也用于祭祖神或自然神等其他场合,可知殷代的日神信仰,是多神信仰之一"⑤。

殷人存在鸟崇拜习俗,亦有较多的文献资料支持。《诗·商颂·玄鸟》云:"天命玄鸟,降而生商。"《楚辞·天问》云:"简狄在台……玄鸟致贻。"《史记·殷本纪》说:"殷契,母曰简狄……三人行浴,见玄鸟堕其卵,简狄取吞之,因孕生契。"所言玄鸟是燕子、凤凰、乌鸦还是"各种鸟

---

① 袁珂:《山海经校注》,北京联合出版公司 2014 年版,第 230 页。

② 袁珂:《山海经校注》,北京联合出版公司 2014 年版,第 324 页。

③ 中国社会科学院考古研究所:《中国考古学》(新石器时代卷),中国社会科学出版社 2010 年版,第 252 页。

④ 管东贵:《中国古代十日神话之研究》,《"中央研究院"历史语言研究所集刊》1962 年第 33 本。

⑤ 宋镇豪:《甲骨文"出日"、"入日"考》,《出土文献研究》,文物出版社 1985 年版。

的通称"①，学者的认识尚不一致，但这种感生神话反映了殷人的鸟图腾崇拜，则为事实。在甲骨文中，商人先公王亥的"亥"字即由隹(鸟)和亥上下两部分构成②，与《山海经·大荒东经》说"有人曰王亥，两手操鸟"相印合。《尚书·高宗肜日》说："高宗肜日，越有雊雉。祖己曰：'惟先格王，正厥事。'"这是说商王肜祭高宗的日子里，有一只野鸡鸣叫，祖己认为这是祭事不当引起的，需要纠正有关祭仪。同样反映了殷人典型的鸟崇拜信仰。

殷人对桑林也是顶礼膜拜的。《吕氏春秋·顺民》说："昔者汤克夏而正天下，天大旱，五年不收，汤乃以身祷于桑林，曰：'余一人有罪，无及万夫。万夫有罪，在余一人。无以一人之不敏，使上帝鬼神伤民之命。'于是翦其发，枥其手，以身为牺牲，用祈福于上帝，民乃甚说，雨乃大至。"此与《尚书大传》所言略同。成汤桑林祷雨的传说，说明桑林是可以决定殷人祸福的神树。《史记·殷本纪》说："帝太戊立伊陟为相，亳有祥桑榖共生于朝，一暮大拱。帝太戊惧，问伊陟。伊陟曰：'臣闻妖不胜德，帝之政其有阙与？帝其修德。'太戊从之，而祥桑枯死而去。"这是说在商王太戊时出现了桑树与榖(构)树共生于朝廷的不祥之事，太戊修其德政才使得妖桑枯死。殷人认为祥桑可以致祸，也是崇拜桑林的具体表现。《吕氏春秋·诚廉》说："武王即位……使保召公就微子开于共头之下，而与之盟曰：'世为长侯，守殷常祀，相奉桑林，宜私孟诸。'"又《慎大》篇说："武王胜殷……立成汤之后于宋，以奉桑林。"周武王克商以后分封宋国，把"相奉桑林"作为殷遗民"守殷常祀"的标志，可见桑林崇拜是殷人立国后始终不渝的信仰之一。

殷人对太阳、玄鸟、桑林的崇拜，看似属于不同内容的宗教信仰，实际均可纳入日神崇拜的信仰体系之中，成为三位一体的原始宗教观念。桑林为太阳出入之所，而金乌又背负太阳飞越天空，三者具有不可分割的联系。因此，这一太阳崇拜观念可谓独具特色，从而把殷人与其他信仰太阳神或鸟图腾的东夷部族区别开来。

考诸文献，伊氏与殷人具有同样的原始宗教观念。前面说过，伊氏也是

---

①　陈致：《殷人鸟崇拜研究》，陈致主编：《当代西方汉学研究集萃》(上古史卷)，上海古籍出版社 2012 年版，第 81—107 页。

②　胡厚宣：《甲骨文所见商族鸟图腾的新证据》，《文物》1977 年第 2 期。

以日为名的国族，自然是崇拜太阳神的。所谓伊尹生于空桑，而空桑在洪水的冲击下护佑了伊尹生命，其意象与扶桑生长于汤谷(即温水弥漫的山谷)并安排十日的出没何其相似！这意味着伊氏也是有桑林崇拜信仰的。但伊族对鸟的崇拜，这是最近通过清华简《赤鹄之集汤之屋》①才清楚知道的信息。该篇简文记载说：商汤射获了一只赤鹄，令小臣伊尹将其烹煮做羹。商汤之妻妊㜪胁迫伊尹让她先行品尝，伊尹也得食其余羹。商汤外出归来，对此事有所觉察，伊尹只得出逃。由于受到商汤的诅咒，伊尹病卧于路上，被称作巫乌的鸟拯救。伊尹无意中从巫乌口中得知一个秘密，即天帝安排二黄蛇、二白兔及二陵屯作祟，致使夏后身染重疾。于是伊尹前去为夏后治病，成功解除了夏后遭受的厄难。这个故事充满神话和巫术色彩，可谓荒诞不经，自然不可作史实看。但是，无论是商汤以赤鹄做羹，还是伊尹被巫乌拯救，都与鸟类有关。《楚辞·天问》说："缘鹄饰玉，后帝是飨。"王逸注："后帝，谓殷汤也。言伊尹始仕，因缘烹鹄鸟之羹，修玉鼎，以事于汤。汤贤之，遂以为相也。"②这些都折射出伊族与商族一样，亦有鸟崇拜的习俗。

从上面的分析可以看出，伊氏与商族一样，都使用日名与族徽，同样存在崇拜日神、鸟、桑林三位一体的信仰体系，因此他们应该是同姓的族氏。叔夷钟为春秋时期宋国后裔之器，铭文载齐灵公对叔夷说："余经乃先祖"，意即我效法你的先祖，而叔夷对答时说："夷典其先旧及其高祖"(《集成》275)，"先旧"指伊尹，"高祖"为成汤。是知"先旧"不是一般意义上的先朝旧臣，还应带有先祖之意，正如郭沫若所说："所谓数典不忘祖也。"③此与周初召公与周同姓的情况略相近似。《诗·大雅·召旻》云："昔先王受命，有如召公，日辟国百里。今也日蹙国百里，於乎哀哉！维今之人，不尚有旧。"诗中的"旧"指召公一样的旧臣。召公或谓文王之子，实为周之支族④。伊尹被称为"先旧"，正好说明伊族属于子姓殷氏，是殷氏内部由王族分化而成的另一支族。故伊尹作

---

① 清华大学出土文献研究与保护中心编，李学勤主编：《清华大学藏战国竹简》(三)，中西书局2012年版，第167页。

② (宋)洪兴祖：《楚辞补注》，中华书局1983年版，第105页。

③ 郭沫若：《两周金文辞大系图录考释》(八)，科学出版社1957年版，第207页。

④ 杜勇：《关于鲁、燕、齐始封年代的考察》，《大陆杂志》(台北)1998年第97卷第3期。又见杜勇：《〈尚书〉周初八诰研究》(第六章第三节)，中国社会科学出版社1998年版。

为佐汤灭夏的一代功臣，在殷人祀谱中具有崇高地位，得以世世享商。

三、伊尹的出身问题

伊尹为殷氏伊族之长，自有其尊贵的地位，为什么古典文献会把他描绘成一个庖人出身的媵臣？乃至不少人相信"他是陪嫁的一名奴隶"①。至于孟子说伊尹是一位处士，自司马迁开始就受到怀疑，信从者微。那么，实际情况是怎样的呢？

《墨子·尚贤上》说："汤举伊尹于庖厨之中，授之政，其谋得。"又《尚贤中》："伊挚，有莘氏女之私臣，亲为庖人，汤得之，举以为己相，与接天下之政，治天下之民。"又《尚贤下》："昔伊尹为莘氏女师仆，使为庖人，汤得而举之，立为三公。"墨家这些说法归结起来，即《墨子·贵义》所说："伊尹，天下之贱人也。"清华简《汤处于汤丘》也说："汤处于汤（唐）丘，娶妻于有莘，有莘媵以小臣，小臣善为食，烹之和。"②

稍后孟子时代，似乎又流行"伊尹以割烹要汤"的传闻，孟子在回答学生提问时不赞同这种说法，认为"伊尹耕于有莘之野，而乐尧舜之道焉。非其义也，非其道也，禄之以天下，弗顾也；系马千驷，弗视也。非其义也，非其道也，一介不以与人，一介不以取诸人。……吾闻其以尧舜之道要汤，未闻以割烹也"③。在孟子眼中，伊尹不是曲学阿世的人，而是一位先知先觉、品行高洁的处士形象。这也影响到司马迁撰写《史记·殷本纪》，一方面说伊尹"欲奸汤而无由，乃为有莘氏媵臣，负鼎俎，以滋味说汤，致于王道"；另一方面又存其异说："伊尹处士，汤使人聘迎之，五返然后肯往从汤，言素王及九主之事，汤举任以国政。"于是伊尹的身份就出现庖人与处士两种不同的说法，一卑微，一高洁，相去天壤。

为什么孟子反对伊尹为庖厨之臣的说法，要把伊尹说成耕于有莘之野的

① 金景芳：《中国奴隶社会史》，上海人民出版社 1983 年版，第 65 页。
② 清华大学出土文献研究与保护中心编，李学勤主编：《清华大学藏战国竹简》（五），中西书局 2015 年版，第 135 页。
③ 《孟子·万章上》，阮元校刻：《十三经注疏》，中华书局 1980 年版，第 2738 页。

处士？难道因为"一代名相竟然是一个媵臣，而且是庖人出身，在形象上很难令儒家接受"？①还是因为"伊尹干汤的说法是受到了战国时代游学博辩风气影响而产生的"，完全是"以今度古的臆测"？②这还需要作具体分析。尽管我们今天不好判断孟子讲的伊尹自陈尧舜之道那一通话是他向壁虚构的还是言有所本，但至少可以说孟子的看法并非全无道理。试想一下，一个成天与锅瓢碗盏打交道的厨子，没有一定的政治经历，也没有接受过贵族教育形成必备的知识学养，只因为能做一席美味大餐，就能让"汤之于伊尹，学焉而后臣之，故不劳而王"③，这似乎有些把政治当儿戏了。至于说儒家不好接受伊尹作为庖人的贱人形象，似不尽然。孔子其少也贱，颜回家贫如洗，樊迟一心学稼，公冶长身系缧绁，儒家均不以为耻，何至于对伊尹居于庖厨就得非加美化而后可？这只能理解为儒家作为东周以降社会上最大的知识群体，由于理性的增强，他们对各种传说加以重新审视，以期寻找历史的真相，求得更为合理的解释。不管他们做得是否到位，都有值得肯定的一面。

仔细分析有关传说，有些史影似乎依稀可辨。实际情况可能是，伊族因遭受洪水之灾，流离到有莘氏部落，暂作寄居之所。因为伊尹长大后才干突出，被有莘氏委以庖人实即庖正的官职，故又称为"伊小臣"。伊尹被称作小臣，近出清华简《赤鹄之集汤之屋》《汤处于汤丘》复有所见，其职事亦为庖厨。从楚地流传并有加工的这一传说看，小臣地位并不高。但甲骨金文材料显示，"臣或小臣在殷代为一较高的官名"④，并非尽属低贱阶级，特别是在王身边服事的小臣尤其如此。如卜辞称小臣某的人名甚多，有的为商王驾车，有的被派遣执行特定任务，有的还代替商王发号施令。商代后期的小臣俞尊说："王省夔京，王赐小臣俞夔贝。"（《集成》5990）小臣缶方鼎说："王赐小臣缶湡积五年。"（《集成》2653）小臣邑斝说："王赐小臣邑贝十朋，用作母癸尊彝。"（《集成》9249）这些铭文说到小臣随商王外出考察，所得赏赐有某地出产的贝或五年赋税，还可铸作彝器奉祀先人，显非低贱的奴仆可比。

① 蔡哲茂：《伊尹传说的研究》，李亦园、王秋桂编：《中国神话与传说学术研讨会论文集》，汉学研究中心，1996年3月。

② 袁珂：《中国神话通论》，巴蜀书社1993年版，第304页。

③ 《孟子·公孙丑下》，阮元校刻：《十三经注疏》，中华书局1980年版，第2694页。

④ 陈梦家：《殷虚卜辞综述》，中华书局1988年版，第505页。

伊尹既被称为小臣，则庖人当然就不是一项具体的劳作，而应是一个官职。《周礼·天官冢宰》有庖人一职与膳夫并列，其职责是"掌供六畜、六兽、六禽，辨其名物"。而排在庖人之前的膳夫，其职务似乎也不很高。膳夫的官职见于《诗经》《左传》《国语》《周礼》等典籍，其职掌仅《周礼·天官冢宰》有载："膳夫掌王之食饮膳羞，以养王及后世子。"如果没有大量铜器铭文的发现，仅从文献上观察膳夫的职责，也只能是一个微末小官。可是在金文资料中，周代膳夫的权势却远远超出人们的想象。下面举几条金文材料即可窥其一斑。

　　小克鼎："王命膳夫克舍命于成周，遹正八师之年。"（《集成》2797）

　　大克鼎："王呼尹氏册命膳夫克，王若曰：克，昔余既命汝出内（入）朕命，今余唯申就乃命。"（《集成》2836）

　　膳夫克盨："王命尹氏友史趛，典膳克田人。"（《集成》4465）

　　膳夫山鼎："王呼史桒册命山，王曰：山，命汝官司饮献人于㠱，用作宪司贮，毋敢不善。"（《集成》2825）

　　十二年大簋："王命膳夫豕曰趞睽曰：余既锡大乃里，睽侯豕璋、帛束。"（《集成》4298）

　　晋侯苏钟："王格大室，即位，王呼膳夫曰：召晋侯苏，入门立中廷，王亲锡驹四匹。"（《近出》44）

上引膳夫山鼎铭文说到，王命山掌管宾客饮食之礼以及相关物品的贮藏保管，体现了膳夫的基本职能。大小克鼎、大簋、晋侯苏钟说明膳夫还参与传达王命、整顿八师军队、协同天了接见赏赐诸侯等项政治活动。克盨则表明膳夫尚有自己的田土民人等家族产业。可见膳夫并不是一个无足轻重的小官职，而是有如周天子对膳夫梁其说的那样："天子肩事梁其，身邦君大正。"（《集成》187：梁其钟）即把膳夫看作邦君大官。膳夫之所以有超出基本职能之外的政治权力，应是"由于这些人处于君侧，与周王关系密切，成为国王的亲信，逐步超出了他们原来的职掌，而经常参与一些政治活动，地位日益显得重要起来"①。

伊尹的情况可能与周代的膳夫类似，或因担任有莘氏部落国的庖正，因此被误解为微末贱人。其实庖正是一个古老的职官，地位十分重要。据《左传·哀公元年》载：

> 昔有过浇杀斟灌以伐斟鄩，灭夏后相，后缗方娠，逃出自窦，归于有仍，生少康焉。为仍牧正，惎浇能戒之。浇使椒求之，逃奔有虞，为之庖正，以除其害。虞思于是妻之以二姚，而邑诸纶，有田一成，有众一旅。能布其德，而兆其谋，以收夏众，抚其官职。使女艾谍浇，使季杼诱豷。遂灭过、戈，复禹之绩，祀夏配天，不失旧物。

此言少康在逃亡过程中，先去有仍氏职任牧正，次至有虞氏担任庖正。有虞氏是一个姚姓部落国，虞思以二女嫁与少康为妻，并赐以纶邑田众，使少康所领夏族逐渐恢复元气，最终打败有过氏，使一度中断的夏朝统治得以延续下来。少康流亡到有虞氏，担任庖正，恐怕不只主管部族首领的饮食起居，整个邦族的后勤物质资源与供给都应在其职责范围之内。这在当时生产力低下和物质匮乏的时代，庖正显然是一个非常重要的职务。惜乎后世不解，指为贱役。

那么，有莘氏国君嫁女，何以让伊尹陪嫁作为媵臣呢？《仪礼》卷五《士昏礼》："媵布席于奥。"疏引郑玄注："媵，送也，谓女从者也。""古者嫁女，必侄娣从，谓之媵。"《诗·大雅·韩奕》云："韩侯娶妻，汾王之甥……诸娣从之，祁祁如云。"是说韩侯娶妻，尚有"诸娣"即妻子的妹妹陪嫁为媵（庶妻）。也有诸侯娶于一国，别国以庶出之女陪同随嫁为媵的情况。如《春秋·庄公十九年》载："公子结媵陈人之妇于鄄，遂及齐侯、宋公，盟。"是说陈侯取卫国之女为妻，鲁国从之媵女，以公子结为护送官员，只是他在鄄地参与齐、宋的盟会，未到目的地。这说明媵本质上是正妻之外的庶妻（妾）。但是唐代孔颖达却以伊尹为例，对媵的含义重新界定说：

_____
① 张亚初、刘雨：《西周金文官制研究》，中华书局 1986 年版，第 42 页。

　　《释言》云："媵，送也。"妾送嫡而行，故谓妾为媵。媵之名不专施妾，凡送女适人者，男女皆谓之媵。僖五年《左传》"晋人灭虞，执其大夫井伯，以媵秦穆姬"，史传称伊尹有莘氏之媵臣，是送女者虽男亦名媵也。（《诗·小雅·我行其野》正义）

　　孔氏以为男女皆可为媵，实属曲解。所举井伯为媵也不是真正的媵，而是在特殊情况下发生的政治事件，不足为训。媵字从女，郑玄以为女从者，可谓正解。而伊尹"长而贤"，又是伊族首领，并非一个不知姓名的奴隶，以他陪嫁毫无道理可言。

　　实际情况可能是伊尹作为有莘氏嫁女的陪送官员，因任庖正一职，被后世误传为媵臣。国君嫁女当然是一件极为重要的事情，命大臣护送是古礼内容之一。《左传·桓公三年》载："秋，公子翚如齐逆女，修先君之好……齐侯送姜氏，非礼也。凡公女，嫁于敌国，姊妹，则上卿送之，以礼于先君；公子，则下卿送之。于大国，虽公子，亦上卿送之。于天子，则诸卿皆行，公不自送。于小国，则上大夫送之。"可见春秋时期诸侯嫁女须有大臣陪护，而且国家的大小不同，陪送官员的级别也有不同。而齐侯嫁女于鲁，亲自护送，被认为是不合礼仪。夏末商初是否有如此等级森严的礼规虽不可知，但诸侯嫁女有重臣护送，情形应该大致相似。

　　从上面的分析看，伊尹本为伊族首领，因部族遭受严重洪灾而远徙他乡，寄居于有莘氏族邦。由于伊尹才干过人，被有莘氏国君委以重任，成为管理族邦后勤物质供给的庖正。当有莘氏嫁女于汤之时，伊尹作为护送官员随行，其后又服事于汤。但后世把庖正一类职官指为贱役，把嫁女陪送官员误为媵奴，致使伊尹的真实面貌隐而不彰。甚至一些传说还把伊尹的相貌说得相当丑陋，经个别学者一番发挥，伊尹又成了为女人服务的阉人。如肖兵先生就说："《天问》称伊尹'小臣'，自是媵奴，即所谓陪嫁奴隶。陪嫁奴隶多去势，以免秽乱宫闱。（《墨子·尚贤篇》亦称伊尹'女师仆'。）甲骨文五刑俱全，奄或读阉。伊尹曾被阉割，故《荀子·非相》云：'伊尹之状，面无须麋（眉）。'盖如太监，第二期体毛不发达，因而伊尹被汤派到夏桀处以后得以出入宫禁。"①其超级悬想，猎奇造作，远迈古人。

总之，春秋战国之际，社会发生急剧变化，贵族统治江河日下，平民政治洪波涌起，尚贤成为时代风尚。辩士游走列国，朝秦暮楚，一人身兼数相，波谲云诡。在弄不清历史真相的情况下，对伊尹出身微贱而高居相位的渲染，既可为辨士一步上位提供前例，也可为尚贤政治找到历史依据。于是伊尹的形象被罩上层层迷雾，以致与历史真相渐行渐远。

四、伊尹与亡夏兴殷

伊尹是商朝开国元勋，周初犹见称颂。《尚书·君奭》载周公说："我闻在昔，成汤既受命，时则有若伊尹，格于皇天。"所谓"格于皇天"，是说伊尹的德业受到皇天的嘉许。春秋时期叔夷钟铭文说："伊小臣唯辅，咸有九州，处禹之堵(土)"（《集成》276），也把伊尹看作辅佐商汤统一天下的首要功臣。然而，在成汤灭夏兴殷的过程中，伊尹的功绩到底何在，其实还是一个需要仔细探究的问题。

古往今来，最为人称道的是伊尹联合夏桀之妻妺喜，窃得情报，为商汤推翻夏朝统治立下头功。如《孙子兵法·用间》篇说："昔殷之兴也，伊挚在夏。"所谓"在夏"是指伊尹多次受成汤委派，去夏朝充当高级间谍，所获情报对灭夏兴殷发挥了重要作用。又如古本《竹书纪年》说：

> 后桀伐岷山，岷山女于桀二人，曰琬，曰琰。桀受二女，无子，刻其名于苕华之玉，苕是琬，华是琰。而弃其元妃于洛，曰末喜氏。末喜氏以与伊尹交，遂与间夏。②

这次夏桀征伐岷山(有缗氏)，掠得美女二人，却在政治上带来严重后果。此即《左传·昭公十一年》说："桀克有缗，以丧其国。"《韩非子·难

① 肖兵：《楚辞新探》，天津古籍出版社1988年版，第759页。
② 方诗铭、王修龄：《古本竹书纪年辑证》，上海古籍出版社2005年版，第17页。

四》说:"是以桀索崏山之女,纣求比干之心而天下离。"天下诸侯离心离德,自然动摇了夏桀身为天下共主的统治基础。但是,要说因为夏桀宠爱琬、琰,就将末(妹)喜遗弃,致使妹喜与伊尹暗中往来,成为帮助伊尹窃取夏朝情报的内部间谍,并无可靠证据。有的学者很相信这种说法,不仅认为伊尹是灭夏的功臣,而且还把妹喜看作功臣的功臣,甚至推论说,伊尹与妹喜由此结为秦晋之好,死后同受殷人祭祀,卜辞"有伐于黄尹亦侑于蔑"(《合集》970)、"其侑蔑暨伊尹"(《合集》30451)、"王燎于蔑"(《合集》14804)等记录中的"蔑",即是妹喜[1]。这个联想很奇特。实际上,所谓"末喜氏以与伊尹交",这个"交"最多也就是暗中串联或勾结的意思,要说还有感情上剪不断的纠葛,恐已超出原文的含义。至于卜辞中的"蔑"虽然学者解说各异,但仅从训诂上来证明"蔑"即妹喜是远远不够的。尤其是《竹书纪年》这一说法与多种文献资料不合,让人无法相信"弃元妃于洛"的真实性。《国语·晋语一》说:"昔夏桀伐有施,有施人以妹喜女之,妹喜有宠,于是乎与伊尹比而亡夏。"韦注:"伊尹,汤相伊挚也,自夏适殷也。比,比功也。伊尹欲亡夏,妹喜为之作祸,其功同也。"韦昭把"比"解释为同等功效是符合文义的,若要别解为朋比之比,进而把妹喜也看作背叛夏桀的内部间谍,明显与"妹喜有宠"相矛盾。细绎文义,是说夏桀对妹喜宠爱有加,淫逸无度,国事废弛,终致亡。《楚辞·天问》说:"桀伐蒙山,何所得焉?妹嬉何肆,汤何殛焉?"屈原不解的是,桀伐蒙山(有施)到底掳获了什么?所得妹喜到底如何纵情恣肆,竟使夏桀被成汤逐放而死?这正如《史记·外戚世家》所说:"桀之放也以末喜……纣之杀也嬖妲己……而幽王之禽也淫于褒姒。"都是说三代末世君王因为宠爱美人,荒废国政,最终遭致亡国杀身之祸。又如《淮南子》云:"汤败桀于历山,与末喜同舟浮江,奔南巢之山而死。"[2]此条材料不见于今本《淮南子》,当为佚文。既然妹喜与夏桀同奔南巢而死,更无可能与伊尹再生奇缘。

除此之外,再看伊尹从夏朝那里掌握的情况也体现不出多少谍报价值。

① 蔡哲茂:《伊尹传说的研究》,李亦园、王秋桂编:《中国神话与传说学术研讨会论文集》,汉学研究中心,1996年3月。

② 《史记·夏本纪》正义引,中华书局1982年版,第89页。

如《吕氏春秋·慎大览》说:

> 桀为无道, 暴戾顽贪, 天下颤恐而患之……汤乃惕惧, 忧天下之不宁, 欲令伊尹往视旷夏, 恐其不信, 汤由亲自射伊尹。伊尹奔夏三年, 反报于亳, 曰:"桀迷惑于末嬉, 好彼琬、琰, 不恤其众, 众志不堪, 上下相疾, 民心积怨, 皆曰'上天弗恤, 夏命其卒。'"汤谓伊尹曰:"若告我旷夏尽如诗(时)。"汤与伊尹盟, 以示必灭夏。伊尹又复往视旷夏, 听于末嬉。末嬉言曰:"今昔天子梦西方有日, 东方有日, 两日相与斗, 西方日胜, 东方日不胜。"伊尹以告汤。

引文中的"旷夏"学者解说不一, 当以"旷夏当即猾夏(旷假为犷, 与猾义近), 皆为夏部族之别称"①为优。清人卢文弨却说:"旷夏似言间夏, 汤令伊尹为间于夏, 而恐其不信, 故亲射之。"②商汤煞费苦心让伊尹去做间谍, 但他三年后回来报告的情况是:"上天弗恤, 夏命其卒", 反映的是夏王国的民心向背。而伊尹第二次往视夏国, 从妹喜那里了解到的情况是, 夏桀做了两日相斗西日胜这样一个意味深长的梦。前者可从民心向背上分析伐桀的战略时机是否成熟, 后者据说被用于确定商汤自西伐桀的战略。但是, 这些似乎都算不上什么重要情报。因为对夏朝社会现状的了解渠道很多, 尚不至于如此大费周章。至于通过一个梦来决定战术原则, 似乎也不靠谱。所以从这段记载看, 伊尹也不像是一个情报专家。

近出清华简《尹至》有相似内容, 同样看不出伊尹报告的情报价值。简文云:

> 惟尹自夏徂亳, 逯至在汤。汤曰:"格, 汝其有吉志。"尹曰:"后, 我来, 越今旬日。余闵其夏众□吉好, 其有后厥志其爽, 宠二玉, 弗虞其有众。民噂曰:'余及汝皆亡。'惟灾虐极暴瘇, 亡典。夏有祥, 在西在东, 见彰于天。其有民率曰:'惟我速祸'。咸曰:'胡今东祥不彰? 今

---

① 陈奇猷:《吕氏春秋新校释》, 上海古籍出版社 2002 年版, 第 857 页。
② 许维遹:《吕氏春秋集释》, 中华书局 2009 年版, 第 354 页。

其如台？'"汤曰："汝告我夏隐率若时？"尹曰："若时。"①

伊尹从夏都至亳邑走了十天的路程，给商汤带来的报告是，夏朝民怨沸腾，恨不能与桀同归于尽，而人心向商，有如大旱之望云霓。简文虽也涉及桀"宠二玉"（琬、琰），全然不顾民生疾苦，但并无遗弃妹喜之事，说到"在西在东"亦非两日相斗之梦。不管怎样，伊尹报告的这些内容也算不上什么高度机密的国家情报，反映不出伊尹出色的间谍工作。

孟子不把伊尹作间谍看，只是说他不分国家治乱，均有积极的出仕态度。《孟子·公孙丑上》说："何事非君，何使非民；治亦进，乱亦进，伊尹也。"《史记·殷本纪》说："伊尹去汤适夏。既丑有夏，复归于亳。"也不把伊尹视为间谍。但伊尹往来夏商之间，在政治上不免有朝秦暮楚之嫌，仍非忠诚不二的圣人所为。唐代孔颖达对伊尹去亳适夏别出新解，可谓极尽美化之能事，其《尚书·胤征》疏云："伊尹不得叛汤，知汤贡之于桀。必贡之者，汤欲以诚辅桀，翼其用贤以治。不可匡辅，乃始伐之。此时未有伐桀之意，故贡伊尹，使辅之。"这种贡伊辅桀说以臆测代替证据，更无说服力。

要言之，以伊尹为间谍的说法，应为后世伊尹传说流布过程中的附会之词。前人对《孟子·告子下》说伊尹"五就汤，五就桀"无以索解，若不视为间谍，伊尹势必成了一个缺乏忠诚与政治眼光的投机者。这对一代贤相来说似乎不够光彩。为了维护伊尹的形象，把伊尹就汤就桀之举附会为一种间谍行为，似乎可以洗去他身上的道德污点。唐代柳宗元变革失败后，对于众人的不解只有借助为伊尹辨诬，聊述苦衷。他作《伊尹五就桀赞》一文，说伊尹"既得其仁，犹病其久"，不过想急切找到救民于水火的快捷通道罢了。并盛赞伊尹"大人无形，与道为偶"②，不能拿传统道德意义上的忠诚良相来审视。尽管柳宗元对此有新的感悟，但仍未揭示出伊尹"五就汤五就桀"的事实真相。

其实，伊尹就汤就桀并不足异，此与当时的国家结构形式有关。夏商时期的国家结构与后世高度集权的大一统国家不同，是以一国统领万国的贵族

---

① 清华大学出土文献研究与保护中心编，李学勤主编：《清华大学藏战国竹简》（一），中西书局 2010 年版，第 128 页。

② （唐）柳宗元：《柳宗元集》，中华书局 1979 年版，第 522 页。

国家体制，宗主国与诸侯国之间虽有君臣关系，但诸侯国又是一个独立的政治实体①。诸侯国的首领可以到中央王朝服事或任职，商代叫"叶王事"（《合集》32967），所以有的方国首领还担任了殷王室占卜的贞人。而诸侯国之间有所往来甚或结盟，亦是寻常之事。在这种政治体制下，伊尹与商汤结盟可，赴中央王朝就职亦可，均属正常的政治活动。这里既不存在所谓叛主变节的问题，也不能把多次往返中央王朝视为间谍行为。

那么，伊尹佐汤灭夏兴商的功绩，难道不以间谍论就别无可述了吗？当然不是。略作归纳，大致体现在如下几个方面：

第一，建立反夏阵营。有莘氏虽非夏后氏王族，但与夏族同姓，是夏朝统一贵族国家的基本依靠力量之一。伊氏发生特大洪灾后，寄身或并族于有莘氏，表明有莘氏在当时是一个强大富庶的族邦。待殷人成为天下共主之后，有莘氏还进行过大规模的反抗，犹具实力。据《楚辞·天问》"成汤东巡，有莘爰极"，可知有莘氏位于当时商族亳邑(今河南商丘一带)的东部，地在今山东曹县北。显然，成汤西进伐夏，有莘氏的政治态度极为重要，因为这关系到商族西进是否有一个可以稳定东夷的战略后方。伊氏与有莘氏并族之后，有莘氏嫁女于商汤，无疑是一场带有结盟性质的政治联姻。当商族、有莘氏、伊氏结成三角同盟之后，不仅壮大了反夏阵营，而且对于争取众多诸侯国归附，从战略上瓦解夏朝贵族国家的统治，都具有至关重要的作用。

第二，增强商族国力。夏桀的荒淫无道，给伊尹暗中增强商族国力提供了机会。《管子·轻重甲》说："昔者桀之时，女乐三万人，端譟晨乐闻于三衢。是无不服文绣衣裳者。伊尹以薄(亳)之游女工文绣纂组，一纯得粟百钟于桀之国。……故伊尹得其粟而夺之流，此之谓来天下之财。"这是说伊尹针对桀好女乐、穷奢极欲的无餍需求，组织本国没有固定职业的游女，生产锦绣一类高级丝织品，去换取夏桀的谷物。这种以绣易粟的办法，既可不露痕迹地削弱夏王国的经济实力，又能在不加重本国农民负担的情况下，增加商方的粮食储备。仓廪实，财用丰，水旱之灾可防，战时之费可供，为克夏战争提供了必备的物质基础。《管子·地数》说："昔者桀霸有天下，而用不

---

① 杜勇：《论夏朝国家形式及其统一的意义》，《天津师范大学学报》（社会科学版）2007 年第 1、2 期。

足。汤有七十里之薄(亳)，而用有余。天非独为汤雨菽粟，而地非独为汤出
财物也。伊尹善通移轻重，开阖决塞，通于高下徐疾之策，坐起之费时也。"
这里所说"通移轻重"即是指善于利用流通领域的物价关系来聚敛财富，增
强财力。实际上，这在当时很可能是通过官方渠道的一种交易，未必全是通
过市场流通来实现的。但仍可收弱夏强殷之效。

第三，谋划伐夏方略。商汤克夏以伐葛为其序曲，继之是频繁的征伐战
争。在西进征服诸侯国的过程中，韦、顾、昆吾三国作为夏桀的铁杆同盟，
是必须扫除的外围屏障。故《诗·商颂·长发》说："韦顾既伐，昆吾夏
桀。"在征服韦、顾、昆吾三国之后，从东面绕道夏邑西边，出其不意对桀展
开最后一击。清华简《尹至》说：

> 汤盟誓及尹，兹乃柔大萦。汤往征不服，挚度，挚德不僭。自西捷
> 西邑，戡其有夏。[1]

这是说商汤在征伐韦、顾、昆吾等敌对诸侯的战役中，由伊尹谋划攻伐
方略，没有差失，最后从夏邑西边发起进攻，一举克夏。《吕氏春秋·慎大》
也说："商涸旱，汤犹发师，以信伊尹之盟，故令师从东方出于国，西以进。
未接刃而桀走，逐之至大沙，身体离散，为天下戮。"这里还需说明的是，伊
尹本为商汤之相，汤发师攻桀，无须与之订盟。显然，伊尹不只是商汤之
相，还代表伊氏这一独立的政治实体，又联合有莘氏共揭反夏大旗，才谈得
上订立盟约之事，从而形成克敌制胜的强大力量。

第四，妥善措置夏遗。商汤在克夏战争中，对被征伐的贵族领主国家大
体采取了三种处置方式：一是灭其国，绝其祀，离散其族，豕韦、昆吾如
是；二是诛其君，领其地，不绝其祀，葛、夏如是；三是讨其君，臣其国，
治其族众，顾氏如是。至于那些愿意臣服作为加盟国的，则化干戈为玉帛，
通过会盟纳入统一贵族国家体系之中。其中对于夏遗民是否处置得当，与新
建国家的巩固和发展关系至大。《史记·留侯世家》说："昔汤伐桀，封其后

---

① 清华大学出土文献研究与保护中心编，李学勤主编：《清华大学藏战国竹简》(一)，中西
书局 2010 年版，第 128 页。

于杞。"杞氏迁往杞地（今河南杞县），族众既少，虽封犹绝，当然不可能掀起什么政治风浪。但是，其他众多夏遗民则需妥为措置，方可进一步巩固国家政权。近出清华简《尹诰》记载说：

> 挚告汤曰："我克协我友，今惟民远邦归志。"汤曰："呜呼，吾何祚于民，俾我众勿违朕言？"挚曰："后其赉之，其有夏之[金]玉实邑，舍之吉言。"乃致众于亳中邑。①

这里所谓"亳中邑"很可能是商汤灭夏后所迁新都西亳之邑。董仲舒《春秋繁露》卷七《三代改制质文》说："故汤受命而王……作宫邑于下洛之阳。"其"下洛之阳"即河南偃师尸乡，"殷汤所都"②，皇甫谧称为"西亳"③。西亳邻近夏桀旧都（二里头遗址）而建，是统治夏遗民的重大政治举措。昔日夏民不堪忍受桀的暴虐统治，不少人远徙他乡，待殷商立国之后，颇有归志。成汤采纳伊尹的建议，不惜金玉，赉民致众，有利于建设新都，恢复民力，促进经济发展，巩固殷商统治。

第五，匡扶殷初政权。伊尹与商汤一德同心，佐治新邦，殷商作为天下共主的地位日益巩固。但商汤死后，政权一度出现危机。《孟子·万章上》说："伊尹相汤以王于天下。汤崩，太丁未立，外丙二年，仲壬四年。太甲颠覆汤之典刑，伊尹放之于桐。三年，太甲悔过，自怨自艾，于桐处仁迁义；三年，以听伊尹之训己也，复归于亳。"《史记·殷本纪》与此微异，一是说外丙继位三年崩，二是说太甲继位三年后才被伊尹放逐桐宫，令其悔过返善。应该说，"太甲颠覆汤之典刑"当在初继王位之时，否则谈不上不遵汤法，司马迁的记载应该是正确的。后来太甲返政，估计时间也不是很长即驾鹤西去。而伊尹直到太甲之子沃丁继位以后，年过百岁方卒。古本《竹书纪年》说太甲被放逐后，"潜出自桐，杀伊尹，乃立其子伊陟、伊奋，命复其父

---

① 清华大学出土文献研究与保护中心编，李学勤主编：《清华大学藏战国竹简》（一），中西书局2010年版，第133页，

② 《汉书·地理志上》，中华书局1962年版，第1555页。

③ 《诗·商颂·玄鸟》正义引，阮元校刻：《十三经注疏》，中华书局1980年版，第623页。

之田宅而中分之"①。这反映了《竹书纪年》好为异说而不加鉴别之病，未可据信。因为杀其父、立其子并中分其田宅，不符合上古举家受刑的律例，何况伊尹真为乱臣贼子，沃丁则不可能"以天子礼葬之"②，殷人祀谱中也不会有伊尹崇高的地位。至于太甲被放，伊尹摄理国政，历史上亦不视作僭越之举。如《孟子·尽心上》说："有伊尹之志，则可；无伊尹之志，则篡也。"从伊尹具有废立太甲的权力看，商汤死后一二十年的时间里，商王三易其人，实际执掌国政的无疑是这位"伊小臣"了。其时伊尹苦撑危局，一手维系新造商邦于不堕，功莫大焉，因而成为历史上与周公齐名的一代贤臣。

综上可见，伊尹既非有莘氏人，亦非庖厨出身的媵奴，而是与王族同姓的殷氏支族——伊氏首领。在他的艰苦努力下，殷族、有莘氏、伊氏结成强大的战略联盟，奠定了推翻夏桀统治的政治军事基础。在克夏战争中，伊尹精心谋划攻伐方略，全力剪除韦、顾、昆吾等夏朝羽翼，成功实现一举克夏的战略目标。殷初，兴建新都西亳，赍民致众，促进了新政权的巩固。成汤卒后的一二十年时间里，伊尹执掌国家大政，并一度废立太甲，保证了统一贵族国家的健康运行与发展。伊尹为灭夏兴殷大业作出了杰出贡献，其世世享商，良有以也。

---

① 《尚书·咸有一德》正义引，阮元校刻：《十三经注疏》，中华书局 1980 年版，第 165 页。
② 《史记·殷本纪》正义引《帝王世纪》，中华书局 1982 年版，第 99 页。

第　十　章

清华简《程寤》与文王受命综考

《程寤》曾被收入《逸周书》，后在流传过程中散佚，以致有目无文。至清华简出，复得《程寤》完篇，弥足珍贵。该篇叙述太姒做梦、文王占梦、太子发受诚等内容，与文献艳称的文王受命有关。关于文王受命、称王、改元诸问题，学界聚讼越二千年，迄无定论。即使竹书《程寤》的再现，亦未消除认识上的种种分歧。这里拟从《程寤》的著作年代入手，进而对文王受命有关问题再加考索。

一、清华简《程寤》的著作年代

文献的制作年代，与其史料价值密切相关，不妨先作讨论。

在《清华大学藏战国竹简》第一册中，所收《程寤》《皇门》《祭公》三篇文献最初都被编入《逸周书》中。《逸周书》作为文献汇编，各篇拟有篇题始可成书。清华简《程寤》《皇门》时无篇名，《祭公》称《祭公之顾命》亦与《逸周书》所称《祭公》有别，说明《逸周书》汇编成书当不早于竹书载体的年代即战国中晚期。《左传》引《逸周书·大匡》《程典》《常训》的文句，或曰《周志》[1]，或与《尚书》同称为《书》[2]，是《逸周书》某些篇章

---

[1]《左传·文公二年》，阮元校刻：《十三经注疏》，中华书局1980年版，第1838页。

[2]《左传·襄公十一年》《襄公二十五年》，阮元校刻：《十三经注疏》，中华书局1980年版，第1951、1986页。

成书虽早，但当时尚未合为一编。至《韩非子》《吕氏春秋》引用《逸周书》，例同《汉书·艺文志》一律称《周书》，则《逸周书》当结集于战国晚期，初名《周书》，其后《说文》始用今称，及至《四库提要》书名乃定。但今本《逸周书》在宋元以后略有散佚和补缀，已非先秦旧貌。

清华简《程寤》记述文王占梦受命之事，是否可以依其内容视为商末周初的作品，这是需要讨论的一个问题。该篇若非当世史官所录，则为后世制作之文，二者的史料价值是不可等视齐观的。现在，我们就来考察一下清华简《程寤》的制作年代，以期对其史料价值有一个正确的评估。

第一，从《程寤》纪时方式看。简文开篇即云："惟王元祀正月既生魄"①，所涉历日要素有王年（元祀）、月序（正月）、月相（既生魄），而无记日干支。"既生魄"在西周金文中作"既生霸"，与初吉、既望、既死霸同为月相纪时词语。从目前所见资料看，月相词语早在商末周初即已出现，如周原甲骨文的"既吉""月望""既死［霸］"，周公庙遗址商末周初卜甲的"哉死霸"，均其雏形。但以王年、月序、月相、纪日干支（或缺）等历日要素融为一体，依次排序置于篇首的纪时方式则兴起于西周穆王、共王时期。例如：

　　穆世庚嬴鼎："唯廿又二年四月既望己酉，王格琱宫。"（《集成》2748）
　　穆世虎簋盖："唯王卅年四月初吉甲戌，王在周新宫。"（《近出》491）
　　穆世鲜簋："唯王卅又四祀，唯五月既望戊午，王在䓗京。"（《集成》10166）
　　共世裘卫盉："唯三年三月既生霸壬寅，王禹旂于丰。"（《集成》9456）
　　共世九祀卫鼎："唯九年正月既死霸庚辰，王在周驹宫。"（《集成》2831（图10-1），（图10-2）
　　共世七年趞曹鼎："唯七年十月既生霸，王在周般宫。"（《集成》2783）

---

① 清华大学出土文献研究与保护中心编，李学勤主编：《清华大学藏战国竹简》（一），中西书局，2010年，第136页。下引此篇不另注，释文尽量用通行字。

图 10-1 九年卫鼎

图 10-2 九年卫鼎铭文

其中《庚嬴鼎》有学者定为康世器似嫌偏早，当以唐兰定为穆王时器较为合宜①，其纪时方式与其他穆世器相同即其旁证。《鲜簋》称"唯王"且以年作祀与《程寤》同，《七年趞曹鼎》不像《裘卫盉》等在月相之后有记日干支，与《程寤》亦同。这种以历日要素置于篇首的情况，在穆共以前的西周金文中从未见及。即使商末周初周人的甲骨文有将月序、月相、记日干支置于篇首者，也不涉及王年。如周原甲骨："唯十月既死 [霸]，亡咎。"（H11：55）②周公庙遗址卜甲："[唯] 五月哉死霸壬午。"③均其例。而周初金文虽有几篇记有王年，但置于篇末，其月序、月相或记日干支则与之分离，置于篇首或篇前。例如：

　　成世何尊："唯王初迁宅于成周，复禀武王礼，福自天，在四月丙戌……唯王五祀"（《集成》6014）
　　康世大盂鼎："唯九月……唯王廿又三祀。"（《集成》2837）
　　康世小盂鼎："唯八月既望，辰在甲申……唯王廿又五祀。"（《集成》2839）

铭文将王年置于篇末，与商末金文同例，但添加月相以精确纪日则是周

① 唐兰：《西周青铜器铭文分代史征》，中华书局 1986 年版，第 388 页。
② 曹玮：《周原甲骨文》，世界图书出版公司 2002 年版，第 44 页。
③ 李学勤：《周公庙遗址祝家巷卜甲试释》，《文物中的古文明》，商务印书馆 2008 年版。

人的创造。清华简《程寤》以王年、月序、月相融为一体并置于篇首的纪时方式,不同于西周早期金文而与穆共时期的彝铭相吻合,说明《程寤》的著作年代当不早于穆共时期。

如果从"既生魄"作为月相词语的使用情况看,《程寤》的制作则不早于西周。《左传·昭公七年》言及"既生魄",但取魂魄之意,非谓月相。这是由于春秋时代历法的进步,人们通过推步已知月朔,故月相词语用于记时再无必要,故随之告别历史舞台。而真正以"既生魄"作为月相词语来使用的文献,实际只有《逸周书》一种。例如:

> 《程典》:"维三月既生魄,文王合六州之侯,奉勤于商。"
> 《大开》:"维王二月既生魄,王在酆。"
> 《柔武》:"维王元祀一月既生魄,王召周公旦。"
> 《小开武》:"维王二祀一月既生魄,王召周公旦。"
> 《大戒》:"维正月既生魄,王访于周公。"
> 《谥法》:"维三月既生魄,周公旦、太师望相嗣王发。"①
> 《本典》:"维四月既生魄,王在东宫。"

上述七篇文献与清华简《程寤》一样,说的都是商末周初的事情。但是,周人的甲骨、金文和真正的西周文献有用"既生霸""既旁生霸""哉生霸""既死霸""哉死霸"者,却从来不将"霸"字写作"魄"字。周原甲骨有"既賏"(H11:13)②一词,或谓即"既生魄"③。然魄从鬼白声,賏当从鬼贝声,白与贝韵部相远,未见通假之例,不宜视为一字。在可靠的西周文献中,月相词语"魄"字亦写作"霸"。此即《汉书·律历志》引《周书·武成》云:"惟四月既旁生霸,粤六日庚戌,武王燎于周庙。"又引《顾命》云:"惟四月哉生霸,王有疾不豫。"前者即今本《逸周书·世俘》,文作"时四月

---

① 按,今本《逸周书·谥法》无"维三月既生魄"语,此据王应麟《困学纪闻·书卷》所引《周书·谥法》之文。
② 曹玮:《周原甲骨文》,世界图书出版公司2002年版,第13页。
③ 徐锡台:《周原甲骨文综述》,三秦出版社1987年版,第23页。

既旁生魄，越六日庚戌，武王朝至燎于周。"①后者在今文《尚书·顾命》中作"惟四月哉生魄，王不怿"。是知"魄"是"霸"的异文。《说文》："霸，月始生魄然也。……从月霏声。"由于"魄"与"霸"音义俱通，故可假借。过去把这种异文常常理解为今文与古文的不同，以今观之，似不尽然。因为清华简《程寤》本身就是较早的古文文本，不存在今文学派改字的问题，但同样称作"既生魄"。这说明月相词语"霸"与"魄"的使用不是随意的，应是文献时代特征有所不同的反映。《武成》《顾命》是公认的西周作品，其祖本不用"魄"字。西周金文"既生霸""既死霸"广为所见，亦无一例假作"魄"字。清华简《程寤》以及《逸周书》诸篇言及月相，称"既生魄"而不称"既生霸"，说明它们并非真正的西周文献。

第二，从《程寤》明堂占梦看。简文说："币告宗祊社稷，祈于六末山川，攻于商神，望，烝，占于明堂。"这是说经过一番告神仪式后，周文王在明堂举行占卜活动，卜问太姒之梦所预示的吉凶。明堂形制在历史上颇多争议，对其功能的看法却较为一致。按照《周礼·考工记》的说法，夏后氏世室，殷人重屋，周人明堂，其名虽异，但都是都城宫殿性质的礼制建筑。《孝经·圣治章》说："昔者周公宗祀文王于明堂，以配上帝。"《礼记·乐记》说："祀乎明堂，而民知孝。"《月令》说："天子居明堂太庙。"又《明堂》说："明堂者，明诸侯之尊卑也。故周公建焉，而朝诸侯于明堂之位。"这是说明堂为周公所建，具有祭祀、布政、朝觐等多种功能。然而，如果明堂为周公所建，文王在世不得有明堂；明堂既为"天子布政之宫"②，又是诸侯朝觐之所，则文王时非天子，亦不得有明堂。更为重要的是，"明堂"一词不见于反映西周史实的《诗》《书》等古籍，也不见于西周金文，可见其名后起，当非西周所实有。当然，这不是说西周无"明堂"一词，也就不存在具有相同功能的礼仪建筑。只是文献和金文资料显示，这样的建筑不称明堂而是名之曰"太室"。

《尚书·洛诰》说："王宾，杀禋，咸格，王入太室祼。"是说成王在太室行祼鬯之礼，即浇酒于地以告神灵。《吕氏春秋·古乐》说："武王即位，以

① 黄怀信、张懋镕、田旭东撰，黄怀信修订，李学勤审定：《逸周书汇校集注》（修订本），上海古籍出版社 2007 年版，第 436 页。

② 陈直：《三辅黄图校证》，陕西人民出版社 1980 年版，第 112 页。

六师伐殷。……归，乃荐俘馘于京太室。"是武王克商后曾在太室行献俘之礼。《逸周书·世俘》记载此次献俘礼内容甚详，则称武王"格于庙""燎于周庙"或"告于周庙"，表明太室是与周人宗庙有关联的礼仪建筑。《礼记·月令》说："天子居大庙大室。"郑注："大庙大室，中央室也。"吴方彝盖铭说："王在周成大（太）室，旦，王格庙。"（《集成》9898）所反映的即是这种情况。𣪘方鼎、小盂鼎、敔𣪘所见献俘礼在周庙举行，实与荐俘于太室无异。剌鼎说："王禘，用牡于大（太）室，禘昭王。"（《集成》2776）这是在太室祭祀祖先。穆公𣪘盖铭说："唯王……飨醴于大（太）室。"（《集成》4191）这是周王在太室举行赏赐穆公的甜酒宴饮礼。𢧜𣪘盖铭说："唯正月乙子（巳），王格于大（太）室，穆公入右𢧜，立中廷，北向，王曰：'令女乍汝作司土，官司耤田，锡汝织衣、赤⊙韨、銮旂、楚走马，取赗五锊，用事。'"（《集成》4255）这是周王布政于太室，册命𢧜作司土，并给予诸多赏赐。君夫𣪘盖铭说："王在康宫大室，王命君夫。"（《集成》4178）这是周王在太室册命大臣。西周金文所见王廷"太室"者多达40余篇，有的只称"太室"，有的"太室"与庙相连，有的"太室"与宫一体，其具体形制不可详考，但具有祭祀、布政、朝觐等功能却与明堂别无二致。既然西周太室是处理国家大事极为重要的政事之堂，则不可能另有明堂发挥同一作用而不为金文所见。

顾颉刚先生曾从营造法式上对大室与明堂的称谓加以比较，认为"此类屋宇以容积言，谓之'大室'；以方向言，又可谓之'明堂'"①。实际是说大室与明堂无非一物二名而已。这固然不无道理，但就西周时期来说，毕竟并无可靠史料证明大室又名明堂。传世文献言及明堂者，最早见于《左传·文公二年》所引《周志》："勇则害上，不登于明堂。"引文与今本《逸周书》第三十七《大匡》（或曰《文匡》）略同，说明《大匡》以及《作雒》《月令》《明堂》有关明堂的各种说法是春秋中晚期才逐渐盛行开来的。因此，《程寤》等文献有关文王占梦于明堂的说法，无非是春秋以后的人们比况当时情形对占梦地点所作的推测，并非来自史官实录。

第三，从《程寤》语言特征看。《程寤》文辞古奥，解读非易。文中有一种曰何曰非的四字排比句十分醒目，可与其他文献对照分析。简文云：

---

① 顾颉刚：《史林杂识初编·明堂》，中华书局1963年版，第148页。

何敬（警）非朋，何戒非商，何用非树……何监非时，何务非和，何裦（襄）非文，何保非道，何爱非身，何力非人。

这种句式除《尚书》《孟子》各有一见外，大量文例出现在《逸周书》中，自成特色。《尚书·吕刑》云："何择非人，何敬非刑，何度非及。"意即慎用典刑之人，谨行五刑之事，审度量刑之宜，要与慎刑有关。此处的排比句围绕同一个具体的主题展开，较少抽象的意味。《孟子·公孙丑上》《万章下》云："何事非君，何使非民？"是说伊尹在任何情况下都可以事君使民，亦有特定的语境。而《逸周书》使用曰何曰非的句式，则多带抽象与哲理的色彩，以致语义颇显晦涩，与《尚书》和《孟子》大相异趣。例如，《逸周书·小开》："何修非躬，何慎非言，何择非德？……何向非翼？……何敬非时，何择非德？……何异非义，何畏非世，何劝非乐？……何监非时，何务非德，何兴非因，何用非极？"《逸周书·文儆》："何向非利？……何向非私？……何慎非遂？……何葆非监？"《逸周书·大开武》："何畏非道？何恶非是？"《逸周书·宝典》："何修非躬？……何择非人？……何有非谋？……何慎非言？"《逸周书·成开》："何乡非怀？"其例甚多，蔚成风尚。

以上各篇曰何曰非之言，大都不与篇中语境相呼应，很像是经过抽象概括而形成的一种带有哲理性的语言。在这一点上，《程寤》与之无异，如谓"何监非时"即见于《小开》，"何爱非身"与《宝典》《小开》"何修非躬"语意相近，而"何保非道"与《大开武》"何畏非道"其义相通。《程寤》与《逸周书》这些篇章具有近同文句或修辞方式，其著作时代亦应相若。

细绎上引《逸周书·小开》等五篇文献，颇具春秋以后的语言特征。一是以数为纪。如《大开武》所谓"四戚、五和、七失、九因、十淫"；《宝典》所谓"四位、九德""十奸""三信"；《成开》所谓"五典""九功""六则、四守、五示、三极"，均其例。据学者研究，这种"以数为纪"表达方式的广泛流行，"是春秋战国以后的事情"[①]。二是以朔纪日。如《宝典》谓："维王三祀二月丙辰朔。"即与《春秋》经传记时方式相同。如《春秋·桓公三年》："七月壬辰朔"；《左传·庄公二十五年》："六月辛未朔"，即其例。西

---

① 赵伯雄：《先秦文献中的"以数为纪"》，《文献》1999 年第 4 期。

周历法尚处观象授时阶段，春秋历法始可推步求朔。这种不用月相而以朔日纪时的方式也是春秋以后才出现的。三是言称五行。五行说大致形成于西周末年，到春秋以后才逐渐流行①。《成开》说"地有九州，别处五行"。此与《左传·昭公三十二年》称"地有五行"，《国语·鲁语上》称"地之五行"一样，没有具体阐释，都是一种集合名词的运用，当是五行说流行以后的产物。四是顶真辞格。如《小开》："德枳维大人，大人枳维公，公枳维卿，卿枳维大夫，大夫枳维士。……君枳维国，国枳维都，都枳维邑，邑枳维家，家枳维欲无疆。"《文儆》："利维生痛，痛维生乐，乐维生礼，礼维生义，义维生仁。……私维生抗，抗维生夺，夺维生乱，乱维生亡，亡维生死。"这种顶真修辞方法在《诗经》中尚属雏形，"而在战国时代的散文中，则已蔚然成风"②。五是习语"日不足"。"日不足"分见《逸周书·小开》《大开》以及清华简《保训》《程寤》，语义大致相同，都是强调要夜以继日勤于政事。《大开》《小开》《保训》是战国时代写定的作品③，《程寤》也不会太早。从这些语言特征看，清华简《程寤》与《逸周书·小开》等五篇文献一样，虽然均言西周之事，实非西周之文，其制作年代不会早于春秋中晚期。

　　从以上对清华简《程寤》月相纪时方式、明堂占卜制度、语言特征的分析来看，它并非出自先周或周初史官之手，很可能是数百年后战国时期的作品。对于后世制作的作品来说，其形成过程相当复杂，至少有三种可能性：一是依照档案整理成篇，二是根据传说敷衍成章，三是编织情节杜撰成文。显而易见，《程寤》的材料不是取自王室档案，因为要忠实地运用档案资料，就不会出现那些后世才有的礼仪制度和语言特征。但是，《程寤》亦非全不靠谱的杜撰之文，因为关于文王占梦受命还有诸多旁证，这一点容后再作分析。这样，《程寤》是根据传说资料编撰的作品，就有了很大的可能性。按照顾颉刚先生的说法，传说也是一种史料④。不过这种史料常常真赝相杂，非经严密审查而不可用。就拿《程寤》来说，全文大体可以分为两个部分：从篇

---

　　① 杜勇：《〈洪范〉制作年代新探》，《人文杂志》1995年第3期。
　　② 周玉秀：《〈逸周书〉的语言特征及其文献学价值》，中华书局2005年版，第225页。
　　③ 参见本书第四章：《关于清华简〈保训〉的著作年代问题》。
　　④ 顾颉刚：《战国秦汉间人的造伪与辨伪》，吕思勉、童书业编著：《古史辨》七（上），上海古籍出版社1982年版，第1页。

首至"受商命于皇上帝"为第一部分，之后为第二部分。前一部分讲文王占太姒之梦，应来自长期流传下来的文王受命有关传说，由作者运用当时的文化知识整理成文。后一部分为文王对太子发的诰辞，多以四字为句，语义抽象晦涩，且与文王受命之事关联不大，当为"战国处士私相缀续"①的附益之辞。清唐大沛说《逸周书》"真伪相淆，纯杂不一，诚不可不分别观之也"②。这是就《逸周书》整体状况而言的，其实具体到某一篇目，情况何尝不是如此。这是我们今日研究中应当注意的一个问题。

二、文王受命称王征实

先秦古籍与西周金文对文王受命广有言说，无疑是周人政治思想的核心内容之一。如今清华简《程寤》又涉此事，促使我们重新思考以往有关的学术争议，以期形成更为真切的历史认识。

（一）关于文王受命的方式问题

清华简《程寤》说："太姒梦见商廷惟棘，迺小子发取周廷梓树于厥间，化为松柏棫柞。寤惊，告王。"太姒之梦出现两个政治场景，一为商廷，荆棘丛生；一为周廷，梓树繁茂。太子发把梓树移植到商廷，顷刻间化为松、柏、棫、柞等各种大树。这个梦象预示着什么样的吉凶？经过巫师一系列消灾祈福的祭祀活动后，文王占卜得知，此为预示天命转移的大吉之梦。"王及太子发并拜吉梦，受商命于皇上帝"③。这是说，皇天上帝通过太姒之梦传达其旨意，把统治天下的大命从商人那里转交给了文王。这样，"文王受命"就不是一句空洞无物的政治口号，而是有其具体的受命方式宣示神谕，给周人

---

① （宋）李焘：《传写周书跋》，黄怀信、张懋镕、田旭东撰，黄怀信修订，李学勤审定：《逸周书汇校集注》（修订本），上海古籍出版社2007年版，第1186页。

② 黄怀信、张懋镕、田旭东撰，黄怀信修订，李学勤审定：《逸周书汇校集注》（修订本），上海古籍出版社2007年版，第1225页。

③ 与此相关的《逸周书·程寤》佚文，于唐宋类书《艺文类聚》《太平御览》均有所见，文字略异。

取代商朝的统治披上了神圣而合法的外衣。

或许以这种受命方式宣示神谕还不够神异，待谶纬之风起，对于文王受命的具体形式又生出许多说法，如《河图》、丹书等都被说成文王受命的介体。《易乾凿度》："（文王）伐崇，作灵台，改正朔，布王号于天下，受箓应《河图》。"《中侯·我应》："赤雀衔丹书入丰，止于昌户。"①较之纬书这些荒诞不稽的说法，《程寤》占梦受命说显得更近于事实。这个事实当然不是说文王负有代商而有天下的使命真为上天所授，而是说在周人的精神世界里有这样的宗教思维，认为皇天上帝决定着人间祸福与王朝兴替，并可通过对梦象的占卜获知其意。在殷周时代，占梦以求神谕不是个别现象，而是普遍的社会风尚。如卜辞有云：

> 己亥卜，争，贞梦，王亡祸。（《合集》17443）
>
> 壬戌卜，争，贞王梦佳祸。（《合集》17407）
>
> 王占曰：有崇有梦，其有来艰。七日己丑，允有来艰自…戈化呼…方征于我示…。（《合集》137 反）

这是商王贞问有关梦象是否预示灾祸发生。占辞"有崇有梦"表明梦为凶梦，果然七日后得到方国进犯商朝的消息。可见这类凶梦所示不限于普通灾祸，有时还关乎军国大事。除凶梦外，尚有吉梦。如卜辞云：

> 王梦，吉。其惟庚吉。（《合集》14128 反）
>
> 子有梦，惟…吉。（《花东》165）
>
> 丙辰卜，宾，贞乙卯向丙辰王梦自西。王占曰：吉，勿惟祸。（《合集》17396）

以上所言，不管是凶梦还是吉梦，都不是由梦象直接知之，而是通过占卜预测的结果。这与《程寤》所记太姒做梦、文王占梦的程序适相一致。《诗·小雅·斯干》云："乃寝乃兴，乃占我梦。吉梦维何？维熊维罴，维虺维蛇。大人占之：维熊维罴，男子之祥；维虺维蛇，女子之祥。"是说梦见熊

---

① 《诗·大雅·文王》疏引，阮元校刻：《十三经注疏》，中华书局 1980 年版，第 502 页。

罴象征生男，梦见虺蛇象征生女，也是间接从梦象占卜得到神谕。

除占梦可与神明沟通外，也可从梦中直接得到上帝之命。清华简《说命中》说：

> 说来自傅岩，在殷。武丁朝于门，内（入）在宗。王原比厥梦，曰："汝来惟帝命。"①

傅说为武丁梦中所见圣人，故"以象梦旁求四方之贤"②，而后得之傅岩，任作宰辅。武丁说这是梦中"帝命"使然。又《左传·昭公元年》说："当武王邑姜者方震（娠）大叔，帝梦谓己：'余命而子曰虞，将与之唐，属诸参，而蕃育其子孙。'及生，有文在其手曰虞，遂以命之。"这说明无论殷人还是周人，都可在梦中直接得到上帝的神谕，作为国家大事的决策依据。

以今天的科学知识来看，做梦是人类一种正常的生理现象，无所谓吉凶祸福，更非神灵给予什么启示。但在上古时代，人们对做梦却是普遍抱有迷信思想的，故有占梦以卜吉凶的习俗。《汉书·艺文志》说："众占非一，而梦为大。"殷人不能破此藩篱，周人亦然。只有具备共同的宗教观念，才能有效地借此进行政治宣传，达到凝聚人心、瓦解敌方意志的目的。从这一点来看，《程寤》所说文王占梦得其吉兆，受命于皇天上帝，将代殷而有天下，符合当时的社会思潮，故可形成强大的舆论攻势和广泛流行的传说。《逸周书·大开武》云："天降寤于程，程降因于商。商今生葛，葛右有周。"前人以为"天降寤于程"，所指即太姒之梦。如清人凌曙说："商郊生葛，周之所以兴也，故曰右周。《程寤解》太姒梦商庭产棘，葛生之兆也。"③另据《吕氏春秋·诚廉》记载，周人灭商以后，伯夷、叔齐入周观道，结果大失所望，谓武王"扬梦以说众，杀伐以要利，以此绍殷，是以乱易暴也"。毕沅以为这里的"扬梦"，即是宣扬的太姒之梦④。凡此说明，太姒之梦作为文王受命的

---

① 清华大学出土文献研究与保护中心编，李学勤主编：《清华大学藏战国竹简》（三），中西书局 2012 年版，第 125 页。

② 《国语·楚语上》，上海古籍出版社 1988 年版，第 554 页。

③ 黄怀信、张懋镕、田旭东撰，黄怀信修订，李学勤审定：《逸周书汇校集注》（修订本），上海古籍出版社 2007 年版，第 262 页。

④ 许维遹：《吕氏春秋集释》，中华书局 2009 年版，第 268 页。

标志性事件，在周初作为收揽人心的思想武器曾被大肆宣传，广为人知。

　　然而，《程寤》占梦受命说似乎并未得到后世的普遍认同。如司马迁写作《史记》之时，曾取《周书》素材，却对《程寤》文王占梦受命之事只字未提，仅谓"诗人道西伯，盖受命之年称王而断虞芮之讼"①。所谓"诗人道西伯"，当即《诗·大雅·绵》云："虞芮质厥成，文王蹶厥生。"毛传："虞、芮之君，相与争田，久而不平，乃相谓曰：'西伯，仁人也，盍往质焉？'乃相与朝周。入其竟，则耕者让畔，行者让路。入其邑，男女异路，班白不提挈。入其朝，士让为大夫，大夫让为卿。二国之君，感而相谓曰：'我等小人，不可以履君子之庭。'乃相让，以其所争田为闲田而退。天下闻之而归者四十余国。"周人境内的和谐仁美景象，使虞、芮之君大受感动，不待文王做出裁断，便自动放弃了多年相持不下的争执。这件事传播开来，竟有四十余国因受文王德业的感召弃商归周。这意味着文王受命前后已得到不少方国诸侯的拥戴，组成了一个强大的反殷阵营。虽然虞芮质成是文王受命之年发生的一件大事，但这与文王占梦受命的方式并无关系。司马迁用一疑词"盖"字，意味深长，应是其秉承孔子"不语怪力乱神"②的传统，以文王受命方式为可疑的理性思维所致。其实，对文王占梦受命之事，用理性思维看是一回事，用历史思维看又是另一回事。若仅以理性思维来透视事实的真相，则有可能偏离历史的轨道。所以司马迁对文王受命的犹疑，并不影响《程寤》所载文王占梦受命作为一种客观史实的存在。

（二）关于文王受命的内涵问题

　　关于文王受命的具体内涵如何，历史上也有不同说法。饶有趣味的是，东汉郑玄一人即持两种意见。《诗·大雅·文王》序云："《文王》，文王受命作周也。"郑笺云："受天命而王天下，制立周邦。"又对诗中"文王在上，于昭于天"解释说："文王初为西伯，有功于民，其德著见于天，故天命之以为王，使君天下也。"这是说文王受天命建立强大的周邦，以取代殷人对天下的统治。但是，郑玄注《尚书·无逸》"文王受命惟中身，厥享国五十年"又提

① 《史记·周本纪》，中华书局1982年版，第119页。
② 《论语·述而》，阮元校刻：《十三经注疏》，中华书局1980年版，第2483页。

出另外一种说法："中身，谓中年。受命，谓受殷王嗣立之命。"①这是说文王继位由殷王册命。同是一个"文王受命"，竟被郑玄弄出两种意蕴来，让人不知就里。清人陈奂不信郑说而另作新解，谓"受命者，受命为西伯也"。今日学者多从郑玄"受天命而王天下"说②，鲜有主张"受殷王嗣立之命"者，只有个别学者同意陈奂的说法，认为《史记·殷本纪》所言殷纣"赐弓矢斧钺，使得征伐，为西伯"，才是"真正意义上的文王受命"③。

其实，《诗》《书》及西周金文中每每可见的文王受命或文武受命，内涵极为清楚。就其要义言之，不外以下三个方面。

一是所受之命来自天帝。《诗·大雅·文王》云："文王在上，于昭于天。周虽旧邦，其命维新。" 上博简《孔子诗论》（第 2 简）亦云："诗也，文王受命矣。"④《尚书·大诰》："天休于宁（文）王，兴我小邦周。"《尚书·君奭》："我道惟宁（文）王德延，天不庸释于文王受命。"大盂鼎铭："丕显文王，受天有大命，在武王嗣文作邦。"（《集成》2837）师询簋铭："丕显文武，膺受天命。"（《集成》4342）清华简《祭公》："皇天改大邦殷之命，惟周文王受之，惟武王大败之，成厥功。"⑤这些材料说明，周邦不是一个新建立的国家，但自从文王"膺受天命"之后，国家开始走向强大。武王继承文王所受大命，结束大邦殷对天下的统治，使小邦周重开建国新局。这个大命来自皇天上帝，不是失去天帝信任的殷王。

二是代殷而为天下共主。《诗·大雅·文王》："穆穆文王，于缉熙敬止。假哉天命，有商孙子。商之孙子，其丽不亿。上帝既命，侯于周服。"《大雅·大明》："有命自天，命此文王……笃生武王，保右命尔，燮伐大商。"

---

① 《诗·大雅·文王》疏引，阮元校刻：《十三经注疏》，中华书局 1980 年版，第 502 页。
② 晁福林：《从上博简〈诗论〉看文王"受命"及孔子的天道观》，《北京师范大学学报》（社会科学版）2006 年第 2 期；刘国忠：《走近清华简》，高等教育出版社 2011 年版，第 109—120 页。
③ 祝中熹：《文王受命说新探》，《人文杂志》1988 年第 3 期。
④ 马承源主编：《上海博物馆藏战国楚竹书》（一），上海古籍出版社 2001 年版，第 127 页。
⑤ 清华大学出土文献研究与保护中心编，李学勤主编：《清华大学藏战国竹简》（一），中西书局 2010 年版，第 174 页。

《尚书·康诰》："天乃大命文王，殪戎殷，诞受厥命越厥邦厥民。"何尊铭："肆文王受兹大命，唯武王既克大邑商，则廷告于天。"(《集成》6014)师克盨铭："丕显文武，膺受大命，匍有四方。"(《集成》4467)逨盘铭："文王武王达殷，膺受天鲁命，匍有四方。"①所言文王受命有着神圣的使命，即"燮伐大商""殪戎殷""达殷"，意即推翻商王的统治，使周人成为天下共主。在新建立的政治共同体中，不仅商之子孙变成周人的臣民，而且天下四方"厥邦厥民"都要接受周人的"维新"统治。

三是受命者克堪用德。《诗·大雅·文王》："维此文王，小心翼翼。昭事上帝，聿怀多福。厥德不回，以受方国。"《尚书·君奭》："在昔上帝割申劝宁(文)王之德，其集大命于厥躬。"《多方》："惟我周王，灵承于旅，克堪用德。惟典神天，天惟式教我用休。简畀殷命，尹尔多方。"《文侯之命》："丕显文武，克慎明德。昭升于上，敷闻在下。惟时上帝，集厥命于文王。"史墙盘铭："曰古文王，初盭龢于政，上帝降懿德大甹(屏)，匍有上下。迨(合)受万邦，㻅圉武王，遹征四方，达殷畯民。"(《集成》10175)毛公鼎铭："丕显文武，皇天厌厥德，配我有周，膺受大命。"(《集成》2841)可见文王受命意味着上帝不再眷顾殷人，而是把统治天下的大命转交给了周人。但是，天命转移是有条件的，这就是"克堪用德"。文王、武王拥有上帝降下的"懿德"，又"克慎明德"，所以上帝才"集厥命于文王"，使之"匍有上下，合受万邦"。

文王受命所具有的上述内涵，即使撇开金石竹帛资料，亦可通过《诗》《书》等文献形成正确的认知。为什么博学多识的郑玄对此竟会做出两种不同的解释？这就需要回到《尚书·无逸》有关文句的诠释上来。

关于《无逸》"文王受命惟中身，厥享国五十年"之语，郑玄以"中年"释"中身"，伪孔传言之更为具体，谓"中身，即位时年四十七。"此后经学家陈陈相因，迄无新解。那么，这个"中年"或"年四十七"的断案是怎么来的呢？毋庸细考，即知源自《礼记·文王世子》有关文王、武王年寿的传说。该篇说武王曾做一梦，梦见上帝给了他九十岁的年龄。文王对他说：我一百岁，你九十岁，我给你三岁吧！结果"文王九十七乃终，武王九十三而

① 陕西省文物局、中华世纪坛艺术馆编：《盛世吉金——陕西宝鸡眉县青铜器窖藏》，北京出版社 2003 年版，第 33 页。

终。"依此经文，郑玄把"中身"解作"中年"，可与"文王九十七乃终"相应。这样，"文王受命"若不释作文王"受殷王嗣立之命"，则文王不可能"享国五十年"。郑玄掉进了自己的逻辑陷阱，以致与其解《诗》谓"文王受命为七年"①，而不是五十年发生严重矛盾，也都无所顾忌了。对于郑玄的受命嗣位说，唐孔颖达《无逸》正义即有驳议："殷之末世，政教已衰，诸侯嗣位何必皆待王命？受先君之命亦可也。"事实正是如此。《史记·吴太伯世家》说："太王欲立季历以及昌，于是太伯、仲雍二人乃奔荆蛮……以避季历。"这说明太王不仅具有册立太子的自由意志，而且对季历子昌也早有政治安排，并非接受商王之命始可嗣立为君。

关于文王、武王的年寿，《文王世子》既言上天注定，又言可以人为增减，已属荒诞，而依此推算则"文王十三生伯邑考，十五生武王"②，更与人类生理规律相违。但文王长寿似为事实。《孟子·公孙丑上》说："且以文王之德，百年而后崩。""百年"是个成数，顾颉刚先生认为"也许他活到九十岁以上"③。不过，武王的年寿则绝非九十三岁。考《逸周书·度邑》武王之言："惟天不享于殷，发之未生，至于今六十年"，可证古本《竹书纪年》谓"武王年五十四"④，远较"武王九十三而终"为可信。不过，这还不是问题的关键，更重要的是，《无逸》"文王受命惟中身，厥享国五十年"两句实际各说一事，并不构成前后依存的内在逻辑关系，全无必要把文王的年寿牵扯进来加以诠释。《史记·鲁世家》约引《无逸》之文，称"文王日中昃不暇食，飨国五十年。"在这里，"文王受命惟中身"已被略去，但并不影响文王"享国五十年"独立成句。换言之，文王年寿几何，享国几许，均不构成训释"中身"的前提条件。

"中"字已见于甲骨文，本为表意字，像建中之旗，后借以表示中间之"中"。故《说文》云："中，内也。"段注："中者，别于外之辞也，别于偏之辞也，亦合宜之辞也。"文献显示，"中"作为动词用，常有"合""应"等义。《穆

---

　　①《诗·豳风·豳谱》疏引，阮元校刻：《十三经注疏》，中华书局1980年版，第387页。

　　②《诗·豳风·豳谱》疏引《大戴礼·文王世子篇》，阮元校刻：《十三经注疏》，中华书局1980年版，第388页。

　　③顾颉刚：《武王的死及其年岁和纪元》，《顾颉刚古史论文集》卷十（下），中华书局2011年版，第1161页。

　　④方诗铭、王修龄：《古本竹书纪年辑证》（修订本），上海古籍出版社2005年版，第44页。

天子传》卷二"味中麇胃而滑",郭璞注:"中,犹合也。"《左传·定公元年》"未尝不中吾志也",《战国策·西周策》"去柳叶者百步而射之,百发百中",均其例。《礼记·月令》:"律中大簇。"郑玄注:"中,犹应也。"由此看来,所谓"中身"无非是说文王接受天命合其自身志向,或者说天降大命与文王心志相应。在文献中,与此义近的有《尚书·君奭》云:"其(文王)集大命于厥躬。"《文侯之命》云:"惟时上帝集厥命于文王。"可见"文王受命惟中身",与文王年龄无关,亦与文王享国五十年无关,更不涉及受殷王嗣位之命的问题。

(三)关于文王受命与称王问题

与文王受命相关的另一个问题,是文王生前是否称王。《史记·周本纪》说:"诗人道西伯,盖受命之年称王而断虞芮之讼。后十[七]年而崩,谥为文王。"按照史迁这种说法,诗人所称文王是其谥号。谥号有其先决条件,即生前已经称王,死后临葬制谥,始称某王。与此不同的另一种说法是,文王生前并未称王,其王号是死后追加的。如《礼记·大传》说,武王克商后,"追王大王亶父、王季历、文王昌,不以卑临尊也"①。

关于殷商末年文王是否称王,自汉迄今聚讼不已。清梁玉绳作《史记志疑》历陈前人之辨,应劭、孔颖达、刘知几、欧阳修诸大儒尽走笔端,其中尤以欧阳修《泰誓论》斥文王受命称王为妄说,深为梁氏所推许,断言"凡经言文王,并后世追述之,曷尝有改元称王之说哉?"②唐宋以降,这种意见一直是学术界的主流。观诸家所言,所谓文王不曾称王的理由主要有两条:一是据《论语·泰伯》言文王"三分天下有其二,以服事殷"③,提出"使西

---

① 《史记·周本纪》说:"(文王)追尊古公为太王,公季为王季。"《礼记·中庸》说:"周公成文武之德,追王大王、王季,上祀先公以天子之礼。"可见追加古公、公季王号者或文王,或武王,或周公,说法不一。然据《天亡簋》铭称"衣祀于王不显考文王",可证武王在世即称文王谥号,故追号太公、王季者亦当以武王为是。

② (清)梁玉绳:《史记志疑》,中华书局1981年版,第80页。

③ 除《论语》外,这方面的材料还有:《左传·襄公四年》说:"文王率殷之叛国以事纣。"《吕氏春秋·顺民》说:"文王处歧事纣,冤辱雅顺。"近出上博简《容成氏》亦云:"文王闻之曰:虽君无道,臣敢勿事乎?虽父勿道,子敢勿事乎?孰天子而可反?"[马承源主编《上海博物馆藏战国楚竹书》(二),上海古籍出版社2002年版,第287页] 所谓"事纣""事殷"之说,无非是殷人统绪尚存,仍为天下共主,并不意味这些"叛国"还真把殷纣奉为国家领袖,一心追随之。

伯不称臣而称王，安能服事于商乎？"①二是就政治制度来说，"天无二日，民无二王，岂得殷纣尚在而称周王哉？"②

　　近人王国维一反成说，依据金文材料提出"古诸侯称王说"，认为"世疑文王受命称王，不知古诸侯于境内称王，与称君称公无异。……盖古时天泽之分未严，诸侯在其国自有称王之俗"③。此说甚有理致，然于学者仍有异议。如张政烺先生说："周时称王者皆异姓之国，处边远之地，其与周之关系若即若离，时亲时叛，而非周时封建之诸侯。文王受命称王，其子孙分封天下，绝无称王之事。……称王在古代是一件严重的事情，决非儿戏，如果把《古诸侯称王说》当作原则，任意推测，就会演绎出许多错误了。"④应该说，张先生对王国维的批评有正确的一面，也有不恰当的一面。正确的一面是说王国维此说的证据仅限于周时异姓之国而不及殷商之事，颇有以偏概全之嫌。不恰当的一面是张先生未能顾及有关周原甲骨文资料，即对古诸侯称王说予以断然否定。实际上，商代的情况与周代相比差别不大，异姓诸侯与殷王室的关系也是"若即若离，时亲时叛"，即使服事殷王，也不妨碍自行称王。这与当时商朝的国家结构是有密切关系的。

　　从国家结构形式看，商朝既是一个对本土进行统治的独立的贵族统治单元，又是一个代表中央政权而凌驾于万国之上，以贵族国家作为统治形式的早期统一国家⑤。在这种国家结构形式下，虽然众多方国诸侯加入了统一的政治联合体，但自身仍是一个独立的政治实体，在很大程度上对各自的国家拥有治事权和统治权。至于这些附庸国的诸侯取何种名号，比起对宗主国的时叛时服来说，问题的严重性要小得多。即以商族先公为例，见于甲骨文的王夨、王恒、王亥等在夏王朝统治下亦冠有王号。即使这些王号是追称，是时殷人尚未代夏而有天下，按说也是犯忌的，但事实上却安然无恙。商朝的国家结构比起周朝要松散得多，异姓诸侯称王，并不是一件不可思议的事情。《逸

　　① （宋）欧阳修：《欧阳文忠公文集》卷十八《泰誓论》，文渊阁《四库全书》本。

　　② 《尚书·泰誓》正义，阮元校刻：《十三经注疏》，中华书局 1980 年版，第 180 页。

　　③ 王国维：《观堂集林》（外二种），河北教育出版社 2001 年版，第 779 页。

　　④ 张政烺：《夨王簋盖跋》，陕西省考古研究所、中国古文字研究会、中华书局编辑部编：《古文字研究》第十三辑，中华书局 1986 年版。

　　⑤ 杜勇：《中国早期国家的形成与国家结构》第三章第二节，中国社会科学出版社 2013 年版。

周书·程典》说："文王合六州之侯，奉勤于商。"①《论语·泰伯》称文王"三分天下有其二，以服事殷。"是说当时众多诸侯人心归周，并非文王拥有九州之内三分之二的疆域。不管文王的政治势力如何强大，如何与殷商势不两立，只要殷朝作为天下共主存在一天，曾经加入国家联合体的成员国，即包括周邦在内的诸多方国都只能是其藩属诸侯，至少名义上还是如此。因此，文王即使以"王"作为名号，在未推翻商朝统治之前，文献称"以服事殷""奉勤于商"，并不足异。以后世大一统专制统治的观念，来比况夏商周三代的政治结构，自然无法理解地有二王的情形。晚清俞樾说："殷商之存，无损于周之王也。非如后世之争天下者，必灭其国而后可代之兴也。"②其说不为无见。尤其是王国维说"古时天泽之分未严"，尤具卓识，在某种程度上已触及了当时贵族国家结构的实质，对于说明古诸侯称王现象具有不可忽视的理论意义。

　　理论不是空中楼阁，而是事实的抽象。那么，文王称王的事实何在？就在周原甲骨文中，只是王国维当年无缘看到而已。在引证周原甲骨文之前，还有必要提及清华简中有关文王称王的材料。清华简《程寤》称"惟王元祀正月既生魄"，《保训》称"惟王五十年"，这种纪年方式实已透露出文王生前称王的信息。只是据我们研究，这两篇文献大体晚至战国前期成书，其史料价值无法与当时第一手资料即周原甲骨相比，故在此先对周原甲骨略作分析。

　　周原甲骨文是周人的占卜或记事材料，其中有"王"与"周方伯"并出共见的辞例。这个王是商王还是周王，学者意见颇为分歧，不在这里讨论。但下面几条材料意思是清楚的，应可作为文王生前称王的可靠证据。如：

　　　王若商。（H11：164）③
　　　衣（殷）王田，至于帛，王唯田。（H11：3）④（图10-3）
　　　今秋，王由（斯）克往寁（密）。（H11：136）⑤

---

　　①黄怀信、张懋镕、田旭东撰，黄怀信修订，李学勤审定：《逸周书汇校集注》（修订本），上海古籍出版社2007年版，第165页。

　　②（清）俞樾：《达斋丛说·文王受命称王改元说》，《九九销夏录》，中华书局1995年版，第325页。

　　③徐锡台：《周原甲骨文综述》，三秦出版社1987年版，第88页。

　　④曹玮：《周原甲骨文》，世界图书出版公司2002年版，第3页。

图 10-3　周原甲骨文（H11：3）

　　"王若商"一辞的"若"字，其义为"顺"。《尔雅·释言》："若，顺也。"《尚书·尧典》"钦若昊天"，伪孔传："使敬顺昊天。"本辞所说服顺于商的王，当然只能是周王。在商朝末年，只有两位周王活动于商纣统治时期，那就是文王和武王。武王继位后，周人对商朝形成战略进攻态势，不会留下柔顺于商的记录，所以这个王当指文王。《周易·明夷》"利艰贞"，《彖》曰："内文明而外柔顺，以蒙大难，文王以之。"此与"王若商"所示文王韬光养晦的策略适相印合。"衣（殷）王田"一辞，"殷王"与"王"对言，这个王也只能是周王。若"殷王"与"王"为同一人，则首尾两句语义重复，似成赘疣。殷墟卜辞有云："周叶，令惟擒。"（《合集》10976）文献亦称"武乙猎于河渭之间"①，均为殷王至周地田猎的记录。本辞所说商王田猎至于帛地，前来合猎的王也应是柔顺于商并虚与委蛇的文王，不过二王合猎可能是文王称王不久发生的事情。"王斯克往密"一辞的"密"，文献又作"密须"，为古国名，其地望在今甘肃灵台县西。《史记·周本纪》说："明年，（文王）伐密须。"《尚书大传》亦有文王三年伐密须的说法。已有专家指出，此片卜甲的内容是"指文王伐须密的事"②。是西伯受命于天，生前称王，有传世文献与古文字资料的二重证据，殆无可疑。

　　总而言之，文王受命不是向壁虚构的妄说，而是一种历史的客观存在。

---

　　① 《史记·殷本纪》，中华书局 1982 年版，第 104 页。
　　② 徐锡台：《周原甲骨文综述》，三秦出版社 1987 年版，第 83 页。

太姒之梦沟通了文王膺受天命的渠道，代殷而有天下成为天帝赋予文王的使命，称王改元则是文王奉行天命的政治宣言书。历史上的周革殷命，由此奏响了东进的序曲。

三、文王、武王纪年问题

关于文王、武王的纪年，由于文献记载良多歧异，致使两千年来仁者见仁，智者见智，迄不能决。清华简《程寤》《保训》有关文王纪年的出土资料，为我们考索周人克殷前后的年代问题提供了新的契机。

（一）文王称王的时间问题

清华简《保训》说："惟王五十年。"①文王病重，召太子发告之遗训。此与《尚书·无逸》《史记·周本纪》谓文王在位五十年相印合。《吕氏春秋·制乐》说："文王即位八年而地动，已动之后四十三年，凡文王立国五十一年而终。"陈奇猷认为："已动之后四十三年，乃自地动之后、即即位后第八年起算，正合五十年。后人误以八加四十三为五十一，因增'一'字耳。"②这里的"一"字是否为后人所加不好判定，但算法不同以示新异的可能性是有的，不必为此纠结。虽然《保训》再次证明了文王在位五十年，且生前业已称王，但是否"印证了文王即位之初即已经称王的史实"③，尚有必要细加分析。

应该承认，依照金文有关文例，《保训》"惟王五十年"确有文王继位即已称王的含义。但是，这需要一个前提，那就是《保训》为史官即时实录。若非实录，则另当别论。据我们研究，《保训》是战国时期的一篇托古言事之

---

①清华大学出土文献研究与保护中心编，李学勤主编：《清华大学藏战国竹简》（一），中西书局 2010 年版，第 143 页。

②陈奇猷：《吕氏春秋新校释》（上册），上海古籍出版社 2002 年版，第 359 页。

③刘国忠：《周文王称王史事辨》，《中国史研究》2009 年第 3 期。

作①，自与史官实录有别。由于作者所要拟作的是周文王遗言，遗言当然只能发生在文王在位的最后一年，所以用"惟王五十年"意在交代这样一个时间。至于这种纪年方式是否附带说明文王称王始于何年，恐怕不是作者撰作此文所要深思熟虑的问题。《保训》所言多与商末周初的实际情形不合，其纪年方式亦不例外。越是过度开发其史料价值，越有可能远离事实的真相。

　　清华简《程寤》的情况要好一些。虽然它也是晚出之作，但其内容（主要是第一部分）符合商周时代占梦以卜天命的习俗，可信度实非《保训》可比。唐宋类书曾保留《逸周书·程寤》佚文，与今出竹书相勘，有多处异文需要注意。简文称"惟王元祀正月既生魄，太姒梦见商廷惟棘"，而《太平御览》引《周书》曰："文王去商在程。正月既生魄，大姒梦见商之庭产棘。"②更早的《帝王世纪》亦略引其文："十年正月，文王自商至程，太姒梦见商庭生棘。"③这说明《程寤》本有系年，或佚或讹，致失其真。如今清华简《程寤》有此"惟王元祀"，对于我们考索文王何时称王改元自有重要价值。简文以"惟王元祀正月既生魄"开篇，继言太姒做梦，文王占梦，始得"受商命于皇上帝"。从行文的逻辑关系看，似乎在太姒做梦、文王占梦之前，文王已经称王改元，所以有学者认为这个"惟王元祀"应该是"周文王即位的元年"④。这是一种可能。但细味简文，应该还有另一种可能性存在，即文王占梦受命在当年正月，随后即称王改元，确定"元祀"从当年岁首起始。其后追记其事，便形成文王改元在前、受命在后这样一种假象。两相比较，似以后一种可能性为大。兹述理由如次。

　　第一，太姒梦象与文王继位时的情势不合。太姒以周梓取代商棘的梦象，象征意义是周人要取代商朝的统治。正所谓日有所思，夜有所梦，周人这种想法恐怕不是文王继位之初就有的。文王是在"文丁杀季历"⑤的特殊背景下继位的，是时周人处于绝对劣势，尚不具备取代殷商统治的实力。古本

　　① 参见本书第四章：《关于清华简〈保训〉的著作年代问题》。
　　② 《太平御览》卷八四《皇王部》引，文渊阁《四库全书》本。
　　② 《太平御览》卷三九七《人事部》引，文渊阁《四库全书》本。
　　③ 《太平御览》卷八四《皇王部》引，文渊阁《四库全书》本。
　　④ 刘国忠：《走近清华简》，高等教育出版社 2011 年版，第 114 页。
　　⑤ 《晋书·束皙传》引《竹书纪年》，中华书局 1974 年版，第 1432 页。

《竹书纪年》记载，"帝乙处殷二年，周人伐商"①。这是商周之间第一次正面的武装冲突，明显带有对"文丁杀季历"的复仇性质，不过事态很快平息。等到商纣统治时，周文王借助西伯名义掌握一方杀伐之权，势力日渐强大，此时有取殷而代之的想法就比较现实。《左传·襄公三十一年》说："纣囚文王七年，诸侯皆从之囚，纣于是乎惧而归之。"《史记·殷本纪》说："纣囚西伯羑里……西伯归，乃阴修德行善，诸侯多叛纣而往归西伯。西伯滋大，纣由是稍失权重。"纣囚文王，反而激起了众多诸侯归附文王，反殷同盟进一步扩大，以致"纣由是稍失权重"，意味着殷周力量的对比已发生根本变化。只有到这个时候，才有可能真正形成《程寤》所说的"商感在周，周感在商"的政治态势。若谓季历新亡，文王继位，即对商朝带来严重威胁和忧感，恐与史实不合。

第二，太子发不可能在文王继位之年册立。立嗣问题关系部落国的发展与前途，周人对此是极为慎重的。譬如古公亶父发现季历之子昌有治国兴邦之才，欲以其父季历为储，以便昌将来有机会成为部族首领。古公长子太伯、次子虞仲知其意向，便双双亡入荆蛮，给季历立为太子提供机会。这个传说表明周人对立嗣考虑较多的是现实政治需要，并非部族首领一继位就把立嗣问题匆匆提上日程。退一步讲，即使文王即位后马上册封太子，亦当为嫡子伯邑考而非次子发。《史记·管蔡世家》说："唯发、旦贤，左右辅文王，故文王舍伯邑考而以发为太子。及文王崩而发立，是为武王。伯邑考既已前卒矣。"无论是"文王舍伯邑考"，还是"伯邑考既已前卒"，武王立为太子都不可能是文王继位之年的事情。由于武王年仅54岁，假定他一出生即被立为太子，待文王辞世时至少也到了50岁，余下4年可作的事情只有两件：三年服丧，一年伐纣。这样，就不可能再有时光在"既克商二年"②身染沉疴，以致周公为其请命，藏告神册书于金縢之匮。可见武王发的年寿条件是不可能在文王即位之年即被册立为太子的。

第三，文王占梦在程并非即位之初的岐都。《逸周书·程寤》佚文"文王去商在程"一语未见于简文，或经删削，致成异本。至于此句又被引作"文

①《太平御览》卷八三《皇王部》引，文渊阁《四库全书》本。
②《尚书·金縢》，阮元校刻：《十三经注疏》，中华书局1980年版，第196页。

王在翟"①，当为传写之误。因为只有太姒"在程"梦寤，始与《程寤》篇名相应。《诗·大雅·皇矣》正义云："《周书》称文王在程，作《程寤》《程典》。"《逸周书·大匡》云："维周王宅程三年，遭天之大荒。"②都说明文王由岐迁丰之前，曾一度宅居程邑③。程之地望，或谓"在岐州（周）左右"④，或谓"毕郢即程"⑤，均非是。《汉书·地理志上》载右扶风"安陵"，颜注："本周之程邑也。"《括地志》亦云："安陵故城在雍州咸阳东二十一里，周之程邑也。"⑥程在西周宣王时是司马伯休父的封邑，故《诗·大雅·常武》谓之"程伯休父"。程邑位于渭水北岸，作为都邑的时间不长，文王便南渡渭水，迁往与程相距不远的丰邑。或以此故，史迁不言文王宅程，径称太公"止于岐下"，文王"作丰邑，自岐下而徙都丰"⑦。不管怎样，文王占梦既在程邑而非岐下，则意味着这已不是他即位之初的事情了。

从以上三个方面的分析可以看出，清华简《程寤》所言文王占梦受命一事，并非发生在文王继位之年，故其"惟王元祀"只能是文王即位后的称王改元之年。文王称王改元的政治动因，则是占卜太姒之梦"受商命于皇上帝"。《帝王世纪》云："文王即位，四十二年，岁在鹑火，文王于是更为受命之元年，始称王矣。"⑧皇甫谧于此肯定文王受命九年说未必可信，但他对于文王受命与称王改元的联动关系的认识却是正确的。孔颖达说得更为肯定：文王"其称王也，必在受命之后"⑨。结合《尚书·酒诰》来看，文王受命与称王改元的因果关系是清楚的。《酒诰》说："乃穆考文王肇国在西土，厥诰

① 《艺文类聚》卷八九《木部下》引，《太平御览》卷五三三《礼仪部》引，文渊阁《四库全书》本。

② 黄怀信、张懋镕、田旭东撰，黄怀信修订，李学勤审定：《逸周书汇校集注》（修订本），上海古籍出版社 2007 年版，第 144 页。

③ 此外，《路史·国名纪》说："程，王季之居。"今本《竹书纪年》说："（文丁）五年，周作程邑。"其事无征，均不可信。

④ 黄怀信、张懋镕、田旭东撰，黄怀信修订，李学勤审定：《逸周书汇校集注》，上海古籍出版社 2007 年版，第 144 页。

⑤ （清）梁玉绳：《史记志疑》，中华书局 1981 年版，第 77 页。

⑥ 《史记·太史公自序》正义引，中华书局 1982 年版，第 3286 页。

⑦ 《史记·周本纪》，中华书局 1982 年版，第 114、118 页。

⑧ 《诗·大雅·文王》正义引，阮元校刻：《十三经注疏》，中华书局 1980 年版，第 502 页。

⑨ 《诗·大雅·文王》正义，阮元校刻：《十三经注疏》，中华书局 1980 年版，第 503 页。

毖庶邦庶士，越少正御士，朝夕曰祀兹酒。惟天降命，肇我民，惟元祀。"这里的"元祀"，《尚书》今古文无说，伪孔传解为"祭祀"，孔疏以为"言酒惟用于大祭祀"。后世学者续有阐发，但基本不出其窠臼。至晚清俞樾始出新说，认为"元祀者，文王之元年。上文曰'肇国在西土'，肇国者，始建国之谓，故知是文王元年也"[①]。继后王国维又从"天降命"的角度出发，认为"降命之命，即谓天命，自人言之，谓之受命；自天言之，谓之降命。……天之降命如何？'肇我民惟元祀'是也。元祀者，受命称王、配天改元之谓"[②]。细味经文，王国维对"惟元祀"的分析比俞樾以为文王继位元年更中肯綮，也正确揭示了"天降命"与"惟元祀"的逻辑关系。依此看来，《程寤》"惟王元祀正月既生魄"，虽为太姒做梦的具体时间，但实际改元却在文王占梦获得天命之后。只因这个配天改元的元年从当年岁首肇始，其后追记其事便出现了改元在前、受命在后的情况。文王受命、称王、改元三位一体，成为公开的政治宣言书，表明了周人东进克商的意志与决心。

如果说文王称王改元为其晚年之事，那么，称王之前他作为周部落国的首领又使用何种名号呢？这个问题没有直接的史料可以说明，只能间接作一推测。《史记·周本纪》说："古公卒，季历立，是为公季。……公季卒，子昌立，是为西伯。"从季历称"公季"、古公称"公亶父"以及更早的"公刘"来看，文王继承父位，当承祖制，仍以"公"称。《史记·周本纪》又说："公季卒，子昌立，是为西伯。"似乎"西伯"是文王继位之初就有的封号，其实不然。《吕氏春秋·顺民》说："文王处岐事纣，冤侮雅逊，朝夕必时，上贡必适，祭祀必敬。纣喜，命文王称西伯，赐之千里之地。文王载拜稽首而辞曰：'愿为民请[去]炮烙之刑。'"《史记·殷本纪》说："西伯出而献洛西之地，以请除炮烙之刑。纣乃许之，赐弓矢斧钺，使得征伐，为西伯。"是知文王称西伯，势力日渐强大，是其历经文丁、帝乙两朝之后，迟至商纣时的事情了。

（二）文王改元后的积年

文王在位五十年是没有问题的，但后期改元后的积年，文献则有两说：

---

①（清）俞樾：《群经平议》卷五，《续修四库全书》本。

② 王国维：《观堂集林》（外二种）（下），河北教育出版社2000年版，第772页。

一是七年说，二是九年说。至于《史记·周本纪》云："诗人道西伯，盖受命之年称王而断虞芮之讼。后十年而崩，谥为文王。"所言"十年"，前人或据《逸周书·文传》以为"十当为九"①，或据别本以为"十年作七年为是"②，并不构为一种自成体系的独立见解，可置勿论。

文王受命七年说始自伏生，司马迁、郑玄同之，但依据各有不同。伏生《尚书大传》说：

> 文王受命，一年断虞芮之讼，二年伐邘，三年伐密须，四年伐犬夷，五年伐耆，六年伐崇，七年而崩。③

稍后司马迁《史记·周本纪》说：

> 西伯阴行善，诸侯皆来决平。于是虞、芮之人有狱不能决，乃如周……俱让而去。诸侯闻之曰"西伯盖受命之君"。明年，伐犬戎。明年，伐密须。明年，败耆国。……明年，伐邘。明年，伐崇侯虎。而作丰邑，自岐下而徙都丰。明年，西伯崩。

司马迁所述文王受命七年之事与伏生相同，只有"五伐"的次第略异。新出上博简《容成氏》言及文王伐九邦，计有丰、镐、郍(舟)、甗(石邑)、于(邘)、鹿、耆、崇、密须氏④，或即《礼记·文王世子》所说文王平抚的西方"九国"，其中有四邦与文王"五伐"之国相同。可见伏生、司马迁的说法不是空穴来风，他们接触的材料当然也不限于《容成氏》一种。东汉郑玄也是

---

① 《史记·周本纪》正义，中华书局 1982 年版，第 119 页。
② [日] 泷川资言：《史记会注考证》(一)，新世界出版社 2009 年版，第 243 页。
③ 《尚书·西伯勘黎》、《诗·大雅·文王》疏引。又《左传·襄公三十一年》疏引《尚书传》云："文王一年质虞芮，二年伐邘，三年伐密须，四年伐犬夷，纣乃囚之。四友献宝，乃得免于虎口，出而伐耆。"此言纣囚文王在受命改元之四年，与《史记·周本纪》置于改元之前不同。然《左传·襄公三十年》说："纣囚文王七年，诸侯皆从之囚，纣于是乎惧而归之，可谓爱之。文王伐崇，再驾而降为臣。"是知文王被囚七年，必在受命改元之前，史迁所言得其实。
④ 马承源主编：《上海博物馆藏战国楚竹书》(二)，上海古籍出版社 2002 年版，第 285—287 页。

主张文王受命七年说的，故注《尚书·金縢》云："文王十五生武王，九十七而终。终时，武王八十三矣，于文王受命为七年。"[①]前已言之，大、小戴《礼》关于文王、武王年岁的记载，言多虚妄，郑玄这里的有关推算自然不可凭信，但他坚持文王受命七年说，意见是明确的。

关于文王受命九年说，是西汉末年由刘歆正式提出来的。《汉书·律历志下》引其《世经》云：

> 文王受命九年而崩，再期，在大祥而伐纣，故《书序》曰："惟十有一年，武王伐纣，〔作〕《太誓》。"八百诸侯会。还归二年，乃遂伐纣克殷，以箕子归，十三年也。故《书序》曰："武王克殷，以箕子归，作《洪范》。"《洪范》篇曰："惟十有三祀，王访于箕子。"自文王受命而至此十三年，岁亦在鹑火。

从司马迁到刘歆相距不过百年，其间没有剧烈的社会动荡，传世文献未遭厄难，所以司马迁能够看到的资料，刘歆不可能盲无所见。而且因为古文献的不断发现，刘歆看到的资料可能比司马迁还要多。然而，刘歆提出文王受命九年说，却未拿出新的证据，只是将文献有关文武纪年的材料，按照自己的意见另外作了一番年历上的编排。如《书序》说十一年武王伐纣，刘歆却指为九年的八百诸侯观兵盟津。《洪范》言十三祀武王访于箕子，事在克商后二年，刘歆却将其曲解为武王克殷之年。更有甚者，刘歆言武王克商历日，竟称："一月戊午，师度于盟津。至庚申，二月朔日也。四日癸亥，至牧野，夜陈，甲子昧爽而合矣。"[②]一月戊午师渡盟津，《书序》记为十一年事，却被刘歆用来整合十三年武王伐纣的日程。刘歆根据文献历日资料，利用三统历以考武王克商之年，固有发凡起例之功，但他所用三统历并不合天，对月相词语的认识亦有舛误，故其结论不免悬空[③]。而推考过程中又以不同年份的历日相杂糅，更是一病。这些情况表明，刘歆首倡的文王受命九年说，缺

---

① 《诗·豳风·豳谱》疏引，阮元校刻：《十三经注疏》，中华书局 1980 年版，第 387 页。

② 《汉书·律历志下》引刘歆《世经》，中华书局 1962 年版，第 1015 页。

③ 杜勇、沈长云：《金文断代方法探微》，人民出版社 2002 年版，第 167—171 页。

少科学依据，实难取信。

尽管如此，后世仍有不少经学家相信刘歆的说法，贾逵、马融、王肃、韦昭、皇甫谧、孔颖达诸儒皆同之。如皇甫谧《帝王世纪》即引《逸周书·文传》"文王受命九年，惟暮之春，在镐召太子发"①，以作补证。《文传》是战国时人虚拟的文王遗言②，一望即知，刘歆已弃而不取，何待皇甫谧来发现它的价值？而梅本古文《尚书·武成》袭此文意，称"惟九年，大统未集"，就更不可据为典要。孔颖达不知晚书《武成》为伪作，决然引此以助刘说，还批评"郑(玄)不见《古文尚书》，又《周书》遗失之文难可据信"③，致有文王受命七年之说。就算郑玄不见《古文尚书》，而刘歆则是要立《古文尚书》于学官的人，他为何也不引梅本《武成》作证据呢？事情很清楚，刘歆看到的孔壁《武成》并无文王受命九年这样的文字，而梅本《武成》晚出于东晋，离开人世几百年的刘歆、郑玄当然不可能据以立论。可见后世经学家虽然推崇刘歆的九年说，实际并未帮他找到任何可靠的证据。

要言之，刘歆的文王受命九年说矛盾重重，并不比伏生、司马迁的七年说来得可靠。虽然他们依据的原始材料今不可见，但其叙文王受命七年，每年各说一事，事多有征，不像是没有根据的信口之言。此外，司马迁与伏生关于文王"五伐"的次第微有不同，也说明当时另有材料可据，否则司马迁就只有照搬伏生的说法了。

(三)武王在位年数

武王在位年数可分为两段。前一段是克商前的在位年数，后一段为克商后(包括克商之年)的在位年数。武王克商之年一般认为是西周起始之年，以此年起算，武王在位计为三年，后有专章论及④，兹不赘言。这里重点探讨克商前的武王在位年数。

武王继位延续文王纪年，不曾改元，汉唐学者是深信不疑的。如刘歆引

---

① 《诗·大雅·文王》疏引，阮元校刻：《十三经注疏》，中华书局1980年版，第502页。
② 参见本书第四章：《关于清华简〈保训〉的著作年代问题》。
③ 《诗·大雅·文王序》孔疏，阮元校刻：《十三经注疏》，中华书局1980年版，第502页。
④ 参见本书第十一章：《清华简〈金縢〉有关历史问题考论》。

据大小戴《礼》关于文王、武王年岁的说法，谓"伐纣克殷，以箕子归，十三年也。……自文王受命而至此十三年"①。这是第一次正式提出武王延续文王纪年说。唐代孔颖达从之，谓"文王改元，须得岁首为之，武王未及改元，唯须正名号耳"②。并据《泰誓》序细加分析说："知此十一年非武王即位之年者，《大戴礼》云'文王十五而生武王'，则武王少文王十四岁也。《礼记·文王世子》云：'文王九十七而终，武王九十三而终。'计其终年，文王崩时武王已八十三矣。八十四即位，至九十三而崩，适满十年，不得以十三年伐纣。知此十一年者，据文王受命而数之。必继文王年者，为其卒父业故也。"③刘、孔之说，被宋代欧阳修斥为妄说，清崔述作《武王不冒文王元年》补论"其误之所由"，在于"《戴记》之文本不足信"④，有其合理的一面。

近人王国维力主武王未尝改元说。他说："武王即位克商，未尝改元。《洪范》称'惟十有三祀，王访于箕子。'十有三祀者，文王受命之十三祀，武王克殷后之二年也。自克商后计之，则为第二年。故《金縢》曰'既克商二年'，称年不称祀者，克殷之时未尝改元故也。"⑤王国维对《文王世子》所载文王、武王年岁亦有质疑，认为"俱为周秦以后不根之说"⑥，是其卓见。但他以为称祀为文王纪年，称年为未改元之证，亦不可信。周初金文有如何尊称年者，亦有大、小盂鼎称祀者，并不划一。即使同一人作器，称年可，称祀亦可，如五祀卫鼎与九年卫鼎即是。可见王氏对于武王未尝改元的论证同样难于成立。但是，这并不意味说武王未尝改元说即为虚妄。

其一，九年观兵盟津为文王受命九年。《史记·周本纪》云："武王即位……师修文王绪业。九年，武王上祭于毕，东观兵，至于盟津。为文王木主，载以车，中军。武王自称太子发，言奉文王以伐，不敢自专。"又《齐太公世家》《鲁周公世家》所言略同。此"九年"者，清人梁玉绳说："乃武王即位为西伯之九年，下文曰'十有一年'，乃武王之十一年，与《书序》合，

① 《汉书·律历志下》引《世经》，中华书局1962年版，第1015页。
② 《诗·大雅·文王》序疏，阮元校刻：《十三经注疏》，中华书局1980年版，第503页。
③ 《尚书·泰誓》序疏，阮元校刻：《十三经注疏》，中华书局1980年版，第179页。
④ （清）崔述：《崔东壁遗书》，上海古籍出版社1983年版，第181页。
⑤ 王国维：《周开国年表》，《观堂集林》（外二种），河北教育出版社2001年版，第773页。
⑥ 王国维：《周开国年表》，《观堂集林》（外二种），河北教育出版社2001年版，第776页。

甚为明划，其言亦必有所据，与文王不相涉。"①诚然，一般说来既言武王即位，之后所言纪年自当为武王纪年。但殷周之际情况特殊，伐纣克商是周人大局所在，纪年问题既不像后世那样严肃，也不如尽快夺取天下来得重要。出于政治宣传的需要，高举文王受命的大旗，延续文王改元后的纪年，作为一种政治策略，以增强伐商的正义性和号召力，并无不可。此次观兵载文王木主，武王自称太子发，言奉文王以伐，必是文王辞世未久的事情。屈原《天问》云："载尸集战，何所急？"②是说武王"父死不葬，爰及干戈"③，何至于如此急切？武王处处都是打着文王的旗号，对于纪年问题自无改元更张的必要。如果这个"九年"是武王改元后的年数，为何中间八年竟无事可记？须知文王在世时，早已拉开伐殷的大幕，武王继位后形势更为严峻，可谓箭在弦上，不得不发，何待九年之后才挥师伐纣？事实上，文王殁时年寿已高，所谓"五伐"之役多半由武王率师征讨。故文王殁后不久，已有丰富军事经验的武王可以东向观兵盟津，以察时势，捕捉决战时机。是此"九年"当指文王受命九年，可证武王未尝改元。

其二，十一年师渡盟津伐纣，仍为文王纪年的延续。《史记·周本纪》说："十一年十二月戊午，师毕渡盟津。……二月甲子昧爽，武王朝至于商郊牧野，乃誓。"又《齐太公世家》："十一年正月甲子，誓于牧野，伐商纣。"又《鲁周公世家》："十一年，伐纣，至牧野。周公佐武王，作《牧誓》。"《书序》说："惟十有一年，武王伐殷。一月戊午，师渡盟津，作《泰誓》三篇。"古本《竹书纪年》："十一年庚寅，周始伐商。"④上博简《容成氏》："(武王)戊午之日，涉于孟津。"⑤这些记载都说武王伐纣在十一年，只是师渡盟津与牧野伐纣所系月份有所不同。由于戊午与甲子仅相距六日，则十二月有戊午，次年二月则无甲子，是知《史记》"十二月戊午"与"二月甲子"两个月份必有一误。《汉书·律历志》引《武成》篇："惟一月壬辰旁死霸，若

① （清）梁玉绳：《史记志疑》，中华书局 1981 年版，第 82 页。

② （宋）洪兴祖：《楚辞补注》，中华书局 1983 年版，第 114 页。

③ 《史记·伯夷列传》，中华书局 1982 年版，第 2123 页。

④ 《新唐书·历志》引一行《历议》。然"庚寅"二字非《纪年》原文，乃一行据其大衍历推算所得。

⑤ 马承源主编：《上海博物馆藏战国楚竹书》（二），上海古籍出版社 2002 年版，第 290 页。

翌日癸巳，武王乃朝步自周，于征伐纣"，"粤若来三月既死霸，粤五日甲子，咸刘商王纣。"所言"三月"孔颖达《尚书·武成》正义引作"二月"，与《周本纪》系月相同。《逸周书·世俘》保留了《武成》的部分内容，篇中亦云："越若来二月既死魄，越五日甲子朝至，接于商，则咸刘商王纣。" 由此可知《齐太公世家》"正月甲子"当为"二月甲子"之误，非如徐广所说"殷之正月，周之二月"①，只是周正与殷正不同纪年的差异。武王伐纣克殷既在"二月甲子"，这就只剩下《周本纪》"十二月戊午"有可能发生错误了。王国维以为"十二"两字乃"一"字之误②，如此可与《书序》相合。"一月戊午"与"二月甲子"相距六日，但系于一年在历法上是可能的，刘歆以三统历考武王伐纣之年即是如此。但是，刘歆的考年工作谬误甚多，说明"戊午"所在月份还有别的可能。笔者以为，《周本纪》"十二月戊午"的"二"字不误，"十"字为衍文，《书序》"一月戊午"当为"二月"之讹。这就是说，武王师渡盟津与牧野伐纣都发生在同一个月，即十一年二月。这在历法上不无可能。据我们研究，武王克商在公元前 1045 年③，取本年建亥，依张培瑜《中国先秦史历表》，上引文献所涉历日可排谱为：

> 正月丁卯朔，"壬辰旁死霸"为二十六日，"翌日癸巳"为二十七日；
> 二月丁酉朔，"二月戊午"为二十二日，"二月既死霸，粤五日甲子"为二十八日。

武王伐纣于癸巳日出师，计二十六日到达盟津，三十二日至商郊牧野，"咸刘商王纣"。此与"孟津去周九百里，师行三十里"④大体相应，也与王国维倡导的月相四分说密相吻合。这说明以十一年作为伐纣之年，相关历日均可得到合理措置，不能认为只有刘歆的方案才能对相关历日资料作出排定。

《吕氏春秋·首时》篇云："(武王)立十二年，而成甲子之事。"清人梁玉

① 《史记·周本纪》集解引，中华书局 1982 年版，第 123 页。
② 王国维：《周开国年表》，《观堂集林》（外二种），河北教育出版社 2001 年版，第 775 页。
③ 杜勇、沈长云：《金文断代方法探微》，人民出版社 2002 年版，第 268 页。
④ 《汉书·律历志》引刘歆《世经》，中华书局 1962 年版，第 1015 页。

绳以为"盖并其为天子之年数之耳"①。梁氏是主张武王即位改元说的，故对"立十二年"有此调停之议。然而，若以"十一年"为武王继位后的年数，则与《尚书·多方》有关记载发生冲突，此为梁氏所未察。《多方》说："天惟五年，须暇之子孙，诞作民主，罔可念听。"这是说在殷亡之前，上天还等待了五年时间，让商纣继续做万民之主，冀其改过自新。武王知天未丧殷，顺意未伐。这个"五年"，经学家都说是文王殁后的五年，但计算的起点各有不同。郑玄说："五年者，文王受命八年至十三年。"②伪孔传云："武王服丧三年，还师二年。"孔颖达疏："五年者，以武王伐纣，初立即应伐之，故从武王初立之年，数至伐纣五年。文王受命九年而崩，其年武王嗣立。……从九年至十三年，是五年也。"前已言之，文王受命计为七年而非九年，故此"五年"当从文王七年数至十一年武王伐纣，此与《史记》、古本《竹书纪年》、《书序》相关记载吻合无间。而郑玄虽主文王受命七年之说，但他对《多方》的解释却明显有误。清皮锡瑞指出："《史记》以为文王受命七年，其后五年武王伐纣，为十一年。刘歆以为文王受命九年，其后五年武王伐纣，为十三年。今古文说不同，而先后五年之数则一。郑既用今文受命七年之说，又用古文十三年伐纣之说，则首尾凡七年，与须暇五年之数不合矣。"③既然从文王辞世到武王伐纣，其间只有五年岁月，故"十一年伐纣"只能是延续文王纪年，而非武王即位十一年。

其三，十三祀武王访于箕子，是克商后犹未改元。《尚书·洪范》云："惟十有三祀，王访于箕子。"《书序》说："武王胜殷，杀受，立武庚，以箕子归，作《洪范》。"刘歆据此认为，武王"伐纣克殷，以箕子归，十三年也。"④三国时谯周从其说，称"史记武王十一年东观兵，十三年克纣"⑤。刘歆为了证明他用三统历所考武王伐纣之年历日的可靠性，据《洪范序》首创十三祀为武王伐纣说。《书序》言《尚书》诸篇旨意，多有不确，尤须细心分辨。此言"胜殷杀纣"不过交代事件的大背景，并不是说王访箕子就发生在

①（清）梁玉绳：《史记志疑》，中华书局1981年版，第84页。
②《诗·周颂·武》疏引，阮元校刻：《十三经注疏》，中华书局1980年版，第597页。
③（清）皮锡瑞：《今文尚书考证》，中华书局1989年版，第398页。
④《汉书·律历志》引《世经》，中华书局1962年版，第1015页。
⑤《史记·周本纪》集解引，中华书局1982年版，第121页。

武王克商之年。武王胜殷杀纣之后，立武庚之嗣，复微子之位，释箕子之囚，封比干之墓，对殷遗采取的是怀柔感化政策。释箕子之囚既在争取人心，则不会把他作为俘虏带走。以箕子对殷朝的忠诚与眷恋，宁可佯狂为奴，也不随殷王室大师、少师弃殷归周，故不可能待武王一到，就立即成为降臣。牧野战后，诸事万端，武王此时亦无闲暇垂询箕子，访以天道。是箕子入周，武王访之，必当局势渐定之后。《尚书大传》说："武王释箕子之囚，箕子不忍周之释，走之朝鲜。武王闻之，因以朝鲜封之。箕子既受周之封，不得无臣礼，故于十三祀来朝。武王因其朝而问洪范。"[①]箕子是否走之朝鲜，由武王顺势册封，尚待研究。但箕子朝周，有周原甲骨文（H31：2）可证："唯衣（殷）雞（箕）子来降，其执罤厥史，在旂，尔卜曰：南宫邲其乍（酢）。"[②]此辞说"箕子来降"，伴有史官随行，武王根据占卜结果，派大臣南宫邲设宴酬酢。说明武王伐纣事毕，先已返周，其后箕子至周，始可称其"来降"，并以客礼相待。主客间这种从容有序和彬彬有礼的气氛，似非充满刀光剑影的克商之年所应有。故箕子来朝或来降，不会是克商当年之事。

对于刘歆用《洪范序》来证明十三年伐纣克商，后世赞同者也不看好，他们试图拿出更为权威的证据来，这就是梅本古文《尚书·泰誓》云："惟十三年春，大会于盟津。"最典型的是唐张守节作《周本纪》正义笃信孔颖达之说，引此谓"言十三年伐纣者，续文王受命年，欲明其卒父业故也"，还讥讽"太史公云九年王观兵，十一年伐纣，则以为武王即位年数，与《尚书》违，甚疏矣"[③]。殊不知，张氏所谓的《尚书》即梅本《武成》实为后世伪作，更不成证据。只是当时学界不知此案，诚可谅解，我们不能用"甚疏"一类字眼反过来嘲讽他们。《史记·周本纪》说："武王已克殷，后二年，问箕子殷所以亡。箕子不忍言殷恶，以存亡国宜告。武王亦丑，故问以天道。"此言武王访于箕子为既克商二年之事，是《洪范》"惟十有三祀"非克商之年甚明。据《尚书·金縢》记载，武王卒于"既克商二年"，亦即访箕子之年。是年又称十三祀，则表明武王自始至终不曾改元。

① 《尚书·洪范》正义引，阮元校刻：《十三经注疏》，中华书局1980年版，第187页。
② 曹玮：《周原甲骨文》，世界图书出版公司2002年版，第137页。
③ 《史记·周本纪》正义，中华书局1982年版，第120—121页。

从上述分析可见，武王未尝改元说虽由刘歆首次提出，但并未做出可信的论证。于今转换视角，并非无证可求，知旧说仍不可废。基于武王即位未尝改元这个判断，可对武王在位年数给予年表式的回答，即文王七年继位，九年观兵，十一年伐纣，十三年病故。其积年计为七年，克殷前为四年，克殷后(含克殷之年)为三年。

讨论至此，可将本章主旨略作概括如下：清华简《程寤》是制作于战国时期的一篇出土文献，其最大的价值在于提供了文王占梦受命的真实资料。所谓文王受命，既非受殷王嗣立之命，亦非受封西伯之命，而是受皇天上帝之命以取代殷人对天下的统治。文王受命、称王、改元三位一体，奏响了东进伐商的序曲。文王受命凡七年，五伐殷商与国，未及接商而终。武王于文王七年即位，承其纪年，继其遗志，于十一年告成伐纣之功。周人取代大邦殷成为新的天下共主，从而揭开了中国古代文明持续向前发展的历史新篇。

第 十 一 章

清华简《金縢》有关历史问题考论

清华大学藏战国竹简《金縢》系新近出土的重要经学文献之一。与今本《尚书·金縢》相校，其内容大致相合，但有一些异文非常重要，为解决《金縢》有关历史问题提供了新的线索。本章拟从《金縢》简文出发并结合相关历史文献，对周武王开国在位年数、周公居东三年的历史真相以及竹书内容的真实性问题略作探索。

一、武王开国在位年数问题

关于周武王的在位年数，可以有两个不同的观察点：一个是文王殁后武王继位为王至其卒年的整个在位年数，另一个是武王伐纣之年至其卒年的开国在位年数，亦即以克商之年起算的在位年数。前者上章已作讨论，后者所涉武王伐纣之年，通常视为武王元年(尽管武王不曾改元)，亦即西周开国之年。弄清武王开国在位年数，对于研究西周历史特别是编制符合历史实际的西周年表，无疑具有重要的意义。

在这个问题上，先秦两汉文献虽有不少说法，但最受重视且为大多数学者所信从的还是传世本《尚书·金縢》的有关记载。《金縢》篇六："既克商二年，王有疾，弗豫。……王翼日乃瘳。武王既丧，管叔及其群弟流言于国。"《史记·周本纪》据以述说此一史事称："武王已克殷，后二年……武王病。天下未集，群公惧，穆卜……武王有瘳。后而崩，太子诵代立，是为成王。"从中可出看出司马迁解读《金縢》的有关要点：一是训"既"为"已"，肯定"已克商"不等于"克商"；二是略嫌"既克商二年"语义不明，特增一"后"字，称"已克商，后二年"，意即这个"后二年"当从克商次年起算；三是武王卒年就在"后二年"，故于"武王有瘳"句后紧接着即言"后而崩"。今观清华简《金縢》无"王翼日乃瘳"句，而于"周公乃纳其所为功自以代王之说于金縢之匮"一事之后，下接"就后武王力(陟)"，说明武王崩逝就在简文所言"不豫，有迟"①之年。从今本《金縢》所反映的武王病情看，所谓"有疾"已非小恙，否则不至于周公身自为质，以代武王死。即以"王翼日乃瘳"论，病情看似好转，实则不过回光返照而已。所以司马迁把武王卒年定在武王有疾的"既克商二年"，可谓得其真谛。王国维说："《史记》所记武王伐纣及崩年，根据最古。《金縢》于武王之疾书年，于其丧也不书年，明武王之崩即在是年。《史记》云'武王有瘳，后而崩。'可谓隐括经文而得其要旨矣。"②这就是说，司马迁依据《金縢》把武王开国在位年数定为三年是可信的，故为王国维《周开国年表》所采用。《淮南子·要略》云："武王立三年而崩"，与《周本纪》同义。《史记·封禅书》说："武王克殷二年，天下未宁而崩。"此言"天下未宁"亦即《周本纪》所说"天下未集"，故"克殷二年"不过是"已克殷，后二年"的缩略语而已，并非史公刻意传疑。

在先秦文献中，关于武王开国在位年数尚有诸多异说。如《逸周书·作雒》云："武王克殷……既归，乃岁十二月崩镐"③，谓武王崩于克殷当年。又《明堂》云："既克纣六年而武王崩。"④《管子·小问》云："武王伐殷克之，七年而崩。"这些文献晚于《金縢》，缺少细节描述，孤证无援，其可信度与《金縢》不侔，是为司马迁所不取。

---

① 清华大学出土文献研究与保护中心编，李学勤主编：《清华大学藏战国竹简》（一），中西书局 2010 年版，第 158 页。下引不另注，释文尽量用通行字。

② 王国维：《观堂集林》附《别集》卷一《周开国年表》，中华书局 1959 年版。

③ 黄怀信、张懋镕、田旭东撰，黄怀信修订，李学勤审定：《逸周书汇校集注》（修订本），上海古籍出版社 2007 年版，第 510—514 页。

④ 黄怀信、张懋镕、田旭东撰，黄怀信修订，李学勤审定：《逸周书汇校集注》（修订本），上海古籍出版社 2007 年版，第 710 页。

此外，在汉代还有两种说法对后世颇有影响。一是西汉刘歆《世经》说："文王十五而生武王，受命九年而崩，崩后四年而武王克殷。克殷之岁八十六矣，后七年而崩。故《礼记·文王世子》曰：'文王九十七而终，武王九十三而终。'"[①]这是说武王开国在位年数为八年，即"克殷之岁"加上"后七年"。二是东汉郑玄注《金縢》说："文王十五生武王，九十七而终，终时武王八十三矣，于文王受命为七年。后六年伐纣，后二年有疾，疾瘳后二年崩，崩时年九十三矣。"[②]这是说武王开国在位年数为五年，即伐纣之年加上"后二年有疾""后二年崩"。这两种说法所持依据是相同的，一为《大戴礼》曰"文王十五而生武王"[③]，一为《文王世子》曰"文王九十七而终，武王九十三而终"。但这些依据之荒诞不经是一望即知的。不要说《大戴礼》《文王世子》的成书晚于《金縢》，即以"文王十五而生武王"论，也与人类生理规律相违。武王为文王次子，前有长兄伯邑考，若文王十五生武王，则只有"文王十三生伯邑考"[④]，这全然不合事理。再就武王崩年九十三论，亦与《逸周书·度邑》、真本《竹书纪年》所言武王年不及六十大相抵触，游谈无根。对刘歆、郑玄之说，王国维[⑤]、顾颉刚[⑥]曾撰文力辨其非，似无必要再作申论。然而，夏商周断代工程却采信郑玄的说法，并据日本学者泷川资言《史记会注考证》引日本高山寺《周本纪》钞本，称武王"于克商后二年病，又后二年而崩"[⑦]，拟定武王克商后在位四年(含克商之年)，似有所失。

虽然今传本《金縢》关于武王开国在位年数的记载具有可靠性和权威性，但现在又出现新的问题，这就是近出清华简《金縢》所载武王卒年不是"既克商二年"，而是"武王既克殷三年"。那么，这个"三年"与"二年"到底以何者为是呢？

---

① 《汉书·律历志》引，中华书局1962年版，第1016页。

② 《诗·豳风·豳谱》疏引，阮元校刻：《十三经注疏》，中华书局1980年版，第387页。

③ 《史记·周本纪》正义引，中华书局1982年版，第120页。

④ 《诗·豳风·豳谱》疏引《大戴礼·文王世子》，但今本《大戴礼》无此篇，《小戴礼记》虽有《文王世子》，然无此语。

⑤ 王国维：《观堂集林》附《别集》卷一《周开国年表》，中华书局1959年版。

⑥ 顾颉刚：《武王的死及其年岁和纪元》，《文史》第18辑，中华书局1983年版。

⑦ 夏商周断代工程专家组：《夏商周断代工程1996—2000年阶段成果报告》，世界图书出版公司2000年版，第49页。

汉初，伏生所传今文《尚书》二十八篇(或说二十九篇)，《金縢》为其中之一。伏生在汉文帝时(前 179 年—前 157 年)已九十余岁，若从文帝元年前推 90 年，伏生当生于战国晚期约公元前 269 年前后，到秦统一六国时已是年近半百的儒者了。这就意味着伏生作为秦朝《尚书》博士，既接触过战国本《金縢》，也掌治过朝廷官方本《尚书》。因此，从他那里传承下来的《尚书》二十八篇，应是经过秦朝官方整编和认可的版本。蒋善国先生指出：《尚书》"不论是百篇或二十九篇，都是秦禁《诗》《书》期间编定的。……《尚书》把《秦誓》列在最末，正是记秦以霸业继周统，为了颂扬当时秦始皇的帝业。这种情形，非到了秦统一天下的时候不能发生。"①经过秦朝整编过的《尚书》，整体上比当时其他传本具有更高的真实性和可信度。虽然今本《金縢》在秦朝整编过程中可能会有一些改动，但对"既克商二年"这种关乎重大历史事件的关键性年代，想必会慎重对待的，故能得到史迁的认同。

如果说传世本《金縢》"既克商二年"的可靠性不宜轻加怀疑的话，那么，这是否意味着清华简所言"既克殷三年"是传抄过程中发生的笔误呢？应该说这种可能性是存在的。但是，当我们联想到清华简另一处"周公宅东三年"而传世本却作"周公居东二年"时，会立即感到这种可能性不大。因为就算是抄手行事粗心，何至于如此凑巧，一遇年代"二"字就误写为"三"呢？这恐怕需要深入分析，做出更合理的解释。

就先秦时期《尚书》传习来说，与其他经籍一样，都是依靠手抄的方式，因而篇中文字在传抄中不免发生某些变异。有些文字讹脱衍倒多为无意识行为，有些异体字、通假字、同义字可能出于各种原因有意为之，还有一些增字、减字、改字则可能是传习(抄)者加工改造的结果。对于后一种情况，刘起釪先生曾经指出："先秦诸子都运用《书》篇来称道古史，以宣扬自己的学说。儒墨两家在这方面做得尤为出色。为适应自己学说的需要，就出现上面所述两家所采用同一《书》篇而各有不同的现象。他们大体沿用一些旧《书》篇材料。凡能为自己学说张目者，就径用原书篇。有不尽适合自己的，他们就加工改造，成为体现自己学说观点的古史《书》篇。"②当然，有

---

① 蒋善国：《尚书综述》，上海古籍出版社 1988 年，第 18 页。
② 刘起釪：《尚书学史》，中华书局 1989 年版，第 65 页。

时对《书》篇的加工改造，也可能类似于后世的古籍整理，意在求文献之真，征史迹之实。清华简《金縢》中有关"既克殷三年"的异文，可能就属于这种情况。即楚地经师根据自己对西周史事的了解，将武王崩逝之年由所见原本的"既克商二年"改订为"既克殷三年"。

个中缘由在于，人们对"既克商二年"这种纪年方式各有不同的理解。一种是不包括克商之年的后二年，司马迁《周本纪》即是如此；另一种则理解为包括克商之年的第二年，王肃称"克殷明年"①、伪孔传称"伐纣明年"即是如此。这两种解读恐怕是早就有的，而当时楚地经师认同的是后一种说法。这样，所谓"既克商二年"就与他们所知道的武王逝去的时间，在以克殷起算的第三年不合，于是径改传本之"二"为"三"，以期实现对《金縢》的正确解读。这就形成了我们今天看到的《金縢》今传本与竹书本的关于"二年""三年"的异文。也就是说，清华简《金縢》改"二年"为"三年"，只代表对"既克商二年"这种纪年方式在理解上的差异，而对其内涵的把握上并无实质性的不同，均指武王已克商的后二年，同样说明武王开国在位年数仅有三年。这也是历来大多数学者认同的年代。

二、关于周公居东的历史真相

今本《尚书·金縢》第二节有云："武王既丧，管叔及其群弟乃流言于国，曰：'公将不利于孺子。'周公乃告二公曰：'我之弗辟，我无以告我先王。'周公居东二年，则罪人斯得。"其中周公所言"我之弗辟，我无以告我先王"一句，清华简《金縢》断残缺失"弗辟我"三字，但竹简书写位置显示应为四字。特别是今本"周公居东二年"，简文作"周公石(宅)东三年"，从而成为本节最重要的异文之一。《尔雅·释言》云："宅，居也。"是"宅东"与"居东"同义。问题只在于"居东"的时间不同：今本为"二年"，简文为"三年"。

然而，"居东"究为何意？历史上看法颇为分歧，大体有东征说与待罪

①《尚书·金縢》疏引，阮元校刻：《十三经注疏》，中华书局 1980 年版，第 196 页。

说两种意见。前者如《史记·鲁周公世家》说："周公乃告太公望、召公奭曰：'我之弗辟而摄行政者，恐天下畔周，无以告我先王太王、王季、文王'……管、蔡、武庚等果率淮夷而反。周公乃奉成王命，兴师东伐，作《大诰》。遂诛管叔，杀武庚，放蔡叔。……宁淮夷东土，二年而毕定。"是史迁以"居东"为"兴师东伐"，所获"罪人"即管、蔡、武庚等叛乱势力。《金縢》伪孔传亦云："周公既告二公，遂东征之，二年之中，罪人斯得。"后者如马融、郑玄以为"居东"是"避居东都"①，即管蔡流言一出，周公即"出处东国待罪，以须君之察己"②。对于这两种意见，后世学者各有阐发，所见不一。

清华简《金縢》的面世，让人们看到了解决问题的一线曙光。李学勤先生认为，关于周公居东的"种种异说，都是由于《金縢》'居东二年'与《诗·东山》所云周公东征三年不合。现在清华简的这一句不是'二年'而是'三年'，就恰与东征一致了"③。廖名春先生认为，这"三年"与"二年"一字之异，证明了伪孔传的正确，"破解了西周史研究上的一大疑难"④。说一字之异破解千年难题，态度相当乐观。可传世文献亦有"居东三年"的说法，却未见这样的作用。《列子·杨朱》云："武王既终，成王幼弱，周公摄天子之政。邵公不悦，四国流言。居东三年，诛兄放弟。"今本《列子》经唐宋以来历代学者研究，认为已非《汉书·艺文志》著录的先秦古籍，可能是魏晋时代的伪书。即使如此，它也应同《尚书》伪孔传一样，代表着魏晋时人的一种学术观点，而某些历史叙事亦当有其材料来源。《列子》讲周公"居东三年"，与简文《金縢》同，却未引起人们的注意。

其实，单从时间上证明周公"居东"为东征，"三年"与"二年"所起作用是没有多少差别的。《金縢》孔疏云："《诗》言初去及来，凡经三年。此直数居东之年，除其去年，故二年也。"这是说称"三年"或"二年"，并不妨碍"居东"与东征为一事。就汉语的使用习惯来说，"二年"或"三年"往往

① 《尚书·金縢》疏引，阮元校刻：《十三经注疏》，中华书局 1980 年版，第 197 页。

② 《诗·豳风·七月》疏引郑玄注，阮元校刻：《十三经注疏》，中华书局 1980 年版，第 388 页。

③ 李学勤：《清华简九篇综述》，《文物》2010 年第 5 期。

④ 廖名春：《清华简与〈尚书〉研究》，《文史哲》2010 年第 6 期。

具有不确定性。如某一事件历时两周年，其起讫年代却占了三个年头，谓之二年可，谓之三年亦可。周公东征的时间表正是这样。据我们先前研究，周公东征始于周公摄政（成王继位）元年秋天，东征班师则在周公摄政三年秋天。说周公东征三年是指占了三个年头，说二年是指整整用了二年时间①。前者如《东山》诗云："自我不见，于今三年。"《尚书大传》云："周公居摄，一年救乱，二年克殷，三年践奄。"②《史记·周本纪》云："管蔡叛周，周公讨之，三年而毕定。"后者如《史记·鲁周公世家》云：周公"宁淮夷东土，二年而毕定。"可见用二年或三年记述周公东征的时间，只说明计算方法略有不同，本质上并无差异。因此，欲说周公"居东"即是东征，还需要从其他方面加强论证。这里不妨再补充几点理由。

第一，从《大诰》看，"居东"当为东征。武王死后不久，管、蔡放出流言，攻击周公摄政具有取代成王的政治野心。然据《逸周书·度邑》所记，武王病危时曾对周公说"我兄弟相后"，欲将王位传给明达有智的叔旦。周公闻之悲恐，涕泣沾裳，拱手不肯接受。如果周公欲得王位，这是最好的时机，何待武王传位于成王后才处心积虑来篡夺王位呢？在王位继承问题上，周公心迹可昭日月，何至于流言一出，他就顿感有罪，甚至弃位东去，来证明自己的清白呢？

武王欲以"兄弟相后"这件事，当时社会上或少知情者，但管、蔡等高级贵族则不会一无所闻。所以在武王死后，管、蔡与武庚暗中勾结，散布周公意欲篡权的流言，显然是煽动是非，包藏祸心。这一点，周公是看得很清楚的，东征的态度也是很坚决的。《尚书·大诰》作为东征的战前动员令，充分显示了周公平定三监之乱的刚毅果敢的政治性格。周公说"殷小腆诞敢纪其叙"（殷小主武庚竟敢整理他的王业），又说"西土人亦不静"（管、蔡流言滋事），表明周公清醒地看到"管蔡启商，惎间王室"③，使新造周邦面临被颠覆的严重危机，东征平叛已刻不容缓。虽然兹事体大，当时邦君庶士认为"不可征"，劝周公说"王害（曷）不违卜"，但周公表示"不卬自恤"（不暇忧

① 杜勇：《〈尚书〉周初八诰研究》，中国社会科学出版社1998年版，第33页。
② 《诗·豳风·豳谱》疏引，阮元校刻：《十三经注疏》，中华书局1980年版，第388页。
③ 《左传·定公四年》，阮元校刻：《十三经注疏》，中华书局1980年版，第2135页。

及自身），"予曷不越卬敉宁（文）王大命"（我怎敢不在这时来安定当年文王所受的国运），"朕诞以尔东征"（我一定要和你们同去东征）。凡此说明，尽管管、蔡流言汹汹，周公并未消极地避位待罪，让成王这个不具政治经验又年仅十多岁的小孩子经过一番历练后再来明察是非。相反，周公面对重重危机，不顾个人得失，积极采取对策，动员各种力量，全力兴师东伐，以确保周室于不坠。而居东待罪说与史实相违，全然不像一代大政治家解决问题的方式。

第二，从《鸱鸮》看，"居东"当为东征。今本《金縢》说：周公居东归来"乃为诗以贻王，名之曰《鸱鸮》。"其后《史记·鲁世家》《诗小序》等均谓《鸱鸮》一诗为周公所作。于今清华简《金縢》不言周公"为诗"，只说"周公乃遗（赠）王志（诗）曰《周鸮》。"其中"周鸮"，今本作"鸱鸮"，整理者疑"周"当读"雕"。然先秦文献不见"雕鸮"连称者，有可能是鸱鸮之误。据此简文，可以确定周公只是"遗诗"而非"为诗"。或因"遗"（余纽微部）与"为"（匣纽歌部）音近，后世在文献传抄整编过程中发生混淆。《孟子·公孙丑上》称引《鸱鸮》第二章"迨天之未阴雨"诸句，谓孔子曰"为此诗者，其知道乎！"是知至、亚二圣亦不知《鸱鸮》为周公所作，故未言及"为此诗者"之名。现在看来，《鸱鸮》可能只是当时流传的一首禽言诗，"这是一个人借了禽鸟的悲鸣来发泄自己的伤感"，"是做诗的人在忧患之中发出的悲音"①。周公以此诗遗王，其性质与春秋时代"赋诗言志"应相仿佛。

虽然《鸱鸮》不必为周公所作，但周公居东归来拿它赠给成王，其心境必与诗义有所契合，始可为用。全诗今见于《诗·豳风》，核心在于开篇的头三句："鸱鸮鸱鸮，既取我子，无毁我室。"用的是比兴艺术表现手法。那么，周公遗诗于王，用"鸱鸮""我子""我室"所比何事？毛传云："宁亡二子，不可毁我周室。"孔疏："其意言：宁亡管蔡，无能留管蔡以毁我周室。"朱熹《诗集传》也说："公乃作诗以贻王，……以比武庚既败管、蔡，不可更毁我王室也。"②马瑞辰以为，"《诗》以鸱鸮取子喻武庚诱管、蔡"，"言其既

---

① 顾颉刚：《诗经在春秋战国间的地位》，顾颉刚编著：《古史辨》三，上海古籍出版社1982年版，第316页。

② （宋）朱熹：《诗经集传·豳风·鸱鸮》，宋元人注《四书五经》，中国书店1989年版。

诱管、蔡，无更伤毁周室，以鸟室喻周室也"①。所言周公遗诗于王，把"鸱鸮"比作武庚，"我子"比作管、蔡，"我室"比作周室，与今本《金縢》说"周公居东二年，罪人斯得"（简文作"祸人乃斯得"）正相表里。周公历时二年之久，所获罪人非武庚、管、蔡等叛乱势力不足以称其事。周公遗诗《鸱鸮》，无非借以说明管、蔡虽为兄弟，但勾结武庚作乱，危害周室，不得不进行征伐，目的是进一步消除朝中君臣的疑虑，求得更多的理解与支持，也为嗣后封藩建卫、营洛迁殷、经略东土做好统一思想的准备。可见周公遗诗《鸱鸮》与其东征归来的境况相合，所谓"居东"不过是东征的别样表述。

那么，《鸱鸮》可否支持郑玄的避居待罪说呢？郑玄对《鸱鸮》头三句的解释是："鸱鸮言：已取我子者，幸无毁我室。"又云：当管、蔡流言时，"成王不知周公之意，而多罪其属党"。周公贻诗"喻此诸臣乃世臣之子孙，其父祖以勤劳有此官位土地，今若诛杀之，无绝其位，夺其土地"。孔疏："郑以为，武王崩后三年，周公将欲摄政，管、蔡流言，周公乃避之，出居于东都。周公之属党与知将摄政者，见公之出，亦皆奔亡。至明年，乃为成王所得。此臣无罪，而成王罪之，罚杀无辜，是为国之乱政，故周公作诗止成王之乱。"这是说周公避居东都，成王欲罪其属党，故周公遗诗意在阻止成王罚杀无辜的乱政。虽说诗无达诂，郑玄的诠释也不免太离谱了。一是以"我"为鸱鸮，既非诗意，又悖情理。从《诗》三百中"硕鼠硕鼠，无食我黍"的相同句式看，绝不能把"我"与鸱鸮混为一谈。鸱鸮今俗称猫头鹰，现代科学认为是一种益鸟，但在古人眼中却是不祥之鸟。如《管子·封禅》说："今凤凰麒麟不来……鸱枭数至，而欲封禅，毋乃不可乎！"《诗·陈风·墓门》"有鸮萃止"，毛传："鸮，恶声之鸟也。"《大雅·瞻卬》"为枭为鸮"，郑笺："鸮，恶声之鸟。"鸱鸮既为恶鸟，作诗者或遗诗者岂能以此自比？二是以"我子"比"世臣之子孙"，以"我室"喻世臣之官属土地，说成王得周公属党，欲加杀罚，不只于史无征，也与《金縢》明言"罪人"乃为周公所得大相抵牾。三是当时东都洛邑尚未营建，周公如何避居待罪？如果周公已成罪魁，不论避居何处，又岂有资格佑其属党？王肃说郑玄"横造此言"②，清人

① （清）马瑞辰：《毛诗传笺通释》，中华书局1989年版，第471页。
② 《诗·豳风·鸱鸮》疏引，阮元校刻：《十三经注疏》，中华书局1980年版，第395页。

牟庭说"郑君经注之谬，当以此为最"①，并非诬言。可见若把"周公居东"说成避居待罪，周公归而遗诗将无法得到合理的解释。

第三，从竹书《金縢》看，"居东"即是东征。对于传世本《金縢》篇，清代经学家孙星衍曾将其分为三节，第一节从开篇到"王翼日乃瘳"，是为经文；第二节始于"武王既丧"，止于"王亦未敢诮公"，为史臣附记其事；第三节自"秋大熟"以下，则是《亳姑》逸文②。这个意见颇得经学家赞同，如皮锡瑞即称"孙说近是"③。孙氏把《金縢》最后一节割裂开来，理由是《史记·鲁周公世家》载此"秋未获，暴风雷"一事，发生在周公卒后。如今清华简《金縢》显示，第二节与第三节实际是不可分割的整体。上节末尾说"王亦未逆公"，后节说"王乃出逆公至郊"，前后正相呼应。而第三节"秋大熟"之前，简文亦有"是岁也"一句，对前后两段记事起连接作用，说明"王亦未逆公"与"王乃出逆公至郊"发生在同一年，均为周公生前之事。司马迁将最后一节有关内容置于周公卒后，属于对传闻异词未加细审所形成的误记。

由于第二节与第三节同为周公生前之事，则说明周公居东并非待罪。因为对于一个待罪归来之人，成王及一班大臣似无必要"出郊"亲迎，而且成王也不应说出"惟余冲人其亲逆公，我邦家礼亦宜之"这样的话来。相反，只有把第三节视作周公东征归来发生的史事，才能弄清成王何以用"邦家礼"出郊相迎的缘由。此即周公东征归来，驻师郊外，等待宣命入京。不巧适逢险恶天气，雷雨交加，飓风拔木，禾稼尽偃。这对当时颇多迷信思想的周人来说，势必产生祸福莫测的重重疑虑。三监被诛，东土以宁，周公归报并遗诗于王，但成王及朝中大臣或因先前管蔡流言而疑虑未消，"王亦未逆(迎)公"，凯旋之师有家归不得，仍在郊外忍受着风餐露宿的煎熬。待雷雨飓风发生，求卜以问应对之策，启金縢之柜，得周公之书，众人方知叔旦忠公为国的一片赤诚。于是成王等人出城至郊，以"邦家礼"亲迎周公班师回朝。这里提到的"邦家礼"旧说以天子之礼改葬周公，实为班师凯旋所当进

---

① （清）牟庭：《同文尚书》，齐鲁书社 1981 年版，第 749 页。

② （清）孙星衍：《尚书今古文注疏》，中华书局 1986 年版，第 323 页。

③ （清）皮锡瑞：《今文尚书考证》，中华书局 1989 年版，第 299 页。

行的归告之礼，诸如献捷礼之类。《左传·桓公二年》说："凡公行，告于宗庙，反行，饮至、舍爵、策勋焉，礼也。"《左传·僖公二十八年》说："秋七月丙申，振旅，恺以入于晋。献俘授馘，饮至大赏。"这里说的是诸侯，天子之礼亦当如此。清华简《耆夜》也说到武王伐黎归来"乃饮至于文大室"。是知献捷礼包括献恺乐、献俘献馘、告祭祖先、饮至大赏等内容与环节。成王以"邦家礼"亲迎周公，充分说明这是周公东征凯旋，而非待罪归来。

以上说到的三条理由，第一、二条得自于传世文献的实证分析，第三条则是清华简《金縢》为我们提供的一条最新的有力证据。这就是说，与其过于倚重简文"居东三年"的佐证，倒不如把《金縢》三部分作为一个整体看待更易看清所谓"周公居东"实即东征。至于简文称"周公宅东三年"，不过是改用了另一种时间计算法而已。周公东征，战事相当激烈绵长，不只"既破我斧，又缺我斨"[①]，而且是"我徂东山，慆慆不归"，"自我不见，于今三年"[②]。广大将士在周公率领下，身居东土，进退相依，转战有期，待战事告捷，始见归程。故以"居东"言东征，以见战期之长，故土难归，实无不当。

三、竹书《金縢》内容的真实性问题

关于清华简《金縢》内容的真实性问题，从小处看是指其异文是否可靠，从大处看则涉及该篇的制作年代和史料价值。《金縢》所记为周初史事，而清华简是战国中晚期遗物，自不能保证其初始本也来自周初。退一步讲，即使它成篇于西周，经过数百年流传到战国时期，讹脱衍倒也在所难免。如果在文献传抄过程中有人主观地进行加工改造，以便符合自己的历史认识或理论需要，问题就更为复杂了。所以对待出土文献，仍需持辩证态度，具体问题具体分析，避免盲从带来不必要的混乱。

清华简《金縢》的问世，可以说在相当程度上解决了该篇曾被目为伪书的问题。宋代程颐、王廉颇疑《金縢》非圣人之书，清人袁枚甚至认为它是

---

① 《诗·豳风·破斧》，阮元校刻：《十三经注疏》，中华书局1980年版，第398页。
② 《诗·豳风·东山》，阮元校刻：《十三经注疏》，中华书局1980年版，第396页。

汉代伪造的。如今《金縢》竹书本与传世本的内容基本一致，所谓汉代伪书说也就完全不能成立。那么，《金縢》又是何时制作成篇的呢？

《书序》说："武王有疾，周公作《金縢》。"伪孔传不以为然，只说周公"为请命之书，藏之于匮"，即周公所作的是藏在匮中的告神册书。但《书序》所谓"作"者，正如孔颖达所说"谓作此篇也"，并非单指篇中告神册书而言。《金縢》篇处处以第三者口吻来记述周公事迹，当然不会出于周公手笔。清华简《金縢》说："周公乃纳其所为功自以代王之说于金縢之匮，乃命执事人曰：'勿敢言。'"今本《金縢》亦载诸史等说："公命我勿敢言。"既然周公将此告神册书藏于匮中，不欲人知，事后何至于又作《金縢》广告世人？且全篇多为叙事之文，事件时间跨度很大，不只文体与《尚书·周书》多为诰体不类，而且文字较为平顺，不似周初诸诰那样艰涩古朴(这与简文为楚系古文字，释读较为困难是两回事)。这些情况说明，《金縢》不仅非周公所作，而且不像是西周时期形成的作品。

过去有学者根据今本《金縢》称周公为诗《鸱鸮》，孔、孟却不知《鸱鸮》作者为谁，证明《金縢》为孔、孟所未见，显然"出于孟子之后，至早当在战国之中世"[1]。如今清华简的发现，其年代(公元前 305±30 年)与孟子生活的年代(公元前 372 年—前 289 年)略相对应，是知《金縢》的制作年代不在孟子之后，而是在他之前即已成篇问世了。其时《金縢》已传流到边远的楚地，身处中原文化核心圈的孟子自然不可能对其一无所知。孟子说："以友天下之善士为未足，又尚论古之人。颂其诗，读其书，不知其人，可乎？是以论其世也。是尚友也。"[2]这种论世尚友观反映了孟子学诗的态度，即读诗不光限于吟咏，还要了解诗人的行事为人及其所处时代的历史。以孟子对诗篇全面关注的立场来说，与《鸱鸮》一诗有关的《金縢》是不会从他眼中逸出的，而且他引述孔子以《鸱鸮》论"道"的话亦非向壁虚构。这意味着孔、孟都曾看到过《金縢》的传本，只不过他们当时接触到的本子可能与今本不同，而与清华简《金縢》相近，故言《鸱鸮》不以周公为其作者。今本《金縢》将周公"遗诗"误改为"为诗"，当是孔孟以后的事。由此看来，《金

---

① 张西堂：《尚书引论》，陕西人民出版社 1958 年版，第 192 页。

② 《孟子·万章下》，阮元校刻：《十三经注疏》，中华书局 1980 年版，第 2746 页。

縢》的制作年代当在周室东迁之后，而不晚于孔子之前的春秋之中世。

细绎《金縢》可以发现，周天子始终处于权力核心的地位，位尊权重的周公也只能附从这个最高权力执政。先是武王病重，周公作祝词祷告三王，愿意身自为质，以代武王死。继之是管、蔡流言，周公居东归来，以《鸱鸮》一诗相遗成王，成王却未出郊迎接周公。最后是遭风雷之变，成王与一班朝臣启金縢之匮，得周公之书，方知周公公忠为国的心迹，并以邦国礼出郊亲迎周公回朝。周公虽是三个故事的主线，但王权高于卿权的思想却隐现于字里行间。哪怕成王当时如简文所说"犹幼在位"，还是一个不谙政事的小孩子，大权在握的周公也只有俯首听命，方显出对王室的一片忠诚。这样的观念很符合周室东迁以后，在卿权膨胀的情况下而倾力维护王权的情势。或许《金縢》就是出于这种维护和强化王权的政治需要，由王室史官根据自己掌握的有关材料在春秋前期写成的一篇文字。顾颉刚先生认为，《金縢》"决是东周间的作品"①，是深中肯綮的。

当《金縢》的制作年代明确以后，人们会发现它原来也不是第一时间的原始记录，事件发生与文献制作的时间差不下二三百年。这种晚出文献的史料价值如何，似亦悬宕。

近来人们对"顾颉刚难题"②即所谓"不能以一部分之真证全部皆真"颇有讨论，认为这个命题是专门针对王国维的二重证据法提出的。笔者以为它实际体现的是顾氏从疑古书到疑古史一贯坚持的疑古方法论，考量的是晚出文献的可信度问题。顾氏强调"我们不该用战国以下的记载来决定商周以前的史实"③。这样，在商代盘庚迁殷之前的历史均因没有当时的文字记录，统统不得以信史观之。他认为夏代史只是传说的堆积，黄帝、尧、舜、禹只是非人格的神话人物，其立论依据都是从这个方法论来的。应该说，这个方法论在审查史料真实性上还是有积极作用的一面，只是一旦把问题绝对化、极端化就难免走向反面。在这个问题上，我们的基本看法是，晚出文献资料(当

① 顾颉刚：《论今文尚书著作年代书》，顾颉刚编著：《古史辨》一，上海古籍出版社 1982 年版，第 201 页。
② 张京华：《顾颉刚难题》，《中国图书评论》2008 年第 2 期。
③ 顾颉刚、童书业：《夏史三论》，吕思勉、童书业编：《古史辨》七（下），上海古籍出版社 1982 年版，第 195 页。

然也包括出土文献）"应有长期流传的历史素材作依据，既不能谓其凭空捏
造，也不能不加分析地照单全收，可取的做法是尽可能找出事实的本相和真
实的内核。"但是，"晚出文献的真实性并不是开卷即见的，它还需要一个由
表及里、去伪存真的探索过程，才能揭示出历史的本相。"①对清华简《金
縢》这样的出土文献，我们亦须持同样态度。

《金縢》所叙述的三则故事，是各有不同的资料来源的。第一则讲周公为
代武王死而作告神册书之事，应来自周王室原有档案资料。过去有人怀疑这
些迷信鬼神的活动非圣人所为，事属荒诞，故疑为伪作。其实，不仅有类似
民族学材料②，而且近年出土的战国楚简祷辞③，都提供了该篇成于古时的证
据。赵光贤先生认为，本段"从思想和文字上看，都不像是后人作的，可以
看作西周史官的记事，即令不是当时的记载，应相去不远"④。刘起釪先生也
说："篇中所载周公册祝之文，不论是它的思想内容，还是一些文句语汇，也
都基本与西周初年的相符合。因而这篇文件的主要部分确是西周初年的成
品，应该是肯定无疑的。"⑤至于后两则故事，叙事简略，文字平易，风格与
真《周书》迥异，应是作者根据有关传闻资料写成的，所以在一些文献中还
可看到与此相关并异中有同的说法。这说明《金縢》所用材料都有一定的来
源和根据，不能因为它的晚出而全盘否定其历史叙事的真实性。

不过，我们肯定《金縢》记事内容的真实性，是从文献的总体性上来把
握的，并不是说不同传本的任何文字都是可靠的。《金縢》竹书本和今传本互
有歧异，本身也需要考证，才能去伪存真，厘清各自的史料价值。

由于《金縢》成篇在春秋前期，到战国时代必有多种抄本传布于世，如同
郭店楚简《老子》有三种抄本，《缁衣》《性自命出》有郭店简和上博简两种抄
本一样。清华简《金縢》出自楚地，又与传世本相异，应是中原文化向四外辐

① 杜勇：《关于历史上是否存在朝夏的问题》，《天津师范大学学报》（社会科学版）2006 年
第 4 期。

② 顾颉刚：《〈金縢篇〉今译》，顾颉刚编著：《古史辨》二，上海古籍出版社 1982 年版。

③ 李学勤：《〈尚书·金縢〉与楚简祷辞》，《文物中的古文明》，商务印书馆 2008 年版。

④ 赵光贤：《说〈尚书·金縢〉篇》，《古史考辨》，北京师范大学出版社 1987 年版。

⑤ 顾颉刚、刘起釪：《尚书校释译论》（第三册），中华书局 2005 年版，第 1253 页。

射的反映。这与当时所谓"天子失官，学在四裔"①的时代背景是相合的。

根据竹书本没有传世本《金縢》中涉及占卜的文句，有的学者认为二者"分属于不同的传流系统"②，视为共时关系；也有学者认为竹书本《金縢》经"后人删节"，"从整体上要晚于今本"③，视为历时关系。由于竹书本与今本并非只有详略不同，还有很多文字和内容上的歧异，所以不会是历时关系。而共时关系说虽有理致，但对两种文本为何同中有异未作说明。就文献流布来说，《金縢》成篇时的写本可视为初始本，这个初始本在其后辗转传抄过程中，由于各种原因不免要发生某些变异。现在我们看到的两种《金縢》文本在很多地方存在歧异，而且这种歧异并非全由删节或摘抄所致，说明它们虽然基本保留了初始本的原貌，但在传习过程中都有一定程度的加工与改造，已成为与初始本有别的两种变异本。在这种情况下，对传世文献和出土文献的真实性考察，必须具体问题具体分析，既不可一概而论，也不可厚此薄彼。这里略举数例如下：

其一，竹书本中的"既克殷三年""周公宅东三年"，似为楚地经师改其初始本所致。而今传本均为"二年"，应出自初始本。如前所言，这种改动只反映传习者对《金縢》有关史事年代的表述方式存在理解上的差异，而对其内涵的把握并无实质性的不同。

其二，竹书本说"王亦未逆公"，应源于初始本。今传本"王亦未敢诮公"，则有可能为秦汉时期整编所改，而成为一种揣度之辞。观其后"王执书以泣"（简文作"王布书以泣"），说明成王对周公遗诗之后"亦未逆公"多有悔恨之意，而不是不敢责备周公，这才符合情理。

其三，竹书本说"周公乃遗王诗曰《周（鸱）鸮》"，当为初始本之文，故孔、孟言及《鸱鸮》不知其作者。而今传本在整编时将"遗诗"与"为诗"混为一谈，将文本改为"公乃为诗以贻王，名之曰《鸱鸮》"，致使周公成为该诗的作者，以讹传讹。

其四，竹书本"就后武王陟"，"是岁也，秋大熟，未获"，"是夕，天反

---

① 《左传·昭公十七年》，阮元校刻：《十三经注疏》，中华书局 1980 年版，第 2084 页。
② 李学勤：《清华简九篇综述》，《文物》2010 年第 5 期。
③ 廖名春：《清华简与〈尚书〉研究》，《文史哲》2010 年第 6 期。

风"诸句当出自初始本，其中有关"就后""是岁也""是夕"等时间副词，在整编时可能认为事件发生的时间为人所熟知，故被删除，殊不知却造成后世在《金縢》诸多问题理解上的严重分歧。

其五，竹书本"王乃出逆公，至郊"，当为初始本之文。今传本求其简洁，省作"王出郊"，则不能清楚表达成王出郊意欲何为，乃至后来生出成王复以王礼改葬周公使得郊祭，或成王出郊迎接周公待罪归来等不同说法，使周公东征的史实晦而不彰。

其六，竹书本无"王翼日乃瘳"句，可能同于初始本。今传本此句与简文"就后武王陟"（今本作"武王既丧"）相矛盾，当为整编时依据传闻异词所增益。

此外，《金縢》竹书本尚有其他异文，因与史事关联不大，不再作对比分析。可以说，竹书本除删去有关占卜文字外，大体上更接近初始本。与今传本相较，二者互有歧异而各见优长，都具有重要的史料价值。

总的说来，对传世文献和出土文献的价值评估，既需要总体上的把握，也需要细节上的考证，方可得其真相。只有对不同传本细加考证，同中析异，异中求真，才能较好发掘不同类型文献的史料价值，发挥其在学术研究中的应有作用。

第 十 二 章

清华简《楚居》所见楚人早期居邑考

　　清华简《楚居》是战国中期楚人自己撰作的一篇重要文献。篇中记述楚先、楚君的居处及其迁徙，远较传世文献为详，传说与史实并存，旧闻与新知共见。不仅激发了学者探其奥蕴的兴趣，也留下了各骋己意的空间。本章拟从相关史实出发，也就楚人早期居邑略作探考。

一、楚人源起中原的新证据

　　关于楚人的族源地，长期以来就有不同见解。由于传世文献资料的匮乏以及资料间的歧异，学者从不同角度取材加以解读，于是形成东方说、中原说、西方说、土著说、关中说等多种假说[①]，令人目迷五色。近出清华简《楚居》涉及楚人族源地及有关历史传说，为探索此问题提供了前所未见的新资料和新线索，颇为令人欣庆。但是，《楚居》所涉地名大都不见于文献记载，且未自示其方位，诸家探讨的结果仍是见仁见智，异说纷纭。看来，仔细寻绎各种资料的真谛，综合思考相关的历史条件，或有利于洞察楚人源起的历史真相。

　　《楚居》有关楚人族源地的新材料，可作迻录如下：

---

　　① 周宏伟：《楚人源于关中平原新证——以清华简〈楚居〉相关地名考释为中心》，《中国历史地理论丛》2012 年第 2 辑。

> 季连初降于騩山，抵于穴穷。前出于乔山，宅处爰波。逆上汌水，见盘庚之子，处于方山，女曰妣佳，秉兹率相，詈胄四方。季连闻其有聘，从及之泮，爰生䋥伯、远仲。游徜徉，先处于京宗。①

本段简文称述楚人先祖季连的事迹，开篇即带神话色彩。所谓"季连初降于騩山"非谓季连在騩山降生，而是显示楚人先祖为上天神灵降世，庄严而神圣，具有所居神山一样难以撼动的力量。《国语·周语上》记载，周惠王十五年，"有神降于莘"，惠王问其故，内史过回答这是国家面临兴亡的征兆，并举例证说："昔夏之兴也，融（祝融）降于崇山。"季连与祝融同为楚人先祖，都具有神—人的双重性格。然据《世本》《大戴礼记·帝系》记载，季连非自天降，乃为胁生。如《帝系》云：

> 陆终氏娶于鬼方氏，鬼方氏之妹谓之女隤氏，产六子，孕而不粥，三年，启其左胁，六人出焉。其一曰樊，是为昆吾；其二曰惠连，是为参胡；其三曰钱，是为彭祖；其四曰莱言，是为云郐人；其五曰安，是为曹姓；其六曰季连，是为芈姓。……季连者，楚氏也。

《世本》与此略有不同，谓女隤氏左右两胁各生三子。至司马迁采《世本》《帝系》作《史记·楚世家》，则意欲抹去胁生神话的痕迹，谓"陆终生子六人，坼剖而产焉。""坼剖而产"即剖腹而生，与"胁生"又异。如果说有关季连"降生"或"胁生"的传说，是楚人追问自身起源对历史本身的神话化，那么，司马迁剥去各种神话色彩，把季连作为部落首领看待，"在本质上不过是神话的还原，还原到它借以产生的历史事实中去"②。循着神话历史化的研究思路，深入解析"季连初降于騩山"的神话传说，可从中寻绎季连部落族源地的有关史迹。

据传世文献分析，季连部落当形成于夏代。《史记·楚世家》说：

---

① 清华大学出土文献研究与保护中心编，李学勤主编：《清华大学藏战国竹简》（一），中西书局 2010 年版。其《楚居》释文见第 181—182 页，注释见第 182—192 页。下引不另注，释文尽量用通行字。

② 赵沛霖：《先秦神话思想史论》，学苑出版社 2006 年版，第 3 页。

> 楚之先祖出自帝颛顼高阳。……高阳生称，称生卷章①，卷章生重黎。重黎为帝喾高辛居火正，甚有功，能光融天下，帝喾命曰祝融。共工氏作乱，帝喾使重黎诛之而不尽。帝乃以庚寅日诛重黎，而以其弟吴回为重黎后，复居火正，为祝融。吴回生陆终。

由于陆终大致活动于尧舜时期，其子季连部落从中分化而出当不早于夏朝。此与同为陆终之子的"昆吾氏，夏之时尝为侯伯"②情况相类。但是，从《楚居》所反映的时间坐标上看，季连却处于殷商武丁时期，与《楚世家》所言季连的活动年代相差七八百年③。

《楚居》说季连"逆上汌水，见盘庚之子"，说明这个有子之盘庚必是人名。整理者说"疑即商王盘庚"，语气尚不肯定。其实，盘庚不只是商朝一代名王，而且在《尚书》中还是一篇著名的诰辞，《左传》《国语》曾多次引其篇名或文句。《楚居》作者对这个事实不会一无所知，也不会已知这个事实还要赋予"盘庚"一词其他鲜为人知的含义，人为地造成理解上的歧异与困惑，所以盘庚不宜作别的解释。这样，"盘庚之子"即与武丁同辈。虽然文献所谓某人之子，有时兼指男女，但这里的"子"应与季连具有相同性别，始可对应其拜见的身份。不仅如此，这位"盘庚之子"还有可能就是武丁。《尚书·无逸》说："其在高宗（武丁），时旧劳于外，爰暨小人。"孔疏："在即位之前，而言久劳于外，知是其父小乙使之久居民间，劳是稼穑，与小人出入同为农役，小人之艰难事也。"武丁被其父小乙置放民间，有机会结识民间各方人士。很可能就在这个时候，季连与武丁有了交谊。嗣后季连迎娶武丁之女妣佳为妻，则是通过联姻进一步加强政治联系，巩固楚人在商朝国家联合体中的地位。过去人们常常提到关于"妇楚"的卜辞，认为"妇楚是武丁的

---

① 所谓"卷章"当为"老童"之讹。《集解》引徐广曰："《世本》云老童生重黎及吴回。"又引谯周曰："老童即卷章。"近年出土的望山简和包山简记楚祀典以"老童、祝融、鬻熊"并称，证明卷章确为讹误。

② 《史记·楚世家》，中华书局1982年版，第1690页。

③ 夏商周断代工程专家组：《夏商周断代工程 1996—2000 年阶段成果报告（简本）》，世界图书出版公司2000年版，第97—98页。

后妃，在武丁时代，殷楚似乎已经通婚姻了。"①其实，卜辞所谓"妇楚"（《合集》5637 反）的"楚"字，从林从巳，当隶定为楙②，或隶定为杞③，都与"楚"字不相关涉，不能构成商楚联姻的事实。

关于季连生活的时代，出土文献与传世文献发生如此巨大的差异，固然可以用传说的分化加以说明，但在揭示事实真相上却于事无补。研治传说时代的古史之难，在于传说与史实混而不分，而我们的研究工作又恰恰需要有所判别，否则就只有照单全收或一笔抹杀了。照单全收是极端信古的表现，一笔抹杀是极端疑古的做法，都是不可取的。在这个问题上，王国维提出用"二重证据法"以考古史，这是大家都愿意遵信的。但是，当地下新材料与纸上旧材料发生抵牾时，"二重证据法"就显得捉襟见肘了。即使把地下材料扩展到传说时代的各种非文字性遗物与遗迹方面，也同样存在不少局限性。因为那些考古资料不会开口说话，不会自我陈情，仍然无法让人知其就里。过去徐中舒先生主张除用新史料证明旧文献之外，还需要"以边裔民族史料阐发古代社会发展的实际情况"④，即用民族学的比较来研治古史，这是很有必要的。就学术研究的实际而言，所用材料常常是多元的综合的，而且只有对所用各种材料加以科学考证，才能得出符合逻辑也符合史实的结论。

拿楚先季连来说，《楚居》说是商王武丁时代的人并不足异，因为它符合上古部落首领用名之例。对于传说时代的人名尤其部落首领来说，应该注意到它的多重含义：一是部落名，二是特定的部落首领名，三是部落首领的通名。季连作为陆终之子，是本部落的第一任首领，亦即芈姓之祖。后来季连部落的首领弗能纪其世，实际是以季连为通名了。从民族学的角度看，氏族或部落首领的称号普遍具有沿袭性，特别是一些强大的原始共同体更是如此。如印第安人易洛魁联盟内，"每一位首领职位的名号也就成了充任该职者在任期内的个人名字，凡继任者即袭用其前任者之名"。即新任首领就职以后，"他原来的名字就'取消'了，换上该首领所用的名号。从此，他就以这

① 严一萍：《卜辞中的楚》，《中国文字》1985 年新 10 期。
② 于省吾：《甲骨文字诂林》，中华书局 1996 年版，第 1385 页。
③ 徐中舒：《甲骨文字典》，四川辞书出版社 1989 年版，第 648 页。
④ 徐中舒：《夏史初曙》，《中国史研究》1979 年第 3 期。

个名号见知于人。"①即以陆终六子论，其昆吾氏灭于夏，彭祖氏灭于殷，所言"某氏"实即部落名兼部落首领的通名。文献说"黄帝三百年"②、"神农十七世而有天下"③，也都属于这种情况。由此可见，《楚居》所记往见盘庚之子的季连，已非夏代陆终之子，而是季连部落在武丁时代继任的首领。所以两种关于季连生活年代的记述，各有意蕴，不妨并存。

从《楚居》季连"见盘庚之子"看，楚先季连部落当活动于中原地区，始有与殷商联姻并成为殷商国家联合体成员的可能。早年王玉哲先生曾对楚人始祖祝融居郑（今河南新郑）以及祝融八姓分布的地域加以研究，认为"楚民族在商末以前，大致以河南为其活动范围"④。李学勤先生也指出："推本溯源，八姓的原始分布都是中原及其周围。"⑤这与《楚居》反映的历史影像适相契合。所以推考《楚居》所见季连部落的早期居邑，首要的前提是以不出中原地区为宜。

《楚居》所载季连部落活动的地点，依其先后大体可分为两组。第一组是：郘山、穴穷、乔山、京宗，第二组是：汌水、方山。为什么把京宗放在第一组？仔细涵咏《楚居》文意，京宗无疑是季连部落最初的族居地之一，故简文说"（季连）先处于京宗"。但后来季连部落又有迁徙，离开京宗，才有可能如《楚居》所说"穴熊迟徙于京宗"。而且简文两次提到的这个"京宗"必是同一个地方，否则"先处""迟徙"无从谈起。故有必要把京宗作为楚先早期族居地之一放在第一组来考察。同时，关于穴熊之前季连部落活动的大致范围，既要考虑地处中原，又要考虑其迁徙地与殷都（今河南安阳）相距不至于太远，这样才能与季连往见盘庚之子并迎娶妣佳为妻的史事相呼应。因为两个部落若相隔悬远，互通婚姻就缺乏必要的地理与政治条件。何况季连听说妣佳美丽善良，正受聘待嫁，便急速追赶，及于水畔，终成眷属。其消息之灵通，行动之迅捷，恐怕不是天各一方的两个部落间可以发生的事情。

现在讨论第一组有关地名。关于郘山，《楚居》整理者说："疑即騩山。

①［美］摩尔根：《古代社会》，商务印书馆1977年版，第126—127页。

②（清）王聘珍：《大戴礼记解诂·五帝德》，中华书局1983年版，第117页。

③许维遹：《吕氏春秋集释·慎势》，中华书局2009年版，第461页。

④王玉哲：《楚族故地及其迁移路线》，《古史集林》，中华书局2002年版。

⑤李学勤：《谈祝融八姓》，《江汉论坛》1980年第2期。

《山海经》中有楚先世居騩山之说。《西山经·西次三经》云三危之山'又西一百九十里,曰騩山,其上多玉而无石,神耆童居之'。"由于"郫"与"騩"古音同在微部,互可通假,且騩山有楚先老童之居的传说,所以这个推断大体可信。但是,《山海经》中的"騩山"凡六见,即见于《西山经》《西次三经》《中次三经》《中次九经》的"騩山",见于《中次七经》《中次十一经》的"大騩之山"。其中有楚先传说的只有《西次三经》的騩山,但此山与三危山相邻,远在西部,可能性不大。所以李学勤先生认为,《楚居》中的郫山"应是《山海经》内《中次三经》的騩山,也即《中次七经》的大騩之山,就是今河南新郑、密县一带的具茨山"①。由于《山海经》中的地名虚实杂糅,结合其他文献综合考虑,李先生定此騩山在中原地区是可信的。然据前人研究,《中次三经》的騩山与《中次七经》的大騩山并非一地。《中次三经》说:青要之山"又东十里,曰騩山……正回之水出焉,而北流注于河"。郝懿行疏云:"山在今河南新安县西北二十里。《水经注》云:新安县青要山今谓之疆山。"由于騩山与青要之山地相邻近,亦当在新安境内。《水经注·河水》说:"河水又东,正回之水入焉。水出騩山,疆山东阜也。"熊会贞疏:"《山海经》(《中次三经》),正回之水出騩山。毕沅、郝懿行并引《郑语》,主苯騩,误。彼乃《潩水》篇之大騩山也。《隋志》,新安县有魏山,即此,在今新安县西北。"②这说明《中次三经》的騩山与《中次七经》位于新郑、密县一带的大騩山不宜等视齐观。

更重要的是,《中次三经》的騩山当与乔山相近,才符合《楚居》所说"季连初降于郫山,抵于穴穷,前出于乔山"。所言"穴穷"是季连由降而抵之地,应即"郫山"某个地方。这里的关键地名是"乔山"。"前出于乔山"的"前"字,整理者说:"即前进之前",又引《礼记·中庸》注:"亦先也。"有学者引申说"指季连以上楚先世"③,似与《楚居》原意相违。这个"前"字实际是相对于騩山而言的,具有前往徙居之义。故季连部落"前出于乔山",应与"騩山"相距不远。整理者以为乔山即《山海经·中次八经》

① 李学勤:《论清华简〈楚居〉中的古史传说》,《中国史研究》2011 年第 1 期。
② 杨守敬、熊会贞:《水经注疏》,江苏古籍出版社 1989 年版,第 366 页。
③ 黄灵庚:《清华战国竹简〈楚居〉笺疏》,《中华文史论丛》2012 第 1 辑。

"景山"东北之"骄山"，位于战国时期楚境之内。其时季连部落尚未南下，乔山恐不至远"在汉水以南荆山一带"①。揆诸情势，乔山当即与骄山相去不远的"青要之山"。《山海经·中次三经》说："又东十里，曰青要之山，实为帝之密都。是多驾鸟。南望墠渚，禹父之所化。是多仆累、蒲卢。"其"青要"二字急读即为"乔"，且"乔"与"要"上古音同为宵部，音近可通。据《陈书·世祖本纪》载陈世祖说："每车驾巡游，眇瞻河洛之路，故乔山之祀。"是知后世河洛一带犹有乔山。而"墠渚"即《水经注》中的禅渚水，在今河南嵩县东北。《水经注·伊水》云："又东南，左会北水，乱流左合禅渚水，水上承陆浑县东禅渚，渚在原上，陂方十里，佳饶鱼苇，即《山海经》所谓南望禅渚，禹父之所化。"这个"墠渚"或即《楚居》中的"爰波"。"墠"与"爰"古音同在元部，可相通假，而"渚"与"波"又义有关联。如此则意味着季连部落这次迁徙可能到了水网密布的伊洛流域，以便拓展更大的发展空间。

京宗是季连与穴熊先后徙居之地，地位相当重要，历史上必有其蛛丝马迹。考《左传·昭公二十二年》所言"京楚"当即"京宗"。传文云："十二月庚戌，晋籍谈、荀跞、贾辛、司马督帅师军于阴，于侯氏，于溪泉，次于社。王师军于氾，于解，次于任人。闰月，晋箕遗、乐徵、右行诡济师取前城，军其东南。王师军于京楚。辛丑，伐京，毁其西南。"杜注："洛阳西南有大解小解。"又注："济师，渡伊洛。"虽然杜预于"京楚"地望无说，但联系解、京等地名，清人江永谓其"近京邑之地"②，当可信从。《说文》云："京，人所为绝高丘也。"郭沫若说："在古朴素之世非王者所居莫属。王者所居高大，故京有大义，有高义，更引申之，则丘之高者曰京，囷之大者曰京，廪之大者曰廒，水产物之大者曰鲸，力之大者曰勍，均京之一字之引申孳乳也。"③可见"京楚"当是楚先所居之地，具有都邑的性质。《左传·庄公二十八年》云："有宗庙先君之主曰都，无曰邑"，故京楚又称"京宗"是极自然的事。

① 李学勤：《论清华简〈楚居〉中的古史传说》，《中国史研究》2011 年第 1 期。

② （清）江永：《春秋地理考实》（卷二），《皇清经解》本。

③ 郭沫若：《两周金文辞大系图录考释》（七），科学出版社 1957 年版，第 113 页。

从郇山、乔山、京宗等第一组地名所涉地域看，基本集中在今河南洛阳附近，此即季连部落早期活动的地方，亦即楚人的族源地。经过夏代和商朝前期数百年的发展，季连部落日渐壮大，于是离开原来的活动区域，北渡黄河，向殷都方向靠近，意在寻求更为有利的发展条件。

二、季连北迁与殷楚关系

《楚居》所见季连部落迁徙的第二组地名，是汌水和方山。

关于"方山"一名，文献多见。如《尚书·禹贡》有"外方""内方"二山。《山海经·大荒西经》说："西海之外，大荒之中，有方山者。"《水经注》所言"方山"更是多至十来处。在确定"方山"的地望时，首先需要考虑的因素是，方山为季连"见盘庚之子"后的徙居地。"盘庚之子"武丁虽曾一度生活在民间，但也不至于远去殷都千里万里，到异邦异土度日。所以这个"方山"当位于殷商统治的中心地带，离此另觅线索未必合宜。这样，真正符合此一条件的，恐怕只有《水经注》所记清水流域的"方山"。

《水经注·清水》云："清水又东与仓水合，水出西北方山，山西有仓谷，谷有仓玉、珉石，故名焉。其水东南流，潜行地下，又东南复出，俗谓之雹水，东南历坶野。自朝歌以南，南暨清水，土地平衍，据皋跨泽，悉坶野矣。……雹水又东南入于清水。清水又东南径合城南，故三会亭也，以淇、清合河，故受名焉。"这里说的"仓水"又称"雹水"，东南流向，历朝歌以南的牧野，最后汇入清水。仓水源自"方山"，因其首先流经牧野，是知"方山"当与朝歌相去不远。杨守敬说："《地形志》，朝歌有大方山。《隋志》：隋兴有仓岩山。《一统志》：苍峪山在汲县西北四十里。《汲县志》：仓水源出西北一百里外之管家井。"[1]说明此方山即在今河南淇县境内。

《楚居》说季连"逆上汌水"之后"处于方山"，这个"汌水"即是清水。《水经·清水》云："清水出河内修武县之北黑山，东北过获嘉县北，又东过汲郡北，又东入于河。"清水经今河南修武、获嘉、卫辉等地，是一条由西向

---

[1] 杨守敬、熊会贞：《水经注疏》，江苏古籍出版社1989年版，第815页。

东北方向流入黄河的水道。清水流经汲郡(今河南卫辉市)北部有支流仓水相汇，故清水广义上也包括仓水。由于仓水为西北—东南流向，其源头出自方山，季连往见武丁，须逆水而上，故"浉水"具体所指应即仓水，而广义言之就是清水了。浉水的"浉"字从川得声，上古音为昌母文部，而清水的"清"，上古音为清母耕部，文部与耕部音近可通。《诗·周颂·烈文》云："无竞维人(真部)，四方其训(文部)之；不显维德，百辟其刑(耕部)之。"此诗为真文耕合韵，是为耕文音近之证。此外，《水经注》说"清水"又名"清川"，故以"浉水"称"清川"亦为情理中事。

《楚居》还说季连娶妣隹为妻，生子绲伯、远仲。这位妣隹，李学勤先生认为"即是葛陵简中的郦追"①，其说可从。新蔡竹简云："昔我先出自郦追，宅兹沮(雎)章(漳)，以选迁处……"(甲三：11、12)"郦"字从川声，与浉同，区别在于水名从川，地名从邑。至于"隹"与"追"，同在端母微部，亦可通假。称妣隹者，是直以先祖言之；称郦追者，是兼以先祖居邑言之，无大分别。简文是墓主平夜君成的口气，平夜君成系楚王室贵族，所言"我先"是指自己的直系祖先。细味简文，平夜君成是说自己的直系祖先源出郦追，最初居于雎漳一带，并无郦追也居于南方雎漳流域的意思。文献亦有类似文例，如《后汉书·阴识传》说："阴识……其先出自管仲，管仲七世孙修，自齐适楚，为阴大夫，因而氏焉。"

从"浉水""方山"所处地理位置看，季连部落此时已从黄河以南的洛阳一带北迁殷商腹地，并与武丁之女妣隹结为连理，使殷楚联盟得到进一步加强。这种密近的殷楚关系在殷墟甲骨文中亦有反映。请看下面几条卜辞：

(1)壬寅卜，宾贞：亦楚(▨)东擒有兕？之日王往……。(《合集》10906)

(2)于楚(▨)有雨？[于]盂[有]雨？(《合集》29984)

(3)刚于楚(▨)，彭。(《合集》31139)

(4)甲申卜，舞楚(▨)享。(《合集》32986)

(5)岳于南单，岳丁三门，岳于楚(▨)。(《合集》34220)

---

① 李学勤：《论清华简〈楚居〉中的古史传说》，《中国史研究》2011年第1期。

上述卜辞中的"楚"字，从林从正三例，从正从一木与从正从三中各一例。从正为其共性，而古字从一木、从三中与从二木其义相通，均可隶定为"楚"。由于正与足为同源之字，如甲骨文中的"疾足"（《合集》28106）之"足"即作"正"（），在西周金文中"正"才分化出正、足二字①。故此字亦可隶定为"楚"。有学者认为这个"正楚"有别于周原甲骨和西周金文所见的"足楚"（如令簋楚作），在甲骨文中只表示地名，从而得出"商代无楚"的结论②。这是有失偏颇的。殷墟卜辞中的"楚"（楚）与周原甲骨和西周金文中的楚（楚）从字义上讲并无分别，既表示地名，也指同一国族名。关于"楚"的本义，《说文》云："楚，丛木，一名荆也。"卜辞未见"楚"作木名，《楚居》言楚名缘起用及此义："(熊)丽不纵行，溃自胁出，妣爲宾于天，巫并该其胁以楚，抵今曰楚人。"不过这里说楚人称楚始自熊丽，时代有后移，意在突出和神化穴熊作为楚人直系先祖的神奇地位，不必作纪实看。

关于卜辞中楚的地望，郭沫若曾以前引第(5)辞为例，认为即文献中的楚丘，"在河南滑县者"③。这个说法是可信的。本辞并有"南单"，而南单在朝歌，此即《水经注·淇水》云："今(朝歌)城内有殷鹿台，纣昔自投于火处也，《竹书纪年》曰武王亲禽帝受辛于南单之台，遂分天之明。南单之台盖鹿台之异名也。"南单所在朝歌故址在今河南淇县东北，与位于河南滑县和濮阳县之间的楚丘正相邻近。第(2)辞的楚又与孟方并提，孟方据郭沫若考证在今河南睢县④，只与楚丘相距二三百里地，在天气上也是可以共其晴雨的。这说明季连部落北渡黄河，徙至清水方山一带，可能为时不长，即迁往楚丘。丘者墟也，河南滑县的楚丘或文献所见山东曹县的另一楚丘，都有可能是楚人先后建都立国的遗迹。

在上述 5 条卜辞中，第(1)辞为一期武丁时代卜辞，第(2)(3)辞为三期廪辛康丁时代卜辞，第(4)(5)辞为四期武乙文丁时代卜辞，表明楚在商代后期一直都是一个重要族邦，并与殷商王朝保持着密切的联系。第(1)辞是卜问商王武丁到楚地东部田猎，是否能猎获到犀牛。这与《楚居》所载季连"见盘庚

① 王辉：《正、足、疋同源说》，《考古与文物》1981 年第 4 期。

② 王光镐：《商代无楚》，《江汉论坛》1984 年第 1 期。

③ 郭沫若：《殷契粹编》，科学出版社 1965 年版，第 372 页。

④ 郭沫若：《卜辞通纂》考释 582，《郭沫若全集》（考古编第二卷），科学出版社 1982 年版。

之子"的时代恰相印合。第(3)(4)(5)辞是说在楚地举行刚祭、酒祭、舞祭、享祭，或祭祀楚之山神。商王室这些祭祀活动既发生于楚地，应多少带有对楚族消灾祈福的成分，如卜辞常有以山岳为祭祀对象进行"求雨""求年""求禾"之举，即是祈望农业丰收的记录。第(2)辞卜问"于楚有雨"亦具有相同性质。商王室对楚地祸福的关心，是其双方关系融洽和亲近的表现。

商代有楚，地处中原，并与殷商王朝保持密近关系，似与《诗·商颂·殷武》给人们的印象不相一致。《殷武》前两章云：

> 挞彼殷武，奋伐荆楚。罙入其阻，裒荆之旅，有截其所，汤孙之绪。
> 维女荆楚，居国南乡。昔有成汤，自彼氐羌，莫敢不来享，莫敢不来王，曰商是常。

在此不必借助历代诗家的传注，只需涵咏白文，即可知其"奋伐荆楚"者是汤之裔孙，而且这个荆楚"居国南乡"，俨然南方可与"汤孙"抗衡的一大强国。这是否意味着殷楚不是同处中原而是地分南北，关系不是融洽密近而是冲突对立呢？

《殷武》是《诗·商颂》中的一篇。《国语·鲁语下》曾述其来源："昔正考父校商之名颂十二篇于周太师，以《那》为首。"由于殷商无校书之说，于是古文经学家如《毛诗序》不用"校"字，改称"有正考甫者得《商颂》十二篇"，力主《商颂》为商诗。而今文诗家则主为宋诗。如《韩诗·商颂章句》谓为"美襄公"①之诗。习三家《诗》的司马迁在《史记·宋世家》中更明确地指出："宋襄公之时，修行仁义，欲为盟主，其大夫正考父美之，故追道契、汤、高宗，殷所以兴，作《商颂》。"郑玄注《礼记·乐记》亦以《商颂》为"宋诗"。虽然今古文学家对《殷武》的写作年代各有不同看法，但在理解诗中相关内容时却又有相通之处。古文学家如《毛传》云："殷武，殷王武丁也。"这是直以"汤孙"为殷王武丁。郑玄从其说，谓"殷道衰而楚人叛，高宗(武丁)挞然奋扬威武，出兵伐之，冒入其险阻，谓逾方城之隘，克其军率，而俘虏其士众"。唐代孔颖达奉命作疏更广其义，言称"《殷武》诗

---

① 《史记·宋微子世家》集解引，中华书局1982年版，第1633页。

者，祀高宗之乐歌也。高宗前世，殷道中衰，宫室不修，荆楚背叛。高宗有德，中兴殷道，伐荆楚，修宫室。既崩之后，子孙美之。诗人追述其功而歌此诗也"。这些说法与司马迁所谓《商颂》"追道契、汤、高宗"并无二致。换句话说，不管《殷武》是商诗还是宋诗，都是追述先祖功烈的祭祀乐歌，所言武丁"奋伐荆楚"仍为商代史事。这才是问题的要害所在，需要我们细加分析。

前面论及殷墟甲骨卜辞和《楚居》有关内容，说明商代后期楚人居处中原，且与殷朝保持较为密切的关系，而从武丁到武乙文丁时代的卜辞看，也不曾见到伐楚的记录。武丁时期战事频仍，卜辞所记甚众。不独没有伐楚的记载，即使对南土用兵也甚为罕见。此其一。其二，楚徙南土，史有明文，事在周初。《左传·昭公十二年》说："昔我先王熊绎辟在荆山，筚路蓝缕以处草莽，跋涉山林以事天子，唯是桃弧棘矢以共御王事。"这是子革面对楚灵王所讲的话，自非向壁虚构之词。《史记·楚世家》说："熊绎当周成王之时，举文武勤劳之后嗣，而封熊绎于楚蛮，封以子男之田，姓芈氏，居丹阳。"是知商代武丁时期楚国尚未"居国南乡"，何来奋伐荆楚之事。其三，若殷商时期楚为南方大国，可与商朝分庭抗礼，这在考古学上应有所反映。但迄今为止，不只南方未见商代有关楚国的考古遗址，即使是西周时期可以确认为楚国的考古遗址亦未发现。虽然盘龙城等考古遗址使我们有理由相信商代江汉流域存在受中原文化影响的方国部落，不过这只是先楚时代原住民的遗存，似与真正的荆楚无关。

以此观之，《殷武》所记既非商代之事，亦非商诗。至于宋诗说，较为合理的看法是魏源认为"宋襄公作颂以美其父"①。但此诗不必作于泓之战后，而有可能成于战前。在《左传》中，有襄公之父桓公会齐伐楚之事。宋襄公为了壮其伐楚争霸的声威，不免夸大先父伐楚的功业。所谓"殷武"即是宋人伐楚之武功，不必坐实为春秋时期的"宋武公"。宋武公固然有如晋文公可称为"晋文"而称"殷武"，但并无材料说明宋武公有伐楚之举。

总之，楚人离开最初的族源地，由洛阳一带北渡黄河，迁往殷商腹地，与殷王室保持着密切关系，是殷商贵族国家的成员国之一。《殷武》一诗所谓

---

① （清）魏源：《诗古微》上编六《商颂鲁韩发微》，《续修四库全书》本。

"奋伐荆楚"乃是后来宋国附会桓公伐楚一事的夸饰，不能说明武丁时代楚人已"居国南乡"，并与殷商王朝形成敌对关系。

三、楚人复归故地与南迁江汉

楚人早期居于中原，最后却以南方大国活跃于历史舞台。这是楚人南迁致使活动中心转移的结果。楚人离开殷商腹地，先试图西去其发祥地京宗，终因发展受限而南迁江汉。

楚人徙居"京宗"，复归故地，历穴熊、丽季（熊丽）、熊狂三世。《楚居》云：

> 穴酓（熊）迟徒于京宗，爰得妣㛤，逆流载水，厥状聂耳，乃妻之，生侸叔、丽季。……至酓狂亦居京宗。

简文中的"穴熊"，又见于《史记·楚世家》："季连生附沮，附沮生穴熊。其后中微，或在中国，或在蛮夷，弗能纪其世。"司马迁以穴熊为季连之孙，并别鬻熊为二人，是其舛误。清人孔广森曾予指出："鬻熊即穴熊声读之异，史误分之。"[1]近年学者通过对望山简、包山简和葛陵简中"楚先"的研究，进一步肯定穴熊即鬻熊[2]。今以《楚居》验之，穴熊为丽季（熊丽）之父，而《楚世家》则以鬻熊为熊丽之父，证明二者确为一人。

《楚居》说"穴熊迟徙丁京宗"，那么，他是何时迁徙到京宗的呢？从第四期卜辞"岳于南单，岳于三门，岳于楚"来看，其时楚人犹居河南滑县的楚丘一带，说明楚人从楚丘迁走当不早于帝乙帝辛时期。《史记·楚世家》说："周文王之时，季连之苗裔曰鬻熊。鬻熊子事文王，蚤卒。"又载楚君熊通曰："吾先鬻熊，文王之师也，早终。"《周本纪》说："西伯曰文王，遵后

---

① 黄怀信：《大戴礼记汇校集注》，三秦出版社 2005 年版，第 795 页。
② 李家浩：《楚简所记楚人祖先"娹（鬻）熊"与"穴熊"为一人说》，《文史》2010 年第 3 辑。

稷、公刘之业，则古公、公季之法，笃仁，敬老，慈少。礼下贤者，日中不暇食以待士，士以此多归之。伯夷、叔齐在孤竹，闻西伯善养老，盍往归之。太颠、闳夭、散宜生、鬻子、辛甲大夫之徒皆往归之。"说明鬻（穴）熊往归周文王在商纣统治末期，其西迁京宗亦在此时。周原甲骨有云："曰今秋，楚子来告，父后哉。"即是鬻（穴）熊率其族人往归文王的卜问记录①。

　　穴熊率其族人西迁京宗，应与不堪忍受商纣的黑暗统治有关。武王伐纣，誓师牧野，曾历数商纣暴行说："今商王受，惟妇言是用。昏弃厥肆祀，弗答；昏弃厥遗王父母弟，不迪。乃惟四方之多罪逋逃，是崇是长，是信是使，是以为大夫卿士；俾暴虐于百姓，以奸宄于商邑。"②如果说宠信妲己，荒祀神灵，背弃亲戚，暴虐百姓，奸宄商邑，尚属商本土国的内政，而崇信重用"四方之多罪逋逃"以为卿士大夫，则是支持诸侯国中的异端势力，造成藩属诸侯国内部政治上的对立及其社会秩序的紊乱，结果是"百姓怨望而诸侯有畔者"。于是商纣又采取高压政策，以严刑酷罚控制诸侯，甚至"醢九侯""脯鄂侯""囚西伯"③，使诸侯安危受到严重威胁。《史记·楚世家》说："彭祖氏，殷之时尝为侯伯，殷之末世灭彭祖氏。"彭祖氏同为陆终六子之一，殷末被商纣所灭，预示着与之同为季连裔氏的楚人也面临危险处境。在这种情况下，穴熊带领族人"逆流载水"，即逆河水而行，不只是为了娶妣隩为妻，也是为了西去京宗，远离殷商中心统治区，复归楚人旧地，归服礼贤下士的周文王，在政治上寻找新的依靠力量。刘向《别录》云："鬻子名熊，封于楚。"④此言"封于楚"，即是文王与楚人建立反殷同盟，支持鬻（穴）熊在楚人早年居地京宗立国。而鬻熊本人则前去岐山，成为辅佐文王的高层智囊人物，楚人谓为"文王之师"。然其功业未成，即先于文王驾鹤西去，故有"早终"之说。

　　尚须说明的是，鬻（穴）熊带领的族人只是当时楚族中的一支。季连娶妣佳为妻，"爰生绖伯、远仲"，可能暗示在殷商后期楚人有两大势力集团。或因对待殷楚关系各有不同立场，后来便形成两大对立的政治派别。一派亲殷，

<hr />

① 杜勇：《令簋、禽簋中的"伐楚"问题》，《中国历史文物》2002年第2期。
② 《尚书·牧誓》，阮元校刻：《十三经注疏》，中华书局1980年版，第183页。
③ 《史记·殷本纪》，中华书局1982年版，第106页。
④ 《史记·周本纪》集解引，中华书局1982年版，第116页。

继续留居楚丘，此即司马迁所言"或在中国"者，结果成为周初令簋、禽簋铭中被周公征伐的对象①。一派疏殷，在穴熊带领下沿黄河西去，复归京宗暂作立足之地，至熊绎南迁，终成"或在蛮夷"的南方大国。

自穴熊徙居京宗，历经丽季、熊狂三代人的惨淡经营，京宗应已具备立国的条件。为什么到了熊绎时代这支楚人又要离开京宗，"辟在荆山，筚路蓝缕，以处草莽"呢？这可能与京宗所在的洛阳地区处于战略要冲有关。武王克商之后，为了有效地控制东方局势，曾有营建洛邑成周的战略计划。周公平定三监之叛后，继承武王遗志，大规模营洛迁殷，使成周变成了近制殷遗、远治四方的东方政治中心。在这种背景下，此支楚人要在洛阳一带立国发展显然不具地利优势。故在熊丽之时，一方面暂以京宗作中转站，另一方面又向南方开拓，开始寻找新的根据地。这就是《墨子·非攻下》所说："昔者楚熊丽始讨此雎山之间。"毕沅云："'讨'字当为'封'。雎山，即江汉沮漳之沮。"②毕氏以"讨"为"封"，未必可信。因为不只史无熊丽始封之说，而且与《墨子》本篇所讲"非攻"的主旨不合。所谓"雎山"亦可视作雎水，文献上与古荆山有关。《山海经·中次八经》说："荆山之首，曰景山，其上多金玉，其木多杼檀。雎水出焉，东南流注于江。"《淮南子·地形》云："雎出荆山。"《水经注·沮水》云："沮水出东汶阳郡沮阳县西北景山，即荆山首也。"说明雎山（雎水）与荆山多有关联。据石泉先生考证，在丹淅附近古有荆山，"是比南漳西北的古荆山还要古一些的荆山。它同楚都丹阳之得名，应是同步的、配套的"③。这说明"熊丽始讨此雎山"实际是通过军事手段在江汉流域开辟新的据点，以作南下准备。待熊丽之孙熊绎成为此支楚人领袖时，便以成王册封的名义，南迁荆山雎水，成为真正代表芈姓一族的南土楚邦。

《世本·居篇》说："楚鬻熊居丹阳，武王徙郢。"④《史记·楚世家》则说："熊绎当周成工之时，……居丹阳。"二说有异。今以《楚居》观之，穴（鬻）熊居京宗，熊绎从京宗迁徙聖屯，说明他们的居邑划然有别，必非一

①　杜勇：《令簋、禽簋中的"伐楚"问题》，《中国历史文物》2002年第2期。

②　（清）孙诒让：《墨子间诂》，中华书局2001年版，第153页。

③　石泉：《楚都丹阳及古荆山在丹、淅附近补证》，《江汉论坛》1985年第12期。

④　《左传·桓公二年》正义引，阮元校刻：《十三经注疏》，中华书局1980年版，第1743页。

地。那么，夤宅位于何地？它与文献所说的丹阳又是何种关系呢？

对于夤宅，整理者说："当即史书中的丹阳，近于都。"这个推断大体不误。一方面，熊绎所徙夤宅为都嗌所卜，是知楚与都族有着密切联系；另一方面，熊绎建好新邑因无牺牲举行祭典，竟然偷走都人的无角小牛，因担心被发现，便在夜间举行祭祀。这说明夤宅与都地必相邻近，同处一域。这样，即可以都地为线索，来考知夤宅的大致方位。

在《楚居》中，"都"作为地名出现过三次：第一次是楚人"窃都人之犝"，第二次是"若敖熊仪徙居都"，第三次是"至堵敖自福丘迁袭都郢"。第一次言及的"都"为国族名兼地名，与简文"都嗌"之都同义；后两次的"都"是地名兼楚都邑名，已不具备国族名的含义。虽然这三个"都"在地名上有其共性，但实际地望却大相径庭。

先谈楚都邑之"都"。

这个问题不妨从楚郢都说起。楚人以郢为都，始于楚武王（公元前740年－公元前690年在位）。《世本》说"武王居郢"，与《史记·楚世家》《十二诸侯年表》谓楚文王"始都郢"相异。今据《楚居》云："至武王熊赀（《楚世家》作熊通）自宵徙居免……众不容于免，乃溃疆浧之陂而宇人焉，抵今曰郢"，可以确定楚人以郢为都始于武王。郢都本名为免，扩建之后曰"郢"，或称"疆郢""免郢"。郢之地望，可从"抵今曰郢"考知。《楚居》记事终于楚悼王（公元前401年－公元前381年在位），表明本篇作于楚悼王以后的战国中期。所谓"抵今曰郢"，说明楚武王所建之郢与《楚居》作者所处战国时代之郢是同一个地方。而战国时代的郢都所在，史籍有明确的记载。《史记·货殖列传》说："江陵故郢都，西有巫巴，东有云楚之饶。"《汉书·地理志上》说："江陵，故楚郢都，楚文王自丹阳徙此。"《左传·桓公二年》杜注言之更详："楚国，今南郡江陵县北纪南城也。"《括地志》云："纪南故城在荆州江陵县北五十里。杜预云国都于郢，今南郡江陵县北纪南城是也。"①汉唐学者众口一词，郢在江陵（今湖北荆州市荆州区）应无可疑。特别是司马迁生活的时代与"白起拔郢"事件（公元前278年）相距不到二百年，所言尤可信据。经过对江陵纪南城的考古发掘，"可以肯定纪南城就是楚之郢都"，至于纪南城

① 《史记·楚世家》正义引，中华书局1982年版，第1696年。

是否楚武王"始都之郢",发掘报告在当时"还难以作出明确的回答"①。于今《楚居》的发现,这个问题可以得到解决了。

据《楚居》显示,在楚武王都郢之后,楚都仍有迁徙,但郢作为都邑名称大多随地相附,故所迁之地每每称作"某郢",都郢即其中之一。《楚居》整理者认为:"都郢,即若敖所居之都。"是可信从。都敖熊仪为武王祖父,卒于春秋初年(公元前 764 年),《楚居》谓其子"焚冒熊率(《楚世家》误为熊仪之孙)自都徙居焚,至宵敖熊鹿自焚徙居宵,至武王熊纵自宵徙居免",免经扩建而称为郢(疆郢)。这说明都、焚、宵作为王居的时间都不长,且其地必与郢都(疆郢)相近,故后来堵敖又曾一度迁回都郢。根椐都与郢相距不远这一点来推断,此都当即《左传·定公六年》所载楚昭王"迁郢于都"之"都"。此事于《史记·楚世家》《汉书·地理志上》均有所载,尤其是《汉志》言"都"之地望甚明:"若(都),楚昭王畏吴,自郢徙此,后复还郢。"都在汉代为南郡属县,距今湖北宜城不远。日本学者竹添光鸿《左传会笺》曰:"由南而北迁,以避吴也。改都为郢,故曰迁郢于都。……秦于其地置若县,后汉改为都县,晋因之。今湖北襄阳府宜城县东南九十里,有都县故城。"②杨伯峻《春秋左传注》亦同此说。然据《楚居》记载,吴王"阖庐入郢"之时,昭王不是迁郢于都,而是"焉复徙居秦溪之上"。此"秦溪"与"都"到底为何种关系,有待探考。这里只想强调的是"都"与"都郢"应为一地,位于今湖北宜城东南,与郢都(古江陵)邻近。不过,这个"都"或"都郢"与熊绎时代都人所居之"都"是不能等同视之的。一方面,《楚居》对其表述判然有别,前者为楚居,后者为都人之邑,自不可混;另一方面,自熊渠从墉屯"徙居发渐",至熊挚"徙居旁屽",至熊延"徙居乔多",再至若敖于两周之际"徙居都",历时二百多年,楚人渐行渐远,已与熊绎时代的都人之居不相邻近了。

次言都人之"都"。

文献上除有南郡之都外,尚有商密之都。《楚居》整理者认为,本篇都人之若(都)"当即商密之都,亦即铜器中的上都,在今河南淅川西南。熊绎所

_____

① 湖北省博物馆:《楚都纪南城的勘查与发掘》,《考古学报》1982 年第 3、4 期。
② [日]竹添光鸿:《左氏会笺》(五),巴蜀书社 2008 年版,第 2186 页。

迁之鄀宅与之相距不远。"这个推断大致可信，但有些问题仍须辨析。

《左传·僖公二十五年》云："秋，秦、晋伐鄀。"此役秦、晋合师伐鄀，鄀、楚联军相抗，结果鄀降于秦，楚帅被囚。杜预注："鄀本在商密，秦、楚界上小国，其后迁于南郡鄀县。"其地望杜注云："商密，鄀别邑，今南乡丹水县。"《水经注·丹水》亦云："丹水又迳丹水县故城西南，县有密阳乡，古商密之地，其申、息之师所戍也。"又《沔水》云："沔水又迳鄀县故城南，古鄀子之国也。秦、楚之间，自商密迁此，为楚附庸，楚灭之以为邑。……楚昭王为吴所迫，自纪郢迁都之。"所言丹水县即今河南淅川县，商密位于该县故城西南，为春秋早中期鄀国所在。根据杜预、郦道元等人的说法，古鄀国只有一个，先都商密，继迁南郡，终灭于楚。

但是，春秋金文资料显示，其时鄀分上下，有二国并存。郭沫若证以鄀公缄鼎出自与商密接壤的上雒(陕西商洛市商州区)，铭文又自称下鄀，故认为"南郡之国为本国，故称上，上雒(按即商密)之鄀为分枝，故称下。"[1]谭其骧《中国历史地图集》采信其说，影响益巨。现在看来，郭沫若以为春秋时期有两个鄀国并存是其洞见，但对于上、下鄀地望的考证并无确据。因为单凭铜器出土地点来确定二鄀地望未必可靠。譬如后来发现的上鄀府簠出土于湖北襄阳春秋楚墓中[2]，而上鄀公簠(M8:1)却出土于河南淅川下寺春秋楚墓中[3]，这就意味着与器铭发现地相近的商密之鄀与南郡之鄀都有可能是上鄀。再从《楚居》看，南郡之鄀早在若敖所处两周之际即为楚人都邑，这就存在两种可能性，或已亡国，或已他徙。但不管那种情况，南郡之鄀的地位与商密之鄀都无法匹敌。以情理言之，若南郡之鄀为本国，则应比枝国更为强大，亡国或淡出历史舞台的时间会更晚一些。然而，南郡之鄀却早早地销声匿迹，商密之鄀到春秋中期犹显于世。据此看来，倒是商密之鄀为上鄀的可能性更大。1979 年，河南淅川下寺 M8 出土的上鄀公簠，其铭有云"上鄀公择其吉金，铸叔妠番妃媵簠"[4]，是知本器为上鄀公嫁女的陪品。"叔妠"为其女字，"妠"(芈)为族姓。说明此时的上鄀公已非《世本》所载允姓之鄀，

① 郭沫若：《两周金文辞大系图录考释》(八)，科学出版社 1957 年版，第 175 页。
② 杨权喜：《襄阳山湾出土的鄀国和邓国铜器》，《江汉考古》1983 年第 1 期。
③ 河南省文物研究所等：《淅川下寺春秋楚墓》，文物出版社 1991 年版，第 9 页。
④ 河南省文物研究所等：《淅川下寺春秋楚墓》，文物出版社 1991 年版，第 9—10 页。

而是由芈姓楚人履职的县公①。该器年代属春秋中期晚段，楚人在此设县治民，表明当时商密之都已不复存在。而上都公簠出自淅川下寺，则是上都即都之本国原在此地的重要佐证。

最后说墓宅的方位。

熊绎时代的都人之都既为商密之都，则与之相近的墓宅亦必在今淅川境内，只是其具体位置因文献失载，尚难确考。《楚居》整理者以为墓宅当即丹阳，只有不把丹阳理解成一个固定的地名而视作丹水之阳，才是正确的。因为墓宅在音义上与丹阳并无联系，不好直接说墓宅就是史书中的丹阳。《史记》多次提到战国时代楚地的丹阳，虽可在今淅川县境求之，但仔细查考也不是一个固定的地名。《楚世家》说："（楚怀王）十七年，与秦战丹阳，秦大败我军，斩甲士八万，虏我大将军屈匄。"此事又见载于《秦本纪》《韩世家》《张仪传》《屈原传》，但《屈原传》称丹阳为"丹、淅"："秦发兵击之，大破楚师于丹、淅，斩首八万，虏楚将屈匄，遂取楚之汉中地。"《索隐》云："丹，淅，二水名也。谓于丹水之北，淅水之南。皆为县名，在弘农，所谓丹阳、淅是也。"而《正义》谓"丹阳，今枝江故城。"钱穆先生考证说："此丹阳即丹水之阳。《索隐》说是也。楚先世封丹阳即在此，故曰'辟在荆山，荜路蓝缕，以处草莽'，《汉志》以丹阳郡丹阳说之，大误；《正义》说亦非。"②这说明直到战国时代丹阳仍指丹水之阳，如同"汉阳诸姬"之汉阳为汉水之阳一样，也是一个区域名称。《玉篇·阜部》："阳，山南水北也。"丹阳即是丹水北岸地区，可以有若干地名，墓宅不过其中之一。因此，不宜把墓宅与丹阳直接划上等号。《楚世家》谓熊绎"居丹阳"是言其区域所在，《楚居》说熊绎"徙于墓宅"是言其具体位置，二者各有所指，不可混一。在历史上，关于丹阳的地望曾有当涂、枝江、秭归、丹淅等多种说法③，一直聚讼不息。今从《楚居》来看，显然以丹淅说近是。目前在淅川虽未发现西周早中期的考古遗址可与墓宅对应，但墓宅近于都人之都，与之同在淅川境内则是不成问题的。

---

① 徐少华：《都国铜器及其历史地理研究》，《江汉考古》1987 年第 3 期。

② 钱穆：《史记地名考》，商务印书馆 2001 年版，第 532 页。

③ 徐少华：《楚都丹阳地望探索的回顾与思考》，徐少华主编：《荆楚历史地理与长江中游开发》，湖北人民出版社 2009 年版。

把鄀宅的位置确定在淅川境内，还存在一个如何解释"熊绎辟在荆山"的问题。按照一般看法，荆山在今湖北南漳境内，与丹淅地区相距略嫌遥远。在这个问题上，石泉先生对《山海经·中次十一经》所言"荆山之首曰翼望之山，湍水出焉，东流，注于淯"等材料加以研究，得出结论说"丹淅附近，古有荆山"，"在今河南淅川县东、湍河以西的邓县与内乡县交界处"，至于在今湖北南漳县境内的荆山，"其得名，当在春秋初期楚都自丹阳迁郢之后"。①这样，"熊绎辟在荆山"也就有了合理的解释。

自熊绎徙于鄀宅，至熊渠由鄀宅徙居发渐，楚人的活动中心开始向江汉之间转移。《楚世家》说："当周夷王之时，王室微，诸侯或不朝，相伐。熊渠甚得江汉间民和，乃兴兵伐庸、杨粤，至于鄂。"以"江汉间"来考量，其时庸国位于上庸(今湖北竹山西南)，杨粤(越)当为江汉间古族，鄂国也不会远至长江以南的鄂城，当在湖北随州一带。熊渠自称蛮夷，不与中国之号谥，竟封其子分领三地，号句亶王、越章王、鄂王。至厉王时，惧周见伐，乃去其王号。由此推测发渐之地望，亦当地处江汉之间。自熊渠徙居发渐，鄀宅才失去百余年来作为楚人活动中心的地位。

综上所述，楚人源于中原，地处洛阳，其后北迁殷商腹地，盘桓楚丘一带，与殷王室保持着密近关系。殷商末年，为避祸殃，楚人的一支在穴熊带领下，沿黄河西进，暂居故地洛阳，以作开拓江汉的据点。待熊绎之时，楚人南迁丹水之阳，立国江汉，从而揭开了不断发展壮大的历史新页。

---

① 石泉：《楚都丹阳及古荆山在丹、淅附近补证》，《江汉论坛》1985 年第 12 期。

结　语

　　本书要不要写结语，一时颇为踌躇。一般说来，结语须对全书内容加以概括、提炼和升华，从整体上为读者提供一个简明结论，以驭繁复。但就本书而言，此项工作有可能成为蛇足。因为书中"绪论"部分对此先有所为，以便无暇通读全书者由此知其梗概与要点，尽快选择有兴趣的阅读方向。以此之故，若按惯常的路数来写结语，则不免有叠床架屋之嫌。几经思考，决定不法常可，另辟蹊径，只就本书的主要特色、创新点和前期影响略作交代，以尽余义。

一、特色

　　细心的读者可以发现，书中不少章节每每论及清华简某篇的著作年代，从而构成本书最为醒目的一大特色。何以如此？主要是由本书的研究方向所决定的。清华简可以从多种角度加以研究，本书所选择的学术路径是将其用作史料，借以考察上古历史的真实面貌。而文字史料的运用，无论是传世典籍还是出土文献，都是有其先决条件的。此即赵光贤先生所说："一切史料在使用前应当考清它的写成年代。"[①]因为文献的成书年代不同或真伪有别，其史料价值悬隔天壤。若不加别择，以论古史，则不免带来郢书燕说的后果。近年学界颇有一种倾向，认为凡出土文献的史料价值都高于传世文献，可以对其真伪不加鉴别即用于说史，或者遇到史事与传世文献相异或矛盾之处，

---

① 赵光贤：《中国历史研究法》，中国青年出版社 1988 年版，第 127 页。

即以出土文献为依归。这种简单化的做法，违背历史研究的基本法则，是应当尽量避免的。研究清华简诸篇的著作年代，即是甄别史料真伪及其价值的重要环节。

史料是过往社会遗留下来的各种痕迹，有文字的，也有非文字的，杂花生树，形态非一。按照不同的标准，文字史料可以分为不同的类型。通常人们以距离历史事件时空的远近为标准，把史料分为第一手材料和第二手材料。历史事件发生的当事人、当时人的记述，是为第一手材料。而后人写成的晚出文献，绝大多数属于第二手甚至第三手材料①。比较起来，当然是第一手材料的价值最高。梁启超论及史料鉴别时说："（史料）自当以最先、最近者为最可信。先者以时代言，谓史迹发生时愈近者，其所制成传留之史料愈可信也。近者以地方言，亦以人的关系言，谓距史迹发生地愈近，且其记述之人与本史迹之关系愈深者，则其所言愈可信也。"②所言良是。若以史料留存者是否故意为标准，也可将文字史料分为有意史料和无意史料③。无意史料没有人为的加工或粉饰，比有意史料更可靠。如商周时期的甲骨文和金文，同为第一手材料，但甲骨文为无意史料，金文则是作器者蓄意留存的有意史料。清华简作为清一色的书籍，与文书或谱册不同，也属于有意史料。但不管何种史料，都不免有误有伪，需加鉴别，以求其真，方可为用。

就中国上古史研究来说，史料真伪及价值鉴别是一项难度甚大的工作。不仅难于得出确切结论，也极易引起争议。因为记述上古历史的文献资料（也包括出土文献），除甲骨金文可视为第一手史料外，大多属于后世写成的第二手史料。这种二手史料常常是真赝杂糅，神话与传说并存，传说与史实交织，极难分辨与取舍。过去疑古派正是抓住二手史料这种局限性，认为"我们不该用了战国以下的记载来决定商周以前的史实"④，甚至提出"东周以上只好说无史"⑤。虽然这种说法太过极端，但对史料真伪须加严格审查的真义

① 赵光贤：《中国历史研究法》，中国青年出版社 1988 年版，第 96—102 页。
② 梁启超：《中国历史研究法》，东方出版社 1996 年版，第 92 页。
③ ［法］马克·布洛赫：《历史学家的技艺》，张和声、程郁译，上海社会科学院出版社 1992 年版，第 48 页。
④ 吕思勉、童书业编著：《古史辨》七（下），上海古籍出版社 1982 年版，第 195 页。
⑤ 顾颉刚编著：《古史辨》一，上海古籍出版社 1982 年版，第 35 页。

仍不可废。所以本书不惮其烦对书中所涉清华简多篇文本的成书年代和史料价值详加考察,即在于对一手、二手史料及其真伪有所鉴别,为相关史实考订打下坚实基础。

若将本书所涉清华简诸篇文本加以分类,《厚父》《皇门》《祭公》《芮良夫毖》等篇不管有无传世本,均可谓第一手史料。它们的著作年代与所记史事年代基本同步,或源自王室档案,或为时人所撰,都有极高的史料价值。尽管它们在流传过程中,或有文字讹误,或经后世加工,但大体保持了初始成篇的基本面貌。据以考史,信而有征。

清华简《金縢》《楚居》《程寤》《尹至》《尹诰》《说命》《耆夜》《保训》诸篇,总体上属于第二手史料。它们的成篇年代与所记史事发生年代已经十分遥远了,少则几百年,多则上千年。此类晚出文献是否真实可信,实际情况相当复杂。以《史记·殷本纪》为例,或可说明此类二手史料的特殊性。司马迁撰作《殷本纪》时,上距殷商时代也有一千多年了。所言殷先公先王及其完整世系,今日见存的先秦古籍一无所见。如果没有近世殷墟甲骨文的发现和印证,其真实性恐怕至今还会引起怀疑。同时,通过比勘殷墟卜辞,亦可发现殷人先公报乙、报丙、报丁的世次,被司马迁记作报丁、报乙、报丙,已有舛误发生。这个事例告诉我们,记载上古历史的晚出文献是一种非常特殊的二手史料,对其史料价值的判别必须谨慎从事,不可作简单化处理。既不能对其采取极端疑古的态度,一概否定,弃而不用,又不能采取极端信古的态度,不加甄别,照单全收。正确的做法应该是,认真下一番去粗取精、去伪存真、由此及彼、由表及里的探索功夫,以厘清真伪,正确取舍。尽管此事知易行难,也绝不应该放弃我们应有的努力。

从我们研究清华简的情况看,同为后世成书的二手史料,其史料价值亦有差异,不可等视齐观。晚出文献的形成过程极为复杂,至少有三种可能性:一是依照旧义整理成篇,二是根据传说敷衍成章,三是编织情节杜撰成文。而且这三种情况有时相互交织,并存于同一篇文献之中。这就决定了同一性质的二手史料,所载史事的真实性程度也是千差万别的。上述清华简中的二手史料,依其可信程度大体可以分为以下三类。

一是基本可信者,如清华简《金縢》《楚居》等篇。《金縢》至今犹存于今文《尚书》之中,约当春秋中世成书。篇中文字除周公为代武王死所作告神册书可能源自王室档案资料外，其他内容当是根据传闻资料写成的，总体上具有较大的可靠性。至于传世本与简本之间的异文，则须仔细分析，辨其是非。至于《楚居》篇，当是战国中期楚人自己撰作的一篇历史文献。篇中记述楚先、楚君的居邑及其迁徙，远较传世文献为详。其中与作者时代相距不远的战国部分可视为第一手史料，而追溯楚人族源及商周时期都邑变迁的内容，实际也是第二手史料。因其出自楚人口耳相传，仍有较高的史料价值。

二是主体可信者，如清华简《程寤》《尹至》《尹诰》《说命》诸篇。《程寤》所记文王占梦受命一事，并非源自周初史官之手，很可能是数百年后战国时期的作品。但它并非杜撰之文，特别是前一部分讲文王占太姒之梦，应是来自长期流布的有关传说，后经作者运用当时的文化知识整理成文。至于后一部分则有可能是附益之词，史料价值不高。至于《尹至》《尹诰》《说命》等篇情况较为复杂，其记商代伊尹、傅说之事，时代更为久远。书中对其成书年代问题，因受论题限制未作专门分析。鉴于相关内容多见于其他先秦文献，甚至有些文句还被多次征引，知其渊源有自。由于篇中具有周人始有的"天""德"观念，可以推断并非商代的原始文献，也有可能是东周时期制作成篇的。或据旧文加工而成，或依传闻资料整理成篇，这都是可能的。尽管篇中有些神异之事未必真实，但其主体内容当属可信。

三是基本不可信者，如清华简《耆夜》《保训》篇。《耆夜》不是史官的即时记录，也不是根据王室档案整理成文的作品，应是战国时期楚地士人虚拟的一篇诗教之文。它利用和误解了当时有关传说和文献资料，杜撰了武王伐黎、周公作《蟋蟀》等历史情节，貌似史官实录，实则并无史料价值。《保训》的情况与《耆夜》相类，亦非商末周初史官实录的周文王遗言，而是作于战国前期假借文王名义的托古言事之作。尽管两篇简文也有一些真实成分，诸如《蟋蟀》之诗，文王在位之年等，但从总体上看，是不宜作为研究虞夏商周历史的文献材料来使用的。

从上述分析来看，书中对清华简诸篇著作年代的探索，实际是对史料真伪及其价值所做的鉴别工作，以便使古史研究有一个可靠的史料基础。尽管工作未必到位，结论亦或可商，但此项研究的重要性是不可忽略的。故以此作为本书特色加以强调，余则不论。

二、创新点

无论何种著述，也无论其规模大小，有无创新性都是学界倾情关注的焦点。创新是学术研究的生命，是学术赖以生存发展的基础和动力。就人文科学研究的创新性而言，大致可以如此衡量，即是否"发现了新问题，挖掘了新材料，采集了新数据，提出了新观点，构建了新理论"[①]。这在理论上是可以认同的。但在实践上，创新似乎又成为学者不堪重负的一座大山[②]。山不能说不大，因为创新诚非易事。不过，只要各尽愚公之力，一箕一畚，持之以恒，山亦可移。

历史研究作为一种学术活动，同样须以创新为使命。只是史学贵在求真，创新一定不能离开这个大前提。从真实的历史事实中，能够慧眼如炬，有所发明，有所发现，提出可以跨越时空，具有普适价值的新观点、新理论，这无疑是学术创新的至上境界。与之相较，在一些具体的历史问题上，能够提出符合历史事实并经得起时间检验的原创性见解，其价值虽有所逊，但仍为创新之举。尤其是大多数情况下，人们总是在前贤开创的学术道路上砥砺前行，以求新知。为了弄清历史真相，有时不同意见之间展开深入讨论，虽未另行提出新的观点，却有利于形成正确的观点。这种情况在学术研究中也很常见，只要有新的证据，言之成理，也应该视为一种学术创新。如果只把有无新观点、新理论作为衡量学术创新的唯一标准，恐怕最后只有创新，反而没有学术了。

如果学术创新可以分为不同的层次，学术就不会只是少数天才学者的舞台，任何潜心向学的人都可借助这个天下公器有所作为，共同推进学术的繁荣与发展。同时，学者也可以据以考量自己的工作，增强开拓进取的勇气和信心。过去，人们大都不愿意对其科研成果的创新性加以自我解剖，公诸于人，多少与对学术创新的狭猵理解有关。在这里，我们不讳言平庸，但开风气，简单谈谈本书的创新点问题。

[①] 陈光中：《只有创新才能提高哲学社会科学研究质量》，《光明日报》2006年1月6日。
[②] 施爱东：《学术行业生态志：以中国现代民俗学为例》，《清华大学学报》（哲学社会科学版）2010年第2期。

1. 新观点

毫无疑问，新观点最能体现一项学术研究的亮点和价值。新观点若经抽象概括，进而升华到具有普遍意义的理论形态，那就更是辉映千秋，成为人类宝贵的精神财富。本书自然不敢有此企想，只能在某些具体的历史问题上提出一些新的想法。

（1）关于西周三公之制。本书第七章通过对清华简《祭公》篇及其他文献的综合研究，对古今三公说表示质疑，提出三公是朝廷执行大臣的通称，并不以三人为限，通常有一人为首席执政大臣，总揽百揆。在王权羽翼下的三公合议制行使中央政府的职能，带有民主执政色彩，具有一定的进步作用。

（2）关于《保训》的著作年代。本书第四章从清华简《保训》的语言特征、阴阳观念、中道思想等方面加以分析，发现无不带有春秋以后的时代印记，说明《保训》并非史官实录性质的周文王遗言，而是战国前期假借文王名义的托古言事之作。

（3）关于《耆夜》篇的性质。本书第三章研究表明，清华简《耆夜》不是史官的即时记录，亦非根据王室档案整理成篇的作品，而是战国时期楚地士人虚拟的一篇诗教之文。

此外，如谓清华简《芮良夫毖》的作者不是芮良夫，而是处于朝廷权力场边缘某位地位较低的贵族官员；清华简《皇门》所见西周门朝制度不是三朝五门，而是三朝三门；夏末殷初的伊尹不是有莘氏陪嫁商汤的媵奴，而是寄身于有莘氏部落的伊族之长等见解，也与时人有异。所言虽非定论，但都是本着史学求真的宗旨作出的新探索。

2. 新材料

先秦史研究的新材料，主要来自于新近发现的考古资料和出土文献。对传世文献的真义和逻辑关系有新的认知或诠释，在一定程度上也可以视为挖掘了新材料。由于新材料数量有限，加之本身同样需要科学解释，所以实际研究中总是新旧材料密相结合，才能对相关历史问题作出严密论证和科学说明。新材料有助于形成新观点，也有利于考析各种意见分歧，进一步充实和完善已有的正确观点。这种探索虽为次一层级的创新研究，但仍为推进学术发展应该做也必须做的工作。

(1) 以新材料支持已有观点。本书前两章主要通过对新出清华简《尹诰》《说命》的分析研究，进一步论证梅本《古文尚书》为伪作。以梅本《古文尚书》为伪作的观点，是宋元明清以来学者早有的意见，而清华简中真《古文尚书》的发现，则进一步证明前人辩伪工作的正确性，同时说明那种试图为梅本《古文尚书》翻案的做法是很不可取的。又如，书中论证清华简《皇门》是周公东征返朝后发布的一篇诰辞，说明了周公摄政称王的可信性；清华简《程寤》是战国时期根据传说资料编撰的一篇古文献，揭示了周文王受命改元称王的史实；清华简《厚父》中的"王若曰"之王为周武王，厚父所言"民心惟本"反映了周初民本思想的萌动。这些见解已有学者言之，本书则利用新材料作了进一步的分析和论证。

(2) 综合新旧材料支持已有观点。清华简《芮良夫毖》作为刺讥时政的政治诗，真实反映了西周后期的的政治危机和厉王革典的实质。结合清华简《芮良夫毖》等新旧文献，全面分析厉王朝对外战争和统治政策，可以看出周厉王的所作所为已严重突破了国家伦理的基本底线，是一个不折不扣的暴虐之君，而不是一位需要恢复名誉的有作为的改革家。对周厉王持否定评价，是两千多年来的传统观点。本书主要针对某些翻案意见，通过补充新材料作进一步申论。又如《金縢》大体作于春秋中世，所载武王在位三年、周公居东为东征的史实基本可信。《楚居》反映了楚人源起中原地区，周初南迁江汉的史实。虽其论旨无异前贤，但论证方式有别。

3. 新方法

任何学科都有特定的研究方法，历史学亦不例外。杜维运先生认为，中国两千余年来，史家所用方法值得称述者有比较、归纳、参伍错综以求其是等方法[①]，是为实证研究与辩证分析的有机结合。同时，借鉴和运用相关学科的研究成果和方法，也可从不同视角深化历史研究。上古史研究中，借助民族学或人类学的研究成果，用以比较分析有关历史现象，即是常例。方法与理论有时不好截然分开，"当抽象时，是史学理论；当具体时，是史学方法；

① 杜维运：《中国史学与世界史学》，商务印书馆 2010 年版，第 165—172 页。

当史学方法最细致亦极最具体的时候，是史学理论的最大发挥"①。所以有时一种新的理论，一旦运用到具体的历史研究之中，亦可视为一种新方法。

就本书的研究方法而言，除了主要运用史学方法外，也曾尝试采用相关学科的研究方法。如对清华简《皇门》制作年代的研究，经仔细分析其语言特征，发现除了西周时期习见的用语外，还使用了春秋时期才出现的一些概念。这说明不能简单断定《皇门》必是西周时期的文本。为了更能说明问题，我们运用历史语言学的相关成果与方法，着重对其中的代词"厥"和"其"，第一人称代词"朕""余""我"，联结词"用""以""于"等作进一步分析，从而确定《皇门》作为周公诰辞，最初完整保存于王室档案之中，春秋时期始由史官从档案中析出并略加整理，虽有少量东周时代的语言色彩，但仍具有较高的史料价值。

又如，《孟子·告子下》说伊尹"五就汤，五就桀"，前人对此无人索解，多以间谍视之。若非如此，伊尹便成了一个缺乏忠诚与政治眼光的投机者。这对一代贤相来说似乎是不够光彩的道德污点。但从当时国家结构形式看，可能并非如此。借鉴德国政治学家罗曼·赫尔佐克有关国家理论，我们认为商代的国家结构与后世高度集权的大一统国家不同，是以一国统领万国的贵族国家体制，宗主国与诸侯国之间虽有君臣关系，但诸侯国又是一个独立的政治实体②。在这种政治体制下，作为部落国首领的伊尹与商汤结盟可，赴中央王朝就职亦可，均属正常的政治活动。这里既不存在叛主变节的问题，也不能把多次往返中央王朝视为间谍行为。这一论证既是新理论的运用，实际也是一种新的研究方法，可以起到开阔视野、启迪思维的作用。

综上可见，历史研究同任何学术研究一样，都必须以创新为宗旨，以追求历史真相为终极目标，否则当会失去应有的意义和价值。不过创新也是分层次的。虽然以提出新观点、新理论为至上境界，但针对某些历史问题在具体论证和研究方法上有所进益，仍不失为一种创新研究。

---

① 杜维运：《中国史学与世界史学》，商务印书馆2010年版，第165页。
② 杜勇：《中国早期国家的形成与国家结构》第三章第二节《商朝国家结构新论》，中国社会科学出版社2013年版。

三、前期影响

本书作为国家社科基金项目的主体成果，按照计划和要求，研究过程中曾有一批阶段性成果以论文形式公开发表。但论文发表时，由于受刊物版面的限制，通常都有删节和压缩，已非完帙。同时单篇论文因缺乏整体性，亦无法反映研究者对课题的总体认识和系统见解。故有必要对已发论文进行整合和加工，进而形成一部自成体系的学术专著。

作为本书的前期工作基础，先后有 14 篇论文发表。从所发论文看，已在学术界形成广泛影响。大体情况如下：

1. 发表于权威期刊的论文

(1)《清华简〈祭公〉与西周三公之制》，载《历史研究》2014 年第 4 期。

(2)《清华简〈皇门〉的制作年代及相关史事问题》，载《中国史研究》2015 年第 3 期。

(3)《多重文献所见厉世政治与厉王再评价》，载《历史研究》2017 年第 1 期。

2. 被重要文摘杂志转载的论文

(1)《清华简〈尹诰〉与晚书〈咸有一德〉辨伪》，原刊《天津师范大学学报》(社会科学版)2012 年第 4 期，《新华文摘》2012 年第 14 期全文摘载。

(2)《从清华简〈说命〉看古书的反思》，原刊《天津师范大学学报》(社会科学版)2013 年第 4 期，《高等学校文科学术文摘》2013 年第 5 期全文摘载。

(3)《清华简与伊尹传说之谜》，原刊《中原文化研究》2015 年第 2 期，《历史学文摘》(中国人民大学书报资料中心)2015 年第 2 期全文摘载。

3. 被中国人民大学"复印报刊资料"全文转载的论文

(1)《清华简〈尹诰〉与晚书〈咸有一德〉辨伪》，《先秦、秦汉史》2012 年第 5 期转载。

(2)《从清华简〈耆夜〉看古书的形成》(原刊《中原文化研究》2013 年

第 6 期),《先秦、秦汉史》2014 年第 1 期转载。

(3)《清华简与伊尹传说之谜》,《先秦、秦汉史》2015 年第 4 期转载。

(4)《多重文献所见历世政治与历王再评价》,《先秦、秦汉史》2017 年第 4 期转载。

4. 被引频次较高的论文

据中国知网,书中相关论文发表后多次被引用,引用频次较高的有:

(1)《关于清华简〈保训〉的著作年代问题》[原刊《天津师范大学学报》(社会科学版)2011 年第 4 期],《从清华简〈耆夜〉看古书的形成》,目前已被引用 15 次。

(2)《清华简〈金縢〉有关历史问题考论》(原刊《古籍整理研究学刊》2012 年第 2 期),目前已被引用 13 次。

(3)《清华简〈尹诰〉与晚书〈咸有一德〉辨伪》,《从清华简〈说命〉看古书的反思》,目前均被引用 10 次。

(4)《清华简〈祭公〉与西周三公之制》,《从清华简〈金縢〉看周公与〈鸱鸮〉的关系》(原刊《理论与现代化》2013 年第 3 期),目前均被引用 9 次。

以上数据在其他学科看来当然是微不足道的。但对先秦史这一艰涩的冷门学科而言,则不失为考察学术影响力的重要指标。学术研究注定是小众化的事业,尤其是先秦史研究成果的社会反响更是"秋风萧瑟",不可能企想"洪波涌起"的壮阔场面。但只要有学者引为同调,无论如何都是一件快慰人心的事。

清华简是一次惊人发现,资料尚在陆续公布之中。它是一座富矿,值得学者付出艰辛,深入开掘,以推进传统文化的传承与创新。本书从一侧面对清华简部分内容进行了初步探索,成果亦非丰硕。本欲"焚膏油以继晷,恒兀兀以穷年",继续探其奥秘,求其真谛,只因又承担其他科研项目不得不就此中断。再作矿采,入山探宝,只能俟诸异日了。

主要参考文献

一、古典文献类

《周易正义》,《十三经注疏》本,中华书局 1980 年版。

《尚书正义》,《十三经注疏》本,中华书局 1980 年版。

《毛诗正义》,《十三经注疏》本,中华书局 1980 年版。

《周礼注疏》,《十三经注疏》本,中华书局 1980 年版。

《仪礼注疏》,《十三经注疏》本,中华书局 1980 年版。

《礼记正义》,《十三经注疏》本,中华书局 1980 年版。

《春秋左传正义》,《十三经注疏》本,中华书局 1980 年版。

《春秋公羊传注疏》,《十三经注疏》本,中华书局 1980 年版。

《春秋穀梁传注疏》,《十三经注疏》本,中华书局 1980 年版。

《论语注疏》,《十三经注疏》本,中华书局 1980 年版。

《孝经注疏》,《十三经注疏》本,中华书局 1980 年版。

《尔雅注疏》,《十三经注疏》本,中华书局 1980 年版。

《孟子注疏》,《十三经注疏》本,中华书局 1980 年版。

《国语》,上海古籍出版社 1988 年版。

《战国策》,上海古籍出版社 1985 年版。

(汉)司马迁:《史记》,中华书局 1982 年版。

(汉)班固:《汉书》,中华书局 1962 年版。

(汉)许慎:《说文解字》,中华书局 1992 年版。

(汉)许慎撰,(清)段玉裁注:《说文解字注》,上海书店 1992 年版。

(汉)宋衷注,(清)秦嘉谟等辑:《世本八种》,中华书局 2008 年版。

(晋)陈寿:《三国志》,中华书局 1982 年版。

(宋)范晔:《后汉书》,中华书局 1965 年版。

(梁)萧统编,(唐)李善注:《文选》,中华书局 1977 年版。

(唐)房玄龄等:《晋书》,中华书局 1974 年版。

(唐)柳宗元:《柳宗元集》,中华书局 1979 年版。

(唐)陆德明:《经典释文》,上海古籍出版社 1985 年版。

(唐)释道宣:《广弘明集》,文渊阁《四库全书》本。

(唐)虞世南:《北堂书钞》,中国书店 1989 年版。

(宋)程大昌:《考古编》,文渊阁《四库全书》本。

(宋)陈振孙:《直斋书录解题》,上海古籍出版社 1987 年版。

(宋)洪兴祖:《楚辞补注》,中华书局 2009 年版。

(宋)李昉等:《太平御览》,文渊阁《四库全书》本。

(宋)欧阳修:《欧阳文忠公文集》,文渊阁《四库全书》本。

(宋)吴缜:《新唐书纠谬》,《丛书集成初编》,商务印书馆 1936 年版。

(宋)杨简:《慈湖诗传》,文渊阁《四库全书》本。

(宋)朱熹:《诗经集传》,宋元人注《四书五经》,中国书店 1989 年版。

(明)王夫之:《尚书稗疏》,岳麓书社 1998 年版。

(清)陈奂:《诗毛氏传疏》,中国书店 1984 年。

(清)程廷祚:《晚书订疑》,金陵丛书本。

(清)陈立:《白虎通疏证》,中华书局 1994 年版。

(清)崔述:《崔东壁遗书》,上海古籍出版社 1983 年版。

(清)戴震:《戴震集》,上海古籍出版社 2009 年版。

(清)戴震:《考工记图》,《皇清经解》本。

(清)戴望:《管子校正》,《诸子集成》本,上海书店 1991 年版。

(清)段玉裁:《古文尚书撰异》,《皇清经解》本。

(清)惠栋:《古文尚书考》,《皇清经解》本。

(清)江声:《尚书集注音疏》,《皇清经解》本。

(清)江永:《春秋地理考实》,《皇清经解》本。

(清)金鹗:《求古录礼说》,《清经解续编》本。

(清)梁玉绳:《史记志疑》,中华书局 1981 年版。

(清)马瑞辰:《毛诗传笺通释》,中华书局 1989 年版。

(清)牟庭:《同文尚书》,齐鲁书社 1981 年版。

(清)毛奇龄:《古文尚书冤词》,文渊阁《四库全书》本。

(清)皮锡瑞:《今文尚书考证》,中华书局 1989 年版。

(清)孙星衍:《尚书今古文注疏》,中华书局 1986 年版。

(清)孙希旦:《礼记集解》,中华书局 1989 年版。

(清)孙诒让:《墨子间诂》,中华书局 2001 年版。

(清)孙诒让:《周礼正义》,中华书局 1987 年版。

(清)魏源:《诗古微》,《续修四库全书》本。

(清)汪中:《述学》,《四部丛刊》本。

（清）王聘珍：《大戴礼记解诂》，中华书局1983年版。

（清）王先谦：《诗三家义集疏》，中华书局1987年版。

（清）阎若璩：《尚书古文疏证》，上海古籍出版社1987年版。

（清）阎若璩，黄怀信等校点：《尚书古文疏证》，上海古籍出版社2010年版。

（清）俞樾：《九九销夏录》，中华书局1995年版。

（清）俞樾：《群经平议》，《续修四库全书》本。

陈奇猷：《韩非子集释》，上海人民出版社1974年版。

陈奇猷：《吕氏春秋新校释》，上海古籍出版社2002年版。

方诗铭、王修龄：《古本竹书纪年辑证》，上海古籍出版社2005年版。

顾颉刚、刘起釪：《尚书校释译论》，中华书局2005年版。

黄怀信、张懋镕、田旭东撰，黄怀信修订，李学勤审定：《逸周书汇校集注》（修订本），上海古
　　籍出版社2007年版。

黄怀信：《大戴礼记汇校集注》，三秦出版社2005年版。

李学勤主编：《十三经注疏》（标点本），北京大学出版社1999年版。

王贻梁、陈建敏：《穆天子传汇校集释》，华东师范大学出版社1994年版。

徐元诰：《国语集解》，中华书局2002年版。

许维遹：《吕氏春秋集释》，中华书局2009年版。

杨伯峻：《春秋左传注》，中华书局1981年版。

杨守敬、熊会贞：《水经注疏》，江苏古籍出版社1989年版。

杨筠如：《尚书覈诂》，陕西人民出版社2005年版。

袁珂：《山海经校译》，上海古籍出版社1985年版。

袁珂：《山海经校注》，北京联合出版公司2014年版。

赵吕甫：《史通新校注》，重庆出版社1990年版。

诸祖耿：《战国策集注汇考》（增补本），凤凰出版社2008年版。

周祖谟：《广韵校本》，中华书局2004年版。

二、出土文献类

郭沫若：《殷契粹编》，科学出版社1965年版。

郭沫若：《卜辞通纂》，《郭沫若全集》（考古编），科学出版社1982年版。

郭沫若主编：《甲骨文合集》（简称《合集》），中华书局1978—1982年版。

中国社会科学院考古研究所：《小屯南地甲骨》（简称《屯南》），中华书局1980年版。

姚孝遂、肖丁：《小屯南地甲骨考释》，中华书局1985年版。

李学勤、齐文心、艾兰编：《英国所藏甲骨集》（上、下编）（简称《英》），中华书局1985、1992
　　年版。

曹玮：《周原甲骨文》，世界图书出版公司2002年版。

中国社会科学院考古研究所编：《殷周金文集成》（简称《集成》），中华书局1984—1994年版。

刘雨、卢岩：《近出殷周金文集录》（简称《近出》），中华书局2002年版。

刘雨、严志斌：《近出殷周金文集录二编》（简称《近出二》），中华书局 2010 年版。

钟柏生、陈昭容、黄铭崇，等编：《新收殷周青铜器铭文暨器影汇编》（简称《新收》），艺文印书馆 2006 年版。

陕西省文物局、中华世纪坛艺术馆编：《盛世吉金——陕西宝鸡眉县青铜器窖藏》，北京出版社 2003 年版。

首阳斋、上海博物馆、香港中文大学文物馆：《首阳吉金——胡盈莹、范季融藏中国古代青铜器》，上海古籍出版社 2008 年版。

郭沫若：《两周金文辞大系图录考释》，科学出版社 1957 年版。

马承源主编：《商周青铜器铭文选》，文物出版社 1986—1990 年版。

陈梦家：《西周铜器断代》，中华书局 2004 年版。

吴镇烽：《商周青铜器铭文暨图像集成》，上海古籍出版社 2012 年版。

马承源主编：《上海博物馆藏战国楚竹书》（一），上海古籍出版社 2001 年版。

马承源主编：《上海博物馆藏战国楚竹书》（二），上海古籍出版社 2002 年版。

马承源主编：《上海博物馆藏战国楚竹书》（五），上海古籍出版社 2005 年版。

清华大学出土文献研究与保护中心编李学勤主编：《清华大学藏战国竹简》（一），中西书局 2010 年版。

清华大学出土文献研究与保护中心编李学勤主编：《清华大学藏战国竹简》（二），中西书局 2011 年版。

清华大学出土文献研究与保护中心编李学勤主编：《清华大学藏战国竹简》（三），中西书局 2012 年版。

清华大学出土文献研究与保护中心编李学勤主编：《清华大学藏战国竹简》（五），中西书局 2015 年版。

吴九龙：《银雀山汉简释文》，文物出版社 1985 年版。

清华大学出土文献研究与保护中心：《清华大学藏战国竹简〈保训〉释文》，《文物》2009 年第 6 期。

中国社会科学院考古研究所：《甲骨文编》，中华书局 1965 年版。

徐中舒主编：《甲骨文字典》，四川辞书出版社 1989 年版。

孟世凯：《甲骨学辞典》，上海人民出版社 2009 年版。

于省吾主编：《甲骨文字诂林》，中华书局 1996 年版。

姚孝遂主编：《殷墟甲骨刻辞类纂》，中华书局 1989 年版。

容庚：《金文编》，中华书局 1985 年版。

戴家祥主编：《金文大字典》，学林出版社 1999 年版。

王文耀：《简明金文词典》，上海辞书出版社 1998 年版。

张亚初：《殷周金文集成引得》，中华书局 2001 年版。

三、考古发现类

湖北省博物馆：《楚都纪南城的勘查与发掘》，《考古学报》1982 年第 3、4 期。

罗西章:《陕西扶风发现厉王㝬簋》,《文物》1979 年第 4 期。

穆海亭、朱捷元:《新发现的西周王室重器五祀㝬钟考》,《人文杂志》1983 年第 2 期。

杨权喜:《襄阳山湾出土的鄀国和邓国铜器》,《江汉考古》1983 年第 1 期。

张家山汉墓竹简整理小组:《江陵张家山汉简概述》,《文物》1985 年第 1 期。

河南省文物研究所等:《淅川下寺春秋楚墓》,文物出版社 1991 年版。

陕西省考古研究所、宝鸡市考古工作队、眉县文化馆:《陕西眉县杨家村西周青铜器窖藏》,《考古与文物》2003 年第 3 期。

陕西省考古研究院、渭南市文物保护考古研究所、韩城市文物旅游局:《陕西韩城梁带村墓地北区 2007 年发掘简报》,《文物》2010 年第 6 期。

中国社会科学院考古研究所:《中国考古学》(夏商卷),中国社会科学出版社 2003 年版。

中国社会科学院考古研究所:《中国考古学》(两周卷),中国社会科学出版社 2004 年版。

中国社会科学院考古研究所:《中国考古学》(新石器时代卷),中国社会科学出版社 2010 年版。

四、今人论著类

B

白奚:《中国古代阴阳与五行说的合流——〈管子〉阴阳五行思想新探》,《中国社会科学》1997 年第 5 期。

C

蔡哲茂:《伊尹传说的研究》,李亦园、王秋桂编:《中国神话与传说学术研讨会论文集》,汉学研究中心,1996 年 3 月。

蔡哲茂:《殷卜辞"伊尹㽍氏"考——兼论它示》,《"中央研究院"历史语言研究所集刊》1987 年第 58 本第 4 分。

曹建国:《论清华简中的〈蟋蟀〉》,《江汉考古》2011 年第 2 期。

常玉芝:《商代宗教祭祀》,中国社会科学出版社 2010 年版。

晁福林:《从上博简〈诗论〉看文王"受命"及孔子的天道观》,《北京师范大学学报》(社会科学版)2006 年第 2 期。

晁福林:《从"民本"到"君本"——试论先秦时期专制王权观念的形成》,《中国史研究》2013 年第 4 期。

陈恩林:《先秦军事制度研究》,吉林文史出版社 1991 年版。

陈光中:《只有创新才能提高哲学社会科学质量》,《光明日报》2006 年 1 月 6 日。

陈梦家:《尚书通论》,河北教育出版社 2000 年版。

陈梦家:《殷虚卜辞综述》,中华书局 1988 年版。

陈槃:《春秋大事表列国爵姓及存灭表撰异》(三订本),上海古籍出版社 2009 年版。

陈絜:《浅谈荣仲方鼎的定名及其相关问题》,《中国历史文物》2008 年第 2 期。

陈絜:《商周姓氏制度研究》,商务印书馆 2007 年版。

陈颖飞:《清华简井利与西周井氏之井公、井侯、井伯》,清华大学出土文献研究与保护中心编,李学勤主编：《出土文献》第二辑，中西书局 2011 年版。

陈永正：《西周春秋铜器铭文中的联结词》，陕西省考古研究所、中国古文字研究会、中华书局编辑部合编：《古文字研究》第十五辑，中华书局 1986 年版。

陈直：《三辅黄图校证》，陕西人民出版社 1980 年版。

陈致：《殷人鸟崇拜研究》，《当代西方汉学研究集萃》（上古史卷），上海古籍出版社 2012 年版。

程元敏：《尚书学史》，五南图书出版公司 2008 年版。

崔适：《史记探源》，中华书局 1986 年版。

D

丁进：《清华简〈耆夜〉篇礼制问题述惑》，《学术月刊》2011 年第 6 期。

杜维运：《中国史学与世界史学》，商务印书馆 2010 年版。

杜勇、沈长云：《金文断代方法探微》，人民出版社 2002 年版。

杜勇：《〈洪范〉制作年代新探》，《人文杂志》1995 年第 3 期。

杜勇：《〈尚书〉周初八诰研究》，中国社会科学出版社 1998 年版。

杜勇：《〈左传〉"德乃降"辨析》，四川大学历史文化学院编：《纪念徐中舒先生诞辰 110 周年国际学术研讨会论文集》，巴蜀书社 2010 年版。

杜勇：《古文〈尚书·说命〉真伪与傅说身份辨析》，《天津师范大学学报》（社会科学版）2009 年第 5 期。

杜勇：《关于历史上是否存在夏朝的问题》，《天津师范大学学报》（社会科学版）2006 年第 4 期。

杜勇：《关于鲁、燕、齐始封年代的考察》，《大陆杂志》1998 年第 97 卷第 3 期。

杜勇：《金文"生称谥"新解》，《历史研究》2002 年第 2 期。

杜勇：《令簋、禽簋中的"伐楚"问题》，《中国历史文物》2002 年第 2 期。

杜勇：《略论周人的天命思想》，《孔子研究》1998 年第 2 期。

杜勇：《论〈秦秋事语〉与〈左传〉的关系》，孟世凯主编：《赵光贤先生百年诞辰纪念文集》，中国社会科学出版社 2010 年版。

杜勇：《论夏朝国家形式及其统一的意义》，《天津师范大学学报》（社会科学版）2007 年第 1、2 期。

杜勇：《商朝国家结构新论》，沈长云、张翠莲主编：《中国古代文明与国家起源学术研讨会论文集》，科学出版社 2011 年版。

杜勇：《说甲骨文中的巴方——兼论巴非姬姓》，《殷都学刊》2010 年第 3 期。

杜勇：《中国早期国家的形成与国家结构》，中国社会科学出版社 2013 年版。

杜勇：《叩问三代文明》，中国社会科学出版社 2014 年版。

F

冯友兰：《中国哲学史》，中华书局 1947 年版。

G

高亨：《古字通假会典》，齐鲁书社 1989 年版。

高智、张崇宁：《西伯既戡黎——西周黎侯铜器的出土与黎国墓地的确认》，《古代文明研究通讯》2007 年总第 34 期。

宫长为：《西周三公辨析》，《吉林师范学院学报》（哲学社会科学版）1994 年第 4 期。

顾颉刚、童书业：《夏史三论》，吕思勉、童书业编著：《古史辨》（七），上海古籍出版社 1982

年版。

顾颉刚：《〈金縢篇〉今译》，顾颉刚编著：《古史辨》二，上海古籍出版社 1982 年版。

顾颉刚：《〈逸周书·世俘篇〉校注、写定与评论》，《文史》第 2 辑，中华书局 1963 年版。

顾颉刚：《顾颉刚古史论文集》，中华书局 2011 年版。

顾颉刚：《论今文尚书著作年代书》，顾颉刚编著：《古史辨》一，上海古籍出版社 1982 年版。

顾颉刚：《诗经在春秋战国间的地位》，顾颉刚编著：《古史辨》三，上海古籍出版社 1982 年版。

顾颉刚：《史林杂识初编》，中华书局 1963 年版。

顾颉刚：《武王的死及其年岁和纪元》，中华书局编辑部编：《文史》第十八辑，中华书局 1983 年版。

顾颉刚：《战国秦汉间人的造伪与辨伪》，吕思勉、童书业编著：《古史辨》七，上海古籍出版社 1982 年版。

顾颉刚：《周易卦爻辞中的故事》，《燕京学报》1929 年第 6 期。

管东贵：《中国古代十日神话之研究》，《"中央研究院"历史语言研究所集刊》1962 年第 33 本。

郭沫若：《班簋的再发现》，《文物》1972 年第 9 期。

郭沫若：《金文丛考》，人民出版社 1954 年版。

郭沫若主编：《中国史稿》，人民出版社 1976 年版。

郭万金编：《诗经二十讲》，华夏出版社 2009 年版。

郭伟川：《两周史论》，北京图书馆出版社 2006 年版。

郭锡良：《汉字古音手册》（增订本），商务印书馆 2010 年版。

H

何景成：《商周青铜器族氏铭文研究》，齐鲁书社 2009 年版。

胡厚宣：《甲骨文所见商族鸟图腾的新证据》，《文物》1977 年第 2 期。

胡厚宣：《释"余一人"》，《历史研究》1957 年第 1 期。

胡厚宣：《重论"余一人"问题》，四川大学历史系古文字研究室编：《古文字研究》第六辑，中华书局 1981 年版。

黄怀信：《逸周书源流考辨》，西北大学出版社 1992 年版。

黄怀信：《由清华简〈尹诰〉看〈古文尚书〉》，《鲁东大学学报》（哲学社会科学版)2012 年第 6 期。

黄灵庚：《清华战国竹简〈楚居〉笺疏》，《中华文史论丛》2012 第 1 辑。

黄盛璋：《周都丰镐与金文中的莽京》，《历史研究》1956 年第 10 期。

黄盛璋：《关于柞伯鼎关键问题质疑解难》，《中原文物》2011 年第 5 期。

J

姜广辉：《〈保训〉十疑》，《光明日报》2009 年 5 月 4 日。

姜广辉、付赞、邱楚燕：《清华简〈耆夜〉为伪作考》，《故宫博物院院刊》2013 年第 4 期。

姜广辉、付赞：《清华简〈尹诰〉献疑》，《湖南大学学报》（社会科学版)2014 年第 3 期。

蒋善国：《尚书综述》，上海古籍出版社 1988 年版。

金景芳：《中国奴隶社会史》，上海人民出版社 1983 年版，第 65 页。

金耀基：《中国民本思想史》，法律出版社 2008 年版。

K

康有为：《新学伪经考》，中国人民大学出版社 2010 年版。

L

李伯谦：《关于有铭"晋侯铜人"的讨论》，《中国文物报》2002 年 11 月 1 日。

李朝远：《应侯见工鼎》，《上海博物馆集刊》第 10 期，上海书画出版社 2005 年版。

李峰：《西周的灭亡——中国早期国家的地理和政治危机》，上海古籍出版社 2007 年版。

李峰：《西周政体——中国早期的官僚制度和国家》，生活·读书·新知三联书店 2010 年版。

李家浩：《楚简所记楚人祖先"妭（鬻）熊"与"穴熊"为一人说》，《文史》2010 年第 3 辑。

李均明：《〈保训〉与周文王的治国理念》，《中国史研究》2009 年第 3 期。

李均明：《清华简〈皇门〉之君臣观》，《中国史研究》2011 年第 1 期。

李零：《读清华简〈保训〉释文》，《中国文物报》2009 年 8 月 21 日。

李零：《三代考古的历史断想——从最近发表的上博楚简〈容成氏〉、夒公盨和虞述诸器想到的》，《中国学术》2003 年第 2 期。

李零：《郭店楚简校读记》（增订本），北京大学出版社 2002 年版。

李山：《诗经的文化精神》，东方出版社 1997 年版。

李学勤：《初识清华简》，《光明日报》2008 年 12 月 1 日。

李学勤：《古文献论丛》，上海远东出版社 1996 年版。

李学勤：《论多友鼎的时代及意义》，《人文杂志》1981 年第 6 期。

李学勤：《论觊簋的年代》，《中国历史文物》2006 年第 3 期。

李学勤：《论清华简〈保训〉的几个问题》，《文物》2009 年第 6 期。

李学勤：《论清华简〈楚居〉中的古史传说》，《中国史研究》2011 年第 1 期。

李学勤：《青铜器与古代史》，联经出版事业公司 2005 年版。

李学勤：《清华简〈保训〉释读补正》，《中国史研究》2009 年第 3 期。

李学勤：《初识清华简》，中西书局 2013 年版。

李学勤：《清华简九篇综述》，《文物》2010 年第 5 期。

李学勤：《清华简与〈尚书〉、〈逸周书〉的研究》，《史学史研究》2011 年第 2 期。

李学勤：《中国古代文明研究》，华东师范大学出版社 2005 年版。

李学勤：《谈祝融八姓》，《江汉论坛》1980 年第 2 期。

李学勤：《夏商周文明研究》，商务印书馆 2015 年版。

李学勤：《小盂鼎与西周制度》，《历史研究》1987 年第 5 期。

李学勤：《文物中的古文明》，商务印书馆 2008 年版。

李学勤：《周文王遗言》，《光明日报》2009 年 4 月 13 日。

李学勤：《清华简〈厚父〉与〈孟子〉引〈书〉》，《深圳大学学报》2015 年第 3 期。

李玉洁：《评周厉王革典》，《河南大学学报》（社会科学版)1986 年第 1 期。

李宗侗：《中国古代社会新研；历史的剖面》，中华书局 2010 年版。

梁启超：《辨别伪书及考证年代的方法》，梁涛、白立超编：《出土文献与古书的反思》，漓江出版社 2012 年版。

梁启超：《中国历史研究法》，东方出版社 1996 年版。

梁启超：《先秦政治思想史》，商务印书馆 2014 年版。

廖名春：《梁启超古书辨伪方法平议》，梁涛、白立超编：《出土文献与古书的反思》，漓江出版社 2012 年版。

廖名春：《清华简与〈尚书〉研究》，《文史哲》2010 年第 6 期。

刘成群：《清华简〈乐诗〉与"西伯戡黎"再探讨》，《史林》2009 年第 4 期。

刘成群：《清华简〈耆夜〉与尊隆文、武、周公——兼论战国楚地之〈诗〉学》，《东岳论丛》2010 年第 6 期。

刘光胜：《清华简〈耆夜〉考论》，《中州学刊》2011 年第 1 期。

刘国忠、陈颖飞：《清华简〈保训〉座谈会纪要》，《光明日报》2009 年 6 月 29 日。

刘国忠：《周文王称王史事辨》，《中国史研究》2009 年第 3 期。

刘国忠：《走近清华简》，高等教育出版社 2011 年版。

刘家和：《三朝制新探》，唐嘉弘主编：《先秦史论集》，中州古籍出版社 1989 年版。

刘家和：《史学、经学与思想》，北京师范大学出版社 2005 年版。

刘建国：《先秦伪书辨正》，陕西人民出版社 2004 年版。

刘起釪：《尚书学史》，中华书局 1989 年版。

刘雨：《多友鼎铭的时代与地名考订》，《考古》1983 年第 2 期。

刘宗汉：《卜辞伊尹考》，宋镇豪等主编：《西周文明论集》，朝华出版社，2004 年版。

吕胜男：《今文〈尚书〉用韵研究》，《中国韵文学刊》2009 年第 2 期。

吕文郁：《周代采邑制度》（增订版），社会科学文献出版社 2006 年版。

罗家湘：《从〈文传〉的集成性质再论〈逸周书〉的编辑》，《云南民族大学学报》2004 年第 4 期。

罗江文：《〈诗经〉与两周金文韵部比较》，《思想战线》2003 年第 5 期。

罗祖基：《重新评价周厉王》，《学术月刊》1994 年第 1 期。

M

马承源：《关于蓼生盨和者减钟的几点意见》，《中国青铜器研究》，上海古籍出版社 2002 年版。

马承源：《商周青铜器铭文选集——西周·方国征伐》，《中国青铜器研究》，上海古籍出版社 2002 年版。

马世之：《中原古国历史与文化》，大象出版社 1998 年版。

牟宗三：《政道与治道》，学生书局 1987 年版。

P

庞朴：《当代学者自选文库·庞朴卷》，安徽教育出版社 1999 年版。

Q

齐文心：《关于英藏甲骨整理中的几个问题》，《史学月刊》1986 年第 3 期。

齐文心：《伊尹、黄尹为二人辨析》，李学勤、齐文心、艾兰编：《英国所藏甲骨集》，中华书局 1982 年版。

钱穆：《史记地名考》，商务印书馆 2001 年版。

裘锡圭：《中国出土古文献十讲》，复旦大学出版社 2004 年版。

裘锡丰：《古代文史研究新探》，江苏古籍出版社 1992 年版。

S

陕西省考古研究院、上海博物馆：《两周封国论衡——陕西韩城出土芮国文物暨周代封国考古学研究国际学术研讨会论文集》，上海古籍出版社 2014 年版。

商艳涛：《西周军事铭文研究》，华南理工大学出版社 2013 年版。

沈长云：《上古史探研》，中华书局 2002 年版。

沈建华：《初学集》，文物出版社 2008 年版。

沈建华：《清华楚简〈祭公之顾命〉中的三公与西周世卿制度》，《中华文史论丛》2010 年第 4 期。

施爱东：《学术行业生态志：以中国现代民俗学为例》，《清华大学学报》（哲学社会科学版）2010 年第 2 期。

石泉：《楚都丹阳及古荆山在丹、淅附近补证》，《江汉论坛》1985 年第 12 期。

宋镇豪、宫长为主编：《中华傅圣文化研究文集》，文物出版社 2010 年版。

宋镇豪：《甲骨文"出日"、"入日"考》，文化部文物局古文献研究室编：《出土文献研究》，文物出版社 1985 年版。

孙飞燕：《清华简〈皇门〉管窥》，《清华大学学报》（哲学社会科学版）2011 年第 2 期。

T

唐兰：《西周青铜器铭文分代史征》，中华书局 1986 年版。

唐兰：《唐兰先生金文论集》，紫禁城出版社 1995 年版。

唐钰明：《其、厥考辨》，《中国语文》1990 年第 4 期。

田醒农、雒忠如：《多友鼎的发现及其铭文试释》，《人文杂志》1981 年第 4 期。

童书业：《春秋左传研究》（校订本），中华书局 2006 年版。

W

王光镐：《商代无楚》，《江汉论坛》1984 年第 1 期。

王国维：《观堂集林》（外二种），河北教育出版社 2001 年版。

王国维：《观堂集林》，中华书局 1959 年版。

王晖：《古史传说时代新探》，科学出版社 2009 年版。

王晖：《先商十干氏族研究》，《中国史研究》2003 年第 3 期。

王辉：《正、足、疋同源说》，《考古与文物》1981 年第 4 期。

王连龙：《〈逸周书〉研究》，社会科学文献出版社 2010 年版。

王龙正、刘晓红、曹国朋：《新见应侯见工钟铭文》，《中原文物》2009 年第 5 期。

王鹏程：《"清华简"武王所戡之"黎"应为"黎阳"》，《史林》2009 年第 4 期。

王世民、陈公柔、张长寿：《西周青铜器分期断代研究》，文物出版社 1999 年版。

王向辉：《清华简〈皇门〉篇主旨新读》，《宝鸡文理学院学报》（社会科学版）2012 年第 5 期。

王学川：《历史价值论》，浙江大学出版社 2014 年版。

王玉哲：《古史集林》，中华书局 2002 年版。

王志平：《清华简〈皇门〉异文及相关问题》，中国社会科学院语言研究所《历史语言学研究》编辑部：《历史语言学研究》第五辑，商务印书馆 2012 年版。

王志平：《清华简〈皇门〉异文与周代的朝仪制度》，清华大学出土文献研究与保护中心编：《清华简研究》第 1 辑，中西书局 2012 年版。

温明荣、郭振禄、刘一曼：《试论卜辞分期中的几个问题》，"中国考古学研究"编委会编：《中国考古学研究——夏鼐先生考古五十年纪念论文集》，文物出版社 1986 年版。

X

夏商周断代工程专家组：《夏商周断代工程 1996——2000 年阶段成果报告》，世界图书出版公司 2000 年版。

夏勇：《民本与民权——中国权利话语的历史基础》，《中国社会科学》2004 年第 5 期。

肖兵：《楚辞新探》，天津古籍出版社 1988 年版。

萧公权：《中国政治思想史》，商务印书馆 2013 年版。

徐少华：《楚都丹阳地望探索的回顾与思考》，徐少华主编：《荆楚历史地理与长江中游开发》，湖北人民出版社 2009 年版。

徐少华：《鄀国铜器及其历史地理研究》，《江汉考古》1987 年第 3 期。

徐锡台：《周原甲骨文综述》，三秦出版社 1987 年版。

徐喜辰：《论伊尹的出身及其在汤伐桀中的作用》，《人文杂志》1990 年第 3 期。

徐旭生：《中国古史的传说时代》，广西师范大学出版社 2003 年版。

徐中舒：《〈禹鼎〉的年代及其相关问题》，《考古学报》1959 年第 3 期。

徐中舒：《夏史初曙》，《中国史研究》1979 年第 3 期。

许倬云：《西周史》（增补二版），生活·读书·新知三联书店 2012 年版。

Y

严一萍：《卜辞中的楚》，《中国文字》1985 年新 10 期。

严志斌：《商代青铜器铭文研究》，上海古籍出版社 2013 年版。

杨宽：《论〈逸周书〉》，《中华文史论丛》1989 年第 1 期。

杨宽：《西周史》，上海人民出版社 1999 年版。

杨宽：《西周中央政权机构剖析》，《历史研究》1984 年第 1 期。

杨宽：《杨宽古史论文选集》，上海人民出版社 2003 年版。

杨善群：《古文〈尚书〉流传过程探讨》，《学习与探索》2003 年第 4 期。

杨善群：《古文〈尚书·说命〉与傅圣思想研究》，《晋阳学刊》2007 年第 1 期。

杨树达：《积微居金文说》（增订本），中华书局 1997 年版。

杨树达：《积微居甲文说、耐林廎甲文说、卜辞琐记、卜辞求义》，上海古籍出版社 2006 年版。

杨希枚：《联名制与卜辞商王庙号问题》，《"中央研究院"民族学研究所集刊》1966 年第 21 期。

姚小鸥：《〈清华大学藏战国竹简·芮良夫毖·小序〉研究》，《中州学刊》2014 年第 5 期。

姚孝遂《〈舀鼎〉铭文研究》，《吉林大学社会科学学报》1962 年第 2 期。

应永琛：《试论周代三公制度的建立、发展及其衰亡》，尹达、邓广铭、杨向奎，等主编：《纪念顾颉刚学术论文集》，巴蜀书社 1990 年版。

余冠英：《关于改"诗"问题——讨论〈诗经〉文字曾否经过修改的一封信》，《文学评论》1963 年第 1 期。

余嘉锡：《古书通例》，上海古籍出版社 1985 年版。

余嘉锡：《目录学发微》，时代文艺出版社 2009 年版。

余瑾：《对〈逸周书·皇门解〉的再分析》，《西北师大学报》（社会科学版）2002 年第 3 期。

余英时：《士与中国文化》，上海人民出版社 2003 年版。

虞万里：《清华简〈尹诰〉"隹尹既及汤咸有一德"解读》，《史林》2011 第 2 期。

袁珂:《中国神话通论》,巴蜀书社 1993 年版。

Z

张昌平:《论随州羊子山新出噩国青铜器》,《文物》2011 年第 11 期。

张分田:《儒家民本思想与帝制的根本法则》,《文史哲》2008 年第 6 期。

张丰乾:《出土文献与文子公案》,社会科学文献出版社 2007 年版。

张光直:《商王庙号新考》,《"中央研究院"民族学研究所集刊》第 15 期,1963 年。

张光直:《谈王亥与伊尹的祭日并再论殷商王制》,《"中央研究院"民族学研究所集刊》第 35 期,1973 年。

张光直:《中国青铜时代》,生活·读书·新知三联书店 1999 年版。

张京华:《顾颉刚难题》,《中国图书评论》2008 年第 2 期。

张懋镕:《商代日名研究的再检讨》,《考古学研究》,三秦出版社 1993 年版。

张懋镕:《古文字与青铜器论集》,科学出版社 2002 年版。

张懋镕:《西周青铜器断代两系说刍议》,《考古学报》2005 年第 1 期。

张懋镕:《周人不用日名说》,《历史研究》1993 年第 5 期。

张培瑜:《中国先秦史历表》,齐鲁书社 1987 年版。

张西堂:《尚书引论》,陕西人民出版社 1958 年版。

张心澂:《伪书通考》,商务印书馆 1954 年版。

张亚初、刘雨:《西周金文官制研究》,中华书局 1986 年版。

张岩:《审核古文〈尚书〉案》,中华书局 2006 年版。

张应桥:《重评周厉王》,《郑州大学学报》(哲学社会科学版)2006 年第 2 期。

张玉金:《西周汉语代词研究》,中华书局 2006 年版。

张政烺:《释"它示"——论卜辞中没有蚕神》,吉林大学古文字研究室编:《古文字研究》第一辑,中华书局 1979 年版。

张政烺:《矢王簋盖跋》,《古文字研究》第十三辑,中华书局 1986 年版。

张政烺:《张政烺文史论集》,中华书局 2004 年版。

张政烺:《张政烺先生批注〈两周金文辞大系考释〉》,中华书局 2011 年版。

赵伯雄:《先秦文献中的"以数为纪"》,《文献》1999 年第 4 期。

赵诚:《甲骨文至战国金文"用"的演化》,《语言研究》1993 年第 2 期。

赵光贤:《周代社会辨析》,人民出版社 1980 年版。

赵光贤:《古史考辨》,北京师范大学出版社 1987 年版。

赵光贤:《中国历史研究法》,中国青年出版社,1988 年版。

赵光贤:《孔学新论》,巴蜀书社 1992 年版。

赵光贤:《亡尤室文存》,北京师范大学出版社 2001 年版。

赵逵夫:《西周诗人芮良夫与他的〈桑柔〉》,《贵州文史丛刊》1997 年第 5 期。

赵沛霖:《先秦神话思想史论》,学苑出版社 2006 年版。

赵平安:《〈芮良夫〉初读》,《文物》2012 年第 8 期。

赵平安:《〈厚父〉的性质及其蕴含的夏代历史文化》,《文物》2014 年第 12 期。

郑良树:《古籍真伪考辨的过去与未来》,《文献》1990 年第 2 期。

中国诗经学会编：《诗经国际学术研讨会论文集》，河北大学出版社 1994 年版。

周宝宏：《评〈清华简《耆夜》为伪作考〉》，《叩问三代文明》，中国社会科学出版社 2014 年版。

周宏伟：《楚人源于关中平原新证——以清华简〈楚居〉相关地名考释为中心》，《中国历史地理论丛》2012 年第 2 辑。

周玉秀：《〈逸周书〉的语言特点及其文献学价值》，中华书局 2005 年版。

朱凤瀚：《读清华简〈皇门〉》，清华大学出土文献研究与保护中心编：《清华简研究》第 1 辑，中西书局 2012 年版。

朱凤瀚：《商周家族形态研究》（增订本），天津古籍出版社 2004 年版。

朱凤瀚：《由伯筙父簋铭再论周厉王征淮夷》，《古文字研究》第 27 辑，中华书局 2008 年版。

朱凤瀚：《柞伯鼎与周公南征》，《文物》2006 年第 5 期。

朱凤瀚主编：《新出金文与西周历史》，上海古籍出版社 2011 年版。

朱继平：《从淮夷族群到编户齐民——周代淮水流域族群冲突的地理学观察》，人民出版社 2011 年版。

祝中熹：《文王受命说新探》，《人文杂志》1988 年第 3 期。

五、海外论著类

［古希腊］亚里斯多德：《政治学》，吴寿彭译，商务印书馆 1997 年版。

［美］摩尔根：《古代社会》，杨东莼等译，商务印书馆 1972 年版。

［美］夏含夷：《古史异观》，上海古籍出版社 2005 年版。

［美］夏含夷：《从覞簋看周穆王在位年数及年代问题》，《中国历史文物》2006 年第 3 期。

［日］竹光添鸿：《左氏会笺》，巴蜀书社 2008 年版。

［日］泷川资言：《史记会注考证》，新世界出版社 2009 年版。

［德］罗曼·赫尔佐克：《古代的国家——起源和统治形式》，赵蓉恒译，北京大学出版社 1998 年版。

［德］马克思·韦伯：《经济与社会》，林荣远译，商务印书馆 1997 年版。

［德］弗兰茨·奥本海：《论国家》，沈蕴芳、王燕生译，商务印书馆 1994 年版。

［意］马基雅维里：《君主论》，张志伟等译，陕西人民出版社 2001 年版。

［法］卢梭：《社会契约论》，何兆武译，商务印书馆 2002 年版。

［法］马克·布洛赫：《历史学家的技艺》，张和声、程郁译，上海社会科学院出版社 1992 年版。

［英］E.H.卡尔：《历史是什么》，陈恒译，商务印书馆 2014 年版。

索　引

后　记

　　"这书是怎么写出来的？难道不睡觉吗？"一位生物学教授调侃我说。我不是海豚，当然是要睡觉的，即使"月落乌啼霜满天，江枫渔火对愁眠"！多年从事科研管理工作，看似学术，实则相远，时间之舟承载着一天天枯萎的生命随风而去，除了哀人生之多艰，别无所成。本书写作之时，冗务缠身，仓促终卷，难臻周备，自是有负读者期许的。

　　当今学风浮躁，人所难避，固然学术制度或有偏颇，然行为主体"索索无真气，昏昏有俗心"，亦非无咎。学人大都喜欢徜徉于学术与政治之间，颇具达则兼济天下的壮怀，结果多被政治紧相拥抱，空靡岁月，无补涓尘。从运作规则看，学术与政治是两种人生。一个人要同时在这两个领域生存，势必形成两种人格的博斗，或心力交瘁，或遍体鳞伤，都是不必意外的。

　　当然，以学术为业也不是一件轻松太平的事。学者憧憬的独立之精神，自由之思想，若不兼具主客观条件，也只能是有花无果。孟子说："无恒产而有恒心者，惟士为能。若民，则无恒产，因无恒心。"这多少有些夸大其词了。其实，士亦民也，即使有更高的思想境界和价值诉求，如果不具备安身立命的条件，同样是独立自由不了的。马克斯·韦伯说："学术生涯是一场鲁莽的赌博。"要做一位有"恒心"的学者，诚非易事。

　　难归难，事情仍然要做。本书作为国家社科基金项目的主体成果，由个人担纲完成，是非得失，责由己负。课题组成员周宝宏教授、吕庙军教授、孔华博士协同开展工作，亦有一批相关成果问世，为项目如期结题助力良多。

　　在本书研究过程中，曾多次得到李学勤先生的鼓励与帮助，并允为参观清华大学出土文献研究与保护中心实验室，得以一睹清华简真容，获益非浅。李伯谦先生在耄耋之年、百忙之中拨冗赐序，不胜感纫！沈长云、朱凤瀚、王震中、张荣明、刘国忠诸君亦施援手，高谊入云。科学出版社的领导和编辑为本书的出版不辞辛劳，深铭我心。谨此一并致谢！

杜　勇

2018.3.18